新编21世纪研究生系列教材

公司治理

文献研读与未来展望

CORPORATE GOVERNANCE

LITERATURE REVIEW AND FUTURE RESEARCH DIRECTIONS

主 编 姜付秀

副主编 郑晓佳 王 莹 马 嘉

中国人民大学出版社

·北京·

前 言

PREFACE

习近平总书记强调，“高质量发展是‘十四五’乃至更长时期我国经济社会发展的主题”①。企业的高质量发展是中国经济高质量发展的微观基础。公司治理作为决定公司效能的关键因素，既是企业高质量发展题中应有之义，又是企业高质量发展的重要制度保障。推进我国公司治理的学术研究无疑能够为企业高质量发展提供理论依据和实践参考，也为整个经济社会的高质量发展提供微观视角的思想贡献。

国外公司治理的学术研究始于 1932 年 Berle 和 Means 合著的《现代公司与私有财产》一书，后在 20 世纪 70 年代末成为经济、金融、会计、管理领域理论界和实务界关注的核心话题之一。我国对公司治理的探索伴随着 20 世纪末的国企改革而展开。尽管研究历史相对较短，但自公司治理在我国受到关注后，已经成为我国政府、实务界乃至整个社会持续重视的问题，也是学术界的研究热点和重要领域。与国际学术界一致，我国经济学、金融学、会计学、管理学等学科对公司治理充满了浓厚的研究兴趣，进行了广泛而深入的探索，并取得了非常显著的成就。近年来，我国丰富的公司治理实践为该领域学术研究提供了极好的条件。得益于此，与公司治理相关的研究成果不仅在国内期刊上发表，也越来越多地出现在经济学、金融学、会计学、管理学等领域的国际顶级学术期刊上。与此同时，国内外也密切关注我国的公司治理理论与实践。短时间内，公司治理在我国从一个具体的研究问题上升到一个学术领域，并逐步发展成为一门学科。2020 年，国家自然科学基金委管理科学部正式将公司治理列为工商管理二级学科。这无疑是公司治理学科发展的又一重大突破。

---

① 习近平．论把握新发展阶段、贯彻新发展理念、构建新发展格局．北京：中央文献出版社，2021：533.

在公司治理发展迅速、受到广泛关注的今天，越来越多的硕士研究生、博士研究生、专业人士有志加入该领域的学术研究，怀抱着为该领域发展做出贡献的愿望和期待。然而，我们在日常教学和科研工作中发现这些抱有一腔热血的研究者往往面临着以下三点困惑。**一是对公司治理各个领域的理解难成框架和体系。**公司治理包含众多细分方向，在进入一个分支领域之前往往需要对这一分支领域的发展脉络进行梳理。然而，刚踏入这个分支领域的学生要从海量文献中抽丝剥茧，形成系统、全面、准确的理解，需要花费大量时间。**二是在重点文献的选择上感到迷茫，对文献的解读不够到位。**公司治理研究发展到今天，文献汗牛充栋，浩如烟海。学生们往往很难快速从中挑选出既有学术前沿性又有理论基础性的文献。同时，受到语言限制，学生阅读发表在国际顶级期刊上的文献时，效率不高，难以对文献形成准确认识，也难以受到较大启发。**三是对每个分支领域未来研究方向的把握不够全面、深入。**许多学生读完文献后常常囿于固定的思维模式抑或缺乏必要的宏观视野，很难找到富有创新性、有意义的研究方向。

当这些困惑摆在许多学生面前时，我们深刻意识到一本适用于学术研究的公司治理教材是多么重要。同时，我们认为我们有责任、也有能力为公司治理学术研究贡献一本高水平教材。在长期的公司治理研究以及作为独立董事参与公司治理实践过程中，我们对公司治理理论和公司治理的中国特色形成了一些深刻认识与独特见解，相关研究成果在本学科国内外高水平学术期刊上发表，并得到了国内外学者以及实务界人士的高度评价。在学术方面，我们的相关研究成果被认为是“世界了解中国公司治理的窗口”，有的论文被认为“不仅是中国，也是其他国家金融学博士生应读的论文”。我们的两篇公司治理综述性文章都是 ESI 高被引论文。与此同时，我们的相关研究也受到了国际实务界人士的关注，我们因此先后受邀与 UBS、Ninety One 等国际知名金融机构讨论中国公司治理相关问题。在教学方面，我们为中国人民大学、对外经济贸易大学的研究生讲授过公司治理课程或者相关内容，并得到学生的一致好评。这些经验和积累为我们编写出一本高水平教材奠定了坚实基础。

我们对公司治理各个专题的文献进行了详细研读。与以上三点困惑相对应，我们在每章中都安排了以下三个方面的内容（第 1 章、第 12 章和第 13 章稍有不同）。

首先是概述。正如恩格斯所说，“历史就是我们的一切”①。对于任何一个学科以及学科中涉及的核心内容，应从源头追溯，一步一步厘定并拼接出它的历史发展历程。只有知晓了它缘何而来，才有可能知道它将向何处去。更为重要的是，从历史演进过程中，人们可以发现推动理论演进、学术发展的关键因素，借古鉴

① 马克思，恩格斯．马克思恩格斯全集：第 3 卷．北京：人民出版社，2002：520.

今。具体来说，我们通过检索、梳理、整合经济学、金融学、会计学和管理学等领域发表在国际顶级期刊中的文献，对每章话题进行全面、系统、深入的文献综述。我们既梳理了该话题的发展脉络，也搭建起该话题的理论框架，以便读者清晰地了解该话题发展至今的状况。在这部分的结尾处，我们也点明后续重点文献导读的选择理由以及其在整个研究领域的地位。

其次是重点文献导读。我们在每章都选择了3～6篇重点文献进行导读。在文献的选择上，我们先根据国内外著名高校公司治理博士研究生课程的教学大纲、国际顶级期刊上的经典文献综述、公司治理的相关书籍以及谷歌学术搜索(Google Scholar)，整合了每一个专题的重点文献库。继而依照以下三个原则进行了重点文献的初步筛选。**一是重要性原则**。即要求重点文献的引用率必须高，发表的期刊必须权威，同时文献的题目也必须包含本专题的核心词。**二是多样性原则**。这要求每章选择的多篇重点文献要在主题上多样化、在研究方法上多样化（理论文献和实证文献均有涉及）、在时间上多样化（既要有早期的开创性文献，也要有最新的前沿文献）。**三是启发性原则**。这要求重点文献必须对未来研究具有较强的启示作用。同时，我们也尽可能避免重复选择同一位作者的研究，保证作者的多元化。

在征集了国内外知名学者的意见和建议的基础上，我们最终确定45篇重点文献。在每一篇重点文献导读中，我们介绍了该文章的研究动机、理论基础、研究发现以及贡献。需要说明的是，相比于逐字逐句翻译，我们认为理解文章在理论推理和研究设计上的逻辑和架构更重要。因此，我们侧重于对文献的“导”读。此外，值得一提的是，在每篇文章导读结尾处还加入了评述部分。我们致力于评价该文在逻辑、方法、表述等方面的可借鉴之处，也指出其潜在的局限性，并做出一些延伸和思考，以期给读者一定的指引与启发。

最后是未来研究展望。在每一章的末尾（除第1章外），我们对该专题的未来研究方向进行展望。我们基于宏观视角，着眼学科发展，不讲那些人尽皆知却无从下手的方向，而是力求言之有物，挖掘重要的研究机会。更为重要的是，我们立足中国大地，结合中国国情讨论未来应如何更好地“传播中国声音、中国理论、中国思想，让世界更好读懂中国”①。

除了传统的公司治理研究专题之外，我们设置了四章特色的专题，分别是第1章公司治理概述、第11章中国公司治理问题研究、第12章新兴研究问题和第13章公司治理研究方法。具体来说，**第1章梳理学科发展，追寻历史镜鉴**。对于初入公司治理大门的科研人员来说，了解公司治理学术研究的起源、发展与嬗变，能够帮助其构建宏观思维，从而对该学科形成全局性、框架性的认识和理解。因

① 习近平在中国人民大学考察时强调 坚持党的领导传承红色基因扎根中国大地 走出一条建设中国特色世界一流大学新路．(2022-04-25)．新华网．

此，本章对公司治理的学科发展史进行了梳理，并选择了推动该学科发展的一系列奠基之作进行导读。

第 11 章聚焦中国问题，坚定理论自信。习近平总书记强调，“要以中国为观照、以时代为观照，立足中国实际，解决中国问题，不断推动中华优秀传统文化创造性转化、创新性发展，不断推进知识创新、理论创新、方法创新，使中国特色哲学社会科学真正屹立于世界学术之林”[①]。近年来，一大批立足中国实际、解决中国问题的公司治理研究如雨后春笋般涌现。我们认为，聚焦这些“中国声音”“中国理论”“中国思想”，可以进一步坚定理论自信，更能够为构建具有中国特色的公司治理学科体系、学术体系、话语体系提供具体思路。基于此，本章对发表在国际顶级期刊上的关于中国公司治理问题的研究进行了综述，挑选了一系列具有代表性的文章进行导读，并对未来研究进行展望。

第 12 章识别新兴方向，捕捉前沿动态。当今世界，环境和社会问题加剧、科技迅速发展、组织形态更迭等一系列变化都给公司治理实践带来冲击。公司治理的新兴研究方向也正诞生于此。对这些前沿思想和探索进行介绍，对这些新兴方向进行展望，无疑有助于相关研究人员找到方向，高效推动学科发展。基于此，本章对 ESG、大数据、区块链和平台组织与公司治理问题进行概述和重点文献导读，并对未来研究方向进行了简要讨论。

第 13 章关注研究方法，强调科学应用。对公司治理研究方法的正确理解和有效掌握，一定程度上能够保证研究结论的科学性、准确性和可靠性。因此，本章对公司治理领域的研究方法沿革进行梳理，厘清相关研究方法的发展脉络，并挑选了在方法应用上具有代表性的文献进行导读。

在本教材编写过程中，我们坚持的第一原则是既重教书又重育人，这也是贯穿全书的核心和基础。在此基础上，我们努力做到：在内容上，经典与前沿兼顾，继承与创新并重，理论与实践结合；在体系上，强调全面、合理；在语言风格上，力求表达清晰简洁、逻辑性强。我们希望本教材能够让刚进入公司治理领域的学生、研究者看到前进的方向和前路的光明，也能够让在这条道路上探索已久的学者们获得一些科研灵感，推动这一学科向前发展。

本教材由中国人民大学商学院财务与金融系姜付秀教授担任主编，对外经济贸易大学国际经济贸易学院郑晓佳副教授，以及中国人民大学博士生王莹、马嘉担任副主编，申艳艳、蔡亦倩、王维怡参与了部分内容的编写。在共同商定总体框架后，每个人根据分工完成编写工作。其间，编者团队多次深入讨论，反复修改完善。最后由姜付秀教授进行总校订，完成教材终稿。

本教材自筹划到正式定稿历时一年有余。其间，我们充分发挥团队作战精神，

---

① 习近平在中国人民大学考察时强调 坚持党的领导传承红色基因扎根中国大地 走出一条建设中国特色世界一流大学新路．(2022－04－25)．新华网．

每两周集中一天时间，由编写者报告已完成部分的内容，以及编写过程中的困惑，然后一起商讨其中存在的问题，做进一步的修正和完善。在本教材编写过程中，另外一个团队也在齐头并进，编写《公司治理：基本原理及中国特色（立体化数字教材版）》。在讨论过程中，两个团队共同参与，相互借鉴。虽然两本教材在具体内容上存在差异，但是在某些方面会相互启发，相得益彰。教材编写过程很辛苦，但是参与其中的每一个人都有很大收获，对公司治理的理解也更加全面、系统、深刻。为此，我们梳理了教材编写的心路历程，发表于公众号“老姜聊治理”，总结前一阶段的工作得失，开启新的征程。

本教材适用于学术型硕士研究生和博士研究生公司治理专业课程的学习。教授相关课程的教师也可将本教材用作教学参考书。同时，本教材也适合有兴趣了解和从事公司治理学术研究的专业人士阅读。此外，对于所有以公司治理以及各分支领域为毕业论文选题的本科生、MBA、MPAcc 以及以同等学力申请研究生学位的学生，本教材也会为其提供较为全面系统的文献基础。

需要说明的是，我们综述的文献、重点导读的文献都是发表在顶级期刊上的论文，相关的文献近 100 页达 1 500 多篇。为避免纸质教材过于厚重，参考文献以电子形式分享。读者扫描章节中的二维码，可以了解每一部分涉及的具体文献信息（输入贴片中的兑换码，可免费阅读）。

在本教材前期对公司治理领域学术文献进行筛选的过程中，我们得到了一些同行朋友对重点文献选择的有益建议，他们是迈阿密大学商学院管理系师伟教授、对外经济贸易大学国际贸易学院江萍教授、北京交通大学经济管理学院高升好副教授、中央财经大学会计学院马云飙副教授等等。本教材能够顺利出版也与中国人民大学出版社陈永凤博士的辛勤工作密不可分。她多次参与我们的讨论，给出了许多有价值的意见和建议，在此深表谢意。在编写过程中，我们参考了诸多公司治理相关学术著作，受益匪浅。我们深知水平所限，本教材难免有不足之处，希望能收到更多读者的意见反馈。同时，投身于公司治理研究，我们深感公司治理理论的推陈出新和公司治理实践的日新月异。为此，我们后续将密切跟踪国内外公司治理理论和实践的最新进展，除定期对教材进行进一步修改完善之外，还将通过微信公众号“老姜聊治理”“芸窗 e 财会”“人大社财会”等渠道进行及时更新与补充。

目 录

CONTENTS

第1章

公司治理概述

本章主要讨论公司治理学术研究的历史发展脉络。在1.1节中，对公司治理学术研究的起源和发展进行梳理。在此基础上，在1.2节中，对公司治理发展史上具有代表性的三篇重点文献进行导读，包括对文章内容的介绍和评述。在1.3节中，对本章内容进行简要评述。

1.1 公司治理发展简史

正如恩格斯所说，历史就是我们的一切。要深入了解一个学科，追根溯源是非常必要的。要从源头开始，一步一步厘清并拼接出它的发展历程。只有知晓了它缘何而来，才有可能知道它将向何处去。公司治理研究也不例外。在这一部分，我们将对历史上公司治理的诸多研究进行梳理，试图总结出公司治理学术研究的思想源流、形成机理，勾勒出公司治理学术研究的发展脉络，并探索出推动这一领域向前演进的影响因素。

1.1 参考文献

1.1.1 公司治理的源起

从历史源头看，公司治理的学术思想最早可以追溯到"古典经济学之父"亚当·斯密的相关论述。1776年，亚当·斯密在其经典著作《国富论》中写道，股份公司的董事管理的不是他们自己的钱，而是别人的钱。因此，我们不能期望他们像私人合伙企业的合伙人那样尽心尽力。在股份公司的业务管理中，疏忽和浪费总是无处不在。以上论述虽未明确提及"公司治理"一词，但已经关注到当公司的所有权与控制权分离时，管理者与所有者之间会产生潜在的利益冲突问题。可能因为股份公司并非普遍的企业组织形式，在之后的 150 多年中，西方经济学并未就亚当·斯密对企业内部关系的洞察继续深入探究，而是一直把企业视为一个为实现利润最大化而进行投入-产出的“黑箱”，即只关注企业的生产问题。

直到 1932 年，随着现代企业制度的兴起，Berle 和 Means 在《现代公司与私有财产》一书中，以详细的数据介绍了 20 世纪 20—30 年代美国企业所有权与控制权分离的现象，首次指出分散的股权结构会导致管理者滥用自由裁量权。尽管这部著作的关注点还停留在两权分离的表面现象，但毋庸置疑的是，它已经将学者们的视角引入现代公司的内部运行，被学术界认为是公司治理研究产生的标志。

1.1.2 20 世纪 30—70 年代前期：奠定公司治理的理论基础

在 20 世纪 30—70 年代，公司治理研究表面上陷入沉寂，实则处于厚积薄发的孕育阶段。在这一时期，企业理论、融资理论、代理理论蓬勃发展，为公司治理研究奠定了坚实的经济学理论基础。

在企业理论方面，Coase（1937）打开了企业的“黑箱”，开创了现代企业契约理论；Alchian and Demsetz（1972）以及 Williamson（1975）相继提出“剩余索取权”（residual claim）和“治理结构”（governance structure）的概念，从此产权的重要性更加引起关注并受到重视。在融资理论方面，Modigliani and Miller（1958）开始探寻企业资本结构与企业价值的关系，并在后续研究中相继放松 MM 定理的假设来进一步探讨企业资本结构与企业价值的关系。在代理理论方面，Ross（1973）正式提出了代理关系（agency relationship）这一概念，指出如果代理人一方代表委托人一方的利益行使某些决策权，则代理关系随之产生。

在吸收了以上丰富理论成果的基础上，Jensen and Meckling（1976）提出了企业所有权结构理论。该研究基于理论模型系统地阐述了现代企业中的委托代理关系，聚焦股东、债权人与经理人之间由于契约安排所产生的各类代理成本，探究企业如何安排所有权结构以实现最小化代理成本的目的。这一奠基之作首次针对现代公司搭建了一个较为完整的委托代理分析框架。后续研究所有权与控制权分离的学者，基本都继承和延续了这一理论分析范式。从此，公司治理的学术研究开始沿着各个方向铺开，学术研究进程迅速向前推进。

1.1.3 20 世纪 70 年代末至 80 年代：聚焦美国公司治理问题，开始构建公司治理研究体系框架

在 20 世纪 70 年代后期和整个 80 年代，学者们沿袭 Berle and Means

(1932) 对美国股份公司的关注，借鉴 Jensen and Meckling (1976) 的分析框架，对美国公司治理问题的表现以及各种治理机制展开了热烈的讨论。在这一研究阶段，第一类代理问题，即经理人与股东之间的代理问题成为讨论的焦点。学者们相继指出这类代理问题的具体表现，如经理人的帝国构建 (Jensen, 1986) 以及巩固地位的行为 (Shleifer and Vishny, 1989) 等。对于如何缓解这一代理问题，学者们从内部和外部治理机制两个方面给出了相应的答案。在这样的探索中，公司治理研究体系的框架逐渐清晰起来。

首先，在内部治理机制方面，学者们讨论了包括机构投资者在内的股东治理、董事会治理、经理人激励等机制安排对代理问题的缓解作用。对于大股东积极治理作用的研究，始于 Shleifer and Vishny (1986)。该研究通过模型分析指出，相比中小股东，拥有大量股权的大股东积极监督带来的收益能够弥补其监督成本，从而促使其更有动力进行监督；同时凭借较多的投票权，大股东也更有能力监督经理人。在该论文发表之后，大股东在缓解股权分散背景下的第一类代理问题中的正面作用逐渐引起学术界的关注。值得注意的是，机构投资者是美国资本市场上重要的大股东。1985 年美国机构投资者理事会 (Council of Institutional Investors, CII) 的成立，更是标志着股东积极主义的兴起。因此，在这一时期，机构投资者的治理作用成为一个独立的研究领域 (Brickley et al., 1988; Pound, 1988)。

作为公司内部的最高决策机构，董事会负有监督、聘任、解雇经理人以及设定经理人薪酬的重要职责 (Fama and Jensen, 1983)。学者们开始关注这一重要内部治理机制的作用，并就影响董事会治理的因素展开了一系列讨论，如董事会规模 (Zahra and Pearce, 1989) 以及董事会独立性 (Weisbach, 1988) 等。

在这一时期，经理人的薪酬激励机制也受到广泛关注。尤其是在 20 世纪 70 年代中期之后，经理人薪酬迅速增长，薪酬-业绩敏感性大大增强，同时股权激励在整个薪酬结构中的占比开始大幅增加。学者们基于对美国企业上述薪酬实践变化的现实思考，开始讨论经理人薪酬的影响因素和相应治理效果。相关研究通过构建模型，指出最优的薪酬契约能够使经理人与股东的利益趋同，从而缓解第一类代理问题 (Holmstrom, 1982; Grossman and Hart, 1983)。然而，Morck et al. (1988) 则提供了经理人持股与公司价值呈 N 形关系的实证证据，认为只有在经理人持股比例较低或较高时，利益协同效应 (alignment effect) 才占据主导，否则负面的堑壕效应 (entrenchment effect) 会占据上风。

负债往往被认为是一项内部公司治理机制。在 Jensen and Meckling (1976) 首次提出负债的治理作用之后，学者们相继开始在此领域进行探索。

Grossman and Hart（1982）提出的绑定效应（bonding effect）假说认为，经理人通过举债使自身与公司利益绑定，将负债作为经理人按照股东利益行动的事先承诺（precommitment）。因为当公司无力偿付债务而被清算时，经理人将面临失业。Jensen（1986）提出的自由现金流假说则强调负债利息的定期偿付将减少经理人可支配的自由现金流，从而降低其进行机会主义行为的可能。此外，这一时期也有学者专门就银行这类大债权人的治理作用进行探讨（Diamond，1984，1989）。

其次，在外部治理机制方面，学者们开始探讨市场机制以及信息中介的治理作用。在市场机制方面，不论是控制权市场、经理人市场还是产品市场竞争，其治理作用均开始被学者们挖掘和探究。20 世纪 70—80 年代美国活跃的控制权市场理所当然地吸引了公司治理学者们的目光。大多数学者认同控制权市场这一治理机制的有效性（Fama and Jensen，1983；Williamson，1983），并且在这一阶段主要依靠并购成功后的市场反应来提供证据（Dodd，1980；Jensen and Ruback，1983）。然而，也有学者指出控制权市场具有负面治理效应，认为来自这一市场的威胁会让目标公司经理人行为短视化（Stein，1988）。在经理人市场方面，Fama（1980）首次明确指出经理人市场对公司经理人的约束作用，引发了学者们的深入思考和探讨。这一阶段的大量研究表明，经理人市场会对不称职的经理人施加惩罚（Coughlan and Schmidt，1985；Weisbach，1988；Gilson，1989）。但与控制权市场类似，也有学者认为经理人也会出于快速建立声誉的动机而进行机会主义行为（Narayanan，1985），即经理人市场也具有负面效应。产品市场竞争在公司治理领域的正式研究发端于 Hart（1983）的研究。在委托代理框架下，Hart（1983）通过理论模型论证了产品市场竞争能够抑制经理人的懈怠行为，明确强调了这一机制的积极治理效果，引发了后续研究的跟进和探索（Scharfstein，1988）。

此外，信息中介通过降低信息不对称程度进而缓解代理问题的作用也在同一时期得到关注。Jensen and Meckling（1976）指出，应由诸如分析师这类相对有信息优势的群体来对经理人进行监督，同时，他们认为外部审计也是一种有效的监督方式。自此之后，分析师和审计师等信息中介开始进入公司治理的研究视野。如在分析师方面，Moyer et al.（1989）的实证研究支持了分析师能够有效降低股权和债权代理成本这一观点。在审计师方面，Watts and Zimmerman（1983）的研究发现，审计师的独立性对其治理作用的发挥至关重要。

1.1.4 20 世纪 90 年代：放眼全球，公司治理研究体系框架逐渐完整

从 20 世纪 90 年代开始，学者们的视野开始从美国扩大到其他国家或地区。这一研究视野和研究范围的扩展，使得公司治理中的第二类代理问题开

始受到关注，同时也将法律机制和利益相关者治理两类外部治理机制纳入公司治理的研究框架中。

在这一阶段，一系列的研究发现除英国、美国外，世界上大部分国家或地区的公司股权结构高度集中（Zingales，1994；La Porta et al.，1999；Claessens et al.，2000；Faccio and Lang，2002）。Shleifer and Vishny（1997）指出，在集中的股权结构下，控股股东会出于私利动机损害中小股东的权益。也就是说，控股股东的代理问题成为这类公司的核心代理问题。从此，针对第二类代理问题的研究开始向前推进。学者们相继讨论了控股股东进行利益侵占的具体表现以及相应的经济后果，形成了一系列丰富的研究成果（Johnson et al.，2000；Claessens et al.，2002）。

随之而来的一个问题是，为什么各个国家或地区的公司股权结构和代理问题会存在差异？La Porta et al.（1997，1998，2000）等一系列关于“法与金融”的文献对此给出了一定的解释。这些研究通过考察世界各国或地区的公司治理情况，发现在法律对投资者保护较弱的国家或地区，公司的股权结构往往高度集中。这说明投资者法律保护的差异是各国或地区形成不同代理问题的内在原因，法律制度的建立和完善也相应成为改善公司治理的关键机制。在此之后，法律机制成为公司治理研究中一个重要的研究方向。

此外，相关学术研究开始关注和强调利益相关者权益的德日公司治理模式，并对其与英美公司治理模式的差异展开热烈讨论（Kaplan，1994a，1994b；Kaplan and Minton，1994）。同时，美国在 20 世纪 80 年代兴起的恶意并购浪潮让除股东之外的利益相关者付出了惨重代价，在 20 世纪 80 年代末美国各州相继修订公司法，要求经理人对利益相关者负责。在以上学术研究的推动和现实背景的要求下，利益相关者治理的新思想应运而生。Hill and Jones（1992）指出，不同于传统的委托代理关系，在利益相关者治理的理念下，委托人由股东扩大到利益相关者，经理人成为连接所有利益相关者的关键角色，被视为其他利益相关者的代理人。后续研究继续对利益相关者的治理效果进行探索（Klassen and McLaughlin，1996；Biais and Gollier，1997；Petersen and Rajan，1997）。

不难看出，在 20 世纪 90 年代末，公司治理研究体系的框架逐渐变得完整，其作为一门独立学科的地位也逐渐确立和稳固。两类核心的代理问题受到了同样的关注和重视；与此同时，股东、董事会、经理人激励、债权人、利益相关者、信息中介、法律机制、市场机制等内外部治理机制都开始获得强劲发展，公司治理研究体系框架逐步完善。

1.1.5　进入 21 世纪：多学科交叉融合，进一步完善研究框架，拓宽研究边界

进入 21 世纪以来，公司治理领域的研究除了在以上这些分支中继续深入

探索之外，还更加注重多学科的交叉融合，不断完善和丰富公司治理研究体系框架。通过公司治理与社会学的融合，文化这一非正式制度，自然而然地被纳入公司治理的研究框架中。具体来说，学者们从社会学的研究视角出发，发现文化差异是导致各国投资者法律保护程度、控制权私有收益大小以及相应公司治理实践差异的原因之一（Stulz and Williamson，2003；Dyck and Zingales，2004；Buck and Shahrim，2005）。经这些开创性的研究启发，后续学者将非正式制度作为重要的外部公司治理机制展开研究，其中，外部公司治理机制主要包括国家文化、公司文化和社会资本（Hwang and Kim，2009；Han et al.，2010；Liu，2016）。

近年来，公司治理领域也出现了一些新的研究方向，不断拓宽该领域的研究边界。经济的飞速发展给环境、社会和公司治理带来巨大冲击，人们越来越意识到可持续发展的重要性。在学术界和实务界的热切呼吁之下，环境、社会与治理（environmental，social，and governance，ESG）成为公司治理领域一个新兴的研究话题（Crifo et al.，2015；Hartzmark and Sussman，2019）。同时，数字经济的繁荣发展造就了大数据信息资产、区块链信息技术以及平台企业这类新型组织形式，并在方方面面改变人类的生活。这些数字经济的产物无疑也对公司治理产生着影响。因此，大数据、区块链和平台组织也成为公司治理学术研究的新方向（Yermack，2017；Zhu，2019；Goldstein et al.，2021；Zhang et al.，2022）。

从上述内容可以看出，公司治理领域在过去几十年间获得了飞速发展，研究框架不断被丰富和完善。我们选取了以下三篇在公司治理研究发展史上非常经典且至关重要的开创性研究，进行重点文献导读。

第一篇是 Michael C. Jensen 和 William H. Meckling 于 1976 年发表在 *Journal of Financial Economics* 上的“Theory of the firm：Managerial behavior，agency costs and ownership structure”。这篇研究是继 1932 年 Berle 和 Means 的著作之后，第一篇直击公司内部治理问题的著作。该研究搭建的委托代理分析框架，不论是对后续公司治理的理论研究还是实证研究，都产生了十分深远的影响。截止到 2022 年 5 月 9 日，该文在谷歌学术搜索（Google Scholar）上的引用量为 108 064 次。

第二篇是 Eugene F. Fama 和 Michael C. Jensen 于 1983 年发表在 *The Journal of Law and Economics* 上的“Separation of ownership and control”。该研究基于代理成本的视角，深入分析了两权分离现象存在的原因，并讨论了董事会、控制权市场等治理机制的作用路径和相应效果，对公司治理研究框架的搭建起到不可忽视的作用。截止到 2022 年 5 月 9 日，该文在谷歌学术搜索上的引用量为 29 201 次。

第三篇是 Andrei Shleifer 和 Robert W. Vishny 于 1997 年发表在 *The Journal of Finance* 上的 "A survey of corporate governance" 一文。这篇综述文章对公司治理这一概念进行的界定，成为该研究领域公认的经典论述。同时，该文基于所有权与控制权分离的视角，探讨了包括投资者法律保护和集中的所有权在内的治理机制的作用，对当时公司治理的学术研究进行了较为全面、完整的综述，对后续该领域的研究产生了重要影响。截止到 2022 年 6 月 20 日，该文在谷歌学术搜索上的引用量为 25 160 次。

接下来我们将逐篇介绍论文内容并进行简要评述。

1.2　重点文献导读

1.2.1　企业理论：经理行为、代理成本和所有权结构

Theory of the Firm: Managerial Behavior, Agency Costs and Ownership Structure

1.2　参考文献

文献来源：Jensen M C, Meckling W H. Theory of the firm: Managerial behavior, agency costs and ownership structure. *Journal of Financial Economics*, 1976, 3 (4): 305 - 360.

1. 研究问题

该文融合代理理论、产权理论和融资理论的相关成果，提出了企业所有权结构理论。具体来说，该文在企业所有权与控制权分离的场景下，探究股权代理成本和债权代理成本的来源，为确定最优的企业所有权结构等问题提供了新的研究视角。

2. 概念界定和相关说明

作者首先对代理关系、代理成本等概念进行界定和解读，以明确文章的研究思路。代理关系是指这样一种契约关系：委托人授予代理人某些决策权，要求代理人提供符合委托人利益的服务。如果委托人和代理人都追求各自的效用最大化，那么我们有充分的理由相信代理人并不会总是做出符合委托人利益的行为。作者指出，在这种情况下，随即产生以下三类代理成本。第一，委托人激励和监督代理人所付出的监督支出（monitor expenditures）。第二，代理人用一定的资源来担保自己不会做出有损于委托人利益的行为，或者承诺当委托人利益受到损害时进行补偿，此为担保支出或承诺支出（bonding expenditures）。第三，即使委托人进行监督，代理人也提供担保，二者效用最大化的决策也不会完全趋于一致。这也会造成一定的损失，作者将其称为剩余损失（residual loss）。众所周知，在现代公司中，所有权与控制权相分离，上述代理关系以及

相关的代理成本将不可避免。作者认为，如果能说明公司为何产生以及如何产生代理成本，就能帮助构建企业所有权结构理论。基于以上分析，该文聚焦企业股东、债权人与经理人之间的契约安排，依次讨论股权和债权的代理成本，进而探讨经理人如何在内外部股权和债权之间进行权衡的问题。

需要说明的是，在该文所有的基准模型中，作者均假设企业无税收、无商业信用、无可转债或优先股等复杂类型的证券、所有的外部股权都没有表决权、企业的生产-融资决策为单期、只存在一个拥有公司所有权的经理人等。同时，该文分析的出发点均为经理人原本持有企业100%的股权，即经理人是所有者兼经营者，出于融资需求或分担风险的考量，将股权出售给外部人员以及（或）选择举债经营。

3. 研究过程

（1）外部股权代理成本。

该部分通过比较经理人拥有100%的股权和经理人将股权的一定比例出售给外部股东这两种情况，分析外部股权所产生的代理成本。

1）模型假设。

首先介绍必要的假设和定义。假设企业的规模是固定的，企业中不存在前述监督活动和担保活动，且不允许使用债务、优先股等其他融资方式。定义企业行为向量为 X，这些行为所产生的净收益为 $B(X)$。企业的最优行为决策为 X^*，X^* 满足 $\frac{\mathrm{d}B(X^*)}{\mathrm{d}X^*}=0$。倘若经理人将自身效用函数最大化后，选择了企业行为 $X \geqslant X^*$，那么经理人的自利行为（该文在经理人在职消费的场景下讨论），将使得企业产生成本 $F=B(X^*)-B(X)$。作者还设定当经理人不进行在职消费时（即 $F=0$，$X=X^*$ 时），企业的市场价值为 V。

2）模型推导。

当企业完全属于经理人所有时，鉴于经理人的效用取决于企业市场价值 V 和在职消费 F，并且在 V 对 F 的边际替代率递减的前提下，经理人效用最大化的均衡解将为（V^*，F^*），其中 $V^*<V$。也就是说，经理人会选择牺牲企业价值 $V-V^*$，以获取在职消费 F^*。

当经理人将 $1-\alpha$ 比例的股权出售给外部人员时，其在职消费的成本将由 F 变为 αF。此时，经理人会有更强的动机进行在职消费。作者证明，在这种情况下，如果外部股东能理性预期到经理人这一机会主义动机，就不会以 $(1-\alpha)V^*$ 的价格购买 $1-\alpha$ 比例的股票，而是以一个更低的价格 $(1-\alpha)V'$ 购买股票。

3）模型结论。

可以看出，当持股100%的经理人出售一部分股权后，企业整体价值从

V^* 下降到 V'，这就是前文中定义的第三类代理成本——剩余损失。鉴于该部分讨论假定不存在监督活动和担保活动，这便是企业此时承担的所有代理成本。这一问题的本质在于，当经理人出售一部分股权后，其努力工作的收益并不能完全由自己享有，同时在职消费的成本却有所降低。因此，经理人会更倾向于进行在职消费，而非提升企业价值。外部股东理性预期到这样的后果，就会降低对企业股份的支付价格，即降低企业市场价值，增加股权融资成本。

4）模型扩展。

然后，作者放松模型假设，分析外部股东进行监督和经理人进行担保这两类活动在降低代理成本中的作用。外部股东可以通过审计、预算约束和设计薪酬激励制度等方式来减少经理人的在职消费行为，从而增加企业价值。可见，扣除监督成本后的企业价值增量部分，最终会增加经理人的财富。因此，经理人有动机最小化监督成本。相应地，他们可以选择采取担保的方式向外部股东承诺自己将减少机会主义行为。只要监督或担保的边际收益大于边际成本，监督或担保活动就是可行的。

恰如该文章开头所言，监督和担保并不能完全消除代理成本。因此，在所有权与控制权分离的现代公司中，代理成本是不可避免的。但作者在此强调，因为这些代理成本完全由经理人（原始的所有者）承担，所以经理人也有动机将其最小化。同时，这种代理关系或融资方式能够提高企业的融资额，帮助企业进行可盈利的投资。因此，虽然文章得出代理成本非零的结果，但并不能就此认为代理关系是一种非最优、浪费或低效的关系。

此外，作者还讨论了代理成本的大小取决于经理人的偏好、进行在职消费的难度、外部股东衡量和评价经理人表现的成本以及设计有效薪酬激励制度的成本、替换经理人的成本等因素。

（2）债权代理成本。

既然股权融资会带来代理成本，那么经理人进行债务融资是否会避免相关成本呢？毕竟在经理人自身财富和投资额既定的情况下，随着债务比例的提高，经理人的相对持股比例会随之增加，股权代理成本会相应下降。然而，作者指出，债务融资也会带来相应的债权代理成本。具体来说，债权代理成本包括以下三类：第一类是债务通过影响企业投资决策而引发的潜在财富损失；第二类是债权人监督成本和经理人担保成本；第三类是破产和重组成本。

1）模型假设。

作者先对第一类债权代理成本进行分析。假设存在两个成本相同且互斥的投资项目 1 和投资项目 2，二者在未来产生的随机回报分别为 $\widetilde{X}_{j(j=1,2)}$，均服从对数正态分布。暂且假设预期总回报均为 $E(\widetilde{X})$，总市场价值均为 V。唯一的差别在于投资项目 1 未来回报的方差（σ_1^2）小于投资项目 2 未来回报的方差（σ_2^2），即投资项目 1 的风险低于投资项目 2。

2）模型推导。

作者指出，如果经理人先选择投资项目，再选择债务或股权的融资方式，那么这两个投资项目无差异。但如果经理人先进行举债融资，再选择投资项目，那么这两个投资项目的选择就会对企业价值产生影响。因为经理人完全可以先承诺投资低风险的投资项目 1，并发行债券，继而投资高风险的投资项目 2，这样就能把财富从债权人手中转移到自己（股权所有者）手中。具体地，作者进一步设定债券的固定索取权为 X^*，选择两个项目的债券市场价值为 B_1、B_2，股权市场价值为 S_1、S_2。如果项目的真实回报 $\widetilde{X}_j \geqslant$ 债券的固定索取权 X^*，则债权人不承受任何损失，两个投资项目给债权人带来的回报无差别；反之，如果项目的真实回报 $\widetilde{X}_j \leqslant$ 债券的固定索取权 X^*，那么根据 Black-Scholes 期权定价模型（Black and Scholes，1973），可以计算出 $B_1 > B_2$，$S_1 < S_2$。可见，选择低风险的投资项目 1，债权价值更高，股权价值更低。也就是说，经理人先选择低风险的投资项目 1，出售给债权人面值为 V^* 的债券，债权人获得收入 B_1，经理人获得股权收益 S_1。但是考虑到 $S_1 < S_2$，经理人必然会将投资转向高风险的投资项目 2，从而将债权人的收益转移到自己手中。当债权人理性预期到经理人的这一机会主义行为时，他们会对债券的固定索取权 X^* 支付更低的价格 B_2。同时，作者假设投资项目 1 的预期回报 $E(X_1)$ 大于投资项目 2 的预期回报 $E(X_2)$，那么则有 $V_1 > V_2$。

3）模型结论。

这意味着如果经理人不举债，他们必然会选择收益更高的投资项目 1。但是，如果经理人进行债务融资，且当其从债权人手中转移走的财富数额足以弥补债权人支付价格的下降以及选择投资项目 2 的价值损失时，经理人将倾向选择投资项目 2。此时，$V_1 - V_2$ 就是债务融资的代理成本之一，即剩余损失。

4）模型扩展。

紧接着，作者对第二类债权代理成本，即监督成本和担保成本进行了分析。一是，债权人可以在债务契约中加入各种条款来限制经理人的机会主义行为，此时会产生相应的合同设定和执行成本，统称为监督成本。二是，考虑到监督成本最终由经理人承担，经理人也会考虑以更低的成本提供相关财务信息或聘请审计机构来保证自己会减少利益侵占行为，这将产生相应的担保成本。

第三类债权代理成本是破产和重组成本。众所周知，当企业无法清偿债务导致破产时，股东承担有限责任后，剩余损失全部由债权人承担。为了规避风险，债权人会做出理性预期，这样破产成本的全部财富效应都会由筹资人（即经理人）来承担。

作者指出，在以上代理成本存在的情况下，仍会进行债务融资的原因在于税收优惠以及企业潜在的投资机会。也就是说，即使经理人将承担债权代理成本，只要新投资项目的边际收益大于债务的边际代理成本，并且这些代理成本又低于股权代理成本，那么经理人就会选择债务融资方式。

（3）企业所有权结构理论。

基于上述分析，作者在这一部分构建了企业所有权结构理论，即通过最小化相关代理成本，来寻求企业最优的所有权结构。该理论不仅关注外部股权 S_0 和债权 B，还关注经理人所持的内部股权 S_1。这也是作者使用“所有权结构”一词而非“资本结构”的原因。

首先，作者考虑了最优的外部融资结构 $E^*=S_0^*/(B+S_0)$ 的问题。要确定最优的外部融资结构，就是要使与之相关的代理成本最小化。因此作者假设外部融资的总代理成本为 $A_T(E)$，并且 $A_T(E)=A_{S_0}(E)+A_B(E)$。其中，$A_{S_0}(E)$ 为外部股权代理成本，$A_B(E)$ 为债权代理成本。可想而知，股权代理成本和债权代理成本随 E 的增加此消彼长。因此，当 $A_T(E)$ 取最小值时，即对应的 E^* 就是最优的外部融资结构。

其次，作者讨论了外部融资占企业整体所有权的比例 K。假设企业既定规模为 V^*，那么 $K=(B+S_0)/V^*$。随着 K 的提高，经理人的持股比例下降，其更倾向于进行在职消费，因此外部股东和债权人都会增加对经理人的监督，相应的外部股权代理成本 A_{S_0} 和债权代理成本 A_B 都会上升。也就是说，随着 K 的增加，总代理成本将有所增加。那么最优的 K 如何确定呢？作者指出，经理人之所以不愿意将自己所有的财富投入公司，而选择承担外部融资带来的代理成本，是为了多元化自己的投资组合，以规避风险。因此，当外部融资的边际代理成本等于经理人多元化自身投资组合的边际收益时，最佳外部融资比例 K^* 即可确定。

除此之外，作者针对模型中的限定条件进行了讨论和拓展，为未来研究提供了一些方向。在文章最后，作者重申，现代公司是一种伟大的组织形式，尽管存在着固有的代理成本，但由于个人总有动机最小化该代理成本，因此至少到目前为止，债权人和投资者基本上都没有对此种契约形式的结果感到失望。

4. 评述

该文吸收了代理理论、产权理论和融资理论的相关成果，从股权和债权代理成本的角度分析了企业所有权结构问题，认为均衡的企业所有权结构是由股权代理成本和债权代理成本之间的平衡关系决定的。这一方面为企业所有权结构的相关分析提供了新的研究视角，另一方面也有助于深入理解所有权与控制权分离带来的相关后果。同时，该文对代理问题的定义和分类以及对现代公司形式经久不衰原因的分析，都对后续公司治理的研究产生了深远影响。

诚然，该文的基础模型假设与现实存在一定差距。比如，现实中存在外部股权具有表决权的情况，这会影响外部人员监督和惩罚经理人的成本；模型只涉及单期决策，但现实中的投资和筹资活动往往是多方主体多期博弈的结果。

不难看出，作为公司治理领域的奠基之作，该文探讨的是最根本、最核心、最关键的问题。一个随之而来的疑问是，该领域经过几十年的发展，实践已发生诸多变化，这篇文章里所探讨的基础问题是否仍然重要，前提条件、相关结论是否发生了改变？这亟需学者们来论证和检验。只有注重对本质问题的探讨，才能推动这个领域朝着正确的方向发展。

1.2.2 所有权和控制权的分离

Separation of Ownership and Control

文献来源：Fama E F，Jensen M C. Separation of ownership and control. *The Journal of Law and Economics*，1983，26（2）：301－325.

1. 研究动机与研究问题

从亚当·斯密到 Berle 和 Means，再到 Jensen 和 Meckling，以所有权和控制权分离为特征的企业为何能存续一直困扰着从事相关研究的学者。该文旨在为此提供解释。

更准确地说，该文阐释的是以重要决策者不承担其决策产生的财富效应为特征的组织为何能存续的问题。

2. 研究过程

（1）概念界定。

组织是组织要素所有者和需求者之间一系列成文和不成文契约的连结。这些契约，或称为“内部游戏规则”，明确了组织中每个代理人的权利、考评标准及收益函数。契约结构连同生产技术和外部法律决定了特定组织形式的生产成本。只有在覆盖成本的情况下，以最低价格提供顾客所需产品的组织形式才能生存下来。组织中最核心的契约明确了剩余索取权的性质和决策过程在代理人间的分配方式。据此二者，可以区分不同的组织形式，还可以解释为何特定的组织形式最终能得以存续。因此，该文的关键在于理解组织中剩余索取权和决策过程的契约安排。

作者首先阐述了剩余索取权和决策过程的一般特征，为后续讨论奠定基础。剩余索取权即通过签订契约拥有获得组织内净现金流的权利。获得该权利的代理人称为剩余索取者或风险承担者，他们承担了组织中绝大部分的不确定性，但也获得了相应的补偿，因为其他代理人会承诺将资源用于满足其利益诉求。不同组织对剩余索取权的限制有所差别，限制最少的当属公司中的普通股。普通股可以自由转让，因而股东间可以不受限地共担风险。由剩余索取者作为承担绝大部分风险的唯一群体，是有利于组织存续的，这样一是避免了不同代理人之间监督成本的产生，以及当各代理人承担风险水平改变时契约调整成本的产生；二是以剩余索取者利益即增加净现金流为决策导向的契约，有助于提高组织的生存价值。决策过程对理解组织生存同样重要，可以大致分为四步：提案、批准、执行、监督。通常，提案和执行被授予同一代理人执行并合称为决策管理，批准和监督被授予同一代理人执行并合称为决策控制。

（2）理论分析。

作者从代理问题出发展开研究。契约的制定和执行都需要一定成本，由此出现了代理问题并产生了代理成本。当决策者不是剩余索取者，不承担决策产生的财富效应时，控制决策过程中的代理问题就尤为重要。如果缺乏有效的控制程序，代理人极有可能从事背离剩余索取者利益的行为。直觉上来看，要解决这一代理问题首先就是要将决策管理权和决策控制权分离开来，交由不同的代理人负责。但实则不尽然如此，剩余索取权和决策过程的契约安排需要从代理问题出发，依据具体情况进行具体分析。因此，在后续内容中，作者分析了在何种情形下将决策管理权、决策控制权以及剩余索取权完全分开对于缓解代理成本最为有效，又在何种情形下将三者结合在同一代理群体上最为有效，从而解释了与之对应的两种组织形式为何能存续。作者对此还提出了两个假设：假设一，决策管理权和剩余索取权的分离导致形成决策管理权和决策控制权分离的决策系统。假设二，决策管理权和决策控制权集中在一个或少数几个代理人手中导致剩余索取权也被限制在上述代理人手中。该文基于最小化代理成本的原则，在不同组织中论证了上述假设的合理性。需要说明的是，在分析过程中，作者将组织分成了简单和复杂两种类型。其中，“简单”意味着决策所需信息（转移成本极高）集中在一个或少数几个代理人手中，而“复杂”则意味着决策所需信息（转移成本极高）分散在组织内各个层次的代理人手中。

1）决策管理权、决策控制权以及剩余索取权结合更有效的情况。

对于简单的组织来说，由于重要决策所需信息集中在一个或少数几个代理人手中，最有效的决策过程分配方式就是将决策管理权和决策控制权同时授予这些掌握信息的代理人。对于由此产生的决策者和剩余索取者间的代理问题，最有效的解决办法就是将剩余索取者的范围限制在决策者内。由此在简单组织中，恰如假设二所述，决策控制权和决策管理权集中将导致剩余索取权限制在决策者中，三者结合是最有效的契约安排形式。

然而，此举虽缓解了上述代理问题，但也带来了一定成本。一是牺牲了不受限制的风险分担。剩余索取者放弃了通过分散投资降低风险的方法，因而增加了其面临的风险，降低了其在决策时的风险承担意识。二是牺牲了决策职能专业化带来的收益。决策者只能从剩余索取者中挑选，降低了决策的效率。因此，成本和收益的权衡最终决定了在实际情况中组织是否执行上述契约安排。

在小型的简单组织中，决策管理权和决策控制权的集中能提高效率，并且该类组织没有决策专业化的需求但剩余索取者从风险分担中获益较小，因此执行上述契约的收益大于成本，能有效地通过将剩余索取者的范围限制在决策者中缓解由决策管理权和决策控制权集中带来的代理问题。因此，集决策控制权、决策管理权以及剩余索取权于同一代理人是该类组织可以采取的最有效的契约安排方式。现实情况也为此提供了证据，小规模的独资企业、合伙企业的契约安排确实如此。

2）决策管理权、决策控制权以及剩余索取权分离更有效的情况。

以决策管理权和剩余索取权分离为特征的组织大都是复杂的，即决策所需信息分散在组织内各个层次的代理人手中。分散的决策管理权使得各个层级的代理人将其掌握的相关信息反映到决策中，实现成本的降低，因而成为该类组织可以采取的更有效的决策方式。由此产生的代理问题需要通过分离决策管理权和决策控制权来加以缓解。即如假设一所述，决策管理权和剩余索取权的分离导致了决策管理权和决策控制权的分离。

在此基础上进一步考虑剩余索取权的分布，可以更加详细地探讨决策管理权、决策控制权以及剩余索取权的安排。首先考虑剩余索取权虽不由决策管理者拥有，但集中在一个或几个剩余索取者手中的特殊情况。原则上，可以直接将决策控制权授予剩余索取者。此时，决策控制权和决策管理权在顶层相分离，由剩余索取者行使，仍与假设一相符。然而实际上，在复杂的组织中，决策控制相关信息亦分散在组织内多个层级的代理人手中。因此与有效的决策管理权安排类似，有效的决策控制权涉及授权和分散，以及在不同层级上与决策管理权的分离。可见，在复杂的组织中，即使是在剩余索取权集中于一个或几个剩余索取者手中，因而顶层决策控制权由剩余索取者执行的特殊情况下，也能在顶层以下的各个组织层级上观察到决策管理权和决策控制权各自的授权、分散，以及二者间的相互分离。

在更一般的情况下，考虑到复杂组织中剩余索取者对风险分担的需求较高、资金提供量较大、组织中的风险投资项目较多，剩余索取权多分散在各个代理人手中。鉴于由所有剩余索取者共同执行决策控制权以缓解代理问题的协调成本过大，实行完全决策控制权授权成为更有效的方式。此时，顶层的决策控制权也与剩余索取权分离，决策控制权实现了全盘专业化。由此，在复杂组织中，考虑剩余索取权分散在多个代理人手中这一更为常见的情形时，预期能够观察到决策管理权和决策控制权各自的授权、分散，以及二者在各个组织层级上的分离。

值得一提的是，虽然决策管理权和剩余索取权分离多发生在复杂的组织中，但是决策管理权和决策控制权分离对任何一个在决策过程中存在严重代理问题的组织均有利，即重要决策者不承担其决策产生的绝大多数财富效应。据此，作者认为无论规模大小或复杂程度如何，决策管理权和剩余索取权分离也将是非营利组织和金融互助组织的特征之一。作者预期，即使在小型且不复杂的非营利组织和金融互助组织中，也应能够观察到决策管理权和决策控制权的分离。但如果忽略上述小型简单组织中的代理问题，决策管理权与决策控制权的集中和结合则更为有效。

实现决策管理权和决策控制权分离以及二者在各个层级上分离的相关机制在组织间具有一般性这一事实，进一步印证了文章中的假设一：决策管理权和剩余索取权的分离导致形成决策管理权和决策控制权分离的决策系统。实现机制的一般性体现在三个方面，一是正式的决策等级体系，即将决策控制权授予更高层级的代理人，决策管理权则授予相对较低层级的代理人，由前者监督和评估后者。这一体系加大了代理人进行自利行为的难度，并且该体系受到会计规则等组织内其他制度的支持。二是非正式的相互监督体系。同一层级代理人间可借助日常的工作交流，以较低成本获取彼此间的信息，这些信息无法被更高层级代理人获知，非正式的相互监督体系发挥了这些信息的价值，为组织中的正式制度提供补充支持。该非正式体系本身得以存在的原因不仅在于代理人据此可以增加彼此之间的竞争性互动从而提高人力资本，还在于其提升了代理人评估和激励体系的有效性，此二者均符合剩余索取者的利益。三是以董事会作为决策控制系统的最高层级，负责雇佣、评估、解雇最高层级的决策管理者，设定薪酬，以及批准和监督重要决策，保证决策管理权和决策控制权在组织最高层级中的分离。

（3）实证检验。

至此，该文完成了对两个关键假设的论述，从理论上阐释了特定组织形式为何能存续这一问题。文章余下部分是对假设一的简单实证检验，即实际中，组织决策管理权和剩余索取权的分离是否导致形成决策管理权和决策控制权分离的决策系统。

现实中决策管理权和剩余索取权分离的企业大都为开放式公司（剩余索取权不受限制）、大型专业合伙组织、金融互助组织和非营利组织，因此作者分别就以上不同组织形式的决策控制特征进行了详细探讨。无一例外地，这些组织形式中均存在决策管理权和决策控制权相分离的决策系统。但由于这些组织形式各有各的特点，因而不可避免地导致它们在决策控制的具体实现机制上以及各个机制的具体运行细节上有所差异或各有侧重。比如，在实现机制上，开放式公司的控制机制主要是股票市场、控制权市场和董事会；大型专业组织则主要依赖董事会、非正式的相互监督体系。在各个机制的具体细节上，开放式公司的董事会由内部董事和外部董事共同组成，其中，外部董事大都为各领域专家或其他公司的决策管理者；在大型专业合伙组织中，由于剩余索取者也是其所在组织从事相关活动的专家，他们不需要借助外部力量，因而董事会完全由各合伙人组成；而在金融互助组织中虽然也设有董事会，但并不发挥实质性的作用。因此，组织决策管理权和剩余索取权的分离会导致决策管理权和决策控制权分离的决策系统这一假设也得到了现实证据的支持。

3. 研究贡献

作者未在文中提及文章的贡献，但该文在公司治理领域中的奠基地位不言自明。

4. 评述

以往研究大都着眼于所有权与控制权分离的不良后果以及如何进行缓解（Jensen and Meckling，1976），该文首次从根本上解释了所有权与控制权分离的现象为何能存在，在公司治理领域具有重要意义。首先，该文对公司治理领域内的后续研究具有启示意义。文中提到的各种控制机制，如控制权市场、股票市场、董事会、独立董事等都成为后续研究的重点。其次，该文将代理问题的研究范围拓宽至公司外的各类组织中，对公司治理领域的研究成果或许可以推广至其他各类组织产生了重要启示。最后，该文提供了不同情形下的最优契约安排形式，可供现实中各类组织参考。

1.2.3 公司治理综述

A Survey of Corporate Governance

文献来源：Shleifer A，Vishny R W. A survey of corporate governance. *The Journal of Finance*，1997，52（2）：737－783.

1. 研究动机与研究问题

公司治理要解决的问题是如何保证资金提供者获得投资回报。尽管从长期来看，产品市场竞争会促使企业改善治理水平，从而使企业以最低成本进行融资（Alchian，1950；Stigler，1958），但是，该文作者认为单靠产品市场竞争并不能够解决一切公司治理问题。在理想情况下，企业家们时时刻刻都以竞争性的价格来雇用劳动力、租赁生产资本，从而没有剩余的资源可供转移。然而，在现实中，生产资本具有高度的专用性和沉没性，经理人很可能在获得资本之后实施利益侵占行为。因此，除了产品市场竞争，还需要其他公司治理机制来确保资金提供者能够获得投资回报。

该文基于所有权与控制权分离的视角，对公司治理领域的文献进行综述，重点关注投资者法律保护和集中的所有权这两类重要的公司治理机制。

2. 研究过程

文章共分为八个部分。第一部分概述代理问题产生的原因和表现，同时关注激励契约这类缓解代理问题的方式。第二部分到第四部分主要讨论在存在代理问题的情况下企业如何筹集资金。具体来说，第二部分探讨企业在不赋予投资者任何控制权的情况下，还能获得融资的原因。第三部分和第四部分分别关注投资者法律保护和大型投资者（large investor）对保障投资者获得投资回报的重要作用。第五部分进一步讨论大型投资者的治理成本。第六部分聚焦债务治理、股权治理、杠杆收购等具体的公司治理机制。第七部分则基于全球视野，探讨哪一种公司治理模式是最佳的。第八部分总结全文并提出未来研究方向。

（1）代理问题产生的原因和表现。

现代企业代理问题的核心是所有权与控制权的分离。通常情况下，投资者会与经理人签订契约，来规范经理人的行为，并对收益分配进行约定。但由于契约天然的不完备性，未在合同签订前约定的决策权（即剩余控制权）不可避免地产生了（Grossman and Hart，1986；Hart and Moore，1990）。原则上，投资者应该享有这一权利，但其作为外部人，缺乏足够的信息和能力做出决策，因此，这些剩余控制权最终落入经理人手中。这就赋予了经理人极大的自由裁量权（management discretion）。出于机会主义动机，经理人会采取变卖资产、转移定价等方式来获取控制权私有收益（Grossman and Hart，1988）。不难想到的是，投资者可以事前与经理人签订一份包含股权、股票期权或业绩不佳将遭到解雇等的长期激励契约（Jensen and Meckling，1976；Fama，1980），使经理人的利益与其趋于一致。然而事实表明，经理人又会通过操纵业绩等方式来增加薪酬或择时获取期权，使得激励契约无法完全解决代理问题。在该文发表前的十年里，大量的经验证据都表明经理人的行为普遍偏离了投资者的利益，尤其背离了股东的利益。

（2）投资者（不掌握控制权）为企业提供资金的原因。

既然经理人的机会主义行为如此普遍，为何外部投资者还会对企业进行投资？甚至投资者在没有掌握任何控制权的情况下也会为企业提供资金。该文对这个问题给出了两种解释。一是出于声誉机制的考量，投资者会进行投资。当经理人想要长期在市场上进行融资时，他们就会按时偿还债务、支付股利，以保持良好的声誉。二是市场上存在过度乐观的投资者。他们并不打算拿回本金，只希望通过短期的股票升值获得回报。这种情况的极端版本就是“庞氏骗局”。但作者指出，以上两种解释均不足以说明在存在代理问题的情况下，投资者仍向企业提供资金的原因。

（3）投资者法律保护的重要性。

作者认为，投资者愿意向公司提供投资的主要动机仍是他们可以获得控制权。投资者法律保护和集中的所有权结构恰恰能确保这一点。接下来，作者先对投资者法律保护的内涵以及其在世界范围内的现状进行讨论。当经理人违反契约时，投资者有权付诸法律来寻求利益保护。世界各国公司治理的差异在很大程度上也源自经理人对投资者负有的法律义务的差异，以及当地法院如何解释和执行这些义务的差异。具体来说，股东最重要的法律权利是对公司重大事项的投票权。在发达国家或地区，法律可以在一定程度上保障投票程序的公正性，而在欠发达国家或地区却并非如此。相对于对股东的法律保护，债务违约这类行为更容易被法院核实，故对债权人的法律保护通常更为有效。从整体来看，世界各国或地区对投资者的法律保护差异极大。在美国、日本、德国和法国等发达国家或地区，法律至少保护了一部分投资者的权利，同时法律执行力度也相对更强。然而，即使在这些国家或地区里，经理人也有着相当大的自由裁量权，遑论其他国家或地区的法律保护效果了。因此，仅靠法律保护不足以确保投资者收回资金。

（4）大型投资者的重要性。

如果法律保护无法给予所有投资者（尤其是中小投资者）权益保障，或许大型投资者能够获得更有效的控制权。毕竟当控制权集中在少数投资者手中时，即使法律保护环境较差，投资者也能相对容易地行使自己的合法权利。该文分别从大股东、收购者、大债权人三个方面讨论所有权集中在解决代理问题方面的优势。

第一，在大股东治理方面，当股东持有较多股份时，其会更有动力收集信息并监督经理人，避免中小股东的“搭便车”问题。同时，拥有着较多投票权的大股东也有能力给经理人施压，甚至通过代理权争夺或收购的方式驱逐管理不善的经理人（Shleifer and Vishny，1986）。在更极端的情况下，持股超过50%的大股东可以直接控制公司。因此，大股东能够解决公司治理问题。就现实情况而言，可能是由于美国的银行、共同基金、保险公司等企业对所有权集中施加了诸多限制，大股东在美国并不常见。而在美国之外的国家，如日本、德国等，公司的所有权高度集中。同时，作者也列示了相关证据，表明大股东确实发挥着积极的治理作用（Kang and Shivdasani，1995）。此外，作者还强调，由于大股东主要通过投票权来进行治理，因此治理效果也取决于法律对股东的保护程度。

第二，在敌意收购的治理方面，大量的理论和经验证据都支持收购能够增加公司价值，抑制经理人操控自由现金流，从而有效缓解公司治理问题（Manne，1965；Jensen，1988）。然而，作者也指出收购这一公司治理机制的局限性。一是收购成本非常高，因此收购只适用于那些存在极端糟糕的公司治理问题的企业；二是流动的并购市场可能会恶化经理人的帝国构建行为，增加代理成本（Shleifer and Vishny，1988）；三是收购需要一个充满流动性的资本市场，以满足投标方在短时间获得大量资本的需求；四是敌意收购还可能受到来自政治方面的反对和抵制。

第三，在大债权人治理方面，银行等大债权人也向公司投入了大量资金，并希望实现相应的投资回报。当公司发生支付违约或债务契约违约时，大债权人能够获得控制权（Smith and Warner，1979），从而有能力干预公司的重大决策。对于大债权人治理的探讨多见于理论研究，实证研究则较少。同时，与大股东治理类似，大债权人治理的有效性也同样依赖于法律保护程度。从现实情况来看，德国和日本的法律环境更有利于债权人，治理效果更好。

能够看出，所有的大型投资者实际上都需要一定程度的法律保护。只不过相比于中小投资者，他们对法律保护的依赖程度更小。或许是出于这个缘故，大型投资者在世界范围内才如此普遍。

（5）大型投资者的治理成本。

紧接着，作者指出，大型投资者在获得治理优势的同时也付出了一定的代价，比如投资没有多元化，其承担了过多的风险。更值得注意的是，大型投资者的治理也具有局限性。一是大股东可能会牺牲其他股东和员工的利益，来优先满足自身需求（Grossman and Hart，1988）。尤其是当其拥有优先投票权或通过金字塔结构持股时，他们的控制权会大大超过现金流权，增大与中小股东的利益冲突。二是当大型投资者与其他投资者属于不同类型时，大型投资者的利益侵占行为可能会更加严重。比如大股东偏好高风险项目，这无疑会损害债权人的利益（Jensen and Meckling，1976）。再如大债权人可能会放弃那些高风险但收益为正的项目，这将损害中小股东的利益（Myers，1977）。三是大型投资者对经理人和员工的过度监督，会扭曲对经理人和员工的激励，从而损害公司效率。

（6）对具体公司治理机制的探讨。

在讨论过法律保护和集中的股权结构在确保投资者获得回报方面的作用

之后，作者转向具体的公司治理机制，对股权治理与债权治理进行比较、对杠杆收购策略以及国有制这一特殊的组织形式进行了讨论。

首先，作者对债权治理和股权治理进行了比较。作者从所有权集中的难易程度和法律保护程度两个方面来分析。第一，债权提高了所有权集中程度。目前，世界上最主要的债务融资形式是银行贷款。作为大型投资者的银行，在公司违约时甚至违约之前就获得了大量控制权。第二，即使是债权人相对分散的国家或地区，为债权人提供的法律保护也要强于对分散的股东提供的法律保护。因为债权人法定权利的关键特征在于当公司违约时，不需要多个债权人采取一致行动。而分散的股东必须协商采取一致行动后才能获得公司的控制权。当然，作者也指出，当股权集中时，大股东几乎有权决定公司的所有事项，此时，集中的股权比集中的债权更为强大。

其次，作者对杠杆收购的治理效果进行了讨论。现有研究表明，杠杆收购是高效的组织形式（efficient organizations），能够增加公司利润（DeAngelo et al.，1984）以及减少代理成本（Bhagat et al.，1990）。但杠杆收购也会造成股权过于集中，带来相应的成本，比如投资者的过度监督会阻碍公司未来的投资和成长（Rappaport，1990）。

最后，当垄断力量、外部性或分配问题引起关注时，合作社或国有制或许是更为适合的组织形式。然而，现实中，国有企业的效率并不高。原因在于，理论上这些公司由公众控制，但事实上，企业的控制权却属于政府官员。加之政府官员的现金流权微弱，由此导致了他们具有强烈的机会主义动机。

（7）不同公司治理模式的比较。

可见，不同的治理机制产生了不同的效果。放眼全球，世界各国或地区的公司治理体系也各有差异。美国和英国的公司主要依靠投资者法律保护，大型投资者不甚普遍。欧洲的大部分国家以及日本等的公司治理更多依赖于大股东和银行，较少依赖法律保护。而在另一些国家或地区，所有权通常集中于家族，对投资者的法律保护远不如日本和德国，更不用说英国和美国。从吸引外部资金的角度来看，是否存在着一种最完美的公司治理体系？作者认为，这个答案是否定的。诚然，所有的经济体中都包含着良好公司治理体系的一些基本要素，但也都存在着各自的缺陷和不足。作者强调，良好的公司治理体系不在于设计一个仿效美国、德国或日本的公司治理制度，而在于将某种类型的大型投资者与重要的投资者法律保护机制相结合，以帮助企业获得更广泛的外部融资。

（8）全文总结。

作者在文章最后指出，在撰写这篇综述时，学术界仍有很多尚未解决的公司治理问题。该文提出以下五方面的问题：第一，既然经理人对公司价值的影响如此之大，为何高强度的激励合同没有在世界范围内广泛应用？第二，投资者法律保护的本质是什么？不同国家或地区的公司法在制定和执行上有何差异？第三，集中的所有权，其收益和成本是否显著？大型投资者是否确实侵占了其他投资者和利益相关者的权益？第四，在发展中国家的公司是否进行了大量的股权融资？谁是这些股权的购买者？如果答案是分散的投资者，那为什么他们仍要在缺乏投资者保护的情况下购买股权？第五，公司治理的政治动力是什么？政治和经济是会推动公司治理朝着更高效率发展，还是说强大的利益集团（比如美国的经理人或者德国的银行）会保有效率低下的公司治理体系？尽管这篇综述中就美国的情况对以上一些问题进行了阐述，但是在世界范围内，我们对公司治理的讨论和理解还远远不够。

3. 评述

这篇经典的综述不仅界定了公司治理的基本概念，还在此基础上搭建了较为完整和系统的公司治理理论框架，对后续研究影响深远。

值得一提的是，作者在文章结尾提到，一个良好的公司治理体系不在于仿效他国制度，而是要将具体的公司治理机制有机结合，发挥实效。这对于我国的公司治理实践来说尤其如此。我国的公司治理实践具有独特的历史、制度和文化背景，在研究中更不能盲目跟随他国理论。正如习近平总书记于 2014 年 2 月 17 日在省部级主要领导干部学习贯彻十八届三中全会精神全面深化改革专题研讨班开班式上所说："我国国家治理体系需要改进和完善，但怎么改、怎么完善，我们要有主张、有定力。"[①] 公司治理体系作为国家治理体系的一部分，同样如此。作为研究人员，我们应矢志不渝地探索适应我国基本国情的公司治理理论体系，使其具有中国特色、民族特性和时代特征，从而在公司治理领域发出中国声音、提供中国方案、贡献中国智慧。

1.3　简要评述及本章小结

本章通过对已有公司治理文献的诠释与梳理，探索了推动公司治理研究前进的种种影响因素，并最终勾勒出公司治理学术研究的发展脉络，以期为公司治理的未来理论走向和演进路径提供指引。

1.3　参考文献

公司治理思想最早可以追溯到 1776 年亚当·斯密的

① 中共中央文献研究室．习近平关于全面深化改革论述摘编．北京：中央文献出版社，2014：21.

《国富论》。这部经典著作已经关注到企业所有权和控制权分离时股东与经理人的利益冲突问题。但直到20世纪初，现代企业制度的兴起才使两权分离问题真正受到重视。1932年，Berle和Means合著的《现代公司与私有财产》的出版标志着公司治理研究正式产生。在之后的40年间，企业理论、融资理论和代理理论迅速发展，为公司治理理论研究打下坚实的经济学基础。1976年，Jensen和Meckling发表的《企业理论：管理者行为、代理成本与所有权结构》一文搭建出了一个较为完整的公司治理分析框架，成为公司治理发展史上的奠基之作，指引了后续学者的理论和实证研究。

20世纪90年代之后，随着学者们研究视野的不断扩展，在美国之外其他国家或地区广泛存在的股权集中现象开始受到重视，随之而来的第二类代理问题也逐步登上了公司治理研究的历史舞台。以La Porta et al.（1997，1998）为代表的研究更是开拓了“法与金融”领域，将法律这一重要的治理机制纳入了公司治理的研究框架中。进入21世纪之后，学者们开始重视多学科的交叉融合，强调文化对公司治理的重要作用，公司治理的研究框架进一步得到丰富和完善。而今，受到社会环境变化和数字经济发展的影响和冲击，公司治理研究的边界仍在不断地向外拓展。

通过对公司治理研究发展史的钩沉，我们不难看出，实践是推动公司治理研究不断发展和演进的主要因素。其实，如果没有在实践中不断涌现的新问题、没有包括监管机构在内的实务界不断探索相应的解决方案，公司治理理论不可能产生，更不可能获得发展。因此，从这一意义来看，公司治理实践先于并推动着公司治理的理论研究。当然，源于实践的理论也反过来作用和指导实践。

另一个问题似乎也可以从本章的公司治理发展史中获得一些启示，即公司治理是否是公司管理的高级阶段呢？从二者的产生和发展来看，公司治理和公司管理是有明确界限的。公司管理是一个管理问题。它是对公司生产经营活动进行计划、组织、指挥、协调和控制等一系列活动的总称（Fayol，1949），目的是科学合理地利用公司的人、财、物等资源，实现公司利润最大化的目标。而公司治理，讨论的是在存在委托代理问题的情况下，如何使投资者（委托人）获得应得回报的问题（Shleifer and Vishny，1997），它是一个涉及经济学、法学、金融学和会计学等多个方面的复合性问题，有一个庞大的、综合的框架体系。未来，公司治理是否有可能和公司管理融合成一门学科，这也是一个值得关注和探讨的问题。

从现阶段来看，我们能够预见到公司治理的实践将越来越复杂，范畴将越来越广泛，边界更会逐渐扩大。同时，受到实践的推动，公司治理的理论研究也在不断发展，一些新的因素被源源不断地引入到研究中来。但是必须要承认的是，目前公司治理学术研究框架似乎已经成型，并且很多研究是在既有的体系框架下，不断对理论进行深化和细化。因此，我们必须清醒地认识到，公司治理研究若要取得重大理论突破，仍需新的、强有力的现实冲击和理念革新。

我们相信并期待着未来有革命性的公司治理实践和新的学科思维，能够突破既有的公司治理体系框架，能够对公司治理理论产生重大推动作用。当然，这不仅需要时间的积淀，也更需要包括公司治理、经济学、管理学、法学、社会学、伦理学等在内的多个学科领域的充分思考、积极合作和勇于创新。

第2章

大股东治理

本章主要讨论大股东在公司治理中的作用。在2.1节中，结合已有文献，从大股东的积极作用、大股东的利益侵占和多个大股东三个方面，讨论大股东的治理效应，旨在厘清该领域的研究框架和发展脉络。在此基础上，在2.2节中，从以上三个方面各选取一篇经典、重点的文献进行导读，包括对文章内容的介绍和评述。在2.3节中，结合现有文献的研究进展，对该领域未来研究方向进行展望。

2.1 概 述

2.1 参考文献

股东作为企业的所有者，享有对企业管理的决策权、股份持有的收益权、股份交易的转让权。股东权利的丰富内涵，使得股权结构不仅决定了内部权利归属，也影响着利益分配。企业间不同的股权结构将导致公司治理的重点存在显著差异。如Berle and Means（1932）在《现代公司与私有财产》一书中指出，在股权分散、经理人持股很低的企业中，由于所有权和控制权分离，经理人利用其拥有的企业控制权谋取私利，由此引发了股东与经理人之间的代理问题。尽管股东拥有监督经理人的权利，但鉴于搜集信息、管理干预等高昂的监督成本与因利益共享获得的较低的监督收益之间的不匹配，小股东普遍存在着“搭便车”心理，几乎不会发挥治理作用。而大股东则是缓解这一代理问题的可能途径。由于其拥有较高的持股比例，大股东参与公司治理带来的价值提升可能能够弥补成本，并且凭借其拥有的大量投票权，大股东对企业决策的影响力也不容小觑。因而，相较中小股东，大股东兼具较强的参与治理的动机和能力。Shleifer and Vishny（1986）基于理论模型首次明确指出大股东的治理作用。此后，大股东公司治理的相关研究开始逐渐增多。

大股东可以通过两种方式参与公司治理，发挥积极作用。一方面，大股东可以“用手投票”，以发声（voice）的方式，积极监督经理人，约束经理人的机会主义行为。大股东的监督方式较为多元，他们可以凭借其大量的投票权直接参与企业决策过程，也可以通过向经理人提交议案（Smith，1996；Gillan and Starks，2000）、与经理人协商谈判（Shleifer and Vishny，1986；McCahery et al.，2016）、采取法律行动或在媒体上公开指责经理人（McCahery et al.，2016）以及通过并购获取公司控制权后更换经理人（Fama，1980；Jensen and Ruback，1983；Shleifer and Vishny，1986）等方式来发挥监督作用。另一方面，大股东也可以“用脚投票”，以退出（exit）的方式发挥监督作用，即卖出所持股票，促使经理人按照股东价值最大化的原则行事。“用脚投票”具有治理作用的前提条件是大股东拥有更多的公司私有信息。相对于持股较少的股东，大股东更有动机和能力搜集公司的特有信息，并凭借私有信息来监督经理人获取交易利润。大股东作为拥有信息优势的知情交易者（Brockman and Yan，2009），其退出行为既增加了公司股价的信息含量，使得股价更有效地反映经理人行为，又向市场传递了负面信息，这可能引发股价的进一步下跌，从而可能通过增加企业被并购以及经理人强制变更的概率等威胁发挥治理作用。不仅如此，大股东可信的退出威胁同样能够有效地缓解经理人的代理问题。此外，在现实中，经理人普遍持有公司股份或者拥有期权，股价的涨跌与经理人的财富息息相关，预期到大股东的退出行为可能对股价产生影响，经理人为了维护自身财富也有较强的动机在事前减少机会主义行为（Hope et al.，2017），采取有利于股东价值的决策，尽可能避免大股东的退出行为。

诚然，大股东能通过发声和退出两种方式来约束经理人的机会主义行为，发挥积极的治理作用，但与此同时，大股东的存在也催生了新的代理问题，即大股东对中小股东的利益侵占问题。大股东可以利用其手中的投票权，通过控制董事会、派出自己的直接代表或者由自己本人担任公司董事长或者 CEO 来掌握对公司资源的控制权。控制权私有收益的存在使得大股东产生侵占中小股东利益的动机，拥有公司控制权的大股东会为了自身利益将公司的财产和利润转移出去，恶化公司治理，损害公司价值。控股股东利益侵占动机的大小与其持股比例息息相关，在控制权一定的情况下，其持股比例越小，利益侵占动机越强。而控制权与现金流权的分离将进一步加剧控股股东与其他投资者之间的利益冲突，增强其利益侵占动机（La Porta et al.，1998）。控股股东的利益侵占行为被形象地称为“隧道行为”（tunneling）。Johnson et al.（2000）指出，隧道行为通常有两种方式：第一，控股股东为了私有收益通过自我交易将公司的资源转移出去，这种自我交易包括尽管违法却往往难以观测且不受处罚的直接偷窃或欺诈，以及在法律允许范围内给予控股股东价格优势的资产销售、过高的经理人薪酬、贷款担保等；第二，控股股东通过稀释股票发行、排斥小股东、内部交易、爬行式收购（creeping acquisition）以及其他伤害中小股东利益的金融交易方式来增加其持有股份的价值。此外，由于控股股东的某些隧道行为并非违法行为，因此，即使在对股东权利保护程度较高的发达国家，控股股东的隧道行为依然普遍存在。

大股东在公司治理中兼具积极和消极作用，那么，是否可以扬长避短，在发挥大股东积极作用的同时抑制其消极作用呢？多个大股东的股权结构似乎是这一问题的最优解，是缓解大股东“双刃剑”效应的可能途径。一方面，大股东不仅具有参与治理的动机，也具有通过监督和退出机制约束经理人行为的能力，从而缓解第一类代理问题；另一方面，大股东之间还可以相互监督，以减少大股东对中小股东的利益侵占行为，从而缓解第二类代理问题。然而，遗憾的是，多个大股东分享控制权也具有负面作用。多个规模相当的大股东可能会合谋共同侵占中小股东的利益（Zwiebel，1995），进一步恶化代理问题。此外，大股东之间在分享信息和相互协商以达成管理协议上面临着高昂的协调成本（Chakraborty and Gantchev，2013），协调成本的增加可能会降低大股东的决策效率（Gomes and Novaes，2005；Chen et al.，2019）。

从现有文献来看，对大股东治理作用的研究始于其在分散股权结构下的积极治理作用，进而发展其到集中股权结构下的消极治理作用，最后是近些年来关于多个大股东治理作用的讨论，学者们在不同股权结构下发现并深入探讨了大股东的不同治理作用。具体来说，受 Berle and Means（1932）的影响，在早期的研究中，学者们主要在分散的股权结构下，聚焦经理人对股东的利益损害问题，从大股东对经理人不当行为的约束作用以及市场对大股东参与治理的积极反应两个方面，论证了大股东监督经理人产生的积极治理效应。此阶段的研究忽视了大股东退出行为的治理作用，而是将其视为股东不愿参与治理的表现。后续研究中才逐步将大股东的退出行为纳入治理机制的范畴，并从大股东的实际退出行为及其潜在退出威胁两个角度出发，说明大股东退出行为对公司的正面影响，进而论证其积极的治理作用。

随着研究的逐步深入，学者们发现在大多数国家，公司股权结构并不如 Berle and Means（1932）所言的那般分散。相反，来自全球的众多研究表明，无论是在欧洲国家、亚洲国家还是在被认为股权极度分散的美国，在公司内均普遍存在着持股超过 5%的大股东甚至存在控股股东。在此背景下，大股东侵占中小股东利益的隧道行为成为学者们关注的焦点。学者们致力于寻找大股东实施隧道行为的具体方式，并发现集团内公司的并购（Bae et al.，2002）、向集团内成员发行非上市流通证券（Baek et al.，2006）、关联方的贷款担保（Berkman et al.，2009）等公司实际交易行为都可能成为控股股东隧道行为的实施方式。进一步地，学者们也对实施隧道行为的经济后果进行了探讨，发现大股东实施隧道行为会产生诸如损害公司信息披露质量、降低投资效率、削弱内部治理质量等一系列负面后果，进而损害公司价值。鉴于多个大股东这一股权结构在世界范围内广泛存在，近年来，学者们开始将目光投向多个大股东共享控制权的公司治理效应，并为其积极和消极治理作用提供了相应证据。

接下来我们将围绕大股东的治理作用，分别从大股东的积极作用、大股东的利益侵占和多个大股东三个方面进行探讨。

2.1.1 大股东的积极治理作用

1. 大股东监督

如前所述，高监督成本和低监督收益使得中小股东极少参与公司治理，股东的“理性的冷漠”和“搭便车”现象严重。大股东的高持股比例在赋予其大量投票权的同时，还意味着可观的监督收益，使其既有动机又有能力监督经理人。大股东监督的积极治理效应得到了大量研究的证实。

首先，大股东监督抑制了经理人的不合理投资动机，提高了投资效率。Amihud and Lev（1981）发现管理者会进行以牺牲股东利益为代价、为降低失业风险进而稳固自身职位的多元化行为，而大股东的存在有助于缓解这一问题。Hill and Snell（1988）则发现，在研发密集型产业中，由大股东控制的公司更青睐于创新战略，管理者控制的公司则更青睐于多样化战略，而创新战略被认为比多元化战略更有助于提高公司的盈利能力。与此同时，Denis et al.（1997）研究发现，管理者持股比例与其不利于公司价值提升的多元化投资行为之间呈负相关关系。

其次，市场对大股东参与治理持积极态度。Klein and Zur（2009）的研究为此观点提供了直接的证据。研究发现，激进的对冲基金和其他大股东（风险投资基金、私人股权基金和个人投资者）签订“13D 法令”（Schedule 13D），即表明他们有意参与公司治理，这将会产生正向的市场反应。

2. 大股东退出

由于监督成本高昂、存在股东“搭便车”现象及法律障碍等，大股东积极监督发挥的治理作用有时是非常有限的。在不具备通过监督行为产生实质性治理作用的条件时，大股东还可以选择退出这一治理机制（Maug，1998；

Admati and Pfleiderer，2009；Edmans，2009），即通过出售股票的“用脚投票”规则，影响公司股价，促使经理人实施更多有利于提升公司价值的行为。不仅如此，可信的退出威胁同样能产生治理作用。据此，已有文献从大股东的实际退出行为和潜在退出威胁两个视角出发，为大股东退出这一机制的积极治理作用提供了证据。

首先，大股东的实际退出行为有利于增强其他内外部治理机制的作用，产生积极的治理效果。比如，大股东的实际退出行为强化了董事会对经理人的监督，提高了经理人强制变更概率。Parrino et al.（2003）的研究为此提供了证据，其研究发现机构投资者会因公司绩效较差等原因卖出其持有的股票。在机构投资者实施卖出行为后，公司的 CEO 在接下来的 1～2 年中更可能遭到强制变更，且公司更倾向于从外部选聘 CEO。这可能是因为公司董事会非常在意公司的股东构成，通过开除不称职的 CEO 来防止机构投资者退出。

其次，大股东退出威胁的增强能够有效地缓解经理人的代理问题，提升公司价值，发挥积极的治理作用。一方面，理论研究证明大股东的退出威胁有利于约束经理人的自利行为。Admati and Pfleiderer（2009）对大股东的退出威胁进行了理论分析，他们认为，知情大股东的退出威胁有利于减少经理人以损害股东价值为代价的自利行为，缓解代理问题。实证研究表明大股东的退出威胁有利于提高公司价值。由于大股东的退出威胁不能直接观测获得，对退出威胁作用的检验往往依赖于间接途径。考虑到大股东在股票流动性高的时候更易退出且更可能通过交易私有信息获取利润，从而产生更强的退出威胁（Maug，1998），已有研究主要利用外生流动性冲击检验大股东退出威胁的治理作用。例如，Bharath et al.（2013）发现，当公司遭受外生流动性冲击导致股票流动性降低（增加）时，大股东的退出威胁作用减弱（加强），公司价值将有所下降（提升）。当经理人的财富与公司股价的敏感性更高以及公司有更多的现金时，大股东的退出威胁将更加有效。基于类似的流动性冲击分析，Edmans et al.（2013）发现，股票流动性的增强将有利于公司内大股东的形成，而当公司内有大股东签订了放弃参与公司治理的“13F 法令”（Schedule 13F）时，市场反应积极，即市场能够预期到大股东退出威胁的价值。Hope et al.（2017）将中国的股权分置改革作为改变公司股票流动性的外生冲击事件，也发现外部大股东退出威胁的增加将提高企业绩效。

需要说明的是，监督与退出作为大股东参与公司治理的两种方式，二者之间并非简单的替代关系。大股东的积极监督并不意味着退出威胁失效，退出威胁的强化也不代表监督效力的下降，反而可能因此增强股东的影响力及其与经理人私下协商时的话语权，从而更有利于大股东发挥治理作用。基于对公司所处环境、监督和退出的成本收益等要素的综合考量，大股东将灵活选择治理手段，发挥治理作用。

2.1.2　大股东的利益侵占

集中股权结构下，大股东可以凭借其对公司的控制权，通过资源转移、金融交易等隧道行为（Johnson et al.，2000），以牺牲中小股东利益为代价来获取控制权私有收益（Grossman and Hart，1986）。大股东对中小股东的利益侵占问题引起了学者们的广泛关注并引发了大量讨论，他们既致力于寻找大股东利益侵占的具体方式，也重视对利益侵占行为经济后果的探讨。

为寻找控股股东利益侵占行为的具体方式，学者们广泛关注公司中的各类实际交易行为，通过论证实际交易行为与公司价值或绩效的负相关关系等方式来说明其属于控股股东利益侵占行为。他们发现，集团内公司的并购（Bae et al.，2002）、向集团内成员发行非上市流通证券（Baek et al.，2006）、关联方的贷款担保（Berkman et al.，2009）以及控股股东和上市公司之间的关联方交易（Cheung et al.，2006；Jian and Wong，2010）等行为，都可能成为控股股东侵占中小股东利益的方式。如 Bae et al.（2002）研究发现集团内公司通常会进行一些有损自身价值，但促进集团内其他公司价值提升的并购，从而为控股股东提供一种通过增加集团内其他公司的价值来增加自己财富的方式；Jiang et al.（2010）研究发现，一些控股股东利用公司间贷款从上市公司转移资金，并将其报告为其他应收款，长期无偿占用该部分资金。

控股股东的利益侵占行为给公司造成一系列负面经济后果。首先，大股东会为掩饰其利益侵占行为而降低公司信息披露质量。在公司内外部信息不对称的情况下，具有信息优势的大股东有动机操纵公司的信息披露决策，掩饰其利益侵占行为，以减少其他股东干预。已有研究为此提供了大量证据。La Porta et al.（1998）发现公司的股权集中度与其财务报告质量呈负相关，Fan and Wong（2002）发现控股股东根据自己的偏好和利益来披露会计盈余信息，导致报告盈余对外部投资者来说丧失了可信度，削弱了企业报告盈余的信息含量。后续研究进一步聚焦盈余管理这一具体行为，为大股东的信息操纵行为提供了更为直接的证据。Leuz et al.（2003）的研究表明，盈余管理是控股股东向外部投资者掩盖公司真实业绩、获得控制权私有收益的重要手段。Haw et al.（2004）对东亚 8 国和西欧 13 国企业的研究也发现，股东控制权与现金流权之间的分离会引发盈余管理，而有效的投资者保护会削弱二者之间的正相关关系。这一结论同样适用于韩国企业，不仅如此，Kim and

Yi（2006）的研究进一步发现，由于企业集团及其内部交易为大股东转移财富、实现自身利益提供了可能，因此，隶属于企业集团的公司盈余管理程度更高。

其次，大股东的利益侵占行为会增强公司面临的融资约束。大股东具有获取控制权私有收益的强烈动机，如果其他股东和债权人能理性预期这一行为的发生，那么投资者便会在事前要求公司为使用外部资金而支付高额溢价（Jensen and Meckling，1976；Fazzari et al.，1988）。已有研究为此提供了证据。Lin et al.（2011）发现，控制权和现金流权的分离程度与公司面临的融资约束呈正相关，并且这种关系在信息透明度较低、财务重述行为较频繁的公司中更为显著。

最后，大股东对中小股东的利益侵占行为会侵蚀公司价值。Claessens et al.（2002）用最大股东的持股比例来衡量大股东的监督动机，用控制权与现金流权的分离度来衡量利益侵占动机，通过对亚洲 8 个国家或地区的研究发现，大股东持股比例与公司价值呈正相关，控制权与现金流权的分离程度与公司价值呈负相关，从而既证明了大股东监督行为对公司价值的提升作用，也证明了大股东利益侵占行为对公司价值的减损作用。Joh（2003）基于韩国企业的研究得到了同样的结论。后续大量研究均发现大股东的利益侵占动机越强，即控制权与现金流权的分离程度越高，公司价值越低（Mitton，2002；Lins，2003；Lemmon and Lins，2003；Baek et al.，2004；Bae et al.，2012）。

综上，大股东的存在虽然有助于缓解股东和经理人之间的代理问题，但其对中小股东的利益侵占行为又成为新的代理问题，产生一系列负面后果。因此，对大股东治理效果的评价需要基于公司的内外部条件来具体分析。

2.1.3 多个大股东

在多个大股东这一股权结构下，大股东们不仅兼具监督经理人的动机和能力，还可以互相监督；然而，大股东之间存在高昂的协调成本，并且他们之间也可能出现合谋行为。鉴于其治理效应之复杂、存在范围之广泛，近年来，多个大股东这一股权结构的治理作用得到了广泛而深入的讨论，学者们分别就其积极和消极的治理效应进行研究。

就多个大股东的积极治理效应而言，已有研究从理论和实证两个方面为其提供了证据。在理论研究方面，学者们主要通过构建基于多个大股东的模型，来阐明多个大股东这一股权结构所具有的积极治理效应，如约束控股股东行为进而提高公司价值等，进而合理化这一股权结构广泛存在的事实。具体而言，Bennedsen and Wolfenzon（2000）的研究是较早对多个大股东这一股权结构进行探讨的经典文献。他们通过构建模型，证明了多个大股东持股较为平均的股权结构有利于公司价值的提升（将控制权在多个大股东之间分散有利于抑制股东获取私有收益的行为）。他们认为，多个大股东这一股权结构能够形成是创始股东为确保公司价值最大化而主动选择的结果。Gomes and Novaes（2005）则以多个大股东之间的相互作用为切入点，指出当多个大股东共享控制权私有收益时，一方面，会增加决策者持有股权的利益，降低其获取私有收益的动机；另一方面，大股东之间事后的讨价还价可以阻止有损小股东利益的决策发生。因此，公司最优的股权结构是外部小股东难以有效监督公司的成本与多个大股东讨价还价成本之间的权衡。而 Edmans and Manso（2011）则考虑了相较于单一大股东，在多个大股东这一股权结构下，大股东的监督和退出作用的变化。他们认为，多个大股东的存在虽然增加了股东间的"搭便车"倾向，削弱了股东的监督动机，但由于单一大股东会策略性地防止私有信息扩散，而多个大股东会为了获得私有信息的利润而竞相抛售股票，使股价更能反映公司的真实信息，多个大股东的存在会加强股东利用退出行为约束经理人的能力。此外，Dhillon and Rossetto（2015）从风险偏好差异角度通过理论模型说明，在控股大股东偏好低风险而小股东因为投资多元化而偏好风险时，公司将会出现中型大股东以缓解二者之间的冲突。这一研究也从风险决策角度为多个大股东股权结构的广泛性提供了一个可能的解释。

在实证研究方面，学者们主要从多个大股东这一股权结构带来的经济后果出发说明其积极的治理作用。从行为来看，多个大股东的存在有利于改善公司治理质量。例如，由于多个大股东的信息优势和治理经验能够产生有效的监督作用，在大股东数量越多的公司，CEO 的离职-业绩敏感性越高、CEO 强制离职的市场反应越好（Kang et al.，2018）。在公司财务决策上，多个大股东的存在会显著提升公司的股利发放水平（Faccio et al.，2001）。相比于拥有单一大股东的公司，拥有多个大股东的公司投资效率更高，更少进行过度投资，投资绩效更高（Jiang et al.，2018）。由于具有自利倾向的控股股东将更偏好长期债务以避免债权人的频繁监督，多个大股东通过抑制控股股东攫取私利的动机也缩短了企业的债务期限（Ben-Nasr et al.，2015）。

就多个大股东的消极治理效应而言，学者们主要关注大股东之间可能存在的合谋或冲突行为的经济后果。具体而言，Maury and Pajuste（2005）发现当公司内的大股东均为家族类型时，大股东之间更容易形成控制联盟以攫取更多的私有收益，因此，其他大股东持有的股权越多，公司价值越低。与之类似，Attig et al.（2008）发现在控股股东为家族类型时，相较于政府作为第二大股东，家族作为第二大股东的公司具有更高的权益成本。Laeven and Levine（2008）则考虑了公司内大股东之间的持股差异，发现在公司内多个大股东之间现金流权越分散（即大股东间持股比例差异越大），公司的价值越低。Jiang et al.（2020）基于中国上市公司的研究也发现，与单一控股股东企业相比，拥有多个大股东的企业的信息披露质量较差。这些研究表明，大股东合谋可能性的增加将损害公司绩效，为大股东合谋侵占中小股东利益找到了相应的证据。然而，拥有异质性大股东也并不总是有利于企业的，可能因激发大股东冲突而造成不良影响。从国有大股东和私人大股东的目标异质性来看，Chen et al.（2019）研究发现大股东之间的目标冲突使得股东意见难以达成一致，这将减少公司的跨国并购活动。

综上，多个大股东的存在既可能通过监督经理人和其他大股东来提升企业价值，又可能因大股东之间的合谋或斗争而产生不良经济后果。对多个大股东这一股权结构的治理作用同样需要依据不同企业的特征而酌情进行评估（Pagano and Roell，1998）。

以上分析表明，大股东对企业决策和治理至关重要，在约束经理人的机会主义行为的同时，也可能诱发更严重的侵占中小股东利益问题，而多个大股东的股权结构安排在一定程度上有助于缓解这一问题。沿此思路，我们选取了三篇经典文献进行讨论，以深入探究大股东的治理作用及影响。

第一篇是 Andrei Shleifer 和 Robert W. Vishny 于 1986 年发表在 *Journal of Political Economy* 上的"Large shareholders and corporate control"，该文从理论上系统推演了大股东发挥监督治理功能的过程。第二篇是 Rafael La Porta、Florencio Lopez-de-Silanes 和 Andrei Shleifer 于 1999 年发表在 *The Journal of Finance* 上的"Corporate ownership around the world"，该文基于全球股权结构数据指出控股股东侵占中小股东利益问题的重要性及大股东常采用的金字塔控制方式。第三篇是 Alex Edmans 和 Gustavo Manso 于 2011 年发表在 *The Review of Financial Studies* 上的"Governance through trading and intervention：A theory of multiple stockholders"，该文首次综合考虑多个大股东的监督和退出威胁作用，论证了大股东治理的条件。以这三篇论文作为重点文献进行探讨，不仅因为这三篇论文在各自主题上均具有奠基性地位和高影响力，如 Shleifer and Vishny（1986）和 La Porta et al.（1999）截至目前谷歌学术搜索的引用量已分别在 11 000 次、15 000 次以上，Edmans and Manso（2011）的研究引发了多个大股东的研究风潮，更为重要的是，通过经典与前沿的结合，这三篇论文也能够为未来的大股东研究提供理论基础和思考启发。

接下来我们将逐篇介绍论文内容并进行简要评述。

2.2　重点文献导读

2.2.1　大股东与企业控制

Large Shareholders and Corporate Control

文献来源：Shleifer A，Vishny R W. Large shareholders and corporate control. *Journal of Political Economy*，1986，94（3，Part1）：461－488.

2.2　参考文献

1. 研究动机与研究问题

依照代理理论，在所有权与控制权分离的情况下，股东需要对经理人进行监督，以避免经理人渎职卸责等机会主义行为。然而，在现实世界中，存在一些经理人，即便他们努力工作，由于能力限制等因素，其管理绩效仍然较差，变更经理人可能成为企业提升经营效率的必要途径。那么，谁会主动监督经理人，寻求改进公司绩效的办法呢？Grossman and Hart（1980）认为，在股权高度分散的条件下，公司的外部人员与小股东都缺乏监督的激励，不可能为了改善绩效而接管公司。对外部人员而言，一旦他们发布收购公司股份的公告后，现有股东就会有意抬高收购价格，即便外部人员能顺利接管公司，他们也只能按持股比例享有监督收益中很少的一部分，却要承担全部的监督成本和接管成本，这显然是得不偿失的；小股东亦是如此。因此，当寻求价值提升成为一项公共品时，接管活动便主要落在大股东身上，大股东可能在接管中发挥重要作用。

该文从理论上对大股东的监督机制进行了探讨。

2. 研究过程

（1）模型假设。

作者通过理论模型详细分析了一类特殊类型的控制权交易，即大股东发起的现金要约收购，以此明确大股东的价值。该模型假设公司存在一个风险中性的大股东（L），其持股比例（α）低于取得控制所需的 50%持股标准（$\alpha<0.5$），同时，公司也存在一部分风险中性、行为随机的小股东。假设大股东拥有排他性的技术，可以通过监督或自身独立研究，从当前经理人的运营战略中找到改进公司价值的机会。假设 α 为给定数值，大股东能在 I 的概率水平下以成本 $c(I)$ 进行监督，发现价值改善空间为 $Z(Z>0)$，且 Z 的累积分布函数为 $F(Z)$，替换经理人需要克服的接管相关法律和行政成本为 c_T。在这里，Z 可解释为替代低效经理人后增加的收益或价值增值，I 可看作是大股东的研究强度（research intensity），成本函数 $c(I)$ 满足 $c'(I)>0$ 和 $c''(I)>$

0，现有管理下收益的预期值为 q。

(2) 模型推导。

基于上述假设，假定大股东愿意发起要约收购，小股东愿意接受要约收购，作者推导出发生要约收购需要满足的条件。具体地，对大股东（L）而言，其愿意发起要约收购接管公司的条件为通过要约收购获取控制权的净收益应大于等于0。即大股东在取得控制权后，其因替换经理人带来的价值增值收益（$0.5Z$），在扣除其通过现金要约增持（$0.5-\alpha$）比例的股票支付给小股东要求的溢价（π）及要约收购活动相关成本（c_T）后仍有剩余。对小股东而言，小股东将基于两方面信息来预测公司价值的增加额（Z），包括：1）大股东根据累积分布函数 $F(Z)$ 做出的改进现有经营战略的措施；2）大股东承担了所有接管费用、支付了收购股份对应的溢价之后，仍然能获得非负收益。理性的小股东只会在溢价 π 超过他们预期的公司价值增加额 Z 时，才愿意出售股票。因此，当且仅当收购溢价（π）大于等于小股东预测的公司价值增加额（$E[Z|Z\geqslant(1-2\alpha)\pi+2c_T]$）时，要约收购才会发生。需要说明的是，该推导过程假定小股东在接受或拒绝要约收购的偏好相同时将选择接受要约，大股东总是希望以最低成本、以能满足小股东需求支付的最小溢价来获得（$0.5-\alpha$）的股份，其出价将为 $q+\pi^*(\alpha)$，其中 $\pi^*(\alpha)$ 是满足小股东要求的最低价格，也是均衡价格。

(3) 模型结论。

进一步地，从上述要约收购发生条件可以得到以下四个引理，阐释要约收购过程中的一些特征。引理一，$\pi^*(\alpha)$ 是 α 的减函数。即大股东持股比例越高，小股东越容易相信，其较低的报价意味着收购后股价只会小幅上涨，而不是以牺牲小股东的利益为代价获利。这是因为，随着 α 的上升，只需要较小的增值就能使大股东获得足够的收益来弥补成本，因此小股东预期 Z 较小，要求的溢价自然下降。例如，当 α 接近0.5时，$\pi^*(\alpha)$ 约等于$E(Z|0.5Z\geqslant c_T)$。大股东无须收购股份就能获取控制权，将不会给予高溢价。当 $\alpha\approx0$ 时，可得 $Z>\pi$，小股东不会接受要约，收购将无法完成。这也说明大股东的存在是进行增值收购的必要条件。依据前面的分析，大股东持股比例越高，均衡条件下替换现任经理人所要求的公司价值增加额越小，同时由于溢价下降，收购成本降低，大股东盈亏平衡点的 $Z^c(\alpha)$ 将越小，由此可推出引理二，$Z^c(\alpha)$ 是 α 的严格递减函数。进一步地，大股东的监督决策选择也受到持股比例的影响。持股比例越高，大股东越愿意进行监督去发现好的经营策略，同时由于持股比例的增大，溢价水平降低，当大股东发现好的经营策略后，更有可能接管以实现价值增值，这增加了大股东监督的积极性，因而大股东的最优监督水平 $I^*(\alpha)$ 与 α 正相关，此为引理三。为探讨大股东监督的收益，

作者进一步研究公司价值的变化。当大股东实施监督时，公司市场价值 $V(\alpha, q)$ 等于现有管理下利润的预期值 q 加上未来经营战略改进后的预期价值增值部分 $(I^*(\alpha)\{1-F[Z^c(\alpha)]\}\cdot E[Z|Z\geqslant Z^c(\alpha)])$。此时，收购溢价为 $(1-I^*(\alpha)\cdot\{1-F[Z^c(\alpha)]\})\cdot E[Z|Z\geqslant Z^c(\alpha)]$。依据引理一至引理三，作者提出了引理四，即溢价将随 α 上升而下降，那么 $\{1-F[Z^c(\alpha)]\}\cdot E[Z|Z\geqslant Z^c(\alpha)]$ 是 α 的增函数。

上述引理服务于以下两个命题的证明：大股东持有股份比例增加导致收购溢价下降，公司市场价值增加（命题1）；收购的法律和行政成本的增加将导致收购溢价上升，公司的市场价值下降（命题2）。由引理三、引理四可知，大股东持股比例越高，寻求改善经营战略的积极性越高，收购溢价下降，I 越大，$\{1-F[Z^c(\alpha)]\}\cdot E[Z|Z\geqslant Z^c(\alpha)]$ 越高。因此，在 q 给定的情况下，公司的市场价值将随着大股东持股比例的上升而提高。当收购的法律和行政成本增加时，收购成本的加大将导致小股东要求的溢价增加，失去部分有价值的收购机会，同时在替换经理人收益一定的情况下，也会降低公司价值。综上所述，在这部分内容中，作者率先得到要约收购的条件，并据此推出了四个引理，进而利用引理证明了两个命题，从而明确了大股东的价值。

（4）模型扩展一。

在上一部分分析中，作者主要关注了接管的作用，但接管并非改善企业经营战略的唯一方式。当存在其他途径时，大股东选择接管机制不仅意味着接管具有非负的净收益，而且要高于其他任何机制的收益，这就向小股东传递了企业未来价值提升多寡的信号。因此，作者进一步讨论了其他替代机制如代理权争夺、与经理人私下协商等对大股东接管行为以及接管行为所产生价值的影响。

当采用代理权争夺时，假设代理权争夺相关成本为 c_P，收益为 $\alpha Z-c_P$，那么，要约收购优于代理权争夺的约束条件即为：$0.5Z-(0.5-\alpha)\pi-c_T\geqslant \alpha Z-c_P$。如果 $c_P<c_T$，大股东购买更多股票的决定将反映出其以牺牲小股东为代价获得收益，小股东将不会接受报价。因此，在大股东拟收购超过50%的股份时，小股东基于预期的大股东利益侵占动机将不会接受要约（命题3）。类似地，当大股东可以利用其自身信息与现任经理人进行私下协商来改善企业状况时，由于私下协商几乎不需要花费任何代价，要约收购优于私下协商的条件相当于要求 $5Z-(0.5-\alpha)\pi-c_T\geqslant \alpha Z$，而这就意味着 Z 必须大于 π，小股东将不会出售股票，不存在均衡。考虑到私下协商的效率较低，作者对模型进行修正，假设通过谈判仅能获得 β 部分的价值增值，其中 β 可以理解为大股东对经理人的说服效果。那么，对于 $0<\beta<1$，大股东发出要约收购的条件将为 $0.5Z-(0.5-\alpha)\pi-c_T\geqslant \beta\alpha Z$。与先前分析相同，当大股东持股比例增

加时，其从接管公司产生的异常收益中获取较多，将更有动力进行监督以寻求提升价值的机会。由此，当协商和接管机制均可用时，公司市场价值 $V(\alpha, q, \beta)$ 将随 α 增大而提高（命题 4）。

（5）模型扩展二。

基于前两部分对四个命题的分析可知，如果大股东在监督前购买股票将提高企业的预期利润。在本部分中，作者放宽了大股东持股比例外生的假定，即允许大股东的股份在收购前发生变化，进一步分析大股东的增减持行为，以更深入地理解"搭便车"效应。

根据法律规定，股东持股比例超过 5%需要披露交易信息，匿名交易的可能性较为有限。因此，小股东将根据大股东的交易行为做出反应。在该部分中，作者假定只有接管机制可用，且大股东只有一次调整持股比例的交易机会。大股东初始持股比例为 α_0，相应的公司估值为 $V(\alpha_0, q)$，大股东承诺一次性改变其所持股份额至 $\alpha(\alpha>\alpha_0)$，并以价格 $V(\alpha, q)$ 进行交易。当大股东由 α_0 增持至 α 时，其能够获取更高的价值增值，但同时也需支付更高的监督和接管成本。假若大股东由 α_0 减持至 α，其唯一的潜在收益是监督和收购成本下降。只要通过选择 $Z^c(\alpha_0)=Z^c(\alpha)$ 和 $I(\alpha_0)=I^*(\alpha)$，大股东便可以在持股比例为 α_0 的情况下，与任一 $\alpha(\alpha<\alpha_0)$ 选择同样的成本，但享受公司价值的额外收益，即降低持股比例会使大股东遭受损失。同时，更大的 α 也将使监督和接管活动更趋于社会最优水平，大股东将不愿意降低持股比例。基于此，作者提出，对于任意 $\alpha<\alpha_0$，即使大股东能够以 $V(\alpha, q)$ 的价格出售 $\alpha_0-\alpha$ 比例的股票，也不会从中获益。并且，如果大股东有可能在持股比例为 α_0 时进行收购，不出售任何股票对大股东更有利（命题 5）。此外，作者也提出，如果大股东能以正概率在 α_0 处接管，并能够以价格 $V(\alpha, q)$ 购买 $\alpha-\alpha_0$ 比例的股票，那么 $\partial G/\partial\alpha(\alpha_0)>0$。此时，即便是微小的购买也能增加大股东的净收益（命题 6）。因此，当现有的大股东对其并购前的最高持股比例做出承诺时，大股东将总是增持股票。

然而，当企业初始股权结构高度分散且股票需在市场上公开交易时，购买大量股票并不有利。一方面，由于大股东持股比例较低，其他股东即便愿意出售股份也可能要求高溢价；另一方面，过低的持股比例也将削弱监督动力，降低成功收购的可能性。因此，如果大股东最初持有 $\alpha_0<c_T/Z_{\max}$ 的股份并能以 $V(\alpha, q)$ 的价格一次性购买 $\alpha-\alpha_0$ 比例的股票，大股东增持以获得接管机会的行为将使其遭受损失（命题 7）。这些结果就说明，除创始人外，企业中大股东的地位必须要么是秘密累积形成的，要么是从另一大股东处转让取得。

（6）模型扩展三。

尽管大股东持股将有利于提升企业预期利润，但留住大股东也许并不容易。为说明该问题，作者最后分析了在考虑税收的情况下大股东与小股东可能存在的股票估值差异。一般而言，小股东主要为个人投资者，偏好资本利得；大股东通常为公司股东，偏好股利。当企业运行良好而无须监督经理人时，不发放股利是对小股东来说最好的选择。然而，在实践中，股利支付十分普遍并且数额较大。针对这一“股利之谜”，作者通过构建一个两期模型，论证了股利是小股东确保具有价值的大股东留在企业所做出的妥协和补偿。

3. 研究总结

总而言之，该篇论文通过构建理论模型，证明了大股东在公司治理中的重要作用，其存在是改善现有管理、提升公司价值的重要基础，公司价值将随大股东持股比例的增加而提高。同时，尽管小股东并不需要直接支付任何成本就可以从大股东的监管活动中获利，但股利政策的存在间接补偿了大股东的监督和收购成本，这在一定程度上解决了“搭便车”问题，也为“股利之谜”提供了一种可能的解释。

4. 评述

该篇论文基于序贯均衡分析框架，通过理论模型论证大股东的重要价值，逻辑清晰、分析全面，为大股东在公司治理中的作用的讨论奠定了重要理论基础，也为后续股权结构研究提供了重要启示，衍生出大股东最优持股比例（Burkart et al.，1997；Jiang et al.，2017）、大股东退出（Edmans，2009）等研究。

出于简化模型论证需要，论文对模型做了较为严格的假设。第一，模型要求获取控制权的标准为持股超过 50%，但对许多企业而言，获取控制权的比例可能无须 50%，并且标准各异。同时，模型也假定大股东通过监督能够发现有利的价值增值机会 $Z(Z>0)$，并通过接管使得企业价值增加 Z，其仅能通过持有的股票获益。在这里，模型潜在假定大股东将代表所有股东的利益，寻求提升公司价值的途径。然而，大股东也可能侵占中小股东利益（Shleifer and Vishny，1997），接管后仅服务于其自身利益。接管收益除了通过持有的股票获取的价值增值 αZ 外，还包括归属于其个体的私有收益 P，此时，大股东接管的条件将变成 $0.5Z+P-(0.5-\alpha)\pi-c_T\geqslant 0$。如果 P 足够大，甚至会出现$Z<0$ 但大股东仍然进行收购的情形，即大股东获益而公司价值受损，大股东侵占小股东的利益。大股东与公司价值的关系，将不再是原模型中阐释的增函数关系，而可能呈现非线性。第二，论文将大股东作为单一主体进行讨论，但事实上多个大股东的情形并不罕见。考虑大股东之间不同的关系，如多个大股东的合作和竞争，对于接管成本、效益及成功的可能性均具有重要影响。因此，模型可以进一步放松假设，丰富模型推论。

另外，作者在文中论证大股东倾向于增加持股，大股东一旦形成将不容易消失。然而，如作者所述，模型未考虑大股东的财富限制、风险规避偏好及外部冲击等因素对大股东接管及持股行为的影响，这也使得模型结论与现实中大股东持股变动较为常见的状况有所差异。在中国，股权分置改革、混合所有制改革、“沪港通”等措施大大提高了上市公司的股权流动性，大股东并非一成不变，探究这些外生冲击如何影响大股东持股和接管具有重要价值。

2.2.2 全球企业股权研究

Corporate Ownership Around the World

文献来源：La Porta R，Lopez-de-Silanes F，Shleifer A. Corporate ownership around the world. *The Journal of Finance*，1999，54 (2)：471 - 517.

1. 研究动机

自 1932 年 Berle 和 Means 提出现代公司产权理论开始，美国公司股权结构分散、经理人掌握控制权的观点被普遍接受，并由此诞生了 Jensen and Meckling (1976)、Grossman and Hart (1980) 等影响深远的现代公司金融理论奠基之作。然而，随后的一系列研究发现，无论是在美国等较发达国家 (Demsetz and Lehn，1985；Shleifer and Vishny，1986；Morck et al.，1988)，还是在一些发展中经济体中 (La Porta et al.，1998)，公司的股权结构均高度集中。并且，大股东本身会积极参与公司治理 (Kang and Shivdasani，1995)，而并非 Berle and Means (1932) 所认为的经理人放任主义。尽管来自各国的证据已初步表明公司的股权结构可能并不都是高度分散的，使得上述 Berle 和 Means 关于现代公司特征的观点受到一定质疑，却仍少有研究系统性地考察全球公司股权结构特征，以及针对性地研究 Berle 和 Means (1932) 提出的经理人控制问题。该篇论文便聚焦于此。

2. 研究问题

该文主要研究了四个问题：(1) 与拥有大股东的企业相比，股权分散企业在不同国家的普遍性如何？(2) 对于股权结构集中的企业，谁会是企业的大股东，是家族、政府、金融机构抑或是其他企业？银行控制企业常见吗？(3) 这些大股东又是如何保障自身权力的？是使用超额投票权来实现以有限资本所有权获得大量控制权，还是进行交叉持股以降低控制权受到的威胁，抑或是通过建造金字塔结构来控制企业？股东的资本所有权与控制权分离的程度如何？(4) 什么因素可以解释国家间企业股权结构的差异？我们可以将上述问题总结为股权分散企业的普遍性、大股东的身份、大股东控制权增强机制和股权结构的决定因素四个方面。

3. 研究过程

(1) 识别策略。

作者以 27 个最富裕经济体中的各 20 家大型上市公司为代表，详细分析了其股权结构特征。之所以构造这一样本，一是因为这些企业体量较大，出现股权结构分散的可能性最高，有利于探究 Berle and Means（1932）提出的企业股权结构分散假设；二是因为这些企业的股权结构数据较容易获得且更透明，便于追踪企业的最终所有者或最终控制人的身份，以辨析企业所有权和控制权的关系。在大股东的界定上，论文主要关注了投票权超过10%的股东。这样做的理由是，拥有10%以上投票权的股东通常能发挥较大作用，同时，公司的信息对于这部分股东而言是可获得的。就最终控制人而言，作者以直接或间接持有的投票权是否超过20%为评判标准，并结合最终控制人身份，将其划分以下六类：个人或家族、国家、金融机构（如银行或保险公司）、股权分散企业、混合企业（如合作社、非单一控股股东的集团等）以及无最终控制人。

（2）基本实证结果。

作者首先依据 La Porta et al.（1998）的股东保护指数，按照中位数将样本分为包括12个强股东保护子样本和15个弱股东保护子样本，并进一步对前述的四个问题展开研究。

针对第一和第二个问题涉及的“谁拥有企业”，作者考察了依前述最终控制人身份界定的六类不同企业在各经济体中的占比情况，并在强股东保护与弱股东保护两类子样本间比较了各类企业占比的差异。结果显示，从世界范围来看，36%的公司属于股权分散企业，30%的公司由家族控制，18%的公司由国家控制。家族和国家是主要最终控制人。然而，若以10%作为控制权界定标准并聚焦于市值为5亿美元以上的中型企业样本，股权分散企业占比则仅为11%左右，家族和国家控制企业则仍居高位，分别为53%和16%。因此，该结果基本印证了前述的假设即股权分散更可能在大型企业中出现，同时也说明了 Berle and Means（1932）所塑造的股权分散企业形象可能并不符合一般实际，企业所有权模式更多为家族控制。特别地，大型企业股权分散的现象在股权保护较好的经济体中比在股权保护较弱的经济体中更为常见，而对于家族和国家控制的情形则相反，家族或国家控制的企业在股权保护不力的地区比股权保护良好的地区更为普遍。这一结果与一般直觉相符。在股东保护良好的情况下，控股股东即便通过出售股份来筹集资本或分散投资而成为中小股东，也无须担心自身利益将因此受损的问题。然而，在股东保护较弱的背景下，控股股东成为少数股东将不仅失去其控制权私有收益，还面临着新控股股东的利益侵占问题。因此，在股东保护较好的经济体中，股权相对分散；相反，在股东保护较弱的经济体中，控股股东将竭力保障自身控制权，股权结构集中的可能性更高。

围绕第三个问题中所有者控制企业的形式，作者进行了以下四个部分的探讨。

首先，考察了几种导致股东现金流权与投票权分离的控制机制（如交叉持股、差别投票权、金字塔结构等）的普遍性。统计结果显示，股东拥有差别投票权的可能性较低，股东平均需要 18.6%的资本才能获得 20%的控制权。在拥有最终控制人的企业中，近 26%的企业由控股股东通过金字塔方式实施控制，在股东保护较弱的地区该占比要显著高于股东保护良好的地区。而在交叉持股方面，除瑞典和德国等少数几个国家外，控制链中企业交叉持股的现象较为罕见。因此，金字塔结构可能是控股股东增强控制权更为普遍的机制。

其次，作者对家族控制企业进行了更为详细的研究，尤其是企业中所有权和控制权分离的情况。平均而言，在一个国家中，家族控制企业的市值占前 20 家大型企业的 25%，平均每个家族控制 1.33 家企业。同时，家族也会积极参与管理。从总体上看，存在家族涉入管理的企业占比高达 69%，这一比例在股东保护良好的地区（75%）也显著高于股东保护不力的地区（64%）。这些基本事实说明了家族控制在经济体中的普遍性。

再次，作者探讨了金融机构在控制企业中的作用。作者发现，相比于家族控制，银行拥有大量股权的情况却并不多见，平均仅为 5%。除比利时、瑞典、葡萄牙等少数几个国家外，金融机构控制企业的情况较少。若从控制链的角度探寻金融机构控制的影响，也能发现即便是在德国模式下，金融机构作为控股股东发挥的治理作用也并不突出。

最后，作者关注了控股股东的监督力量。上述发现与 Berle and Means（1932）提出的企业所有权与控制权分离的现象截然不同，家族通常拥有超过其现金流权的控制权，家族控制并涉入管理成为普遍的企业形式。那么，随之而来的问题便是，谁能阻止家族侵占中小股东利益？谁来监督控股家族？公司的其他大股东可能是一种潜在的解决方案。然而，根据作者统计，75%的企业都只存在单一控股股东而没有另一大股东，对家族控制企业而言则有 71%的企业属于这种情况。这一结果说明，其他大股东对控股股东进行监督或股东制衡的现象并不常见，家族股东通常也不会受到其他股东的挑战。

就该文的第四个问题即股权结构的决定因素，作者则采用排除法进行验证。作者发现股权分散企业主要存在于股权保护良好的经济体中。为证明企业的股权结构特征主要由法律因素驱动，作者进行了部分稳健性检验并就若干可能的替代性解释进行研讨。

第一，法律制度与经济、政治实力相关，保护少数股东权益的法律规定可能内生于各经济体的其他特征。为此，作者遵循 La Porta et al.（1998）的研究思路以法律渊源而非实际法律规则对各经济体进行分类。这一分类方式的改变并不影响前述结论，因而排除了法律制度内生造成结果偏差的可能。

第二，少数股东保护可能与金融体系的发展和结构相关。股权保护不力地区的企业的股权结构较为集中，可能是债务融资选择的结果。然而，数据显示，股权分散企业的占比在拥有强银行力量的地区与弱银行力量的地区之间并无显著差异，高银行融资地区甚至会拥有更多的股权分散企业，恰与预期相反。

第三，税收规定差异也可能是影响股权结构的一个因素，如对公司的股利征税或禁止使用合并会计均可能促使产生更多的股权分散企业，但未有证据支持这一推断。

第四，股权分散企业占比的差异也可能是其他公司治理因素的后果，而非少数股东保护问题。例如，限制交叉持股将导致该地区拥有更多的股权分散企业，市场流动性也更高，但数据结果与该假设不符。

第五，作者认为少数股东保护可能不仅取决于法律规定，也取决于执法质量或腐败程度。从数据结果上看，腐败与股权集中度似乎存在弱相关关系，但由于其本身也与法律渊源和中小股东保护相关，与前述结论并不相悖。

（3）研究总结。

总之，作者发现股权分散企业并非普适的企业形式，除了在股东保护非常好、最富有的几个经济体中外，股权分散企业占比均相对较低，由银行控制为主导的德国企业模式也并不常见。相反，大多数公司的控股股东主要为国家或家族。并且，控股股东也常通过设置金字塔结构来实现对企业的超额控制权，或积极参与企业经营管理，其权力显然也未受到其他大股东的挑战。证据表明，投资者保护质量可能是决定企业股权结构集中度的重要因素。

4. 评述

该论文基于全球 27 个经济体的数据探讨了股权集中度、控制权增强机制、控股股东身份等问题，对公司治理研究有着举足轻重的影响。一方面，该文通过提供细致的股权结构资料，为股权结构研究提供了坚实的现实支持。文章发现股权分散企业并非全球常见的企业形式，家族或国家控制企业更为普遍，这一结果推翻了传统公司治理的基础，突出强调监督和激励控股股东、保障中小股东利益的重要性，由此也衍生出了大量有关控股股东与中小股东之间存在利益冲突等第二类代理问题的讨论。同时，该文探讨了不同经济体的企业在使用控制权增强机制方面的差异，为后续研究实际控制人控制权与现金流权分离问题提供了理论支撑。另一方面，该文发现股权结构与股东保护程度密切相关，也延续了 La Porta et al.（1998）股权结构的法律渊源观点，共同开辟了“法与金融”这一新的研究分支。

当然，作为一篇概述性论文，作者主要给出了基本的描述性统计数字，对现象背后的理论分析相对缺乏，也未使用严格的实证回归方法做进一步的探究。然而，其传达的信息和观点在未来研究中仍具有重要的启示意义：

第一，鉴于不同经济体间的制度差异，各国股东保护程度、企业股权集中度均显著不同，这就意味着分析企业核心代理问题不能忽视制度因素，同时也鼓励进行更多的跨国比较研究和跨国企业讨论，以推进国际公司治理的发展。

第二，如作者所述，由家族或国家控制是全球相较普遍的企业形式。在中国，国有企业、家族企业同样占据重要的经济地位。因此，以国有企业和家族企业为研究着力点兼具理论意义和现实意义，该篇论文为相关研究提供了良好论证。

第三，在控制权机制设计上，该篇论文发现在股东保护不力的地区金字塔结构更为常见，尽管金字塔结构可能是控股股东攫取私利行为的预兆，但其在一定程度上也削弱了实际控制人对企业的直接控制，隔绝了直接的风险传染，在某些特定情境下反而有利于上市公司。在中国企业集团、家族企业等组织形式十分普遍的背景下，进一步探讨金字塔结构的作用将具有重要价值。

2.2.3 基于交易与干预的治理：多个大股东理论

Governance Through Trading and Intervention：A Theory of Multiple Stockholders

文献来源：Edmans A，Manso G. Governance through trading and intervention：A theory of multiple stockholders. *The Review of Financial Studies*，2011，24（7）：2395－2428.

1. 研究动机与研究问题

公司治理通过确保经理人服务于股东的目标，降低因所有权和控制权分离导致的代理成本，对公司价值提升具有重要贡献。传统理论认为，集中的股权结构是形成有效治理体系的关键，这是由于只有大股东具有监督经理人的动力，以及可以在必要时进行干预以纠正经理人的不良行为。现实中，许多企业往往拥有多个大股东（Faccio and Lang，2002；Maury and Pajuste，2005）。那么，多个大股东股权结构的治理效果如何？公司间的大股东数量存在差异，导致这一现象的原因又是什么？该文旨在探究这两个问题。

该文在传统股东干预的观点上考虑多个大股东的交易治理作用，首次利用理论模型论证了多个大股东这一股权结构的有效性。

2. 研究过程

（1）理论分析。

尽管多个大股东结构容易引发“搭便车”问题，从而削弱股东的干预作用，但股东之间的协调困难问题可能会强化交易机制的作用。大股东基于私人信息的股票交易，可以增加股价的有效性，使得股价能准确地反映经理人行为。若经理人懈怠或攫取私人收益，大股东可能采取“用脚投票”的方式出售股票，进而导致股价下跌，使经理人收益减少。为避免大股东减持导致的事后惩罚，经理人可能会在事前做出努力。因此，股票交易成为大股东缓解经理人代理问题的一种可能途径，尤其是在多个大股东的情况下，股东之间会为争夺利润而竞相交易，更多的信息将被包含在股价中，使得交易机制更为有效。

较少的大股东能够增强干预作用，较多的大股东则能够强化交易机制。因而最优的大股东数量应在干预和交易效应之间进行权衡。为说明该问题，作者构建了核心理论模型，推导出大股东的最优数量。然后，进一步放松核心模型中的部分假设，分析影响大股东最优数量的因素。

（2）模型构建。

说明模型的基本设定。该模型由经理人、做市商和 I 个大股东之间的博弈组成，分为两个阶段。在第一阶段，经理人和大股东分别采取影响公司价值 $\tilde{v}$ 的行为 a 和 b_i，产生的个人成本也分别为 a 和 b_i。经理人的行为包括努力工作或谋求私人收益；大股东的行为可能涉及向经理人提供建议、防止经理人获取额外津贴或私人收益。$\emptyset_a$（$\emptyset_b$）表示经理人（大股东）行为的效率，$\emptyset_a\log(1+a)$ 和 $\emptyset_b\log\left(1+\sum_i b_i\right)$ 分别表示经理人和大股东的行为结果，即二者对公司价值 $\tilde{v}$ 的影响。在第二阶段，大股东、噪声交易者、做市商在市场上进行股票交易。每个大股东都能够精确识别公司价值 $\tilde{v}$，噪声交易者则一无所知。每个大股东在观察到 $\tilde{v}$ 后提交市场订单 $x_i(\tilde{v})$，噪声交易者的市场交易订单为 $\tilde{\in}\sim N(0，\sigma_\varepsilon^2)$。在观察到总交易需求 $\tilde{y}=\sum_i\tilde{x}_i+\tilde{\in}$ 后，做市商将股价设为预期的公司价值。

模型假定，公众事先并不知晓经理人的行为 a ，但大股东的行为 b_i 是公开的。而且经理人和大股东的行为是完全替代的，二者独立对公司价值产生影响。经理人持有 α 股股份，所有大股东拥有的总股份数固定为 β，大股东数量为 I，这一假定将该研究与以往关注 β 的研究区分开来。

（3）模型推导。

利用反向归纳法，作者求解出博弈均衡，提出命题 1～3。首先，命题 1 的交易均衡表明，每个大股东的预期交易利润为 $\frac{1}{\sqrt{I}(I+1)}\sigma_\eta\sigma_\varepsilon$，其与大股东的信息优势（$\sigma_\eta$）、大股东利用信息获利的能力（$\sigma_\varepsilon$）均正相关。此外，由于大股东数量 I 的增加将使得交易更为激烈，所有大股东的总利润随 I 的上升而下降。尽管如此，由于更多的信息被融入股价中，价格有效性$\left(\frac{I}{I+1}\right)$随 I 的增大而增加（命题 2）。然后，作者考察了经理人和大股东的最佳行为，求解得到经理人的最佳行为 $a=\emptyset_a\alpha\left(\frac{I}{I+1}\right)-1$，单个大股东的最佳行为 $b_i=\emptyset_b\beta\left(\frac{1}{I}\right)^2-\frac{1}{I}$（命题 3）。在这里，经理人的行为 a 与大股东数量 I 正相关，I 的增大提高了价格的有效性，将促使经理人提高其努力程度。但就大股东的行为 b_i 而言，由于“搭便车”问题，大股东的共同努力程度 $\sum_i b_i$ 随 I 下降，总体干预减少。这就说明，大股东数量 I 由其通过干预和交易机制产生的综合影响决定。

（4）模型结论。

基于此，该文分析了三种目标下的最优大股东数量：1）在最大化公司价值的目标下，最优的大股东数量为 $I^*=\frac{\emptyset_a-\emptyset_b}{\emptyset_b}$（命题 4），其将随经理人行为效率 $\emptyset_a$ 上升而上升，随大股东行为效率 $\emptyset_b$ 下降而下降。2）在考虑社会最优的情况下，大股东数 I^*_{soc} 与 $\emptyset_a$ 和 β 正相关，与 $\emptyset_b$ 和 α 负相关（命题 5）。大股东数量的增加会提高经理人的努力成本，降低大股东的努力成本。因此，如果 β 上升，大股东的总成本更为重要，因此 I^*_{soc} 将增加以通过减少干预来降低成本。相反，α 的上升增加了经理人成本的重要性，从而使 I^*_{soc} 降低。3）基于最大化大股东总收益的目标，最优大股东数量 I^*_{priv} 与 $\emptyset_a$ 和 β 正相关，与 $\emptyset_b$ 和 $\sigma_\eta\sigma_\varepsilon$ 负相关（命题 6）。由于 β 的增加导致大股东努力成本更重要，I^*_{priv} 上升。如果 $\sigma_\eta\sigma_\varepsilon$ 增加，交易利润更加重要，I^*_{priv} 将下降以减少竞争。

（5）模型扩展（一）。

在第一个扩展模型中，作者聚焦股东的信息获取行为，放松了大股东是公司信息知情者的假设。假设在博弈的第一阶段，大股东不能直接获取公司信息，需要通过支付一定成本 c 来获取公司信息。在此条件下，均衡状态中，部分大股东可能因交易利润不足以支付其信息搜集成本而处于不知情状态。这些不知情的大股东不仅不会进行交易，而且会稀释股权结构、减少股东干预，从而降低公司价值。因此，大股东的最佳数量应确保交易竞争处于较低水平，以保障交易利润足以覆盖大股东信息收集成本，激励所有大股东搜集信息，最优大股东数量 I 不会大于 n（n 满足 $\frac{1}{\sqrt{n}\,(n+1)}\sigma_\eta\sigma_\varepsilon=c$）（命题 7）。若交易利润增加，大股东数量也会随之增加。在需要支付成本获取信息的情况下，使得公司价值最大化的大股东数量 I^*_{costly} 等于 $\min\left(\frac{\varnothing_a-\varnothing_b}{\varnothing_b},\ n\right)$（命题 8）。若 n 较小，I^*_{costly} 和公司价值将随大股东信息优势 σ_η 和获利能力 σ_ε 上升，随成本 c 下降；若 n 较大，则 I^*_{costly} 和公司价值与 σ_η、σ_ε 和 c 无关。

（6）模型扩展（二）。

在第二个扩展模型中，作者放松了经理人和大股东的行为是完全替代的，二者对公司价值的影响相互独立的假设。在某些情况下，由于经理人和大股东的产出相互依赖，二者的行为可能存在正向互补性（如战略制定与执行）。在考虑二者行为互补性的扩展模型中，若为完全正向互补，最大化公司价值的大股东数量 I^* 与 $\varnothing_b$ 和 β 正相关，与 $\varnothing_a$ 和 α 负相关（命题 9）。在这里，大股东数量 I^* 必须权衡大股东和经理人的产出水平。如果 $\varnothing_a$ 上升，经理人努力更有效，因此不必通过提高 I 助力。相反，I 应该被用来提高大股东的努力程度。由于大股东之间的“搭便车”问题会导致大股东的总体干预随大股东数量增加而减少，因此要降低 I。然而，由于大股东和经理人之间的利益冲突，二者的行为也可能存在负向互补性（如经理人寻租与大股东监督）。经理人努力程度越低，大股东的作用越强。在完全负向互补的情况下，I^* 将呈现 1 和 ∞ 两种情况（命题 10）。若大股东的努力相对有效，公司应选择最大限度地发挥干预效力，完全忽略交易，因此 I^* 取其最小值 1。若经理人的努力相对高效，I^* 将趋向 ∞，股权结构分散。因此，在完全负向互补的条件下，只存在 0 或 1 个大股东。

（7）模型扩展（三）。

在第三个扩展模型中，作者改变了经理人和大股东的目标函数。在核心模型中，经理人的回报来自其持有股份的市场价值 $\alpha\tilde{p}$。但是一般情况下，经理人的回报也会受到公司基本价值 v 的影响，如使用长期股票期权。类似地，大股东也可能关注短期股票价格，如可能因为流动性冲击而被迫出售股票。基于广义目标的扩展模型，最优大股东数量 I^*_{gen} 与 $\varnothing_a$ 正相关、与 $\varnothing_b$ 负相关，否则最优大股东数量为 1（命题 11）。进一步地，在假定大股东行为不可观测的扩展模型中，大股东 i 采取做市商预测的行为 $b_i=\frac{\varnothing_b\beta}{I^2}-\frac{1}{I}\ \forall i$ 是最佳选择，经理人行为为 $a=\varnothing_a\alpha\left(\frac{I}{I+1}\right)-1$（命题 12）。作者认为，以上结果构成了纯策略下的唯一对称均衡解，任何非对称均衡满足 $\sum_i b_i=\varnothing_b\beta/I-1$（命题 13）。

3. 研究贡献

作者基于该文的理论模型提出实证研究启示。第一，该模型通过刻画多个大股东之间的互动关系，可以为实证研究提供新的研究路径。先前研究主要侧重于讨论多个大股东的私人利益争夺问题，而该文涉及市场价格效率，并暗含多个大股东交易治理能力将取决于微观结构因素（如流动性等）。第二，该文也暗含着大股东数量在实证研究中是一个重要的变量，既可以考察影响大股东结构差异的因素，也可以分析多个大股东对市场效率、公司治理的影响。因此，在已有的研究方向侧重机构所有权或第一大股东持股之外，大股东数量为相关研究提供了新的研究视角。

4. 评述

该文开创性地从多个大股东干预和交易的权衡这一新的角度研究了大股东的治理作用，同时将股权结构与市场效率等微观结构要素相结合，论证了交易可能是大股东形成的另一原因，拓展了股权研究的边界，也为后续有关流动性与公司治理研究提供了重要的理论基础。为便于论证，作者对理论模型设定了前提条件，当然，这些假设也存在待完善之处。

第一，论文假设大股东的结构是对称的，这与实际可能并不相符。股东之间存在高度异质性，在股权性质、股东身份、股东偏好、股东资源、股东能力等方面均可能存在显著差异，其干预与交易的意愿和能力也有所差别。例如，一些大股东只参与交易而极少进行干预（如基金公司），而其他大股东则可能积极干预但很少交易（如派驻董事的大股东）。未来研究可考虑引入非对称性股东结构，分析异质大股东之间的最优股权分配。

第二，论文假定只存在一个交易周期，但大股东存续通常是较为稳定的，可能存在多个交易周期。由于信息的获取可能不是一次性的，信息质量和时效性将影响股东搜集信息的积极性，同时，股东本身也存在学习效应，后续研究可以考察多个大股东交易行为的动态变化。

2.3　未来研究展望

股东是公司治理研究的核心对象。由于股东的重要性及复杂性，股东治理尤其是大股东治理问题吸引了大量学者的关注，迄今为止已形成丰硕的研究成果。正如本章概述中所介绍的，学者从多方面提供了大股东通过监督和退出威胁发挥治理作用的证据，并描绘了多个大股东股权结构的经济后果。尽管如此，大股东作为决定公司治理质量最基础、最根本的要素，可以预见，大股东问题在未来的公司治理研究中仍将占据重要地位，并且随着公司治理实践的发展及制度环境的变化，新的研究机会也在不断涌现。因此，我们基于当前研究进展及现实状况对未来大股东治理可能的研究方向进行简要展望。

2.3　参考文献

首先，应关注大股东发挥治理作用的具体场景。在已有的大股东治理文献中，学者指出，大股东可以发挥强有力的治理作用，通过“用手投票”或“用脚投票”方式分别从事前、事后对经理人施加监督压力和形成激励效应，从而约束经理人的短视倾向和机会主义行为，缓解经理人代理问题。同时，大股东在紧要时刻也可以为企业提供资源，帮助企业脱离困境。但是，大股东的存在也可能引发大股东侵占中小股东利益的第二类代理问题，尤其是在大股东通过金字塔结构、双重股权结构或交叉持股等形式拥有超额控制权时，其私利攫取动机更强，代理问题更严重。因此，要想全面刻画大股东对企业的影响，研究者需要解答的一个问题便是，在何种情况下大股东有利于提升企业价值，在何种情况下又需警惕大股东的掠夺之手？现有文献主要从大股东持股比例（Claessens et al.，2002；Jiang et al.，2017）、公司财务状况（Jian and Wong，2010；Peng et al.，2011）、内部资本市场（Jia et al.，2013）等角度，说明大股东与企业的关系在一定程度上呈现出动态性的特征。未来，从更多维度继续探究大股东发挥治理作用的具体场景，对于完善大股东研究框架至关重要。

其次，需要关注大股东目标的异质性。如 La Porta et al.（1999）指出，国家股东和家族股东是多数国家大股东的主要组成部分。与一般大股东以经济利益为核心目标不同，国家股东更注重社会福祉，家族股东则侧重于家族对企业的控制。大股东目标的巨大差异将驱使其做出不同的行为选择，进而影响公司的决策、绩效和其他股东利益。除国有股东、家族股东外，近期的研究也开始关注到金融大股东（Hadlock and Schwartz-Ziv，2019）、外国大股东（Liu et al.，2018）等对公司治理的影响。同时，大股东之间的异质性也会影响多个大股东之间的关系，例如，同类型大股东之间合谋的可能性更高（Jiang et al.，2017；Jiang et al.，2020），因而可能削弱多个大股东的治理效果。众所周知，在中国，与国有企业的多重目标不同，民营企业以利润和效率为先，这也使得不同性质的企业在目标追求上有所差异。在新时期下，混合所有制改革是当前新一轮国有企业改革的重大课题。习近平总书记指出，要积极发展混合所有制经济，强调国有资本、集体资本、非公有资本等交叉持股、相互融合的混合所有制经济，是基本经济制度的重要实现形式。[①] 随着混合所有制经济基础制度地位的确立，不同类型的大股东将加速融合，股权多样性增加，这一现实背景为探究多元股权结构安排及其如何贡献企业价值提供了许多新的研究机遇。

再次，大股东发挥治理作用的具体路径值得进一步探究。已有文献发现，

---

① 中共中央文献研究室. 习近平关于全面深化改革论述摘编. 北京：中央文献出版社，2014：58.

大股东可能通过关联交易（Peng et al.，2011）和资金占用（Jiang et al.，2010）等资源转移行为掏空企业、侵占中小股东利益。从股票流动性视角进行研究，学者们也试图验证大股东的退出威胁能否降低企业代理问题（Hope et al.，2017；Dou et al.，2018）。然而，直接检验大股东行为的实证研究仍较欠缺，学者可以进一步拓展大股东监督效应研究，如针对 Bar-Isaac and Shapiro（2020）构建的大股东投票行为的理论模型进行实证探索。在多个大股东方面，大量学者考察了大股东之间的监督（Jiang et al.，2018）、合谋（Jiang et al.，2020）、合作（Mathers et al.，2020）效应，但这些研究主要从总体、静态的角度考察多个大股东的治理效果，而未关注大股东之间互动关系的具体表现及可能存在的动态变化，也未涉及因大股东之间信息不对称可能引发的跟随者问题。例如，与积极干预企业、进行活跃股票交易的大股东相比，那些稳定、消极的大股东在公司治理中扮演什么角色？他们对公司有何影响，何时产生影响，如何产生影响？这些都是未来研究可以继续探索的方向。此外，股东保护意识的增强也催生了许多有利于提高中小股东参与公司治理积极性和能力的创新工具，如确立中小股东分类表决制度、网络投票制度、中小投资者服务中心等。当然，非控股股东也可以直接向公司派出董事来影响经营决策。考察这些新兴的中小股东参与公司治理的方式和手段对控股股东代理问题和公司决策的影响，将为大股东治理研究提供新思路和重要补充。

此外，除企业内部股权结构外，大股东自身的持股特征也应予探讨。大股东治理作用的发挥取决于大股东的动机和能力，而这与其获取公司信息的多寡及公司的重要性密切相关。基于此，近期学者开始关注大股东的投资组合与公司决策的关系（Fich et al.，2015）、股权质押对公司表现的影响（Dou et al.，2019）。关于共同持股的研究也正在兴起，如 Edmans et al.（2019）认为共同持股将有助于提高公司治理水平，强化股东的监督和退出作用。学者们从产品市场表现（He and Huang，2017）、企业战略行为（Connelly et al.，2019）、信息披露质量（Ramalingegowda et al.，2021）等方面为共同持股的经济后果提供了重要证据，然而，Lewellen and Lowry（2021）对此提出质疑，通过采用新方法，其发现已有文献认为的共同持股对公司行为的影响十分微弱。这可能与大股东持股决策为其内生决定有关，因此，寻求合适的外生冲击事件、基于不同的情境探索大股东持股特征对公司的影响，仍然十分必要。

最后，针对大股东治理效应的跨国比较是未来研究的重点之一。由于经济、法律制度等方面存在巨大差异，各国的公司治理模式有所不同，核心代理问题表现各异。例如，在欧美国家，公司的主要代理问题是股东与经理人之间目标不一致，研究的重点为如何约束经理人的私利动机以服务股东的财富最大化目标，大股东的存在将有利于缓解经理人代理问题。而在我国，公司的主要代理问题则是大股东与中小股东之间的利益冲突。一方面，控股股东通过董事会和经理人掌握权力，在私利目标驱动下从事机会主义行为，传统的公司治理机制如董事会相关设置等难以奏效；另一方面，非控股大股东也可能与控股股东合谋，共同侵占中小股东利益，损害公司价值。尽管近些年法律法规的陆续出台和不断完善可能扭转了传统的股东保护不力的现象（Jiang and Kim，2020），但目前直接的实证证据仍较为匮乏。因此，采用最新全球数据从横向、纵向探究大股东尤其是多个大股东结构影响公司行为的一般规律和差异，是构建大股东治理作用版图不可或缺的一部分。这也与Edmans and Manso（2011）呼吁更多学者关注公司股权结构的决定因素相契合。除法律（La Porta et al.，1998）外，金融市场发展状况与宏观政策等方面也可能影响公司股权结构的形成，探究这些前因要素的国别差异对于理解大股东治理作用将具有重要帮助。

第 3 章

机构投资者

本章主要讨论机构投资者在公司治理中的作用。在 3.1 节中，结合已有文献，从机构投资者的正面治理效应、局限性以及机构投资者的异质性三个方面，讨论机构投资者的治理效果，以厘清该领域的研究框架和发展脉络。在此基础上，在 3.2 节中，从机构投资者是否发挥了治理作用、怎样发挥治理作用以及哪些机构投资者发挥了治理作用三个方面，各选取一篇经典、重点的文献进行导读，包括对文章内容的介绍和评述。在 3.3 节中，结合现有文献的研究进展，对该领域未来的研究方向进行展望。

3.1 概 述

3.1 参考文献

在分散的股权结构下，小股东既没有动机也没有能力监督经理人。此时，掌握公司资源配置权的经理人可能从事以牺牲股东利益为代价的自利行为，造成高昂的代理成本。Shleifer and Vishny（1986）指出，公司中大股东的存在有助于缓解小股东的“理性冷漠”和“搭便车”心理，他们有动机和能力去监督经理人。机构投资者就是其中一类特殊的大股东。20 世纪 70 年代以来，机构投资者规模逐步壮大并发展成为公司的大股东，在公司内外部治理机制不完备的情况下，成为良好公司治理的中坚力量，受到了学者们的广泛关注。

机构投资者扮演着监督者和交易者两个角色，而这两个角色都具有公司治理效应。作为监督者，机构投资者可以通过“用手投票”的方式，积极干预经理人的行为决策，发挥公司治理作用。参与股东投票、提交股东提案和发起代理权争夺（proxy contest）是机构投资者常用的正式干预手段。通过这些干预，机构投资者可以实现参与公司决策、改选董事会成员、约束经理人行为，进而改善公司治理的效果。此外，机构投资者还会通过参与公司会议、与公司董事长或CEO进行邮件或电话交流等私下沟通方式，传递其对改善公司治理的看法（Carleton et al.，1998）。与正式干预手段相比，私下沟通方式成本低、时效性强，被机构投资者广泛采用。

作为交易者，机构投资者可以通过“用脚投票”的方式来发挥公司治理作用。首先，机构投资者的股票交易能够提高股价信息含量，间接产生治理作用（Holmstrom and Tirole，1993）。机构投资者是专业的资产管理人，它们利用专业的信息收集和处理能力积极挖掘关于公司治理和公司价值的私人信息，并以此进行股票交易获得异常收益（Puckett and Yan，2011）。这种知情交易行为能够将私人信息反映在股价中（Badrinath et al.，1995；Bushee and Goodman，2007；Boehmer and Kelley，2009），提高公司股价信息含量，使其更准确和及时地反映经理人行为，进而董事会能基于更准确的股票业绩指标对经理人实施监督和激励，同时，汇总多方市场参与者信息的股价也能更好地指导经理人决策（Dow and Gorton，1997；Subrahmanyam and Titman，1999）。其次，机构投资者能通过出售股票的退出行为或退出威胁发挥治理作用。机构投资者持股规模较大且具有信息优势，其出售股票的行为将对股价产生负面影响。由于经理人利益与股价息息相关，机构投资者出售公司股票将对经理人形成惩罚（Parrino et al.，2003）。即使退出行为没有实际发生，预期到其可能产生的不利后果，退出威胁也能对经理人产生震慑作用，约束经理人的不当行为（Admati and Pfleiderer，2009；Edmans，2009）。

值得一提的是，机构投资者“用脚投票”与“用手投票”这两种治理方式既是替代关系，又存在一定的互补效应。一方面，如上述分析所述，积极介入与退出威胁通过不同机制发挥治理作用（Bharath et al.，2013），许多机构投资者同时使用这两种治理手段，当积极介入的努力无果时，机构投资者就可能选择退出（McCahery et al.，2016）。另一方面，当退出威胁较强且较为可信时，公司董事会更可能听从机构投资者的提议，机构投资者积极介入公司治理的尝试更可能取得成功（Dasgupta and Piacentino，2015）。

学者们对机构投资者的公司治理作用进行了广泛的讨论，诸多文献发现机构投资者具有积极的公司治理作用。这些研究主要从机构投资者对公司治理行为的改善作用，以及对公司价值的提升作用两方面给出了证据。已有文献发现机构投资者能够有效监督经理人行为，降低经理人超额薪酬，增强薪酬-业绩敏感性，提高经理人因业绩不佳被更换的概率（Hartzell and Starks，2003；Brav et al.，2008）；还能抑制经理人的帝国构建行为和机会主义投资，提高公司的投资效率（Aghion et al.，2013；Gantchev et al.，2020）；并能有效减少公司的盈余管理，要求公司提高信息披露质量（Chung et al.，2002；Bird and Karolyi，2016）。机构投资者参与公司治理能够改善公司业绩，提升公司价值（Smith，1996；Del Guercio and Hawkins，1999；Bebchuk et al.，2015）。

然而，也有一些文献指出机构投资者参与公司治理存在其局限性，不是在任何情况下都能有效发挥治理作用。这部分文献主要探讨了利益冲突和能力不足两方面因素是如何影响机构投资者发挥治理作用的。前者如机构投资者与被投资公司存在商业关联、机构投资者自身存在的代理问题等（Davis and Kim，2007；Khorana et al.，2007），后者如机构投资者缺乏管理企业的技能和经验等（Lipton and Rosenblum，1991），这些因素均可能削弱机构投资者的治理作用，甚至引发负面效果。

可见，机构投资者并非在所有情况下都能发挥正面的公司治理作用。随着研究的进一步深入，学者开始从机构投资者的异质性出发，讨论机构投资者的哪些特征与其发挥治理作用有关。持股规模和投资视野是其中讨论最多也是最重要的维度，例如，持股比例较高、投资视野较长的机构投资者相较于其他机构投资者，更能发挥正面的公司治理作用（Chen et al.，2007；Cvijanovic et al.，2016）。除此以外，近来的研究开始从地理位置（Kim et al.，2022）、文化观念（Dyck et al.，2019）等方面挖掘机构投资者异质性对公司治理作用的影响。这些研究有助于调和已有文献中发现的关于机构投资者治理作用看似矛盾的结论，并深化人们对机构投资者治理机制的理解。

接下来将围绕机构投资者的正面治理效应、机构投资者治理的局限性以及机构投资者的异质性三个方面进行文献回顾。

3.1.1 机构投资者的正面治理效应

已有文献发现，无论是采用“用脚投票”还是“用手投票”的治理方式，机构投资者参与公司治理都可以产生积极的效果，最终提升公司价值。

首先，机构投资者的积极介入有助于对经理人实施更有效的激励和监督，减少经理人的代理行为。相关文献从优化经理人的薪酬结构以及强制更换不称职的经理人两方面，直接论证机构投资者积极介入对激励和监督经理人有效性的提高。在经理人薪酬结构方面，Hartzell and Starks（2003）和Almazan et al.（2005）等较早的研究发现，在机构大股东持股集中度（前5大机构股东持股比例的集中度）较高的公司中，经理人薪酬水平较低，薪酬-业绩敏感性较高。后续研究对机构投资者影响经理人薪酬这一观点给出了更直接的证据。Ertimur et al.（2011）指出，以养老金为代表的机构投资者会积极提交与经理人薪酬改革有关的股东提案，还会发起投票运动来联合更多股东，争取对经理人薪酬形成切实的影响。该文发现经理人薪酬较高的公司更容易成为机构投资者的介入目标，并且经理人的超额薪酬在机构投资者积极介入之后显著下降。在经理人更换方面，Brav et al.（2008）和 Del Guercio et al.（2008）分别将对冲基金介入和股东联合投票运动纳入研究中，均发现机构投资者的介入提高了目标公司经理人被替换的频率。Kang et al.（2018）发现机构投资者持股提高了经理人因业绩不佳而被强制更换的可能性，并且当机构投资者具备积极主义活动经验、长期持有股份、在多家公司持有股份时，这一效应更为凸显。

与此同时，学者们从经理人代理行为的减少来间接论证机构投资者积极介入对激励和监督经理人有效性的提高。在财务政策方面，机构投资者能够影响公司投资政策，提高公司的投资质量，促使公司更多地投资于长期价值提升项目。Gantchev et al.（2020）发现从事帝国构建投资的公司更可能成为对冲基金的介入目标，目标公司在被介入之后收购次数减少，但收购质量更高（体现为收购公告的异常收益更高）。该文的机制检验发现，对冲基金是通过更换从事过帝国构建型收购的经理人、聘任新的董事以及改变经理人薪酬政策来发挥治理作用的。另外，经理人在面临短期业绩压力时有动机削减研发投入等长期投资，但 Bushee（1998）和 Aghion et al.（2013）发现当机构投资者持股比例较高时，经理人很少会采取削减研发支出以扭转利润下降趋势的行为，这意味着机构投资者作为成熟的投资者，能够缓解经理人长期投资的短视倾向。

机构投资者也影响公司的分配政策，机构投资者能促使公司发放更多股利。Jensen（1986）提出，定期分红可以减少公司内的自由现金流，降低经理人利用自由现金流谋取私利的可能性。Brav et al.（2008）发现，在被对冲基金积极介入之后，公司的股利支付率上升。Crane et al.（2016）使用罗素1000/2000 指数成分股调整进行断点回归检验，发现机构投资者持股增加 1%会导致分红增加 8%，并且这种效应在代理成本较高的公司中更加明显。

在信息质量方面，已有文献还发现机构投资者能够抑制公司的盈余管理和财务舞弊（Chung et al.，2002；Dechow et al.，1996），要求公司披露质量更高、形式更丰富的信息（Bird and Karolyi，2016），改善公司的社会责任信息披露质量（Chen et al.，2020）。

另外，并购场景下也发现了机构投资者的积极治理作用。研究发现，机构投资者能够抑制经理人利用反收购条款巩固自己在公司中的地位的行为（Brickley et al.，1988）。机构投资者的积极干预增加了公司成为收购对象的可能性（Greenwood and Schor，2009）。当公司成为并购目标方时，机构投资者能削弱经理人对并购的抵抗，促成并购，最终使公司获得更高的并购溢价（Fich et al.，2015）。

其次，机构投资者的监督功能有利于公司价值提升。早期，养老基金由于在各类机构投资者中规模最大，受到了学者们的广泛关注。鉴于此时尚处于机构投资者积极参与治理的探索时期，机构投资者的规模也相对较小，能发挥的作用比较有限，因此，不管是从长期还是短期来看，均未发现养老基金积极参与治理对公司价值的提升作用（Wahal，1996；Del Guercio and Hawkins，1999；Song and Szewczyk，2003）。Prevost and Rao（2000）甚至发现养老基金提案对公司价值的负面影响，不过作者认为，这一负面影响源于投资者将提案看作是养老基金与经理人之间协商失败的信号，而不是对养老基金行为的反应。值得一提的是，如果养老基金通过积极介入公司治理最终实现了其诉求，那么此时养老基金的积极监督有利于提高公司价值（Smith，1996）。

近年来，随着对冲基金规模越来越大，并且越来越频繁地参与到对公司的监督中，学者们开始转而关注对冲基金的公司治理作用。在机构投资者对参与公司治理的重视程度提高、法律和监管部门对机构投资者参与公司治理的限制减少的背景下，此类研究发现，不管是从长期还是短期来看，对冲基金的积极介入行为均有助于提高公司价值。Brav et al.（2008）为对冲基金的积极介入促进公司短期价值提升提供了证据。他们较早开始研究美国对冲基金针对公司战略、运营和财务决策的积极介入行为，发现对冲基金介入宣布的异常收益约为7%，且股价在随后一年中没有发生逆转，约2/3的介入尝试在一定程度上取得了成功，目标公司在被对冲基金积极介入之后，经营业绩、经理人更换率和股利支付率都有所提升。紧随其后，大量研究证实了对冲基金的积极介入能够对公司短期价值起到显著提升作用（Clifford，2008；Greenwood and Schor，2009；Klein and Zur，2009；Becht et al.，2017；Bebchuk et al.，2020）。Bebchuk et al.（2015）则为对冲基金介入并发挥公司治理作用，有利于提高公司长期价值提供了证据；Greenwood and Schor（2009）也发现了类似结果，但他们指出这一作用只在那些介入后被收购的公司中存在，因此，对冲基金并未发挥治理作用，它们只是善于选择价值被低估的公司而已。

此外，长期以来，学者们普遍认为指数基金等消极持股的机构投资者通常不会积极介入公司治理，但Appel et al.（2016）的发现改变了这一观点，该研究发现消极型机构投资者会利用其持有的大量投票权参与公司提案投票，并且消极型机构投资者持股比例与公司业绩的长期改善相关。

最后，机构投资者作为交易者同样发挥了积极的治理作用。比如，机构投资者的退出威胁也能提高经理人更换概率（Parrino et al.，2003）。即使机构投资者没有实际介入公司，当公司股票流动性增强导致机构股东退出威胁增大时，公司的经营效率也会得以提升（Edmans et al.，2013）。除了上述直接治理作用之外，作为知情交易者，机构投资者的交易能够提升公司的股价信息含量（Boehmer and Kelley，2009），从而有助于董事会更准确地评估经理人业绩，间接强化公司对经理人的监督和激励。

此外，值得一提的是，机构投资者发挥治理作用的方式经历了从“用脚投票”到“用手投票”的转变。早期，机构投资者奉行“华尔街规则”，即消极持股、不直接干预公司行为，当对公司决策和业绩不满时，机构投资者往往选择售出股票、一走了之。“华尔街规则”流行的主要原因有两方面：一是当时机构投资者持股规模较小，改善公司治理并提升公司业绩带给它们的收益较为有限；二是当时的法律和监管机构对机构投资者介入公司治理设置了较多的限制，提高了机构投资者参与公司治理的成本（Black，1990）。

从20世纪80年代中期起，机构投资者一改以往对公司治理被动、旁观的态度，开始积极参与公司治理决策，股东积极主义从而兴起（Gillan and Starks，2007）。这一转变的发生具有多重原因（Gillan and Starks，2007；Denes et al.，2017）：（1）随着机构投资者规模发展壮大，其持有公司股份的比例日益提高，在许多公司中成为大股东；（2）针对机构投资者参与公司治理的法律监管有所放松，降低了机构投资者参与公司治理的成本；（3）指数化投资策略的普及使机构投资者不再轻易卖出公司股份，而是选择长期持有；（4）20世纪70—80年代的并购浪潮逐渐消退，公司治理的核心机制由外部的控制权市场转向以大股东治理为代表的内部治理机制；（5）社会公众对股东积极参与公司治理行为的认可，以及不断爆出的公司损害中小投资者利益的丑闻，也推进了机构投资者由“华尔街规则”向股东积极主义的转变。以美国为例，在20世纪80年代以前，仅有少数机构投资者直接参与公司治理，但在这一时期之后，发起股东提案的机构投资者和提交的股东提案数量逐年增加，例如，在1987—1994年美国上市公司收到的2 042份股东提案中，463份是由机构投资者发起的（Gillan and Starks，2000）。此外，机构投资者还广泛使用代理权争夺、股东投票以及与经理人直接沟通等方式积极干预公司治理。

3.1.2 机构投资者治理的局限性

尽管诸多文献为机构投资者发挥公司治理作用提供了证据支持，然而，由于机构投资者与被投资公司存在商业关联、机构投资者内部自身存在的代理问题（Davis and Kim，2007；Khorana et al.，2007），以及机构投资者缺乏管理企业的技能和经验等（Lipton and Rosenblum，1991），削弱了机构投资者的治理作用，甚至可能引发负面效果。

与被投资公司存在其他业务关联会削弱机构投资者的监督动机。机构投资者与被投资公司常常存在业务关联，例如为上市公司提供资产管理服务、担任投资顾问等，这些业务给机构投资者带来了可观的收入（Davis and Kim，2007）。当与公司存在商业关联时，出于保护自身业务的动机，机构投资者可能会减少对公司的监督，使得机构投资者的监督作用难以发挥。相反，独立机构投资者，即与被投资公司不存在其他商业关联的机构投资者，能够发挥更有效的公司治理作用。Brickley et al.（1988）指出，银行、保险公司、信托基金与公司存在潜在的商业关联，较容易受到公司经理人影响。与之相比，共同基金、公共雇员养老基金、基金会，是独立性较高、较不易受公司经理人影响的机构投资者。他们发现，前者倾向于在股东投票中拥护公司经理人，而后者倾向于在公司提案投票时反对经理人。同样地，Almazan et al.（2005）、Chen et al.（2007）和 Ferreira and Matos（2008）也发现独立机构投资者（公共养老基金、投资公司、独立投资顾问、外国机构投资者）更可能对公司经理人实施有效的监督和约束。

随着研究的推进，学者们开始使用具体的商业关联数据确定机构投资者的独立性，这种更精确的界定方式大大缓解了依照机构投资者类型确定其独立性导致的度量误差问题。Davis and Kim（2007）和 Ashraf et al.（2012）使用共同基金或其母公司是否负责被投资公司员工福利计划管理业务的数据检验发现，在股东提案层面，共同基金在股东投票中支持公司经理人的倾向没有受到此商业关联的影响，但这两篇文章使用的研究样本较小。Cvijanovic et al.（2016）以更全面的样本和更稳健的实证方法检验发现，当共同基金与被投资公司存在员工福利计划管理业务的商业关联时，共同基金在股东投票中更可能支持经理人，为商业关联损害机构投资者治理作用进一步提供了证据。另外，不限于业务关联，当某些基金公司的董事由被投资公司的经理人或董事担任时，基金也会更多地投出对被投资公司内部人有利的投票（Calluzzo and Kedia，2019）。

业绩压力导致机构投资者具有短期倾向。一些机构投资者，例如共同基金，它们的客户往往基于基金的短期投资绩效决定是否进行投资，投资回报率的下降可能导致客户大量赎回。一旦基金资产管理规模缩水，基金经理的收入、职业发展都将受到影响。这为基金经理带来了极大的短期业绩压力（Chevalier and Ellison，1997；Bushee，1998），导致他们为了维护自身利益罔顾基金长期价值的提升，要么不愿意花费时间和精力参与公司治理，要么促使公司行为短期化。Bushee（1998）研究发现，投资组合周转率高、持股规模较小的短期型机构投资者会促使经理人削减研发投入以提高公司的短期业绩。短视倾向会随着基金的业绩压力增大而加剧，Agarwal et al.（2018）发现，当共同基金需要更频繁地披露投资组合构成时，基金透明度的提高增加了基金经理的业绩压力，降低了基金经理对被投资公司采取的长期价值创造行为的容忍度，导致投资组合公司的研发投入降低。

机构投资者的能力不足也影响了其公司治理作用的发挥。机构投资者能力不足主要体现为缺乏管理企业的专业技能和经验（Lipton and Rosenblum，1991），并且存在诸如注意力有限、羊群效应等行为偏差。实证研究主要从注意力有限这一角度为此提供了证据支持。机构投资者往往同时持有多家公司的股份，注意力约束使得机构投资者很难对所有持股公司都发挥监督作用。Kempf et al.（2017）发现持股分散导致机构投资者注意力分散时，公司更可能进行价值破坏的并购活动，减少股利支付，经理人薪酬更可能上涨，并且业绩较差的经理人更不容易被更换。

3.1.3　机构投资者的异质性

机构投资者并非同质，而是具有较强的异质性。机构投资者的类型、持股规模和投资视野、地理位置和文化观念等都会影响其参与公司治理的方式和最终的治理效果。

首先，不同类型机构投资者在投资风格、监管约束等方面的差别影响了其公司治理作用的发挥。主要的机构投资者类型包括共同基金、养老基金、对冲基金、保险公司、银行等，它们的投资风格以及受到的监管约束具有很大差异，导致了它们参与公司治理的形式和效果也各不相同。具体而言：

第一，共同基金（mutual fund）集合大众投资者的分散资金进行管理和投资，需要在激烈的竞争中吸引投资资金，扩大资产管理规模（Agarwal et al.，2014）。共同基金主要以参与股东投票和与公司经理人沟通等成本较低的方式参与公司治理（Iliev and Lowry，2015；McCahery et al.，2016）。不过，较强的短期业绩压力和资金流出压力可能会削弱共同基金的公司治理作用（Dasgupta and Piacentino，2015；Agarwal et al.，2018）。

第二，养老基金（pension fund）规模较大，投资视野较长，投资风格相对稳健。养老基金是 20 世纪 80 年代美国机构投资者由“华尔街规则”向“股东积极主义”转变的主要推动者（Smith，1996；Gillan and Starks，2007），至今仍然通过提交股东提案、与经理人沟通等方式积极发挥着监督作用（Renneboog and Szilagyi，2011；McCahery et al.，2016）。

第三，对冲基金（hedge fund）在交易和信息披露方面受到的监管相较于共同基金和养老基金更为宽松，它们能够使用杠杆和复杂的交易技术，可以保持较高的不透明度，这为对冲基金实施股东积极主义创造了诸多优势

（Yermack，2010）。因此，尽管对冲基金与共同基金和养老基金相比资金规模较小，但其进行股东积极主义活动却不容忽视（Gillan and Starks，2007）。代理权争夺是对冲基金常用的干预手段（Fos，2017）。通过积极干预，对冲基金能产生改善治理结构和提升公司业绩的作用（Brav et al.，2008，2015）。

第四，保险公司（insurance company）往往追求稳定可靠、高流动性的投资项目，在实践中更倾向于投资债券，股权投资规模较小。另外，由于保险公司常常与被投资公司存在潜在的商业关联（例如，被投资公司购买保险公司的保险产品），这一利益冲突进一步限制了保险公司的治理作用（Brickley et al.，1988；Chen et al.，2007）。

第五，银行（bank）也是一类重要的机构投资者，其公司治理角色很大程度上受到监管约束的影响。在日本和德国等国家，银行通过交叉持股等股权结构安排与很多公司存在错综复杂的关系，能对公司治理产生重要影响（Berglöf and Perotti，1994；Gorton and Schmid，2000）。但在中国、美国等许多国家中，法律对银行直接持有非银行企业股份设置了严格的监管约束，此时银行更多地以债权人的身份参与公司治理。因此，本教材将在债权人治理章节中专门对其进行讨论。

除了上述机构投资者之外，交易所交易基金（ETF）也是常见的机构投资者，但学者们近年来才开始考察 ETF 这类消极持股型机构投资者的公司治理作用，并且对其能否发挥正面的治理作用尚未达成一致认识（Appel et al.，2016；Heath et al.，2022）。由此可以看出，不同机构投资者的投资风格以及受到的监管约束具有很大差异，影响了它们参与公司治理的意愿和能力，最终也影响了其公司治理作用的发挥。

其次，持股规模和投资视野也是机构投资者公司治理作用能否发挥的重要影响因素。机构投资者持有股份比例越高，它们的信息优势越突出，对公司的影响能力越强，干预公司治理的成本越低，与此同时，机构投资者发挥治理作用、提升公司业绩能获得的收益也越高。投资视野越长越意味着机构投资者的收益主要来自公司基本面改善带来的长期价值提升，而非短期交易所得。因此，投资规模较大、投资视野较长的机构投资者更能发挥公司治理作用。大量研究为此提供了证据。例如，Bushee（1998）基于持股规模和投资视野这两个维度将机构投资者分为三类：短期型（transient）、专注型（dedicated）、准指数型（quasi-indexer）。Bushee（1998）发现专注型机构投资者能发挥有效的监督作用，可以缓解经理人通过削减研发支出而提升利润的短视倾向，但短期型机构投资者却会恶化这种短视倾向。沿用 Bushee（1998）对机构投资者的分类思路，后续研究发现持股规模大的独立、长期机构投资者在并购活动中能对公司经理人发挥有效的监督作用，从而提升并购质量（Chen et al.，2007），而短期机构投资者持股较多的公司具有更差的并购表现（Gaspar et al.，2005）。不仅如此，专注型机构投资者还能减少对公司未来价值的错误估值，从经理人薪酬、股利支付等方面改善公司治理，但短期型机构投资者则不具备这些作用（Borochin and Yang，2017）。另外，持股规模和投资视野也是会影响机构投资者偏好的公司治理途径。例如，Duan and Jiao（2016）发现发声动机更弱的机构投资者，即投资视野较短、持股比例较低的机构投资者，在对经理人不满时，更倾向于选择退出。

最后，地理位置、文化观念等因素也会影响机构投资者公司治理作用的发挥。机构投资者与被投资公司之间的地理距离会影响机构投资者的信息获取，从而影响监督作用的发挥。相较非本地机构投资者，本地机构投资者更具信息优势和监督优势（Kim et al.，2022），也更可能积极参与公司治理，提高经理人更换率、减少经理人超额薪酬，并对公司激进的盈余管理起到抑制作用（Chhaochharia et al.，2012）。在文化观念方面，Dyck et al.（2019）的跨国研究发现，当机构投资者来自重视企业环境和社会表现的国家时，机构投资者持股会促使公司提高环境和社会绩效。Bolton et al.（2020）也发现，奉行社会责任投资理念的机构投资者在股东投票时更倾向于支持公司的社会和环境行动。

从以上的文献梳理可以看出，机构投资者因其持股规模较大、具有专业的信息处理和投资分析能力，从而在公司治理中具有独特的地位。通过提交股东提案、发起代理权争夺或与经理人沟通等方式，机构投资者能够发挥约束经理人、缓解代理问题的公司治理作用。但同时，也有一些文献发现机构投资者的公司治理作用具有局限性，进而激发学者们关注机构投资者的异质性对公司治理作用的影响。在接下来的重点文献导读中，我们从机构投资者股东积极主义的兴起、机构投资者监督公司经理人的方式以及机构投资者的异质性三个角度各选取了一篇文献加以介绍，具体如下。

第一篇文献是 Michael P. Smith 于 1996 年发表在 *The Journal of Finance* 上的“Shareholder activism by institutional investors: Evidence from CalPERS”。这篇较早研究机构投资者股东积极主义的经典文章聚焦著名的加利福尼亚州公共雇员养老基金（CalPERS）及其在 1987—1993 年积极介入的 51 家目标公司，实证考察了机构投资者介入公司治理的前因与后果，为股东积极主义活动改善公司治理结构、提升公司业绩和股东财富方面提供了实证证据。

第二篇文献是 Stuart L. Gillan 和 Laura T. Starks 于 2000 年发表在 *Journal of Financial Economics* 上的“Corporate governance proposals and shareholder activism: The role of institutional investors”。递交股东提案是机

构投资者参与公司治理的重要方式，该文从股东反应的角度研究机构投资者提交股东提案是否取得成功。该文发现，虽然在市场反应上，股东提案得到的异常收益率很小，但与个人投资者提交股东提案相比，机构投资者股东提案得到了更高的投票支持率。在该文使用的样本期间 1987—1994 年中，股东提案投票支持率呈上升趋势，反映了股东积极主义日益扩大的影响力。

第三篇文献是 Xia Chen、Jarrad Harford 以及 Kai Li 于 2007 年发表在 *Journal of Financial Economics* 上的"Monitoring：Which institutions matter?"。这篇文章不同于上述两篇文章，未将机构投资者视为同质性的整体，而是从持股比例、投资视野以及独立性三个不同维度将机构投资者划分为不同类型，指出仅有持股比例较高、长期持股的独立机构投资者才能发挥对经理人的监督作用，继而使用公司并购场景检验了这类机构投资者的治理作用，发现相较其他机构投资者，在重仓持股的独立长期机构投资者的影响下，企业更可能从事有利于业绩增长的高质量合并，并且更可能在并购公告的市场反应较差时撤销合并。这篇文章分析了机构投资者的异质性，所得结果有助于解释为何以往关于机构投资者公司治理作用的研究结论不一致，将机构投资者公司治理的研究进一步推进。

这三篇具有代表性和影响力的文献，既有针对单个机构投资者治理效果的分析，也有使用众多机构投资者股东提案的大样本进行的检验，还有从机构投资者异质性的角度调和前人竞争性结论的研究，有助于读者全面理解机构投资者参与公司治理的形式和后果，并对未来的机构投资者治理提供启示。

接下来我们将逐篇介绍论文的内容并对其进行简要评述。

3.2 重点文献导读

3.2.1 机构股东积极主义：来自 CalPERS 的证据

Shareholder Activism by Institutional Investors：Evidence from CalPERS

文献来源：Smith M P. Shareholder activism by institutional investors：Evidence from CalPERS. *The Journal of Finance*，1996，51（1）：227－252.

3.2 参考文献

1. 研究动机与研究问题

1980 年以来，机构投资者逐渐成为美国资本市场中的重要角色。截至 1992 年，美国本土上市公司由机构投资者持有的股份比例已经超过了 50%。与此同时，随着并购浪潮的消退，控制权市场在监督公司经理人方面的角色被普遍认为由机构投资者接棒，曾经奉行“华尔街规则”的机构投资者开始活跃地干预公司治理，试图对经理人进行监督。然而，尽管资本市场上机构投资者的股东积极主义实践越来越活跃，但对股东积极主义作为一种公司治理机制是否有效的实证研究却甚少。该文旨在探究这一问题。

该文研究了哪些公司更可能成为机构投资者的干预目标，以及机构投资者的干预是否改变了目标公司的治理结构，提升了目标公司的经营业绩和股东财富。

2. 研究过程

（1）理论分析。

在研究假设部分，该文分析了目标公司选择的影响因素和股东积极主义的潜在影响。首先，机构投资者对一家公司的干预决策受到成本收益的影响，当干预的预期收益超过预期成本时，机构投资者就会采取干预行为；其中，预期收益等于干预成功的概率乘以干预成功后机构投资者获得的收益（Admati et al.，1994）。当机构投资者持股比例越高、目标公司规模越大、公司股票表现越差以及市账率越低时，机构投资者干预成功的概率越高，获得的收益越大；而如果公司内部人持股水平较高，机构投资者干预成功的概率则会降低（Stulz，1988；Shivdasani，1993）。因此，该文提出机构投资者持股比例较高、内部人持股比例较低、公司规模较大、股票表现较差和市账率较低的公司更可能成为机构投资者的干预目标。其次，就机构投资者干预的影响而言，如果机构投资者干预有助于促进经理人利益与股东利益趋同、提高公司治理水平，那么目标公司在被干预后经营业绩应得到改善（Kaplan，1989；Jensen，1986，1988）。同时，如果投资者预期机构投资者的干预会提升公司经营业绩，则被干预公司的股票会出现积极的市场反应。不过，即便机构投资者干预不能真正改善经营业绩，市场在机构投资者干预初期仍可能出现积极反应，但这种积极反应随后会被修正。

（2）识别策略。

该文的研究样本是美国加利福尼亚州公共雇员养老基金（CalPERS）在1987—1993 年积极干预过的 51 家公司。选择 CalPERS 是因为该机构是 20 世纪 80—90 年代美国机构投资者股东积极主义兴起的一个主要推动者，如果 CalPERS 的积极干预没有显著的治理效果，那么很可能规模和影响力更小的其他机构投资者实施的积极干预也没有效果。为了尽可能控制其他因素对干预结果的影响，作者为样本公司构造了三个控制组，其中两个控制组依据 CalPERS 对目标公司的筛选过程得到。具体而言，CalPERS 每年先从其投资组合公司中选出股票回报最低的 250 家公司（称为“倒数 250 家”），再从中排除内部人持股比例较高、设置了大型员工持股计划的公司，剩下的 50 家公司（称为“失败的50家”）均为进入了筛选过程但最终未被干预的公司，这些公司与最终被干预的公司在业绩表现、所有权结构等方面具有较大的可比性。因此，作者将“倒数250家”和“失败的50家”分别作为第一、第二个控制组。另外，作者又为被干预公司构造了一个行业匹配样本，作为第三个控制组。

（3）基本实证结果。

据该文统计，CalPERS在1987—1993年对51家目标公司共进行了78次积极干预，按股东决议类型分为42次并购相关干预（主要涉及CalPERS要求取消反收购条款）和36次业绩相关干预（涉及改变董事会人员、降低经理人薪酬等主题）。CalPERS在这78次干预中有27次取得了成功，即与目标公司达成了和解或其股东决议被目标公司采纳。

针对哪些公司更可能成为干预对象，该文发现股票业绩是主要影响因素。对股票业绩与干预概率的单变量检验结果显示，在公司被选为干预目标当年，其5年期股票持有异常收益率的中位数显著为负，并且发生在1989年之后以及与业绩相关的干预事件中，股票持有异常收益率为负的程度更高。这一结果符合CalPERS主要基于股票业绩表现选择干预目标的假设。文章还展示了目标公司被干预前5年内的股票业绩变化图，从图中可以直观地看出，大部分不良业绩实际上发生在公司成为干预目标之前的2～3年内。

为了进一步探究影响机构投资者干预概率的其他因素，该文又检验了公司特征与干预概率之间的关系。结果显示，公司规模、机构投资者持股比例与干预概率显著正相关，市账率、内部人持股与干预概率之间未呈现显著相关关系。更进一步，为了说明上述因素如何影响机构投资者的干预概率，即是通过影响干预成功的概率还是干预成功后获得的收益发挥作用，作者分析了上述因素与干预成功概率的关系。结果显示，进行业绩相关干预时、干预公告发布两日内的市场反应较好时或公司市账率较低时，CalPERS的干预更可能取得成功，但公司规模、机构投资者持股比例和干预前的股价表现与干预是否取得成功不相关。这表明，公司规模、所有权结构主要是通过影响机构投资者从积极干预中获得的收益影响机构投资者的干预决策，而市账率则主要通过影响干预成功的概率影响机构投资者的干预决策。总的来说，以上实证结果与公司规模和机构投资者持股水平影响股东积极主义活动预期收益的研究假设是一致的。

针对CalPERS积极干预产生的影响，该文依次检验了被干预公司的治理结构变化、干预时的短期市场反应以及干预后的长期经营业绩变化。

首先，作者逐年分析了目标公司治理结构改革情况，发现尽管在1989年以前仅有7%的目标公司实施了CalPERS提议的治理结构改革，但这一比例在1989年后上升到了72%。作者还考察了目标公司经理人更换率，发现与控制组相比，目标公司的经理人更换率显著更高。这些结果表明，CalPERS的积极干预对大部分目标公司的治理结构产生了影响。

其次，对CalPERS积极干预的短期股东财富效应检验结果表明，在CalPERS宣布实施干预的［−1，0］日窗口期内，目标公司总体上没有表现出显著的异常收益，但进一步区分干预类型后发现，成功的干预、业绩相关的干预在公告时得到了正的异常收益率。从CalPERS宣布干预到干预结果公布的窗口期内，目标公司平均得到了2.84%的异常收益率。在长期股票回报上，目标公司在被干预后3年内的累计异常收益不低于市场平均值，并且干预成功的目标公司的异常收益高于干预不成功的目标公司。因此，总体看来，股东积极主义有效增加了目标公司的股东财富。

最后，该文考察了CalPERS的积极干预对目标公司经营业绩的影响，发现与被干预前一年相比，目标公司在干预后的第一、二、三年没有表现出相较于控制组样本更高的营业收入增长。为了确定机构投资者的干预是否影响公司经营的其他方面，该文又检验了目标公司的资本支出、自由现金流、资产销售在CalPERS干预之后的变化，但仅发现较弱的证据表明目标公司的资产销售在受到干预后显著增加。因此，该文认为证据不足以表明股东积极主义显著提升了目标公司的经营业绩。

目标公司股东财富增加，但经营业绩却未提升的结果似乎存在一定矛盾。该文对此提出了四种可能的解释：第一种是市场正确预期了目标公司的业绩提升，但业绩提升可能发生在一个较长的时期内，该文仅考察到干预后3年，因而业绩提升没有反映在实证结果中；第二种是市场正确预期了目标公司的业绩改善，但这些业绩改善没有反映在会计业绩中；第三种是市场可能错误地预期了目标公司的业绩改善，在这种情况下，公司股票随后应当会出现价格修正（作者对此进行了检验但没有发现系统性的价格修正）；第四种是市场是对经营业绩改善之外的其他因素做出了反应（例如CalPERS的干预增加了公司成为收购对象的可能性）。

3. 研究总结

总而言之，虽然目标公司经营业绩没有表现出显著的改善，但股东积极主义在改变目标公司的治理结构、增加股东财富上发挥了有效的作用。

4. 评述

作者未在文中明确总结该文的贡献，但可以看出，该文是较早实证考察机构投资者公司治理角色有效性的文章。在机构投资者由“用脚投票”转向“用手投票”的背景下，该文对CalPERS进行的积极干预做了详细的实证分析，为机构投资者实施的股东积极主义活动对治理结构和公司业绩的影响提供了实证证据，具有重要的学术意义。

不过，作为一篇早期实证论文，该文仅关注了被 CalPERS 干预的 51 家公司，研究样本较为单一，而更重要的是，由于 CalPERS 是股东积极主义的带头者，该文发现的积极后果更可能反映的是机构投资者公司治理效应的上限，其他规模比 CalPERS 更小、奉行股东积极主义历史更短的机构投资者，是否也能通过积极干预产生正面的治理影响，有待后续研究进行更全面的探究。同时，该文发现内部人持股水平与被干预概率和干预成功概率没有显著关系，但作者未就这一发现做出解释。内部人持股是重要的股权结构特征，它会如何影响公司内的代理冲突，进而影响机构投资者公司治理作用的发挥，也是值得更深一步探讨的话题。

另外，该文样本期间内 CalPERS 实施的积极干预事件仅有 35%取得了成功（78 次干预事件中 27 次取得成功），即大部分积极干预未取得 CalPERS 预期的效果。那么，对于这些干预未成功的事件，CalPERS 随后做出何种反应，是再次尝试干预，还是选择减持该公司的股票？这也是值得进一步分析的问题，有助于理解机构投资者如何在发声和退出两种治理方式之间进行选择。

3.2.2 公司治理提案和股东积极主义：机构投资者的作用

Corporate Governance Proposals and Shareholder Activism：The Role of Institutional Investors

文献来源：Gillan S L，Starks L T. Corporate governance proposals and shareholder activism：The role of institutional investors. *Journal of Financial Economics*，2000，57（2）：275 - 305.

1. 研究动机与研究问题

自 20 世纪 80 年代起，股东积极主义逐步发展成为美国资本市场的一个重要特征。积极股东会重点关注其投资组合中表现不佳的公司，并向这些公司的经理人施加压力，力图改善业绩并提高股东价值。其中，股东提案是实施股东积极主义的一个重要途径。不过，尽管股东提案数量不断增加，对这种形式的股东积极主义产生何种影响进行深入考察的研究却较少。现有文献要么仅分析了某种具体类型的股东提案（如 Bizjak and Marquette，1998），要么仅关注某个特定机构投资者的股东积极主义活动（如 Smith，1996；Carleton et al.，1998）。

该文试图以一个囊括多种股东类型和提案主题的样本，即 1987—1994 年涉及 452 家公司的 2 042 项公司治理提案，针对不同类型股东和不同主题的提案，分别从提案投票结果和市场反应两方面对提案进行考察，以说明股东积极主义活动是否取得成功，尤其关注机构投资者在股东积极主义活动中扮演的角色的变迁。

2. 研究背景

在深入考察股东提案的影响前，该文先介绍了美国机构投资者股东积极主义的发展背景以及机构投资者股东积极主义日益增长引发的争议。在 20 世纪 80 年代，受到机构投资者持股规模扩大、指数化投资策略普及以及针对机构投资者参与公司治理的监管规则放松等因素的影响，以往奉行“华尔街规则”的机构投资者开始向积极干预公司治理转变，股东提案逐渐成为其向公司经理人传递公司治理和业绩改善主张的一个正式渠道。股东积极主义的兴起引发了广泛的争议。支持者认为，对经理人进行监督是公司良好运作的重要保障，机构投资者实施的股东积极主义活动有助于缓解股东与经理人的代理矛盾，对公司全体投资者都是有益的（Shleifer and Vishny，1986）；同时，养老基金等机构投资者往往着眼于长期，其监督有助于公司经理人提高长期业绩。与此观点相反，股东积极主义的反对者认为，股东积极主义活动偏离了机构投资者作为资金管理人的主要目标，如 Murphy and Van Nuys（1994）对公共养老基金干预公司治理的动机提出了质疑，认为这种行为不符合公共养老基金的激励结构。

从争议中可以看出，要理解股东积极主义的影响，需要深入分析机构投资者的积极干预是否产生了成效。对此，该文围绕提交股东提案这种形式的股东积极主义，从提案投票结果和提案短期市场反应两方面，考察了公司其他股东对机构投资者实施股东积极主义活动的反应。如果公司其他股东认为机构投资者实施股东积极主义活动是有益的，那么应该能够观察到较高的投票支持率和积极的市场反应。

3. 研究过程

（1）描述性统计。

该文首先进行了详细的描述性统计分析，以说明股东提案在机构投资者和个人投资者之间存在系统性差异，具体如下：第一，在提案频率方面，在样本期间内收到股东提案的 452 家公司中，超过 2/3 的公司收到了不止一项提案，公司通常还会在一份代理声明中收到多份提案；在 2 042 份提案中，1 366 项提案（67%）由个人投资者或个人投资者团体提出；463 份提案（23%）由机构投资者提出；213 份提案（10%）由投资者团体提出，这些投资者团体的行为与机构投资者非常相似。第二，在提交提案的时间趋势方面，个人投资者提交的提案数量较为稳定，但机构投资者提交提案数量则在样本期间内出现了较大的增长，从样本期间第一年仅占提案总数的 6%增长到最后一年占提案总数的 52%。第三，在提案主题方面，虽然不同类型的提案者共享一些相同的主题，但也存在较大的差异。机构投资者和投资者团体提交的提案的主题往往围绕经理人和股东之间的代理冲突展开，最常见的三个主题是撤销反收购条款、设立匿名投票制、增强董事会独立性；个人投资者提交的提案的主题则具有较强的多样性，其中较为突出的是撤销反收购条款、设立累积投票制、取消分级董事会。

接着，该文分别从提案投票结果和提案市场反应两个角度对股东积极主义活动是否取得成功进行研究。

（2）提案投票结果。

在对提案投票结果的研究中，作者先是对投票结果进行了描述性统计分析，发现了以下两个特征：第一，股东提案的平均投票支持率不足1/4，即股东提案得到的股东支持总体较为有限；第二，投票支持率在样本期间后半段内普遍提高，投票支持率在1989—1990年跃升尤其明显，这一时点正好是公共养老基金开始基于公司业绩选择干预目标的时期。

为了进一步确认机构投资者的进入是否是股东积极主义获得成功的原因之一，作者又检验了提案股东身份与投票支持率的关系。在单变量检验中，作者发现，相较个人投资者，由机构投资者或投资者团体提出的提案能显著获得更多的票数。尤其是这一现象在1988年之后的每一年都存在，并且不局限于几个较为活跃的机构投资者，其他机构投资者在投票支持率上也比个人投资者更高。进一步地，作者检验了提案主题对投票支持率的影响。如前所述，机构投资者或投资者团体提案最常涉及的两个主题是撤销反收购条款和设立匿名投票制。结果显示，与并购相关的提案得到的投票支持率显著更高。回归分析的结果同样显示由机构投资者或投资者团体发起的与并购相关的提案在得票数上显著更高，且20世纪90年代提案的投票支持率显著高于20世纪80年代。以上结果表明，机构投资者或投资者团体的进入确实显著提高了股东积极主义活动的有效性。此外，作者还发现机构投资者或投资者团体的提案撤回比例更高，说明它们可以将这一优势运用到与公司经理人的谈判中，使诉求更可能在谈判中被经理人采纳。

（3）市场反应。

在对提案市场反应的研究中，借鉴已有研究（Brickley，1986），作者选取股东提案邮寄日作为事件日，计算了窗口期［−1，7］日内的累计异常收益率（CAR）。单变量检验结果显示，样本中股东提案的CAR总体没有显著异于零，但更细致地区分提案特征后发现，机构投资者或投资者团体发起提案的CAR为负但在统计上不显著，个人投资者发起提案的CAR则显著为正。进一步地，回归分析表明，在机构投资者或投资者团体的提案被纳入代理声明时，会出现显著的负面市场反应，发现提案主题、时间趋势、提案的投票支持率与CAR之间不显著。以上结果表明其他投资者认为个人投资者的提案是有利的，并且个人投资者的提案未被市场完全预期；而机构投资者或投资者团体的提案，尤其是出现在代理声明中的机构投资者或投资者团体提案，则被视为是不利的，这可能是因为机构投资者或投资者团体在递交股东提案之前往往会先寻求与公司经理人私下沟通（Hanson，1993；Strickland et al.，1996），因此，其提案出现在代理声明中，将被市场上的投资者视为经理人不愿意与机构投资者进行谈判的信号。这也是该文对于提案市场反应总体为零的解释，即个人投资者、机构投资者或投资者团体这两类股东的提案可能产生了相互抵消的效应。

4. 研究总结

综上，该文详细分析了个人和机构投资者股东积极主义的有效性，描述了 20 世纪 80—90 年代股东提案的特征和变化趋势。分析表明，股东提案的投票结果和市场反应随着提案人的身份和提案主题的变化呈现出系统性差异，机构投资者提出的提案相较个人投资者提出的提案获得了更多的投票支持，并且投票支持率在样本期间呈现上升趋势，这一趋势与机构投资者大规模进行股东积极主义活动的时间相一致，既表明了股东积极主义活动日益扩大的影响力，又说明了机构投资者在其中越来越突出的地位。

5. 评述

作者未在文中言明该文的贡献。但从文章表述中可以总结出，该文是较早以综合性的样本研究股东积极主义有效性的实证文章，同时也比较了个人投资者与机构投资者实施股东积极主义活动的差异。另外，该文对 1987—1994 年超过 2 000 项股东提案进行了详细的描述性统计分析，有助于直观了解这一时期股东积极主义发展的全貌和机构投资者发挥的作用。

不过，该文虽声称其研究的是股东积极主义的有效性，但却仅从检验股东提案即时影响（投票支持率和市场反应）的角度进行了考察，只能反映短期内投资者对股东提案的态度。要更为深入地研究股东积极主义的有效性，还需要关注股东提案在目标公司的治理结构和公司业绩上产生的长期影响。

该文为后续研究提供了若干启示。第一，该文发现不同类型投资者实施的股东积极主义活动所产生的影响具有系统性差异，并且同样是机构投资者提出的提案，其投票结果和市场反应也因提案内容而不同，这意味着机构投资者实施的股东积极主义活动并不是同质性的，为后续研究进一步考察机构投资者的异质性影响提供了启发。第二，该文指出机构投资者往往会先尝试与公司经理人私下沟通，只有当沟通未能取得理想结果时才会正式递交股东提案，这表明机构投资者干预公司治理的大量努力是在“幕后”，是以非正式的形式进行的，诸如股东提案等正式形式的干预或许只占少部分。因此，要更全面地理解机构投资者的公司治理作用，还需要对非正式的幕后干预进行考察，这也是后续研究努力的方向。

3.2.3 监督：哪类机构投资者在发挥作用?

Monitoring：Which Institutions Matter?

文献来源：Chen X，Harford J，Li K. Monitoring：Which institutions matter? . *Journal of Financial Economics*，2007，86（2）：279－305.

1. 研究动机

机构投资者的崛起是美国资本市场近 20 年来的一个重要趋势。尽管机构投资者在股票市场中的重要性日益增长，学者对机构投资者在公司治理中角色的理解却没有达成一致。一部分研究认为某些类型的机构投资者会在反收购条款制定、研发投资决策以及经理人薪酬契约上施加影响（Brickley et al.，1988；Agrawal and Mandelker，1990；Bushee，1998；Borokhovich et al.，2006)。但也有一部分研究发现，一些机构投资者没有主动干预公司治理，而是在对公司业绩不满时采取“用脚投票”的策略，卖出股票，一走了之(Parrino et al.，2003)。另外，针对机构投资者积极干预对公司产生的影响，现有研究得到的结论也不一致（Smith，1996；Del Guercio and Hawkins，1999)。已有研究结论之所以如此不同，可能是因为这些研究将机构投资者视为一个同质化的群体，没有考虑不同类型机构投资者的差异。

2. 研究问题与研究发现

该文从投资视野、持股规模和独立性三个方面区分机构投资者类型，研究不同类型机构投资者的公司治理效应。

该文发现只有长期重仓持股、独立的机构投资者才会积极发挥监督作用，提升该公司的合并质量。

3. 研究过程

（1）理论分析。

前期理论研究表明，机构投资者有两种收益模式（Shleifer and Vishny，1986；Kahn and Winton，1998；Maug，1998)。一种是对被投资公司经理人实施监督，获取公司治理水平提升带来的长期收益；另一种是不参与公司治理，仅通过股票交易获得短期收益。其中，第一种收益模式的成本包括搜集公司治理信息的成本和对经理人施加干预的成本，收益包括公司治理水平提升带来的业绩提升，以及监督过程中获得的关于经理人质量的私人信息（机构投资者可以利用这些信息在长期内逐渐调整投资组合)。第二种收益模式的成本为直接的交易费用、出售大量公司股票的价格效应、识别和投资新公司的成本等，收益即为从股票交易中获得的投资收益。

该文认为，以上两种模式的成本和收益对于不同的机构投资者也有所不同，因而并非所有机构投资者都会选择监督经理人。具体地，持股比例、投资视野和独立性是影响机构投资者监督成本的重要因素，持股比例越高、投资视野越长、独立性越高的机构投资者越有动机进行监督。第一，机构投资者对公司持股比例的升高将带来足够的监督收益，从而有助于缓解分散股东“搭便车”导致的监督动机不足问题；同时，重仓持股的机构投资者更有机会与公司经理人直接沟通（Carleton et al.，1998），降低收集公司治理信息的成本。第二，长期持有公司股份的机构投资者很可能对公司的经营和治理信息更为了解，对经理人的影响力也更强，而短期机构投资者通常不具有这些优势，因此，长期投资的机构投资者具有更低的监督成本。第三，从独立性角度来看，银行、保险公司等类型的机构投资者与公司存在潜在的商业关联，这些“灰色”机构投资者如果选择了监督经理人，可能会破坏与经理人的关系（Brickley et al.，1988），因而具有更高的监督成本；与之相反，与公司没有潜在商业联系的“独立”机构（例如公共养老基金、投资公司和独立投资顾问）监督成本相对更低。

基于上述成本收益分析，该文提出了四个研究假设：假设一，重仓持股的独立长期机构投资者会监督经理人；假设二，其他机构投资者（灰色、短期持股以及持股比例较低的机构）不会监督经理人（或者它们的监督行为很少成功）；假设三，在经理人做出较差的决策后，重仓持股的独立长期机构投资者会选择实施干预，而非直接售出公司股票；假设四，重仓持股的独立长期机构投资者会利用其在监督经理人过程中获得的私人信息缓慢调整投资组合，随着时间推移增加对公司治理良好的公司的持股，而只在公司治理特别差时才会减少持股。

（2）识别策略。

作者选择公司合并的情境来检验上述四个研究假设，原因在于公司合并会导致股东和经理人之间的利益相背离，在这一关键时刻，不同机构投资者是否对经理人进行监督将得到更清晰的反映。

该文的研究样本为 1984—2001 年 2 150 个合并方（美国上市公司的合并事件，其中包含已完成的合并和撤销的合并）。该文研究问题的关键在于区别机构投资者的异质性，依据研究假设，该文设定重仓持股的独立长期机构投资者的定义为持股超过一年、与公司不存在潜在商业关联、对公司的持股比例处于最高四分位数的机构投资者，比较重仓持股的独立长期机构投资者与余下其他类型机构投资者在治理效果上的差别。

（3）基本实证结果。

在实证检验中，该文首先通过考察机构投资者持股与合并后业绩的关系，检验了假设一和假设二。该文发现，如果不区分机构投资者异质性，把所有机构投资者的持股合并看待，则合并事件的异常收益率、合并后三年期股票持有收益率、资产收益率变化值和分析师预测每股盈余变化值均与机构投资者持股比例没有显著相关性。但区分机构投资者异质性之后，回归结果显示，重仓持股的独立长期机构投资者与更高的三年期股票持有收益率、资产收益率增长和分析师预测每股盈余增长显著相关，但其他机构投资者则与这些合并后业绩指标没有明显关系。此结果说明重仓持股的独立长期机构投资者会对经理人进行监督，因此，公司的合并活动更可能是有利于业绩增长的高质量合并，而其他机构投资者不会监督经理人，与更高的合并业绩没有明显关系，这符合假设一和假设二的预期。

进一步，既然重仓持股的独立长期机构投资者会主动发挥监督作用，那么，在公司经理人做出较差的合并决策之后，它们应当会对经理人施加压力，要求经理人合并交易。此即假设三在合并情境下的预测。该文接下来对此进行了检验，将合并公告市场反应最差的1/4的合并事件定义为“坏合并”，回归结果显示，存在重仓持股的独立长期机构投资者时，公司经理人撤销“坏合并”的概率显著更高，而其他机构投资者的存在对此没有产生显著影响。这一结果与假设三一致，即重仓持股的独立长期机构投资者会选择实施干预，而非直接卖出公司股票。

接下来，作者检验了第四个研究假设，即重仓持股的独立长期机构投资者与其他机构投资者的交易行为存在差异。重仓持股的独立长期机构投资者并非通过短期交易获利，而是利用其在监督经理人过程中获得的私人信息，在长期内进行投资组合调整获利。而其他机构投资者则往往根据合并事件的特定信息，在合并当期进行短期股票买卖。据此，该文检验两类机构投资者在公司合并前后短期和长期内的持股变化。结果显示，无论合并质量高低，在合并当季和前一季度，重仓持股的独立长期机构投资者对公司的持股份额都没有发生显著变化，但在长期内（合并前一年），重仓持股的独立长期机构投资者对“坏合并”公司的持股显著减少。可以看出，当面对质量较差的公司合并事件时，重仓持股的独立长期机构投资者不是立刻卖出公司股票，而是先实施股东积极主义，对经理人施加压力要求其撤销合并，只有当合并质量足够差时，它们才会选择减持。上述结果与假设四所述一致，为重仓持股的独立长期机构投资者对经理人的监督作用提供了进一步的证据。

（4）内生性处理。

该文讨论了一种潜在的替代性解释，有可能机构投资者的持股不是随机的，治理水平高的公司更能吸引机构投资者持股，而这些公司本来就可能具有更高的合并业绩。该文进行了四个方面的检验以排除此替代性解释。

第一，由于机构投资者股东积极主义是在20世纪90年代得到广泛发展的，作者相应地将样本期间分为1990年前、后两段，发现重仓持股的独立长期机构投资者的监督作用在1990年后更为显著，这与股东积极主义的兴起时间一致。

第二，为了缓解公司治理水平与机构投资者持股之间的选择性，该文先将独立长期机构投资者持股比例与治理水平进行回归，取回归残差作为超额独立长期机构持股比例，再以此变量作为关键解释变量重新检验其与合并后业绩的关系，发现主要结果未改变。

第三，对于从监督活动中获得的信息，不同机构投资者的使用方式是不同的。投资公司和独立投资顾问可能会将其用于指导构建投资组合，通过交易获利；而公共养老基金则倾向于将其用于影响公司行为，这为说明机构投资者的监督作用提供了又一个场景。据此，作者单独检验了投资公司、公共养老基金和独立投资顾问三类独立机构投资者的信息搜集和监督行为，发现投资公司表现出更多的知情交易行为，而公共养老基金表现出更多的监督行为，独立投资顾问介于二者之间。

第四，一个机构中往往包含众多基金，各个基金经理都可能有不同的监督倾向，因此文中使用总的机构持股作为度量存在“加总”（aggregation）问题。为了证明加总问题不会对文章结论产生质的影响，作者剔除了含有基金数量最多的前20家机构，重新检验文章假设，仍旧发现重仓持股的独立长期机构投资者表现出明显的监督作用。

除了这四方面的检验之外，文中对“坏合并”撤销的检验仍然能较好地证明重仓持股的独立长期机构投资者的监督作用。由此可以认为该文实证结果较少受到机构投资者持股选择性的影响。

4. 研究贡献

作者指出，该文的贡献在于：首先，这是第一篇在研究机构投资者的监督和交易行为时，同时考虑了机构独立性、持股比例和投资时间长度的文章。文章结论表明，并非所有机构投资者都会发挥监督经理人的公司治理功能，只有那些持有公司股份较多、与公司没有潜在商业关联并且持股时间较长的机构才会对经理人进行监督。这一结果有助于解释为何以往关于机构投资者公司治理作用的研究得到了不一致的结论。其次，该文首次实证检验了独立长期机构投资者获取收益的方式。对于独立长期机构投资者而言，其收益来自长期的投资组合调整，而不是公司合并事件发生时的短期股票交易。这一结果同时也印证了文中提出的独立长期机构投资者在出售大量股份时面临高昂成本的分析。

5. 评述

该文在前人研究的基础上，进一步探索了机构投资者监督功能发挥的影响因素，尤其是将研究视角推进到机构投资者内部的异质性，既丰富了机构投资者领域的相关文献，又启发了后续一些对机构投资者类型进行细分的研究。

该文在理论推导和实证设计方面存在诸多可借鉴之处。在理论推导方面，该文以成本收益框架分析了不同类型机构投资者选择实施监督或交易模式时的决策过程，逻辑清晰、考虑全面，能够很好地说明该文的论点。在实证设计上，该文对关键解释变量的构造方法，在考察合并业绩和机构持股变化的同时考虑了短期和长期内的持股变化，以及在处理内生性问题时使用了多种方法，都增强了实证结论的可信度，值得后续研究借鉴学习。

不过，该文仅检验了两类机构投资者的存在与并购业绩的关联，对于重仓持股的独立长期机构投资者是通过何种途径发挥治理效果的，是与公司经理人私下沟通、递交股东提案或是采用其他方式，该文没有进行相应检验。同时，该文仅在公司合并情境下检验了机构投资者异质性对其监督作用的影响，后续研究可以拓宽思路，考察在更一般化的情境下机构投资者异质性所导致的治理效果差异。另外，机构投资者如何与大股东、董事会、分析师等其他公司治理机制互动，其互动又是否会因机构投资者异质性而表现出差异，也是值得后续研究继续深入探讨的问题。

3.3 未来研究展望

3.3 参考文献

机构投资者是资本市场重要的参与者，也是推进公司治理提升的活跃主体。作为一类特殊的投资者，机构投资者对公司具有重要而独特的影响。如本章 3.1 节概述所述，学者们针对机构投资者发挥的作用已进行了大量研究。随着金融市场的发展，机构投资者群体不断壮大，其影响将愈加凸显并可能因时而异，深入考察机构投资者的治理功能与效果仍具有重要的研究价值。在此，本部分将基于现有文献，就未来主要的研究方向进行展望。

首先，机构投资者发挥的不同作用及影响因素值得进一步研究。大量文献考察了公司的机构持股与公司决策或绩效的关系，大多数研究发现机构投资者对企业价值提升具有积极效应，如通过直接或间接的监督活动降低代理成本、抑制内幕交易（Hillegeist and Weng，2021）等。然而，就如大股东能够缓解经理人代理问题但会增加中小股东利益被侵占的风险一样，机构投资者的参与是否也可能同时产生消极后果？作为投资者，机构同时扮演着交易者与监督者的角色。当两个角色目标一致时，机构凭借其专业分析和监督能力能够为市场提供有价值的信息，削弱经理人的私利动机，提升企业绩效造福其他股东。然而，当两个角色目标冲突时，机构投资者是否会牺牲某一功能以攫取私有收益？比如，机构投资者在交易过程中，是否可能会寻求与内部人（控股股东或经理人）合谋的机会？内部人是否会配合机构投资者的交易？

以往文献大多关注以对冲基金为代表的股东积极主义的正面影响，如股东积极主义有助于抑制经理人的帝国构建动机，从而改善企业的并购和剥离战略（Gantchev et al.，2020）；环境股东激进主义会促进企业披露气候风险（Flammer et al.，2021）。近期研究则发现，股东积极主义也可能对公司产生负面影响，如带来中长期成本（费用增加、研发支出减少、社会绩效恶化等）（DesJardine and Durand，2020）、人力资本流失等（Chen et al.，2021）。Boyson and Pichler（2019）研究发现，股东积极主义的积极或消极影响可能依赖于积极股东与目标公司的反击行为，若对冲基金面对目标公司加强治理变革以巩固管理地位的情形时未进行反击，股东积极主义或将导致更差的绩效。显然，股东积极主义的影响也可能因企业、董事会、管理者及外部治理、市场环境的差异而有所不同。同时，股东积极主义也可能对其他企业产生溢出效应（Shi et al.，2020），如关联企业（供应链关联、董事会关联等）、竞争对手企业。从不同角度深入挖掘机构投资者持股的经济后果，将有助于构建更全面的机构投资者治理作用分析框架。

其次，关于机构投资者的作用渠道有待深入考察。近期研究发现，机构投资者作为积极股东通过进入董事会（Appel et al.，2019）、影响董事会构成（Bebchuk et al.，2020）、游说董事会（Levit，2019）等方式发挥作用，那么，是否存在其他渠道使得机构投资者能够推动企业实施变革？除对股东提案进行公开投票外，机构投资者是否也能通过私下渠道影响企业？机构投资者发挥监督作用的直接证据体现在哪些方面？若企业与机构投资者存在关联关系（如经济关系、社会关系等），如何影响机构投资者的治理功能？若机构投资者之间形成群体网络（Crane et al.，2019）、持股多个公司（He et al.，2019；Koch et al.，2021；Ramalingegowda et al.，2021）、机构投资者因投资组合的外生冲击而分散注意力（Liu et al.，2020），股东"用手投票"与"用脚投票"治理作用的变化又将对公司决策产生何种影响？当机构投资者既持有股票又持有债券时（Keswani et al.，2021），其目标函数变化是否将影响其公司治理作用？未来研究可进一步探讨这些问题。

进一步地，未来研究可以从更多维度考察机构投资者异质性对公司治理作用的影响。以往大多数文献将机构投资者作为同一整体进行讨论，现在越来越多的学者开始关注各机构之间的高度差异性。最为常见的机构类型划分标准为投资期限（Doring et al.，2021；Giannetti and Yu，2020）和地理位置（Tsang et al.，2019；Kacperczyk et al.，2021），其他分类标准也包括股东身份（DesJardine et al.，2022）、投资者保护（Foroughi et al.，2019）、声誉水平（Johnson and Swem，2021）、投资者偏好（Bolton et al.，2020）等。依据不同维度将机构投资者划分为不同群组后，有关机构投资者作用的研究结论也得以丰富。例如，已有的早期研究发现长期机构投资者具有更强的动机发挥公司治理作用，近期研究则证实短期机构投资者亦能为企业带来积极价值，如增强企业抵御竞争冲击的能力（Giannetti and Yu，2020）、利用退出威胁降低经理人代理问题（Doring et al.，2021）。在本国与外国机构投资者的比较上，学者发现外国机构持股有助于企业改善自愿性披露（Tsang et al.，2019）、聘请高质量审计师（Kim et al.，2019b）、增加股价信息含量（Kacperczyk et al.，2021）等方面的表现，但在其他维度如提高环境绩效方面，本地机构投资者则具有更突出的贡献（Kim et al.，2019a）。基于此，未来研究不仅可以根据机构投资者的其他特征类别检验其作用，也可以基于不同公司决策维度进一步分析机构持股的异质性影响。

此外，关于机构投资者的信息搜集行为也是未来的研究方向之一。如前面所分析的，机构投资者能够对企业产生重要影响，与个人投资者相比，它们拥有信息优势。随着研究的深入与新型数据的使用，学者近期开始探讨机构投资者的信息搜集行为。例如，Chen et al.（2020a）使用EDGAR数据库下载数据发现，机构投资者倾向于跟踪特定公司与经理人的信息，并能够从购买跟踪股票中获得高额收益。Drake et al.（2020）考察用户获取会计报告行为对公司未来业绩的预测效果，发现机构投资者的信息获取活动的相关性更强，并能够预测其后续持股行为。Kang et al.（2021）将停车场汽车数量作为衡量商店业绩的指标，发现机构投资者会根据当地商店的业绩调整其持股。而在间接信息获取上，如Chen et al.（2020b）发现在分析师跟踪人数因外生冲击减少后机构投资者将扩大信息获取行为，更积极地进行交易；Huang et al.（2020）检验了机构投资者预测或快速解释新闻的能力，发现机构投资者在新闻发布后直接根据新闻基调进行交易，该交易行为预测了未来回报。由于信息是机构投资者发挥和行使治理作用的基础，未来研究可使用更丰富的数据进一步考察机构投资者的不同信息来源将如何影响其治理功能。

最后，机构投资者治理作用的跨国比较也值得关注。作为股东，机构投资者的公司治理效力与制度环境相关，对投资者保护的程度将影响机构投资者治理作用的发挥。强有力的投资者保护不仅能够赋予机构投资者监督的能力及手段，也有助于强化机构投资者的监督动机，积极参与公司变革。与此同时，各国资本市场发育程度的差异也会影响机构投资者退出威胁的治理效果，市场越活跃、流动性越高，机构退出威胁的治理作用将越强。因此，对机构投资者的治理功能进行国别比较，从中揭示制度环境的影响，剖析机构投资者发挥作用的关键环节，从而为最大化机构投资者的作用创造必要环境。此外，由于各国机构投资者的体量及实践各不相同，机构投资者的目标与作用在各个国家也将有所差异。例如，一些国家机构投资发展相对较成熟，机构常成为大型上市公司的大股东，对公司决策影响显著；另一些国家机构投资者持股比例较低，在集中的股权结构下，其话语权往往较弱，作用发挥受限。在我国，随着“沪港通”“深港通”等资本市场开放举措的推进，以及在“要完善开放型经济体制，不断提高对外开放水平，促进投资便利化，以优质市场环境吸引更多国际资本在我国投资兴业”①的思想指引下，未来公司的股权结构以及机构投资者结构可能会发生显著变化。在此背景下，利用跨国数据探究并比较机构投资者在不同国家资本市场与上市公司实践中的实际影响，不仅有助于全面揭示机构投资者治理作用的条件，也有利于识别机构投资者除其可能扮演的大股东角色外作为专业投资者的特殊治理功能。

① 习近平．习近平谈治国理政（第四卷）．北京：外文出版社，2022：220.

第4章

董事会治理

本章主要讲述董事会在公司治理中的作用。在4.1节中，从董事会规模、董事会独立性、董事长和经理人两职合一以及董事个人特征几个方面，对董事会治理的相关文献进行梳理和综述，以厘清该领域的研究框架和发展脉络。在此基础上，在4.2节中，对该领域三篇具有代表性的文献进行导读，包括对文章内容的介绍和评述。最后，在4.3节中，结合现有文献的研究进展，对该领域的未来研究方向进行展望。

4.1 概 述

4.1 参考文献

董事会是公司治理机制的重要组成部分，董事会的存在确保了所有权和控制权分离的现代企业得以正常经营（Fama and Jensen，1983）。早在1776年，亚当·斯密在《国富论》中就对董事会进行过简要讨论（Smith，1776）；20世纪30年代，Berle and Means（1932）也对董事会的职能和作用进行了阐述。然而，直到20世纪70年代，由于美国“铁路巨无霸”宾夕法尼亚中央铁路公司的倒闭引发人们对于董事会治理的质疑和思考，董事会治理的有效性才开始受到越来越多的关注（Mizruchi，1983）。随后，Jensen and Meckling（1976）提出的委托代理理论，以及Fama（1980）、Fama and Jensen（1983）对所有权和控制权分离的理论阐述为董事会治理奠定了理论基础，自此拉开董事会治理研究的序幕，其逐步成为公司治理最为重要的研究领域之一。

作为股东指定监督经理人的内部最高决策机构，董事会通常被认为是公司最重要的内部治理机制。董事会主要通过行使监督和咨询两种职能来发挥公司治理作用（Jensen，1993）。董事会的监督职能需要在委托代理理论的框架下理解。董事会是股东的代表，为股东利益最大化目标服务。董事会通过聘用和解聘经理人、考评经理人业绩、设定经理人薪酬等手段监督经理人行为，确保其以符合股东利益的方式来经营和管理公司，缓解股东与经理人之间的代理问题，从而实现股东财富最大化。董事会的咨询职能需要在资源依赖理论的框架下理解。不同的董事对公司来说意味着不同的资源，可以在不同情境下为公司提供服务，创造价值，从而有利于增加股东财富。一方面，具有相关经验和专业知识的董事可以通过提供建议和咨询服务来弥补公司经理人在某些方面的不足（Kor and Misangyi，2008），帮助公司制定更有效的战略决策；另一方面，公司通过选择董事与外部环境建立联系，以此获得重要资源的供给（Pfeffer，1972；Lynall et al.，2003；Houston et al.，2014），例如，具有银行工作经历的董事可以帮助公司获得更多的贷款（Mizruchi and Stearns，1994）。

董事会的监督职能和咨询职能共同影响着董事会的治理效率。然而，二者有时不能两全，公司需要结合具体情况、根据具体需求进行权衡选择，保证董事会以最高效的方式运行。具体而言，董事会监督职能和咨询职能的发挥均依赖于经理人向董事会提供的公司私有信息。但对经理人来说，向董事会提供更准确的信息虽然意味着可以获得更好的建议，但也会因此受到更严格的监督，因此经理人在向董事会提供信息时会进行权衡（Song and Thakor，2006；Adams and Ferreira，2007）。公司应根据对监督职能和咨询职能的相对需求决定是否建设“经理人友好型董事会”。“经理人友好型董事会”虽然有损董事会监督职能的发挥，但是董事会可以从经理人处获得更多信息，从而更好地发挥咨询职能（Schmidt，2015）。

董事会的监督职能和咨询职能一般会授权给下设的各个专门委员会。其中，审计委员会、薪酬委员会和提名委员会是最主要的三个专门委员会（Faleye et al.，2011）。审计委员会负责审查财务报告和内部控制系统，薪酬委员会负责管理并审查所有的经理人薪酬方案，提名委员会负责评估董事/经理人候选人、评价董事/经理人个人表现并评定公司的治理结构。

已有研究主要关注了董事会治理效率的影响因素，并聚焦董事会规模和人员构成两个因素展开了大量研究。具体到关于董事会人员构成的研究中，在早期，学者们主要对独立董事比例和董事长/经理人两职合一进行了大量讨论。近年来，董事个人特征也逐渐进入学者们的研究视野，性别、专业知识与从业经验、政治背景和董事兼职情况等董事会人员构成的其他维度也逐渐得到关注，并持续推动董事会治理研究的发展。

后文将按照董事会规模、董事会独立性、董事长和 CEO（总经理）两职合一以及董事个人特征的顺序来梳理相关文献，以了解不同董事会特征导致的董事会治理效率的差异。

4.1.1 董事会规模

董事会规模是较早受到学者们关注的影响董事会治理效率的关键影响因素。早期学者主要根据资源依赖理论，从董事会咨询职能出发，认为大规模董事会的治理效率更高。

首先，大规模董事会可以为公司提供更多的信息和资源，有利于董事会咨询职能的发挥（Dalton et al.，1999）。Pfeffer（1972）指出，公司增加董事会成员是对外部环境的一种理性反应，吸纳更多的董事有助于提升公司获得必要资源的能力。同时，大规模董事会中的董事往往拥有不同的背景和专业知识，可以为公司提供全面、多样的建议，从而减少公司战略发展的不确定性，降低经营风险，最终提高公司绩效表现（Zahra and Pearce，1989；Pearce and Zahra，1992；Denis and Sarin，1999；Cheng，2008）。

其次，大规模董事会增强了董事与经理人博弈的相对力量，有利于董事会监督职能的发挥（Zahra and Pearce，1989）。Ocasio（1994）指出，大规模董事会更可能挑战经理人，建立对公司施加控制的政治联盟，并且大规模董事会也限制了经理人施加社会影响以维系其权力的可能性。与此想法一致，Singh and Harianto（1989）发现拥有大规模董事会的公司实施不符合股东利益政策的概率较低。因此，大规模董事会能够更好地保护公司利益，促进公司绩效的提升（Pearce and Zahra，1992）。

随着公司内外部环境的变化以及大型跨国公司的出现，学者们开始从协调成本和与经理人博弈两个角度对前述观点提出质疑，认为大规模董事会具有高昂的协调成本和组织成本，所以小规模董事会治理效率更高，对公司更有利（Lipton and Lorsch，1992；Jensen，1993；Yermack，1996）。

首先，大规模董事会带来的协调成本远超过董事数量增加带来的收益（Lipton and Lorsch，1992）。随着董事会规模增大，董事之间的沟通成本和协调成本越来越高，导致董事会决策效率低下（Lipton and Lorsch，1992；Jensen，1993）；同时，在大规模董事会中，董事的参与积极性较低，容易出现“搭便车”等代理问题（Judge and Zeithaml，1992；Jensen，1993）。Yermack（1996）和Eisenberg et al.（1998）分别在大型公司和中小型公司中检验了上述观点，他们均发现董事会规模与公司绩效负相关，从而证明了大规模董事会带来的成本超过收益。

其次，大规模董事会凝聚力更低，更容易被经理人控制，从而损害董事会监督效率（Jensen，1993）。相比小规模董事会，大规模董事会往往更加多样化，更容易发生争论，更缺乏凝聚力。此时，经理人可以通过结盟、提供更有选择性的信息渠道等策略，在与董事的博弈中获取相对优势，进而分化和“征服”董事会，减弱董事会对经理人的监督（Alexander et al.，1993）。与此一致，Boyd（1994）和Yermack（1996）发现小规模董事会的监督效率更高，表现为经理人的薪酬及其变更对公司业绩的敏感性更高。

然而，董事会规模可能不是一个非黑即白的问题，越来越多的学者开始认同最优的董事会规模取决于具体情境和需求下对成本和收益的权衡。比如，Coles et al.（2008）发现大规模董事会带来的信息和资源对于大型、复杂或多元化的公司来说具有更高的价值，而Dowell et al.（2011）发现小规模董事会拥有的较高决策速度对于陷入财务困境的公司来说更为重要。Raheja（2005）和Harris and Raviv（2008）通过构建理论模型论证了这一想法。他们认为，在经理人机会主义行为获取私有收益较高的情况下，增加董事以提高监督力度所带来的边际收益将会随之增加，但协调成本和“搭便车”等行为使监督成本提高，增加董事所带来的边际收益将会随之减少，因此，最优的董事会规模需要在增加一个董事会成员带来的收益和成本之间进行权衡。基于以上模型，学者们发现大规模董事会确实更多出现在大型、多元化或经理人势力较大的公司中，而小规模董事会多见于小型、业务单一、成长机会较高或股票波动性较高的公司（Boone et al.，2007；Linck et al.，2008）。

总而言之，董事会规模是影响董事会治理效率的关键因素之一，公司所处环境以及公司自身特征都会影响其作用方向。因此，不存在一个适用于所有公司的最优董事会规模，组建大规模董事会或者小规模董事会都可能是公司基于自身情况所做的最优选择。

4.1.2　董事会独立性

董事会成员一般分为内部董事和外部董事，如果外部董事在利益上独立于公司则被称为独立董事。独立董事在董事会中的占比可以衡量董事会的独立性。董事会独立性一直以来备受学者们关注，其对董事会治理效率以及公司绩效具有不可忽视的影响（Conyon and Peck，1998；Knyazeva et al.，2013）。值得注意的是，尽管董事会同时行使着监督职能和咨询职能，但对董事会独立性的讨论往往是从监督职能角度展开的 。

与内部董事相比，外部董事对经理人的依赖程度较低，更关注自身在董事劳动力市场上的声誉，也更不可能与公司经理人合谋（Fama and Jensen，1983；Hermalin and Weisbach，1998；Laux，2008），其中独立董事更甚。因此，主流观点认为，董事会的监督效率随着董事会独立性的提高而提高（Fama，1980；Fama and Jensen，1983；Lipton and Lorsch，1992）。

现有研究以董事会独立性提高对董事相关行为的影响为出发点，直接论证其对董事会治理效率的改善作用；同时，也通过反映在公司和经理人身上的一系列经济后果，间接说明董事会独立性提高对于董事会治理效率的改善作用。鉴于绩效与董事会独立性的研究未得到一致结论，无法与其他研究的结论统一起来，学者们就这一问题进行了大量探讨，试图从独立董事发挥作用的前提和计量问题两方面为这一现象提供合理解释。

从董事的行为来看，提高董事会独立性可以从聘用、评估和解聘经理人三个方面影响董事行为，强化董事会对经理人的监督作用。第一，独立性较高的董事会能够做出更好的经理人聘用决策，表现为由独立董事主导的董事会更偏好聘用公司外部人担任经理人（Borokhovich et al.，1996；Hermalin，2005；Ellis et al.，2021），聘用新经理人后公司绩效的改善也更为明显（Denis and Denis，1995；Huson et al.，2004）；第二，独立性较高的董事会将基于公司表现评估和激励经理人，表现为独立董事占比较大的董事会给予经理人更多基于股权的薪酬（Mehran，1995；Knyazeva et al.，2013），并使经理人薪酬与公司业绩保持一致（Conyon and Peck，1998）；第三，独立性较高的董事会更及时地撤换表现不佳的经理人，表现为在拥有更多独立董事的公司中经理人离职与公司业绩之间的敏感性更高（Weisbach，1988；Dahya et al.，2002；Laux，2008；Faleye et al.，2011；Knyazeva et al.，2013；Guo and Masulis，2015；Ellis et al.，2021）。

从经济后果来看，提高董事会独立性降低了相关代理成本。具体而言，在董事会独立性较高的情况下，经理人工作更加努力（Hermalin，2005），更少从事过度投资和有损股东财富的收购活动（Kolasinski and Li，2013；Banerjee et al.，2015），更倾向于选择与股东利益一致的避税方法（Armstrong et al.，2015）。不仅如此，董事会独立性较高的公司盈余管理水平更低（Klein，2002；Frankel et al.，2011；Chen et al.，2015），损失确认更及时（Ahmed and Duellman，2007），信息不对称程度更低（Armstrong et al.，2014），分析师跟踪人数更多（Armstrong et al.，2014）。此外，Dahya et al.（2008）通过对22个国家或地区进行跨国研究，发现董事会的独立性还有助于抑制控股股东侵占公司资源的行为。

从以上论述可以看出，不管是从反映在董事行为上还是公司整体层面上的经济后果来看，董事会独立性的提高均有利于董事会更好地发挥监督职能。但是，董事会独立性与公司价值的关系却一直备受争议。学者们发现董事会的独立性并没有对公司价值产生显著影响（Hermalin and Weisbach，1991；Mehran，1995；Klein，1998），有些学者甚至发现董事会独立性对公司价值产生了负面影响（Agrawal and Knoeber，1996；Kumar and Sivaramakrishnan，2008）。这无疑与独立董事能更好地发挥监督职能这一逻辑不一致。

对于这些预料之外的结果，学者们开始思考独立董事的局限性，并试图找出独立董事有助于提升公司价值的前提条件。比如，一些研究指出，外部董事（独立董事）相比内部董事掌握的公司特有信息更少，因而外部董事监督作用的发挥依赖于其所处的信息环境（Hermalin and Weisbach，1998；Raheja，2005；Adams and Ferreira，2007；Harris and Raviv，2008）。Duchin et al.（2010）的研究为这一想法提供了证据，他们发现，独立董事对公司信息的获取成本决定了其能否提高公司绩效。当公司信息的获取成本较低时，董事会的独立性提高了公司绩效；而当信息获取成本较高时，董事会的独立性恶化了公司绩效。

除了独立董事具有局限性之外，学者们认为，计量问题可能是董事会独立性与公司价值之间关系模糊的另一重要原因。比如，Hermalin and Weisbach（1998）发现，业绩不佳的公司会提升董事会独立性，这可能使得拥有更多独立董事的公司的绩效看起来更差。利用世纪之交的董事会改革这一外生冲击，Bhagat and Bolton（2013）、Dahya and McConnell（2007）和 Black and Kim（2012）分别在美国、英国和韩国公司中证明了董事会独立性提高了公司绩效和公司价值，Fauver et al.（2017）发现在 41 个国家或地区中都存在类似的积极影响。Souther（2021）认为之前研究使用的托宾 Q 值不是一个度量公司价值的恰当指标，而封闭式基金折价（溢价）可以作为衡量市场价值和标的资产价值之间差异的一个较为直观的指标，易于观察董事会独立性给公司带来的价值。通过使用封闭式基金样本，Souther（2021）证明了董事会独立性会对公司价值产生积极影响。此外，Rosenstein and Wyatt（1990）和 Nguyen and Nielsen（2010）分别从公司获得和意外失去独立董事的角度，证明独立董事给公司带来了价值。

尽管较为独立的董事会有助于提高其治理效率，但在独立董事是否越多越好这一问题上仍然存在一些质疑的声音。目前主要存在三点质疑。

第一，并非所有独立董事都是有效的监管者。在实践中，经理人往往对董事会成员的选任具有相当大的影响，经理人可能会任命一些“具有同情心的”、与经理人具有相似观点或社会关系的董事，因此经理人选任的董事更容易被经理人“俘获”（Finkelstein and Hambrick，1989；Hwang and Kim，2009；Zhu and Chen，2015）。Coles et al.（2014）研究发现，在经理人就职后才上任的独立董事对经理人的监督力度较弱。

第二，高度独立的董事会反而可能有损董事会监督作用的发挥。Drymiotes（2007）认为，如果预期经理人会努力工作，高度独立的董事会出于最大化股东财富的动机将会在事后监督中偷懒，以较低的经理人薪酬成本实现较高的生产率。当经理人意识到他们的努力无法获得应有的高报酬时，他们可能就不会再努力工作。此时，在董事会中加入内部董事会使董事会与经理人的利益更加一致，经理人将其视为董事会进行事后监督的间接承诺，从而促使经理人更加努力地工作。Zorn et al.（2017）考虑了董事会中只有经理人一个内部人的极端情况，发现公司拥有独立性如此高的董事会却并没有产生预期的监督效果，在这样的公司中经理人的薪酬反而更高，更容易发生财务不当行为，公司绩效更差。

第三，提高董事会独立性在加强监督职能的同时弱化了咨询职能。相关研究表明，独立董事更严格的监督会恶化董事与经理人之间的关系，使得经理人不愿与独立董事分享信息，也不重视他们的建议，对于需要进行并购的公司来说会导致并购绩效较差（Adams and Ferreira，2007；Faleye et al.，2011；Schmidt，2015)。同时，独立性较高的董事会在监督职能上的强化迫使经理人更加短视，也更加注重可见的量化指标，由此减少创新活动，或者只专注于熟悉领域的技术探索而减少对新领域的技术创新（Faleye et al.，2011；Balsmeier et al.，2017)。

总而言之，董事会独立性对董事会的治理效率产生了不可忽视的积极影响。然而，考虑到伴随较高董事会独立性而来的一些问题，盲目追求高独立性的董事会可能也并不是一个明智的选择（Coles et al.，2008；Faleye et al.，2011)。

4.1.3 董事长和 CEO（总经理）两职合一

董事长和 CEO（总经理）两职合一如何影响董事会治理效率是一个复杂且充满争议的话题。从理论上讲，两职合一既有可能提高董事会治理效率也有可能损害董事会治理效率。一方面，从委托代理理论出发，由于经理人具有自利动机，兼任董事长的 CEO（总经理）将利用董事长的权力来巩固自己的地位，从而削弱董事会的监督作用（Finkelstein and D'aveni，1994)。具体而言，兼任董事长的 CEO（总经理）会促使与其相似的董事加入董事会，并利用相似性带来的信任感，减少董事会对 CEO（总经理）的监督（Westphal and Zajac，1995)；不仅如此，兼任董事长的 CEO（总经理）还可以利用权力操纵董事会决议事项以符合自己的私利，或者通过举办不在公司的非现场会议来消耗董事会有限的注意力，最终达到减少董事会监督的目的（Tuggle et al.，2010)。因此，董事长和 CEO（总经理）两职分离才能保证董事会进行有效的监督和治理（Fama and Jensen，1983；Eisenhardt，1989)。但另一方面，管家理论（stewardship theory）认为，人具有利他性和自律性，因而经理人从事实现公司目标的集体主义行为所带来的效用高于个人主义的自利行为，可以在满足公司目标的同时满足其个人需求，所以两职合一有助于促进CEO（总经理）的亲组织行为（Donaldson，1990；Davis et al.，1997）。如果将董事长和CEO（总经理）两个职位分离，对CEO（总经理）的束缚反而会降低其实现公司目标的动力（Arrow，1964）。

从实证研究结果来看也是如此，关于两职合一对董事会治理效率的影响并未得出一致结论。就监督职能而言，许多研究发现两职合一会导致董事会监督水平下降。具体而言，两职合一的公司经理人薪酬更高并且更少与绩效挂钩（Boyd，1994；Westphal and Zajac，1995），经理人变更对公司业绩的敏感性较低（Core et al.，1999），更可能进行向上调整的盈余管理（Davidson et al.，2004），更可能进行破坏公司价值的多元化（Castañer and Kavadis，2013）和并购活动（Lewellen et al.，1985），更倾向于制定"金色降落伞"条款（Singh and Harianto，1989）和采取"毒丸计划"（Mallette and Fowler，1992），并且制定的反收购条款更易引起负面的市场反应（Sundaramurthy et al.，1997）。与此同时，仍有部分研究得出了不同的结果。比如，Conyon and Peck（1998）发现两职合一并没有显著增加经理人薪酬；Sundaramurthy（1996）则指出两职合一并不会增加经理人采用反收购措施的概率。

就两职合一与公司绩效之间的关系而言，已有研究并没有发现二者之间存在显著、系统的关系。Rechner and Dalton（1991）率先对这一问题进行研究，发现两职分离的公司绩效更好，为委托代理理论提供了支持性证据。而Donaldson and Davis（1991）则给出了两职合一公司股东收益率更高的证据，将管家理论正式引入这场辩论。但是，更多的学者发现两职合一与公司绩效之间并不存在显著关系。Daily and Dalton（1992）以1990年美国成长速度最快的100家公司为研究对象，发现董事长和CEO（总经理）两职是否合一对公司绩效没有影响。Baliga et al.（1996）对《财富》500强公司进行研究也得出了同样的结论。Dalton et al.（1998）通过对31篇已发表的文章进行元分析（meta-analysis），为两职合一不会显著影响公司绩效提供了更有力的证据，从而在一定程度上结束了两派学者非此即彼的辩论。

鉴于各研究结论不一致，后续学者们不再只信奉某一观点，而开始思考二者的折中，探讨不同情形下两职合一的成本和收益，并重新理解两职合一与公司绩效之间的关系。Boyd（1995）是首个试图整合委托代理理论和管家理论的研究。这一研究指出，在环境不确定性程度较高的情况下，两职合一因提高决策速度给公司带来的收益大于代理成本，而在环境不确定性程度较低的情况下，较高的经理人机会主义风险使得两职合一的代理成本大于收益。Brickley et al.（1997）主要关注两职分离的成本。该研究认为，两职分离会带来对董事长进行监督的代理成本、信息成本、改变公司经理人继任程序的成本及其他成本。He and Wang（2009）认为，创新是一种会放大董事长与CEO（总经理）之间由于信息不对称带来的成本的情形，此时，两职合一能够使经理人更好地利用公司资源进行创新，研究的实证结果也表明两职合一正向调节创新型知识资产对公司绩效的积极影响作用，从而证实了这些成本的存在。基于Boyd（1995）和Brickley et al.（1997）的研究，学者们开始研究影响两职合一与公司绩效关系的因素。Yang and Zhao（2014）发现，在激烈的竞争环境中，两职合一节约的信息成本和提高的决策速度对公司更有价值。Dey et al.（2011）则指出，两职合一是公司基于所处商业和经济环境做出的理性选择，投资者压力导致的两职分离反而会导致公司绩效下降。

此外，目前关于如何折中两种观点出现了三种新的看法。第一，Krause and Semadeni（2013）认为，两职合一问题不是是否应该分开两个职位的问题，而是何时分开以及如何分开两个职位的问题，并指出在更换CEO（总经理）、同时更换董事长和CEO（总经理）以及更换董事长三种分离方法中，在公司绩效较差时让两职合一的CEO（总经理）卸下董事长的担子是最有利的做法。第二，Krause（2017）提出，虽然委托代理理论认为两职分离的董事长扮演控制角色，但在实践中这样的董事长通常扮演的是具有协作性的角色，与管家理论认为的董事会旨在促进更有效的决策执行一致，他们为经理人提供建议和指导，通过专业化分工减少对经理人的工作要求，从而有利于CEO（总经理）更好地履行本职工作。此外，董事长的人选通常取决于他们能为这个职位带来的人力资本和社会资本，这一点也佐证了董事长作为CEO（总经理）顾问的角色（Krause et al.，2016）。第三，Krause et al.（2017）发现，现实中许多公司采取了折中的解决方案，即在保持董事长和CEO（总经理）两职合一的前提下，新设首席独立董事一职，从而实现统一指挥和独立监督的平衡。

总而言之，关于董事长和CEO（总经理）两职合一如何影响董事会治理效率这一话题仍然迷雾重重，争论不断，存在大量研究空间等待学者们进一步探索。

4.1.4 董事个人特征

除了董事会规模、董事会独立性和董事长和CEO（总经理）两职合一这些董事会层面的特征之外，学者们逐渐意识到，董事个人层面的特征也能对董事会治理效率产生显著影响（Gopalan et al.，2021）。在本小节中，我们将介绍被学者们较多关注和研究的几个董事个人特征，包括性别、专业知识与从业经验、政治关联以及连锁董事情况。

1. 女性董事

近年来，许多国家相继采取女性董事配额制度。在此背景下，女性董事开始成为董事会治理研究领域的热点话题，学者们就女性董事如何影响董事会治理效率开展了大量研究。从研究结论来看，只有少量研究并未发现女性董事对董事会治理效率产生实质性影响，整体而言，学者们发现，不管是从监督职能还是咨询职能来说，女性董事均有助于提高董事会治理效率。

就董事会监督职能而言，女性董事能够发挥比男性董事更强的监督作用，有助于提高董事会的监督力度，缓解代理成本。具体而言，Adams and Ferreira（2009）发现，女性董事的会议出席率高于男性董事，并且当董事会中拥有更多女性董事时，男性董事的会议出席率也会提高。Lai et al.（2017）也发现，女性董事对审计质量提出了更高的要求。此外，在拥有更高比例女性董事的公司中，经理人离职对公司绩效更敏感（Adams and Ferreira，2009；Schwartz-Ziv，2017）、盈余质量更高（Srinidhi et al.，2011）、股价同步性更低（Gul et al.，2011）、发生财务欺诈的概率更低（Cumming et al.，2015）。因此，女性董事更强的监督作用有效缓解了经理人代理问题。值得注意的是，相关研究发现，女性董事更强的监督作用只对那些公司治理水平较低的公司产生正向影响（Gul et al.，2011），而在公司治理水平较高的公司内，女性董事带来的过度监督反而导致了公司绩效下降（Adams and Ferreira，2009）。

就董事会的咨询职能而言，女性董事对公司来说是一种特殊资源，能帮助董事会更好地发挥咨询职能，提升公司价值。

第一，女性董事基于其独特视角和观点为管理者提供建议，能够帮助管理者制定更优决策。由于不同性别的人拥有不同的规范标准、态度、信仰和观点（Pelled et al.，1999），董事会中的性别多元化有助于提高团队的创造力（Nemeth，1986）。Miller and Triana（2009）认为，女性董事给董事会带来了独特的想法和更多样的社交网络，他们发现董事会性别多元化促进了公司创新。Triana et al.（2014）发现，当女性董事在董事会中具有较大的权力时，董事会性别多元化能够加快公司的战略决策改变。但需要注意的是，Triana et al.（2014）强调，董事会的性别多元化是一把“双刃剑”，当公司绩效较差时，女性董事较大的权力反而阻碍了公司的战略决策改变。这是因为，性别多元化的董事会面临更多的信息和决策选择，导致董事会的决策过程耗时过长，进而阻碍董事会达成统一意见（Webber and Donahue，2001；Horwitz and Horwitz，2007）。此外，团队多元化也可能导致团队成员之间交流更少、决策效率更低、冲突更多（Miller et al.，1998）。

第二，男女之间的一些固有差异使得女性董事在某些方面的决策更具优势。比如，已有研究发现女性董事具有更强的风险规避倾向，因而有助于降低公司面临的风险。心理学和经济学研究表明，女性相比男性有着更高的风险规避程度，更低的过度自信程度（Byrnes et al.，1999；Barber and Odean，2001；Niederle and Vesterlund，2007）。Graham et al.（2013）对多个国家的公司经理人展开的调查也支持了这一观点。无论是风险规避还是不过度自信的特质，都使得女性董事在公司某些方面的决策上更具优势，例如，Palvia et al.（2015）发现，由于女性董事在风险评估方面更加保守，其所就职银行在金融危机期间破产的概率更低；Levi et al.（2014）发现，女性董事较多的公司更少进行并购活动，因为女性董事过度自信的程度较低，她们不会高估并购收益。

第三，女性董事的加入更有利于董事会做出与性别相关的决策。基于同性间的共通性，女性董事更理解女性的想法、更容易与女性沟通和建立联系。随着商业世界中的女性消费者和女性经理人群体不断增长，女性董事能够帮助公司与女性顾客和女性劳动力建立联系。因此，女性参与公司战略决策有助于公司设计出适合女性消费者的产品（Daily et al.，1999）。此外，公司中女性董事的存在也意味着公司将为女性员工提供更多的职业发展机会（Milliken and Martins，1996）。

第四，女性董事在董事会中出现有利于增强公司的合法性。Suchman（1995）指出，资源依赖理论认为，组织可以通过满足其利益相关者的要求来增强组织的合法性。随着性别平等的观念在社会上变得越来越主流，通过聘任女性董事，公司可以提升自身在利益相关者中的声誉，从而增强公司的合法性（Hillman et al.，2002；Branco and Rodrigues，2008；Bear et al.，2010）。考虑到女性董事为公司提供的合法性角色，Naumovska et al.（2020）发现，女性董事在董事劳动力市场上获得了“声誉豁免权”，因为监督不力而受到惩罚的可能性较低。

尽管已有文献从监督职能和咨询职能两个方面，为女性董事有利于提高董事会治理效率提供了实证证据支持，然而，仍旧有少量研究对女性董事在提升董事会治理效率上的作用提出了质疑。具体而言，有研究发现董事会中较少的女性董事只是公司为了满足法律要求而设立的一种“象征”（token），她们对公司决策的影响极其有限（Kanter，1977）。面对关于性别平等观念带来的日益增长的外部压力，公司不会替换现任男性董事，而是通过增加董事会席位来引入女性董事，也不会把女性董事放在主要的董事会专门委员会中（Bilimoria and Piderit，1994；Knippen et al.，2019）。同时，这些女性董事的薪酬更低，其薪酬对公司绩效也更不敏感（Kulich et al.，2011）。Farrell and Hersch（2005）对 1990 年以来的《财富》工业企业 500 强和服务企业 500 强进行研究，发现这些公司的女性董事任命公告并没有引起市场反应，佐证了女性董事的“象征”角色。不过，研究表明当公司拥有三个及以上的女性董事时，她们就不再仅是“象征”(Liu et al.，2014)。

此外，女性董事对公司绩效的影响也会因公司特征和社会背景而异。Abdullah et al.（2016）对马来西亚这一新兴市场进行研究发现，女性董事对公司绩效的积极影响在国有企业、家族企业和股权分散企业中被削弱。Post and Byron（2015）指出，虽然女性董事有效地提高了公司的盈利能力，但投资者对其所在公司未来盈利潜力的评估取决于该国的性别平等程度。因此，如果不考虑公司特征和社会背景而对所有公司实施“一刀切”的女性董事配额制度，就可能会使公司价值受损（Ahern and Dittmar，2012)。可见，在了解女性董事特点的前提下，公司应该自行选择是否聘任女性董事以实现价值最大化。此时，实施强制性的女性董事配额制度可能会使公司偏离最优决策，从而使得女性董事沦为“橡皮图章”(rubber stamp)。

2. 专业知识与从业经验

2002 年美国颁布的《萨班斯-奥克斯利法案》要求公司审计委员会中至少有一名财务专家，即拥有会计专业知识或财务相关从业经验的董事。自此，董事个人的专业知识与从业经验开始进入学者们的研究视野，学者们开始从这两方面出发，分别研究其对董事会治理效率的影响。研究结论显示，整体而言，董事个人的专业知识与从业经验均有助于提高董事会治理效率。

在董事个人的专业知识方面，董事的财务相关专业知识有助于强化董事会的监督职能。例如，审计委员会的财务相关专业知识提高了公司的盈余质量（Dhaliwal et al.，2010；Badolato et al.，2014；Kim et al.，2014)、会计稳健性（Krishnan and Visvanathan，2008)、内部控制质量（Goh，2009；Hoitash et al.，2009)，降低了公司财务重述和收到美国证券交易委员会意见信的概率（Chychyla et al.，2019)，降低了审计师在出具不利的内部控制审计意见后被解雇的概率，从而提高审计质量（Lisic et al.，2019)。但是，Defond et al.（2005）和 Krishnan and Visvanathan（2008）强调，只有在公司治理水平较高的公司中，董事的财务相关专业知识才能进一步提升董事会监督效率。此外，已有研究发现，具有法律专业知识的董事也推动了公司盈余质量的提升（Krishnan et al.，2011)；而董事拥有的信息技术专业知识也被证实能够影响公司财务报告披露的可靠性和及时性（Ashraf et al.，2020)。

在董事个人经历方面，首先，外国董事或者有海外经历的本地董事显著提高了公司的并购绩效（Masulis et al.，2012)、对企业社会责任活动的参与(Luo et al.，2021）以及公司绩效（Giannetti et al.，2015；Chen et al.，2020)。其次，董事的并购经验以及在并购咨询公司工作的经验都有助于提高公司的并购绩效（McDonald et al.，2008；Huang et al.，2014；Field and

Mkrtchyan，2017）。最后，董事在特定行业的从业经验既有利于他们监督和挑战经理人，也有利于为经理人提供战略建议和相关信息，从而促进公司的战略变革（Oehmichen et al.，2017）。同时，因为对特定行业运营条件和实践情况的充分了解，具有行业相关经验的独立董事能够显著抑制公司的盈余管理（Wang et al.，2015）。此外，Ahmed et al.（2019）发现，经历过银行危机的董事所任职的银行在金融危机期间有着更低的风险承担水平、更高的会计质量以及更好的绩效。然而，也有研究发现董事的个人经历会对公司决策产生消极影响。例如，Ellis et al.（2018）发现，具有特定行业从业经验的董事可能会促使经理人在他们熟悉的行业中过度投资，并减少对这些投资的监督，最终导致公司内部资本配置不合理。

可见，董事个人的专业知识和从业经验也能对董事会治理效率产生不可忽视的影响。公司在聘用董事时，可以依据自身需要选择具有特定知识或经验的董事，以弥补自身的不足，实现公司价值最大化。

3. 政治关联董事

政治经济学研究表明，政治关联对公司来说是一种有价值的资源（Fisman，2001；Faccio，2006）。通过聘用前任或现任政府官员作为独立董事，公司可以与政府建立联系。这类特殊的董事被称为政治关联董事。

政治关联董事在董事会中发挥着独特的咨询作用，其资源提供角色被大量研究所证实。研究发现，由于政治干预，拥有政治关联董事的公司获得了更多且更优惠的银行贷款（Khwaja and Mian，2005；Claessens et al.，2008），在经济低迷时期更可能获得政府救助（Faccio et al.，2006；Duchin and Sosyura，2012），因为低质量披露或财务不透明所导致的不利后果更小（Chaney et al.，2011），受到税务机构的审查更少、惩罚更轻（Lin et al.，2018）。因此，政治关联董事在董事会中的出现有助于提升公司价值（Goldman et al.，2009；Acemoglu et al.，2016）。

但近年来，政治关联董事引发的一些问题也开始受到人们的关注。如上所述，拥有政治关联董事的公司面临来自资本市场的透明度压力和来自政府的监管压力更低，因此，这些公司盈余质量更低（Chaney et al.，2011），风险承担倾向更高（Boubakri et al.，2013），税收激进度更高（Boubakri et al.，2013；Kim and Zhang，2016），大股东掏空问题更严重（Sun et al.，2016），最终表现出更差的公司绩效（Hadani and Schuler，2013）。

可见，政治关联董事对公司而言是一把“双刃剑”。如何在利用好政治关联董事带来的资源的同时强化董事会的监督职能，将是一个值得思考的问题。

4. 连锁董事

连锁董事是公司治理与社会学交叉研究的新热点。连锁董事指的是同时在其他公司担任董事或经理人的董事，其中最常见的形式是以外部董事身份在多个公司任职（Richardson，1987；Mizruchi，1996）。20 世纪 70 年代，连锁董事相关研究开始在社会学领域蓬勃发展（Mizruchi，1996）。社会学学者认为，连锁董事可能是公司间进行控制或合作的机制（Koenig et al.，1979；Richardson，1987；Mizruchi and Stearns，1994），也可能是精英阶层进行阶层巩固或精英整合的手段（Zeitlin，1974），还可能是公司间信息流动的“管道”（Mariolis and Jones，1982；Davis，1991；Haunschild，1993）。其中，连锁董事作为一种信息流通渠道而具有的潜在咨询作用引起了公司治理学者的注意，并自此开始了在董事会治理领域内对连锁董事的研究。已有研究虽然证实了连锁董事有利于董事会咨询职能的发挥，但对其如何影响董事会监督职能还未得到一致结论。

连锁董事是一种有效的信息来源，因而有利于增强董事会的咨询职能。Davis（1991）认为，委托代理理论的局限性在于对经济人行为的分析脱离了社会环境，因而他首次尝试将委托代理理论与组织理论相结合，以“毒丸计划”在连锁董事网络中的传播为例，指出连锁董事是公司信息和策略扩散的机制之一。由于连锁董事提供的信息是低成本、可信且可靠的，因此连锁董事被视为一种具有影响力的信息来源（Haunschild and Beckman，1998）。每家公司都必须聘用董事，来自董事的信息是这种强制性关系带来的低成本副产品，当董事任职的其他公司有着第一手经验时，这些信息是可信的；考虑到董事的受托人角色以及法律禁止董事同时在竞争对手公司中任职（Zajac，1988），他们提供的信息也是可靠的。因此，连锁董事能够发挥咨询作用不足为奇，这也在许多方面陆续得到证实，比如并购（Haunschild，1993；Stuart and Yim，2010；Cai and Sevilir，2012；Rousseau and Stroup，2015）、海外上市（Moore et al.，2012）、国外市场扩张（Connelly et al.，2011）、股票期权回溯（Bizjak et al.，2009）、会计政策选择（Dharwadkar et al.，2020）、避税（Brown and Drake，2014）以及信息披露（Chiu et al.，2013；Cai et al.，2014；Ke et al.，2020）。最终，公司间通过连锁董事形成了一个社会网络，并促进该网络中公司治理实践趋同（Bouwman，2011）。

关于连锁董事是否会损害董事会的监督职能尚无定论。一方面，连锁董事被部分学者视为糟糕的监督者。不同公司的经理人可以通过互相在对方公司担任外部董事来相互勾结，从而使董事会的独立性受到损害（Hallock，1997）。同时，由于董事的时间和精力有限，任职多家公司的连锁董事因过于忙碌而无法对每一家公司的经理人都保持密切关注（Fich and Shivdasani，2006；Falato et al.，2014；Hauser，2018；Bar-Hava et al.，2020）。支持这一观点的研究表明，连锁董事所在的公司中，经理人薪酬较高（Core et al.，

1999)，更偏好披露高薪同行以证明经理人薪酬的合理性（Faulkender and Yang，2010)，经理人离职对公司业绩的敏感性较低（Fich and Shivdasani，2006)，股价同步性较高（Khanna and Thomas，2009)，公司绩效较差（Fich and Shivdasani，2006)。因此，连锁董事对董事会监督效率的不利影响导致了股东财富的净损失（Falato et al.，2014；Chen and Guay，2020)。

另一方面，部分学者认为连锁董事也能较好地发挥监督作用。首先，因为董事劳动力市场与公司绩效挂钩，公司绩效越好，其经理人或董事获得的外部董事职位越多，所以连锁董事担任的其他董事职务数量可以代表其声誉资本，而损害这种声誉资本的威胁会阻止连锁董事与经理人勾结（Gilson，1990；Kaplan and Reishus，1990；Vafeas，1999)。Masulis and Mobbs (2011) 的研究为此提供了经验证据。虽然已有研究往往认为内部董事与经理人利益一致，但他们发现，当内部董事在其他公司担任外部董事时，董事会治理效率和公司绩效都得到了显著提升。Zhang (2021) 则发现，在连锁董事所在公司经历了代理权争夺之后，出于对未来职业发展的考虑，连锁董事在其他任职的公司中加强了监督力度。其次，董事可能会根据自己的时间安排选择是否接受多个董事职位，所以只在一家公司任职的董事不一定比连锁董事更有时间和精力来监督经理人。Wahid and Welch (2019) 发现，比连锁董事拥有更多空闲时间的专职董事对董事会的监督效率反而显著降低了。而 Ferris et al. (2003) 发现，在多个公司同时任职的连锁董事并没有推卸自己的监督职责，他们更多地任职于专门委员会，并且积极出席会议。最后，连锁董事从其他职位中获得的信息也有助于他们行使监督职能。Fang et al. (2021) 指出，来自连锁董事网络的信息流削弱了经理人囤积坏消息的能力。Shipilov et al. (2019) 发现，连锁董事从其他公司中获得的应对公司治理相关负面媒体报道的经验，促使他们在公司中率先发起董事会改革。除前述证据外，已有研究还发现，连锁董事的存在使公司财务报告质量和会计稳健性更高（Intintoli et al.，2018)，财务重述概率更低，现金持有量更多，并购决策更符合股东利益（Masulis and Mobbs，2011)，股价崩盘风险更低（Fang et al.，2021)，公司绩效更好（Masulis and Mobbs，2011；Larcker et al.，2013；Dass et al.，2014)，从而为连锁董事能较好发挥监督作用进一步提供了证据。因此，董事会中的连锁董事有利于董事会监督职能的发挥，进而促进股东财富增长（Ferris et al.，2003；Masulis and Mobbs，2011)。

综上，毋庸置疑的是，连锁董事对公司来说是一种重要的信息流通渠道，有利于董事会发挥咨询职能。但是，考虑到连锁董事也可能因分心或与经理人勾结而损害董事会的监督效率，连锁董事能否给公司价值带来净增长取决于公司对咨询职能和监督职能的相对需求（Field et al.，2013)。

通过梳理上述董事会治理相关文献，可以看出董事会在公司治理中发挥了直接且重要的作用。在后续的内容中，我们分别从董事会规模、董事会独立性、董事个人特征三个方面各选取一篇经典、重要且对后续研究具有启发性的文献，进行更为详细和深入的探讨。

需要说明的是，我们并没有从董事长和CEO（总经理）两职合一这一子领域选择文献进行重点导读。尽管前文综述部分指出，该领域诸多文献探讨了两职合一如何影响董事会治理效率，但是我们发现，这些文献大都发表在管理学顶级期刊中，而在金融学顶级期刊中却未见一篇专门探讨这一问题的文章。我们猜想原因可能在于，在CEO中心主义盛行的美国等西方国家，公司治理的核心问题在于股东与经理人之间的利益冲突，如何降低经理人的代理问题才是学术界和实务界关注的焦点问题。尽管人们发现西方国家的股权结构也并非高度分散，也有学者发现在企业绩效差异上董事长比CEO的解释程度更高（Withers and Fitza，2017），并且管理学顶级期刊如AMJ、SMJ等已经关注和重视董事长和CEO（总经理）两职合一的公司治理作用，发表了诸多论文。然而，金融学界似乎并不为所动。迄今为止，在我们看来至少与董事会独立性同等重要的两职合一问题未曾出现在金融学顶级期刊中。

由于管理学期刊在研究范式上与经济学、金融学差异极大，而公司治理更多采用经济学、金融学研究范式，所以，我们没有从董事长和CEO（总经理）两职合一这一领域中选择文献进行重点导读。对于该话题有兴趣的读者，我们着重推荐以下两篇文献。一是Boyd B K. CEO duality and firm performance：A contingency model. *Strategic Management Journal*，1995，16（4）：301－312。该文的引用量高，是首个试图整合委托代理理论和管家理论的研究。二是Krause R，Semadeni M. Apprentice，departure，and demotion：An examination of the three types of CEO-board chair separation. *Academy of Management Journal*，2013，56（3）：805－826。该文的研究视角独特，指出两职合一问题不是是否应该分开两个职位的问题，而是何时分开以及如何分开的问题。

我们选定的第一篇重点文献是David Yermack于1996年发表在*Journal of Financial Economics*上的“Higher market valuation of companies with a small board of directors”。这篇文章首次使用实证方法研究董事会规模对公司价值的影响，其在董事会规模实证领域的开创性地位无可比拟，谷歌学术搜索上的引用量近9 000次。不论是研究结论，还是文中对于内生性问题的全面考虑，时隔20余年，这篇文章仍然具有极为重要的借鉴意义。

第二篇是Michael S. Weisbach于1988年发表在*Journal of Financial Economics*上的“Outside directors and CEO turnover”。这篇文章不仅是董事

会监督职能领域的首个实证研究，也是董事会独立性实证领域的开山之作，所以其在谷歌学术搜索上的引用量高达 6 000 余次。这篇文章的实证设计也对后续董事会监督职能相关研究具有较大的参考价值。

第三篇是 Sheng-Syan Chen、Yan-Shing Chen、Jun-Koo Kang 以及 Shu-Cing Peng 于 2020 年发表在 *Journal of Financial Economics* 上的“Board structure，director expertise，and advisory role of outside directors”。2000 年美国给予中国永久性正常贸易关系地位对美国公司对具有中国经验董事的需求造成极大冲击，而这篇文章巧妙地利用这一政策冲击探讨了董事个人海外经历对公司价值的具体影响途径。关于如何在老话题上写出新意，这篇文章值得我们认真学习。

接下来我们将逐篇介绍论文内容并进行简要评述。

4.2 重点文献导读

4.2.1 董事会规模较小的公司市场估值更高

Higher Market Valuation of Companies with a Small Board of Directors

文献来源：Yermack D. Higher market valuation of companies with a small board of directors. *Journal of Financial Economics*，1996，40（2）：185－211.

4.2 参考文献

1. 研究动机

董事会是确保经理人按股东利益行事的一个重要公司治理机构，如何加强董事会对经理人的监督来提高公司决策质量一直以来都是公司治理的核心问题。在 20 世纪 80—90 年代，人们把目光集中在董事会结构上，许多学者建议公司聘用更多的外部董事或让董事持有大量公司股票。与大多数人不同，Lipton and Lorsch（1992）和 Jensen（1993）认为，董事会规模才是董事会改革过程中需要优先考虑的因素。他们的观点借鉴了 Steiner（1972）和 Hackman（1990）等组织行为研究，认为随着团队规模的扩大，团队成员之间的协调问题和烦琐的办事流程会导致团队生产力下降。因此，如果董事会规模是决定董事会监督效率的重要因素，那么，缩小董事会规模就可以通过加强董事会监督和提高董事会决策质量来提高公司价值。

然而，鲜有实证研究验证董事会规模的重要性。已有研究要么没有考虑董事会规模的独立影响，要么未能找到董事会规模与公司绩效之间的关联（Holthausen and Larcker，1993a，1993b）。这一研究的主要阻碍在于董事会规模是内生的，它可能会受到公司规模、公司绩效或 CEO 偏好的影响。

2. 研究问题

该文直面这一挑战，选取进入《福布斯》美国 500 强企业年度榜单的大型上市公司作为研究对象，并使用实证方法排除其他替代性解释，旨在证明董事会规模能够对公司价值产生重要影响。

3. 研究过程

（1）基本实证结果。

在深入考察董事会规模与公司价值的因果关系前，该文首先探究了规模较小的董事会是否有助于提高董事会监督效率，或提高公司价值。遗憾的是，描述性统计结果表明董事会规模与其他董事会特征之间的关系错综复杂，无法得出小规模董事会能更有效地监督经理人的结论。一方面，小规模董事会普遍具有一些有损公司价值的董事会特征：在该文的样本中，小规模董事会的独立董事或专家董事较少；小规模董事会的内部人或“灰色”董事较多，即与公司存在利益冲突的董事，比如公司经理人的亲属和从与公司之间的私人业务中获利的董事；小规模董事会也较少包含同时担任其他公司 CEO 的董事；小规模董事会所在公司的 CEO 通常要么是创始人要么来自创始家族，而这一特征已被证实与较低的公司价值相关（Johnson et al.，1985）。另一方面，小规模董事会也普遍具有一些可以强化监督动机的董事会特征：小规模董事会的董事拥有更多的股权，更有可能以股票期权的形式获得基于业绩的报酬；小规模董事会也更可能包含大股东董事和不兼任 CEO 的董事长，这些董事都是积极的监督者；小规模董事会的董事更替率更低。因此，需要更为直接的证据来验证该文的主要假设。

为了更直接地观察董事会规模与公司价值之间的关系，该文先绘制董事会规模与公司价值的曲线图，再对二者进行回归检验。曲线图和回归结果都表明，董事会规模与公司价值之间存在负相关关系，并且董事会规模对公司价值的负向影响随着董事会规模增大而逐渐减弱。可见，随着董事会成员人数增加，协调、沟通和决策问题会越来越严重，不利于董事会监督效率的提高，进而损害公司价值。值得注意的是，协调、沟通和决策成本的累积速度会随着董事会规模扩大而逐渐下降。

（2）内生性处理。

因为内生性问题的存在，该文发现的可能不是董事会规模与公司价值之间的因果关系。一方面，小规模董事会所在公司普遍具有的其他特征可能才是真正影响公司价值的根源。第一，由于该文用来度量公司价值的托宾 Q 值可能度量了公司未来的投资机会，如果董事会规模是与公司未来投资机会而非公司价值存在关联，那么该文的假设就不再成立。虽然该文已在主回归中控制了公司未来的投资机会，但可能由于度量误差而无法实现有效控制，所以作者借鉴 Smith and Watts（1992）的研究更换了四种指标来排除董事会规模与托宾 Q 值度量的公司未来的投资机会相关的可能性。此外，用来度量公司未来的投资机会的五种指标经回归证明与董事会规模总体上不存在相关性，更直接地反驳了这一替代性解释。第二，公司规模也可能同时影响董事会规模和公司价值，造成二者之间的伪相关关系。虽然该文已在主回归中控制了公司规模，但作者仍考虑了公司规模的不同度量方法以及包括线性项和非线性项的不同模型形式，以进一步排除这一替代性解释。第三，描述性统计结果显示小规模董事会通常具有一些有助于提高监督效率的董事会特征，或许是这些董事会特征影响了公司价值，因此，该文通过增加控制这类董事会特征以排除这一可能性，包括董事会中是否存在非 CEO 的董事长、非 CEO 但兼任总裁的董事或者持股 5%以上的董事。第四，描述性统计结果显示小规模董事会更常见于由创始家族控制的公司中，这类公司的所有权更加集中、资产周转更慢，这些特征使得公司资产的账面价值更低、托宾 Q 值更高，因而可能导致小规模董事会看起来与更高的公司价值相关。另外，公司成立年限越短所有权结构可能越集中，所以公司成立年限也可能是与创始家族控制情况类似的替代性解释。通过在主回归中增加控制 CEO 是否来自创始家族以及公司成立年限，该文也排除了这两个替代性解释。

另一方面，董事会规模与公司价值之间可能存在反向因果问题，即并非董事会规模影响了公司价值，而是公司根据过去的业绩表现对董事会规模进行了调整。首先，作者检验了公司业绩表现对当年董事会规模的影响，发现虽然公司业绩表现与新董事入职和董事离职有关，但不会对董事会总体规模造成影响。其次，作者使用董事会规模对数的滞后值作为工具变量，发现采用工具变量法的回归结果与主回归结果几乎没有区别。最后，作者发现上一年的董事会规模与当年的公司价值显著相关。综上所述，该文确认董事会规模能够影响公司价值，并建立了二者之间的因果关系。

（3）进一步分析。

为了综合体现小规模董事会所带来的董事会监督效率和决策质量的提高，除公司价值外，该文进一步考察了董事会规模对公司经营绩效、CEO 更替、CEO 薪酬激励以及投资者反应的影响。首先，小规模董事会所在公司的资产利用效率更高、利润也更高。其次，在考虑了 CEO 正常的退休情况之后，小规模董事会更可能解雇表现不佳的 CEO。再次，小规模董事会所在公司的 CEO 薪酬-业绩敏感性更高。最后，投资者对于董事会规模的显著缩小反应积极，而对于董事会规模的显著扩大反应消极。这些结果表明，小规模董事会通过提高董事会的监督效率和决策质量，最终提高了公司价值。

4. 研究总结

综上所述，该文证明了董事会规模与公司价值之间存在负相关关系，为 Lipton and Lorsch（1992）和 Jensen（1993）的观点提供了经验证据，并且董事会规模扩大所造成的公司价值损失在小规模董事会转向中等规模董事会时更加显著。在考虑了可能的内生性问题后，该文的主要结论保持不变。此外，小规模董事会所在公司的盈利能力更强、运营效率更高，CEO 解雇威胁作用和薪酬激励作用更强，投资者更加偏好缩小董事会规模的举措，这一系列证据都支持了该文的主要假设，即缩小董事会规模可以通过加强董事会监督和提高决策质量来提高公司价值。

5. 评述

作为首篇使用实证方法证明董事会规模重要性的文章，该文将董事会规模正式引入董事会相关研究的话题中心，从而奠定了其经典文献的地位。虽然该文是一篇早期的实证文章，但是文中对于内生性问题的探讨十分详尽。在探讨遗漏变量问题时，作者同时考虑了变更变量度量方法、变更模型形式以及增加相关控制变量的措施。而在讨论反向因果问题时，作者首先选择由静态视角转向动态视角，考察公司绩效与董事会人员流动之间的关系，其次使用工具变量法进行检验，最后使用滞后值考察公司绩效与董事会规模之间的先后关系。这些缓解内生性问题的检验思路值得学习借鉴。

当然，这篇经典文献也存在不足之处。首先，最为突出的一点是缺少情境检验。如果小规模董事会能够提高董事会监督效率，作者可以进一步检验这种效应是否在更需要提高董事会监督能力的情境下更为显著。其次，该文对工具变量的选取仍有改进空间。当使用内生变量的滞后项作为工具变量时，如果不可观测因素存在序列相关，内生变量的滞后项就难以满足工具变量的外生性要求，而不可观测因素是否存在序列相关是无法检验的。因此，应该尽量避免使用内生变量的滞后项作为工具变量。

从董事会的监督职能出发，作者认为董事会规模越小越好，小规模董事会能够避免不必要的沟通和协调问题。然而，从董事会的咨询职能来看，大规模董事会可能包含更多的外部董事，给公司带来更多的信息与资源。可见，最优的董事会规模取决于董事会两种职能的相对重要性。在大型公司和小型公司中，董事会监督职能和咨询职能的相对重要性或有不同，而该文仅在大型上市公司中考察了董事会规模对公司价值的影响。那么，该文的主要结论是否适用于小型公司就是一个值得探讨的问题。

4.2.2　外部董事与 CEO 变更

Outside Directors and CEO Turnover

文献来源：Weisbach M S. Outside directors and CEO turnover. *Journal of Financial Economics*，1988（20）：431－460.

1. 研究动机

监督 CEO 是董事会的一项重要职责。如果 CEO 表现不佳，董事会可以将其撤换。Fama（1980）认为外部董事在此过程中发挥了更大作用，他的观点也引起了人们对董事会结构进行监管的呼吁，人们期望通过提高董事会中的外部董事比例来增强对 CEO 的监督水平。外部董事在公司中不担任其他职务，其职业发展不受现任 CEO 的制约，因而具有更高的独立性。同时，外部董事通常是实务界或学术界的领军人物，对自身声誉的重视促使他们更积极地监督 CEO，以确保公司有效运行。不过，考虑到内部董事通常是未来的 CEO 候选人，董事会完全由外部董事组成并不是理想的选择。内部董事在董事会中任职，既有助于他们为将来接任 CEO 积累经验，也有助于外部董事更好地评估这些 CEO 候选人。因此，内部董事和外部董事共存，并由外部董事占据主导地位的董事会，能够更好地监督 CEO。

然而，经济学家们对此却持有不同的看法。Demsetz（1983）认为，经理人薪酬合同、来自产品市场和资本市场的压力已经为 CEO 提供了充分的监督，董事会在监督 CEO 方面能够发挥的作用微乎其微。根据这一观点，增加董事会中的外部董事比例，自然也无法提高对 CEO 的监督水平。鉴于董事会是关键的公司治理机制，能否通过增加外部董事比例来增强董事会的监督作用，就成为一个重要的公司治理问题。

2. 研究问题

该文试图探究 CEO 变更与公司业绩敏感性是否随着董事会中的外部董事比例的变化而变化，以证明董事会发挥了重要的监督作用，且董事会结构能够影响董事会监督作用的发挥。

3. 研究过程

（1）指标构建。

在进行检验之前，该文首先需要识别出外部董事、外部董事主导的董事会以及因业绩不佳而引发的 CEO 变更事件。该文将外部董事定义为不是公司员工且独立于公司和现任经理人的董事。基于这一定义，样本公司在 1980 年的董事会外部董事比例分布以 50％为中心，且集中分布于 45％～50％区间，比例极高或极低的公司较少。因此，作者分别选取 40％和 60％的外部董事比例作为分界点，将样本公司董事会划分为内部董事主导、混合董事会和外部董事主导三类。在识别因业绩不佳而引发的 CEO 变更事件时，作者发现，样本公司没有对外公布 CEO 变更的真正原因，除公布为业绩原因变更 CEO 的事件外，股票收益率证据表明其他原因导致的 CEO 变更事件前也出现了业绩不佳的情况。因此，作者在样本中只剔除由死亡和并购这些可核实的原因所导致的 CEO 变更事件。同时，作者还剔除了 CEO 年龄为 64、65 或 66 岁的变更事件，因为这些 CEO 变更事件大概率是由 CEO 退休导致的，与业绩无关。

（2）基本实证结果。

CEO 变更与公司业绩敏感性是否会随着董事会结构类型变化呢？该文发现，公司前四季度的股票异常收益率越低，CEO 变更的概率越大，并且这种效应在董事会由外部董事主导的公司中更加显著。这一结果佐证了 Coughlan and Schmidt（1985）和 Warner et al.（1988）发现的董事会的监督作用，也强调了外部董事在董事会监督 CEO 方面发挥的重要作用。同时，该文也发现 CEO 变更概率不受公司前八季度至前五季度期间股票异常收益率的影响，表明董事会在撤换表现不佳的 CEO 时反应较快。

（3）稳健性检验。

作者指出使用股票收益率指标衡量公司业绩可能会低估外部董事发挥的监督作用，因而需要使用会计收益指标再次进行验证。股票价格反映了预期的公司未来现金流折现值，其中包含了市场对于表现不佳的 CEO 被解雇概率的预期，所以表现不佳的 CEO 所在公司的股价高于具有终身工作保障的 CEO 所在公司的股价。当表现不佳的 CEO 处于董事会由外部董事主导的公司中，如果市场认为此时 CEO 更可能被撤换，两类公司的股价差异将进一步增大，导致更难以识别出业绩不佳的情况，从而阻碍对公司业绩与 CEO 变更概率敏感性的识别。在更换公司业绩衡量方法后，该文仍然发现由外部董事主导的董事会更可能撤换表现不佳的 CEO。值得注意的是，相比股票收益率指标，董事会在评估 CEO 表现时更加关注会计收益指标。

为了进一步证明是董事会解雇了表现不佳的 CEO，而非业绩不佳与 CEO 变更之间存在固有关系，作者对因强制退休而发生 CEO 变更的样本进行了检验。回归结果显示，对于 CEO 年龄为 64、65 或 66 岁的变更事件来说，公司业绩表现不影响 CEO 变更概率，从侧面证明了董事会在监督 CEO 方面发挥的重要作用。

（4）内生性处理。

在解释上述回归结果时，该文面临的主要挑战是董事会结构可能是内生的，即存在一种被遗漏的因素同时决定董事会结构和业绩不佳后 CEO 变更的概率。第一类可能被遗漏的因素是经理人持股，包括董事持股和 CEO 持股。当董事持有公司大量股票时，他们有更强的动机监督 CEO，此时没有必要在董事会中聘任更多的外部董事，CEO 也将受到良好的监督。而当 CEO 持有公司大量股票时，CEO与股东的利益趋于一致，此时公司也不需要更多的外部董事进行监督，CEO本身也难以被撤换。通过在回归中进一步控制这类因素，作者排除了这种可能的解释。

第二类可能被遗漏的因素是公司规模和所处行业。董事会结构和CEO变更与公司业绩敏感性可能在不同规模和不同行业的公司中具有系统性差异。通过在回归中进一步控制这类因素，这种可能的解释再次被作者排除。

第三类可能被遗漏的因素是CEO权力。CEO在公司内拥有的权力使其既可以推动更多的内部董事进入董事会，又可以避免自己被撤换。所以，这种权力差异假说预测在董事会由内部董事主导的公司中CEO的任期更长。数据显示，CEO任期在拥有不同董事会结构的公司之间不存在显著差异，因此权力差异假说无法解释该文的主要发现。此外，引入更多外部董事和撤换表现不佳的CEO可能是公司用以应对业绩不佳的两项措施。但是，作者发现在公司展现出较差业绩之后，董事会结构变化较小且较为缓慢，因此，该文的主要结果不太可能受到这一内生性问题的显著影响。

（5）进一步分析。

为了说明外部董事强化董事会监督作用给公司带来的后果，该文最后检验了这些CEO变更事件对公司价值的影响。实证结果显示，董事会由外部董事主导的公司发布的CEO变更公告获得了更加积极的市场反应，并且公司前期业绩表现越差，市场反应越积极。因此，外部董事通过撤换表现不佳的CEO，给公司带来了价值提升。

4. 研究总结

综上所述，该文发现CEO变更与公司业绩敏感性在董事会由外部董事主导的公司中更高，并且这类公司进行的CEO变更显著增加了公司价值。同时，上述现象在董事会由内部董事主导的公司中均不存在。该文的发现支持了Fama（1980）的观点，证明了董事会能够发挥重要的监督作用，并且董事会结构显著影响了董事会监督作用的发挥。

5. 评述

继Fama（1980）对董事会结构进行了理论探讨之后，该文首先采用实证方法验证了董事会结构的重要性，成为董事会结构实证研究的开山之作。即使当时还没有倾向得分匹配法、工具变量法等方法处理内生性问题，该文对于董事会结构内生性问题的讨论也十分出色，作者使用简单的方法巧妙地缓解了内生性问题的潜在影响。例如，如果某一内生性问题的存在会同时引起其他现象出现，只要证明这种现象并不存在就可以减轻对这一问题的担忧。

当然，作者在董事会结构的分类标准和实证检验顺序安排方面仍有改进的空间。作者出于简化动机使用40％和60％两个外部董事比例作为分界点对样本公司进行分类，而没有具体说明这两个分界点选取的合理性所在，以及该文的主要结果对分界点的变化是否敏感。同时，作者也没有解释该文选取董事会结构类型而非董事会外部董事比例作为主要解释变量的原因。此外，尽管作者在实证检验部分进行了丰富多样的检验，但是每个检验之间的衔接逻辑较弱，使得该文在实证检验部分的叙述有些松散。为此，本教材对这篇文章实证检验的介绍顺序进行了些细微调整，以便于读者领会到这篇经典文献的思想内涵。

4.2.3　董事会结构、董事任职经验与外部董事的咨询职能

Board Structure, Director Expertise, and Advisory Role of Outside Directors

文献来源：Chen S S, Chen Y S, Kang J K, Peng S C. Board structure, director expertise, and advisory role of outside directors. *Journal of Financial Economics*, 2020, 138 (2): 483 - 503.

1. 研究动机和研究问题

董事会的咨询职能是董事会相关研究中的重要话题。对于董事会中出现拥有特定专业知识的董事能否对公司决策和绩效产生重要影响，以往研究得出的结论大相径庭，这主要是因为董事会结构研究面临着严重的内生性问题。

该文认为，2000 年美国给予中国永久性正常贸易关系（PNTR）地位这一事件可被视为对美国公司董事会结构的一个外生冲击，有助于缓解董事会结构研究面临的内生性问题，从而为研究董事会的咨询职能提供一个合适的情境。

2. 研究过程

（1）识别策略。

2000 年 10 月，美国给予中国 PNTR 地位，自 2001 年 12 月中国加入世界贸易组织（WTO）起生效。这一政策表明美国将中国进口商品的关税永久地设定在正常贸易关系水平，消除了美国公司对中国市场进行投资面临的不确定性，增强了美国公司进入中国市场的动机。但由于语言障碍的存在，以及对中国政治环境、法律环境、社会规范和文化偏好缺乏了解，美国公司在进入中国市场时面临着极大的信息收集成本（Kindleberger，1969；Hymer，1976；Grinblatt and Keloharju，2001；La Porta et al.，2004）。而具有中国工作经验的董事，如曾在中国公司或美国公司的中国分公司/子公司工作过的外部董事，拥有关于中国市场情况的第一手资料和人脉，能够帮助美国公司提高在中国市场上的投资效率。因此，可以预期，在美国给予中国 PNTR 地位之后，美国公司将具有强烈的动机聘请具有中国工作经验的外部董事，美

国公司董事会中具有中国工作经验的外部董事比例也将随之增加。

（2）冲击合理性说明。

为了证明美国给予中国 PNTR 地位确实引起了美国公司董事会结构的变化，该文观察了具有中国工作经验的外部董事占比的前后变化。作者发现，具有中国工作经验的外部董事总数占样本所有董事数量的比例从 1996 年的 0.19％上升至 2011 年的 1.55％，公司层面具有中国工作经验的外部董事比例均值则从 1996 年的 0.16％上升至 2011 年 1.34％，并且这两种比例都在 2001 年出现跃升，初步证明美国给予中国 PNTR 地位引起了美国公司董事会结构的外生变化。

同时，该文还使用双重差分（DID）回归进一步验证这一政策冲击给美国公司董事会结构带来的变化。借鉴 Pierce and Schott（2016）的研究，该文使用每个行业 1999 年的正常贸易关系（NTR）差距来衡量该行业受政策冲击的程度，NTR 差距等于非正常贸易关系（non-NTR）关税税率与 NTR 关税税率之差。作者发现，在美国给予中国 PNTR 地位之后，所处行业受到更大冲击的公司董事会中出现了更多具有中国工作经验的外部董事。因此，美国给予中国 PNTR 地位确实对美国公司董事会结构产生了重要影响。

需要注意的是，使用 DID 回归方法的前提是确保样本接受处理是随机的，如果存在一个不可观测的变量可以同时影响公司董事会中具有中国工作经验的外部董事占比和公司所处行业受政策冲击的程度，那么 DID 回归结果的可信度就会大打折扣。为此，该文使用 1990 年基于 Smoot-hawley 的非 NTR 关税税率作为工具变量进行回归。Pierce and Schott（2016）发现，1990 年基于 Smoot-hawley 的非 NTR 关税税率可以解释 1999 年 NTR 差距的 79％，因此这一变量满足相关性要求。同时，这一税率与 1930 年最初设定的税率相比变化不大，而 1930 年设定的非 NTR 关税税率不太可能通过 NTR 差距以外的渠道影响 2000 年后美国公司对具有中国工作经验的董事需求，因此这一变量也满足外生性要求。在保证选取了合适的工具变量之后，作者得以确认前述 DID 回归结果是可信的。

（3）基本实证结果。

涉及中国市场的投资决策是具有中国工作经验的董事发挥咨询作用的重要场景。具有中国工作经验的外部董事能够为公司在中国市场上的投资提供有价值的咨询服务，有助于提高投资后的经营绩效，从而帮助公司获得更大的价值提升。因此，作者接下来通过检验该类董事的外生增加对公司投资决策市场反应以及投资绩效的影响，来说明董事会咨询职能的重要性。作者发现，当公司进行中国市场相关投资时，如跨境并购、设立合资企业或组建战略联盟，公司董事会中具有中国工作经验的外部董事比例越高，投资公告的市场反应越积极，投资后的长期经营绩效更优。

（4）内生性处理。

上述发现同样面临着内生性问题的威胁，可能存在一些不可观察的公司特征或董事特征同时影响公司价值和董事会结构，或者同时影响公司长期经营绩效和董事会结构。为了缓解这一内生性问题，该文使用当年公司总部所在州的中国移民数量的自然对数作为工具变量进行回归。Knyazeva et al.（2013）指出公司所在地的人才情况会影响公司的董事会任命决策，因而总部位于中国移民数量较多的州的公司更可能聘用具有中国工作经验的外部董事。同时，一个州的中国移民数量不太可能影响该州公司投资公告引起的市场反应，也不太可能影响公司投资后的长期经营绩效。所以，这一工具变量同时满足了相关性和外生性要求。通过使用工具变量进行回归，作者排除了以上发现受到内生性问题显著影响的可能。

（5）进一步分析。

当具有中国工作经验的外部董事给公司带来了积极影响时，股票市场和劳动力市场理应给予他们更高的评价。作者对此进行了检验并发现，相比其他外部董事的任命公告，股票市场对具有中国工作经验的外部董事任命公告的反应更加积极。同时，在美国给予中国 PNTR 地位之后，处于受政策冲击较大行业的公司大幅增加了董事席位，使得具有中国工作经验的外部董事迅速获得更多的外部董事职位，并在之后几年里继续获得更多的外部董事职位。

此外，为了综合说明具有中国工作经验的外部董事对公司的影响，在验证了这些外部董事在咨询方面发挥的积极作用之后，该文也探究了他们对于董事会监督效率的影响。Masulis et al.（2012）发现具有中国工作经验的外部董事虽然发挥了良好的咨询作用，但是他们也降低了董事会的监督效率。然而，作者发现具有中国工作经验的外部董事占比不会影响公司的 CEO 薪酬与业绩敏感性、CEO 变更与业绩敏感性以及财务重述概率，表明是否具有中国工作经验并不影响外部董事的监督水平。作者进一步检验发现，仅当具有中国工作经验的外部董事与公司处于同一地区时，公司对中国相关投资的公告才会引起积极的股价反应，投资后的长期经营绩效才会更佳。这一发现强调了通过聘用本地董事，公司可以在不牺牲董事会监督效率的前提下享受这些董事提供的咨询服务给公司带来的好处。

3. 研究总结

总而言之，该文利用美国给予中国 PNTR 地位这一事件对美国公司董事会结构的外生冲击，发现具有中国工作经验的外部董事显著提高了他们所在公司在中国市场的投资效率，进而提升了公司价值，这些发现证明董事会发挥了重要的咨询作用。同时，该文发现通过聘任本地的外部董事，董事会咨询作用的发挥不会损害其监督效率。

4. 研究贡献

通过实证检验美国给予中国 PNTR 地位这一事件对美国公司董事会结构和公司决策质量的影响，作者认为该文主要在以下三个方面做出了贡献。首先，该文为中国加入 WTO 给美国经济带来的积极影响提供了新的证据。之前仅有 Pierce and Schott（2016）和 Antràs et al.（2017）研究了中国加入 WTO 给美国经济带来的积极影响，而该文通过研究美国给予中国 PNTR 地位后美国公司董事会结构的变化，从而为其提供了新的积极证据。其次，该文丰富了具有不同专业知识的外部董事的咨询作用的相关研究。以往研究关注了具有财务专业知识、法律专业知识、行业经验、国外经验以及并购经验的外部董事，而该文则发现，寻求开拓国外市场的公司可以聘用那些具有相关地区工作经验的外部董事，而且通过聘用本地区的这类外部董事可以在强化咨询作用的同时避免监督效率的损失。最后，该文补充了监管环境变化对董事会结构影响的相关研究。已有研究考察了法律制定对董事会结构的影响（Linck et al.，2009；Ahern and Dittmar，2012），而该文发现贸易政策变化也能对公司的董事会结构产生重要影响。

5. 评述

尽管董事会的咨询职能已是老生常谈，但该文的亮点在于巧妙地利用了一个外生政策冲击，在董事会结构受到外生冲击的情形下探讨董事专业知识影响公司价值的具体途径，较好地缓解了长期困扰董事会结构相关研究的内生性问题。对于如何在旧的研究话题上做出新意，该文提供了一个很好的示例，即寻找一个合适的外生政策冲击。

同时，该文对于工具变量选取的规范讨论也值得学习借鉴。工具变量的选取需要满足相关性和外生性要求，只有同时满足这两个要求的工具变量才能成为一个合适且有效的工具变量，使用其进行相关回归才能可信地缓解内生性问题。然而，许多文章忽视了对此前提进行规范讨论。虽然该文篇幅不长，但作者仍在正文中对此前提进行了充分讨论。除了应向该文学习如何讨论工具变量的相关性和外生性外，作者这种严谨的态度也值得学习。

4.3 未来研究展望

作为连接股东与企业的重要机构，董事会承担着代表股东管理企业的责任，是保障股东利益的核心治理机制。董事会职能的发挥直接决定了公司治理质量，并进一步作用于内部人行为和企业决策，在公司治理体系中扮演着关键角色。鉴于董事会的重要职能及广泛影响，学者对董事会结构、董

4.3 参考文献

事任职等方面的决定因素及经济后果进行了大量研究，形成了丰硕的研究成果，我们在概述中也对此进行了较为系统的文献回顾，可以看出，董事会研究自公司治理学科诞生起便已受到大量关注，并随着人们对公司治理认识的深化和实践的发展，研究视角趋于多元化，新研究问题不断涌现。因此，接下来，我们将结合董事会最新实践与已有研究的空白，对董事会治理的未来研究方向进行展望。

首先，董事会的咨询职能值得深入研究。董事会具有监督和咨询的职能。股东将管理权授予董事会，董事会将日常经营权授予经理人，从而形成企业内部的管理体系。因此，一方面，董事会需要代表股东监督经理人，或通过现金薪酬、股权、期权等方式激励经理人努力工作，以避免出现经理人懈怠、渎职等利益侵占行为，实现企业价值或股东财富最大化。另一方面，为保障经理人能够正确履职、良好地经营企业，董事会还应该在必要时为经理人提供管理建议以帮助其合理决策。尽管关于董事会的监督和咨询职能孰轻孰重并未有明确的阐述，但以往文献大多关注董事会的监督作用，如在CEO表现不佳的情况下及时更换CEO、选聘称职的新CEO，或通过施加变更威胁、制定薪酬契约促使CEO尽职工作等。直到近期，学者才开始从实证上考察董事会的咨询职能，如研究董事的行业从业经验（Ke et al.，2020）、区域工作经验（Chen et al.，2020）及多元化董事会（An et al.，2021）等方面为企业经营管理、信息披露等决策带来的显著收益。董事会的咨询职能有待后续研究进一步挖掘，但值得说明的是，识别董事会的咨询作用并不容易，如何排除监督渠道是研究的重难点。在这一方面，未来研究可以参考Chen et al.（2020）利用外生事件构造董事会咨询职能的冲击，进而观察企业行为的变化，同时，未来研究也可聚焦董事会咨询职能发挥的合适场景，考察不同董事会的作用差异。

其次，利益相关者目标如何影响董事会的作用值得关注。依据传统公司金融理论，企业的目标为股东财富最大化，股东选举董事代表其管理企业。然而，随着利益相关者理念逐步被公众所接受，企业宗旨正在从单一的股东中心主义发展为更多元的包含其他利益相关者福利的社会目标（Harrison et al.，2020），涉及股东、债权人、员工、客户、供应商、社区、环境等不同主客体。在此背景下，董事会将不再局限于为股东服务。那么，在利益相关者压力下，董事会的目标是否会发生变化？面临着复杂的利益相关者结构和目标，董事会如何权衡各方利益进行决策，如何发挥作用？构建什么样的董事会能够更好地实现利益相关者福利最大化的目标？企业目标决定了董事会的宗旨，利益相关者理念的引入极大拓展了董事会决策的内涵，将对企业甚至社会产生广泛影响，未来研究可针对董事会目标变化产生的经济后果进行更为深入细致的探索。

再次，未来研究可详细考察董事会的决策过程。尽管大量研究证明董事会对企业各项决策具有重要作用，但大多数文献止步于定性抽象地分析董事会的监督和咨询职能，对其如何产生影响和作用渠道的讨论较为欠缺。随着研究的深入，学者开始关注董事会的决策过程，试图打开董事会运行的“黑匣子”。通常，董事会负责企业的战略审核、对重大投融资决策进行审议、确保企业财务报告质量以及任免和评估 CEO 等，决策过程大致经历获取信息、审议事项、形成意见并最终执行四个环节。在此过程中，信息获取和投票表决至关重要，其中，董事会获取信息的多寡和可靠性是决策的关键基础，投票表决行为则显示了董事履职的动力、能力和效果，是决策的具体表现。因此，近期研究也着重关注了这几方面内容，如 Baldenius et al.（2019）、Baldenius et al.（2021）和 Aghamolla and Hashimoto（2021）就如何促进董事会与 CEO 的沟通交流从董事会风格、承诺等方面进行探讨，Jiang et al.（2016）和 Ma and Khanna（2016）考察了影响董事发表异议意见、投反对票的因素。针对董事会讨论过程，Veltrop et al.（2021）则通过观看视频总结董事会主席在面临争议时的参与性领导对董事行为的影响。鉴于董事会决策的复杂性，未来研究可以利用更丰富的数据资料（如访谈、音频、视频、会议记录）、更先进的研究工具、更前沿的研究方法，进一步探究董事会决策的过程、决策效率的影响因素及可能出现的行为偏差等问题，从而在机制上为相关研究提供直接、有力的证据支持。

进一步地，未来研究可深入挖掘影响董事作用发挥的因素。董事会的作用取决于企业内、外部环境及董事个体特征等方面，因此，研究中应该将这些影响董事作用发挥的因素考虑在内。第一，董事会内嵌于企业管理架构，其运行将率先依赖企业内部条件，董事会的结构、董事会与 CEO 的关系均可能影响董事会的治理作用。一方面，董事会的内部结构或组成决定了董事会的智力资本特征。大量研究考察了董事会的多元化特征，发现多元化董事会通过提供更全面的视角、更卓越的咨询服务，对企业具有重要价值（An et al.，2021），但也有学者认为多元化可能引发董事会冲突，导致决策效率低下（Giannetti and Zhao，2019），使董事会决策陷入僵局（Donaldson et al.，2020）。那么，面临着多元化结构的积极和消极影响，企业在构建董事会过程中是如何权衡成本和收益的？在何类企业、何种情况下多元化的价值更高？哪些方式可以缓解多元化带来的沟通成本、内部冲突等问题？不同类型的多元化（如性别、年龄、学历、地域、族裔、语言、专业、经验、价值观、任期等）对企业的影响是否不同？上述问题有待后续研究解答。另一方面，董事会的职责履行与其拥有的信息集质量密切相关，制定企业战略、审核重要事项、评估 CEO 表现等均需要 CEO 配合提供高价值的企业信息，因此，影响董事会与 CEO 关系的因素均可能影响董事会职能的发挥。近期研究开始关注董事会风格（Baldenius et al.，2019；Gox and Hemmer，2020；Aghamolla and Hashimoto，2021）、董事对 CEO 的看法（Boivie et al.，2021）、CEO 对董事的战略性选择（Drymiotes and Sivaramakrishnan，2021）等方面，未来研究可以基于此进一步讨论董事会与 CEO 的互动关系及其可能后果。

第二，企业外部环境也可能影响董事会的作用。如基于董事与外界联系构成的董事会网络将赋予董事获取更多信息和资源的机会（Omer et al.，2020；Chang and Wu，2021；Fang et al.，2021），在不同企业兼任可以使董事从连锁企业学习相关任职经验以提高履职能力（Gopalan et al.，2021），董事市场的存在也增强了董事的声誉担忧与履职意愿，并进一步作用于公司治理和企业价值（Levit and Malenko，2016）。尽管已有文献就董事关联进行了探讨，但大多强调其信息和资源优势，董事关联是否也可能给企业带来成本和风险？在何种情况下、哪一类董事关联对企业的价值贡献最突出？潜在董事“进入威胁”如何影响在位董事的履职行为？未来研究可从企业外部特征入手分析董事会作用的决定因素。

第三，作为董事会的组成元素，董事个体的履职行为也决定了董事会能否真正产生治理作用。已有文献从董事的声誉（Jiang et al.，2016）、诉讼风险（Basu and Liang，2019）、个人责任承担（Lin et al.，2019）、对企业的注意力（Huang et al.，2018；Masulis and Zhang，2019）、股权激励（Liu et al.，2021）、关联捐赠（Cai et al.，2021）等角度探讨董事的履职动机将如何影响企业各项决策，未来从更多维度关注董事个体履职动机、能力、行为的差异性，将有利于拓展现有研究讨论。

此外，应关注和研究关于董事会设置的强制规定的经济后果。在现有文献中，独立董事被认为是有效行使董事会监督职能的关键主体，现实中一系列公司丑闻的爆出更凸显了董事会独立性的重要性，催生了对独立董事的需求，如《萨班斯-奥克斯利法案》要求美国上市公司的审计委员会等重要委员会必须全部为独立董事，中国上市公司治理准则要求独立董事占董事会人数在 1/3 以上。然而，尽管独立董事因其独立性能够较为客观公正地监督经理人或为企业提供外部智力资本，但独立性可能也限制了独立董事了解企业实际和未来发展规划的能力和动力。实际上，在内部人控制的情况下，独立董事同样面临着经理人隐藏行动和隐藏信息的问题，身兼数职的独立董事时间和精力投入可能不足，履职难度较高。并且，各企业对独立性的要求可能有差别，在其他公司治理机制较完善的情况下，较低的独立性是否就已满足监督需求？因此，在关注董事会独立性的积极作用的同时，企业是否会因独立性规定而承担额外成本、过高的独立性是否会引发潜在问题等均需要进一步探究。

同时，随着对女性和利益相关者关注的增加，许多国家逐步推出要求董事会中女性董事和员工董事占据一定比例的规定，如挪威要求上市公司女性董事占比达到40%，德国要求公司将1/3的董事席位分配给员工等。部分研究表明女性董事（Bertrand et al.，2019）、员工董事（Jager et al.，2021）配额改革对企业没有显著影响，企业甚至可能会因此受到市场惩罚（Solal and Snellman，2019），那么为何配额制度没有因此被取消甚至日益普遍？影响配额制度推行的关键因素是什么？对企业而言，执行监管规定必须付出一定的成本，配额制度对不同企业影响有何差异？企业根据特定董事配额制度如何做出调整？如何发挥这些董事制度的积极影响、缓解其消极影响？未来，有关董事会法律规定的收益和成本仍是需要关注和思考的问题，而这将有助于完善董事会治理体系的讨论。

最后，基于跨国数据对董事会的治理作用进行国别比较也是未来研究方向之一。以往文献大多集中于在单一国家中考察某一维度董事会特征的作用，然而，董事会的组成及其职能发挥与各国制度环境密切相关。良好的投资者保护将促进董事尽责履职，缺乏必要的法律保障则可能引发腐败、卸责等问题。通过探讨不同国家、不同情形下董事会作用的差异，理解董事会规范的制度基础，将有助于延展董事会治理作用研究。近期学者也利用跨国数据对这一问题从不同角度进行探讨，如研究董事会的独立性设置（Witt et al.，2022）、独立董事的后果（Neville et al.，2019）、性别多元化的影响（Zhang，2020）、董事市场的惩罚（Lel and Miller，2019）是否与一个国家的制度、规范相关。鉴于全球物质资本、人力资本国际流动频繁，未来研究仍可继续从制度视角分析董事会的治理作用，为现有研究提供更高层级、更多维度、更为全面的证据。此外，利用跨国数据检验双重董事会设置的经济后果也是值得关注的一个研究问题。在一些国家（如中国、德国、日本等），公司通常会同时设置监事会和董事会，而在其他国家（如美国），一般为单层制董事会。大量研究考察了董事会的作用，讨论监事会的却较少。那么，监事会在公司治理中扮演什么角色？双层制董事会是否优于单层制董事会？双层制董事会存在哪些优势和弊端？监事会与董事会的关系是否会影响公司治理？二者应该如何配合？关于监事会或双层制董事会的作用问题，未来研究可以多加关注。

第 5 章

经理人激励

本章主要讨论经理人激励在公司治理中的作用。在 5.1 节中，结合已有文献，讨论经理人薪酬是如何确定的，在此基础上，从显性薪酬和隐性薪酬两个方面阐述经理人薪酬的治理效果，以厘清该领域的研究框架和发展脉络。在此基础上，在 5.2 节中，从经理人激励的正面治理作用、负面治理作用和经理人薪酬的影响因素三个角度选取三篇经典、重点的文献进行导读，包括对文章内容的介绍和评述。在 5.3 节中，结合相关文献的研究进展情况，对该领域未来研究方向进行展望。

5.1 概 述

5.1 参考文献

缓解经理人代理问题的方式有两种：一种是监督，对经理人的不尽职行为进行惩罚；另一种是激励，对经理人的努力以及努力的结果即公司业绩进行奖励（Jensen and Meckling，1976）。作为二者之一的经理人激励，其在公司治理中的地位不言自明。经理人激励既包括经济激励（薪酬），又包括晋升机会、职业声望、社会地位等非经济激励。更具体地，其中经理人薪酬既包括工资、奖金、股权激励、长期激励计划等显性成分，也包括在职消费、养老金等隐性成分。

对经理人薪酬的现代研究始于 20 世纪 70 年代，很大程度上受到经理人薪酬实践变迁的引导（Frydman and Jenter，2010）。以美国上市公司经理人薪酬为例，在 20 世纪 70 年代以前，经理人薪酬主要由工资和奖金等货币薪酬构成，较少使用股权激励，薪酬水平较低且较少随公司业绩而变化，经理人之间薪酬差距较小。20 世纪 70 年代中期之后，经理人薪酬发生了两个重要的变化：在薪酬水平上，经理人薪酬快速增长，薪酬-业绩敏感性大大增强，并且在不同公司间、公司内部不同职位经理人之间的薪酬差距扩大；在薪酬结构上，期权和股票等股权激励取代货币薪酬成为占比最高的薪酬形式。正是基于现实中丰富的企业薪酬实践情况，研究者们借鉴契约理论和委托代理理论等基础理论（Jensen and Meckling，1976；Holmstrom，1979；Grossman and Hart，1983），围绕经理人薪酬的治理效果展开了诸多探讨。

理解经理人薪酬结构是探讨其治理作用的前提。经过 40 余年的发展，对经理人薪酬结构的理解形成了基于最优契约假说和高管权力假说的两大阵营（Murphy，2013）。最优契约假说认为，经理人薪酬水平和结构是劳动力市场上公司股东与经理人之间订立契约的竞争均衡结果（Edmans and Gabaix，2009）。追求价值最大化的公司在经理人劳动力市场上互相竞争管理人才，与经理人通过公平谈判来确定经理人薪酬的水平和结构，所达成的经理人薪酬契约是符合公司价值最大化要求的最优契约（Jensen and Murphy，1990）。而高管权力假说则认为薪酬不能被简单理解为解决经理人代理问题的工具，其本身也可能是代理问题的反映，是经理人利用自身地位和权力攫取租金的表现。理想情况下，公司治理机制和市场机制的良好运作，共同确保了经理人和公司能够在竞争性、无摩擦的市场中进行公平谈判，确定薪酬契约。但在实践中，公司治理机制不健全，市场机制的运作也不满足竞争性和无摩擦条件，薪酬制定常常沦为经理人权力控制下的产物。

从上述对经理人薪酬的理解出发去探讨薪酬的治理作用容易看出，在最优契约假说下，薪酬契约是公司股东与经理人代理问题的修正机制，具有积极的治理作用。凭借薪酬契约，公司实现了基于股东利益最大化原则奖励经理人，使经理人和股东的利益趋于一致，进而激励经理人采取符合股东价值最大化的行为（Holmstrom，1979；Grossman and Hart，1983），最终缓解公司的代理问题。而在高管权力假说下，薪酬沦为经理人攫取私利的工具之一，反而恶化了代理问题。薪酬政策受经理人影响甚至操纵，薪酬成为培育经理人代理问题的温床，助长经理人的私利行为，增加代理成本，损害公司价值。

从实证研究结果来看，学者们对经理人薪酬的治理效果至今仍未达成共识（Edmans et al.，2017）。无论是显性薪酬还是隐性薪酬，现有研究指出其在驱使经理人努力工作、提升公司价值方面都发挥了积极的激励效果，但也有文献发现在薪酬制定过程中存在经理人攫取租金的现象，并且不合理的薪酬政策可能进一步扭曲经理人动机，引发其实施机会主义行为，对公司价值造成巨大损失。这也导致薪酬最优契约假说与高管权力假说争论不休。可能正如 Murphy（2013）指出，最优契约假说和高管权力假说并不是完全相对的。经理人薪酬既受到市场力量的影响，由公司和经理人谈判确定，同时也可能包含经理人利用权力攫取私利的成分。单独使用其中任意一种视角或许都不足以解释现有的薪酬水平和结构。因此，在理解经理人薪酬及其治理效应时，需要将二者结合起来进行思考。

接下来的文献回顾中，我们首先讨论经理人薪酬是如何确定的，以建立对经理人薪酬结果的理解，然后在此基础上从显性薪酬和隐性薪酬两个方面阐述经理人薪酬的治理效果。

5.1.1　经理人薪酬的确定

合理的经理人薪酬受到公司层面、环境层面以及经理人个人层面等多重因素的影响。讨论经理人薪酬时，薪酬水平和薪酬-业绩敏感性是经常被提起的，因此，我们将围绕这两个方面分别介绍现有文献对经理人薪酬影响因素的讨论。

就薪酬水平而言，现有文献认为公司规模是影响经理人薪酬水平的首要因素。经理人薪酬随着公司规模的增大而增加。在大型公司中，经理人管理的业务范围广、复杂度高，其管理才能的小幅增加将会带来公司价值的大幅提升。为了吸引最有才能的经理人，大型公司需要支付更高的薪酬（Gabaix and Landier，2008；Terviö，2008）。另外，公司规模越大，经理人通过私利攫取能获得的收益越大，并且复杂的公司业务也使得私利攫取行为更不易被发现，导致经理人道德风险问题更为严重，因此，大型公司需要设计更强的经理人激励措施（Gayle and Miller，2009）。

除了公司规模之外，管理企业所需的努力程度、能力特征以及公司治理水平也会对薪酬产生影响。第一，当经理人管理企业需要付出更多的努力时，其薪酬也会上升。在 21 世纪初监管放松和全球市场长足发展的背景下，商业环境波动性增强，行业竞争也变得愈发激烈，经理人为了给公司获取利润需要付出更高水平的努力，因此薪酬也有所增加（Karuna，2007；Peters and Wagner，2014）。第二，管理企业所需的技能由公司特定技能向通用技能转变，这使经理人的技能变得更容易跨公司转移，增强了其在薪酬谈判中的话语权。为了留住现有的经理人，公司需要支付更高的薪酬（Murphy and Zábojník，2004；Custódio et al.，2013；Kini et al.，2021）。第三，公司治理水平的提升也可能使经理人薪酬上升。公司治理的日趋完善伴随着董事会对经理人监督力度的增强，经理人更换变得更为频繁，因业绩不佳而被解雇的风险也更大，导致经理人从职位中获得的负效用增加，公司必须支付其更高的薪酬作为补偿（Hermalin，2005）。

在经理人薪酬激励契约中，公司的业绩表现无疑是一个重要的影响因素。

然而，经理人的薪酬是否与业绩相关，即是否在业绩上升时提高，在业绩下降时随之降低，却超出了其作为经理人薪酬影响因素的范畴，已经成为衡量公司经理人激励机制是否合理的一个指标。现实中，经理人的薪酬在公司业绩上升时会增加，然而，在公司业绩下降时却并没有相应减少。因此，增强经理人的薪酬-业绩敏感性是缓解股东经理人利益冲突、降低经理人代理成本的重要举措。需要注意的是，薪酬-业绩敏感性的增强也会产生双重作用（Aggarwal and Samwick，1999）：一方面，经理人共享公司业绩提升创造的收益，会产生激励经理人努力工作提升业绩的积极作用；另一方面，经理人也要承担公司业绩下降带来的损失，可能引发经理人的业绩操纵或短视主义行为。

制定经理人薪酬契约是一项非常复杂的任务。最优的薪酬契约应当正确反映经理人的能力与业绩，并达成协同经理人利益与股东利益的目的；当设计不合理时，薪酬可能产生适得其反的效果，扭曲经理人行为。薪酬契约的复杂性或许有助于解释为什么研究者至今没有对薪酬的治理效果达成一致看法。接下来，我们将对显性薪酬和隐性薪酬的正面和负面治理效果分别进行介绍。

5.1.2 显性薪酬的治理效果

显性薪酬包括工资、奖金和股权激励等类型，是经理人薪酬的主要构成部分。显性薪酬的激励作用受到了大量学者的关注，但是并未得出一致结论。多数文献延续了最优契约假说的观点，发现显性薪酬能够协同经理人利益与股东利益，激励经理人提升公司价值。但也有大量研究立足于高管权力假说，指出显性薪酬的制定和执行均受经理人影响，最终的薪酬结果是经理人一系列自利行为的结果，因而进一步恶化了公司的代理问题。下面，我们将分别回顾显性薪酬的正面和负面治理效果。

1. 显性薪酬的正面治理效果

已有文献主要从提高经理人工作的努力程度（Holmstrom，1979；Jensen and Meckling，1976）、调节其风险承担意愿（Guay，1999）两大角度论证薪酬契约对经理人的正面激励作用；同时，最近的研究将薪酬的激励对象由经理人个人拓展到整个高管团队，发现薪酬契约有助于促进高管团队的互相监督与协作（Steinbach et al.，2017；Guay et al.，2019）。

首先，薪酬可以提高经理人工作的努力程度。经理人作为股东的代理人有职责为增进股东价值而努力工作。然而，由于经理人的努力难以被股东直接观测，经理人有动机降低努力程度，进行一些卸责行为（Holmstrom，1979）。薪酬激励可以缓解此类行为，其逻辑是，虽然股东无法直接获知经理人的努力程度，但可以基于经理人努力的结果（即业绩表现）来判断其努力程度，并据此决定是奖励还是惩罚经理人（Holmstrom，1979；Edmans et al.，2009）。一般而言，公司会尽量将经理人薪酬与公司业绩或价值挂钩，增强经理人的薪酬-业绩敏感性，以激励其努力工作实现公司价值最大化。

早期，鉴于经理人的努力程度难以观测和度量，学者们主要通过经理人薪酬与公司业绩或价值之间的正相关关系来间接论证薪酬对经理人的激励作用。Morck et al.（1988）较早考察了经理人持股与公司价值的关系，发现经理人持股比例与更高的托宾 Q 值相关，表明持股能够发挥鼓励经理人提升公司价值的利益协同效应，仅当经理人持股达到很高水平时，持股带来的负面堑壕效应才会显露，使公司价值略微下降。后续大部分实证文章发现经理人薪酬水平与更高的公司业绩或价值有关（McConnell and Servaes，1990；Core and Larcker，2002；Habib and Ljungqvist，2005；Fabisik et al.，2021），从而为利益协同观点提供了相应的证据支持。近年来，得益于可获取的数据日益多样化，学者们开始更直接地论证薪酬激励对经理人努力程度的提高作用。Biggerstaff et al.（2017）利用美国 CEO 参加高尔夫球运动的数据，发现当公司对 CEO 的激励力度较弱时，CEO 会花更多的时间打高尔夫球，这些公司的经营表现也更差，这表明激励不足会导致经理人将更多时间用于休闲而非工作，并造成公司绩效下降。

其次，薪酬可以调节经理人的风险承担动机，使经理人采取对股东最有利的风险水平。相较于通过投资多家公司分散风险的股东，经理人的财富和人力资本更多集中在公司，这就使得经理人比股东风险厌恶水平更高，可能为了规避风险而放弃对股东有利的投资项目（Smith and Stulz，1985）。为此，股东可以通过将薪酬与公司价值挂钩（提高薪酬-业绩敏感性）和增强薪酬支付结构的凸性等方式来提升经理人的风险承担动机[①]。与公司价值挂钩的薪酬让经理人共享公司价值提升的收益、承担公司价值下降的损失，能够减轻经理人放弃价值增加型投资项目的动机（Jensen and Murphy，1990；Hall and Liebman，1998）。在凸性薪酬结构下，经理人能从公司风险增加中获得更高的收益，其风险承担意愿进而提升。

已有研究主要从公司投资和财务决策两个角度检验薪酬与经理人风险承担的关系，发现经理人薪酬-业绩敏感性和凸性的增强促使经理人进行更多风险性投资和采用更激进的财务政策，如增加研发投入、进行更多并购活动、提高公司财务杠杆等（Coles et al.，2006；Gormley et al.，2013；Shue and Townsend，2017）。此外，公司还可以通过长期激励计划、薪酬延期支付等

---

① 薪酬支付结构的凸性（convexity）是指经理人财富对公司价值波动的敏感程度，主要来自薪酬中的股票期权成分（Guay，1999）。

形式拉长经理人的投资决策视野，鼓励经理人进行更多风险性的长期价值投资（Edmans et al.，2012；Flammer and Bansal，2017；Gryglewicz et al.，2020）。然而，需要指出的是，过强的薪酬-业绩敏感性和凸性同时会导致经理人薪酬波动幅度增加，其对经理人风险承担动机的影响将受经理人自身特征的影响，过于风险厌恶的经理人倾向于减少风险（Ross，2004）。因此，在评估薪酬对经理人风险承担的影响时还需要同时考虑薪酬波动对经理人的影响。

最后，除了激励经理人个人之外，薪酬还能对高管团队整体产生激励作用。在实践中，大多数经理人奖金计划涵盖了多个参与者（Murphy，2000），要求整个高管团队对一套共同的业绩指标负责，这在高管团队内部创造了互相监督与协作的隐性激励。理论分析表明，当奖励支付是建立在团队共同的业绩衡量标准之上时，单个团队成员的偷懒卸责行为在重复博弈中会受到其他成员的惩罚，从而形成团队成员互相监督的隐性激励机制，鼓励团队提高努力程度（Che and Yoo，2001；Glover and Xue，2020）。同时，由于经理人的生产性努力存在“1＋1＞2”的协同效应，共同业绩指标还可以促进高管团队的信息共享与技能互补，产生更好的业绩成果（Itoh，1991；Edmans et al.，2011；Bushman et al.，2016）。实证研究也支持了理论分析中提出的论述。Guay et al.（2019）探究了董事会使用高管奖金计划的原因，发现奖金计划的使用不仅是为了激励 CEO 个人，更是为了促进高管团队互相监督和协作，当团队成员重复博弈的可能性越大（高管团队稳定性越高）、协作产生的收益越高（公司成长机会更大）时，公司更可能使用促进高管团队合作的奖金计划。薪酬对高管团队的激励也有助于带来更好的业绩。在并购场景下，Steinbach et al.（2017）发现当高管团队成员薪酬激励程度的异质性使不同高管具有不同的风险承担倾向时，关于公司并购决策的收益和成本会产生多元化的观点，有助于公司更为全面地评估并购决策，实现更好的并购绩效。

2. 显性薪酬的负面治理效果

尽管薪酬对经理人的激励效果得到了大量文献的支持，但也有相当一部分学者发现薪酬本身就是代理问题的表现，从而坚持高管权力假说。学者们主要从薪酬政策的制定和执行两个方面说明经理人的自利行为如何加剧代理问题，损害公司价值。

首先，经理人能利用自身职权和影响力干预薪酬政策制定过程以攫取租金。原则上，经理人薪酬由董事会及其下设的薪酬委员会制定。董事会作为股东利益的代表，负责对经理人的业绩进行评价，制定有利于协同经理人利益和股东利益的薪酬政策，驱使经理人为了股东利益最大化而努力工作。但在现实中，董事会成员的提名权由经理人掌握，并且董事与经理人常常存在一定的社会关联，这为经理人干预董事会的薪酬决策、制定有利于自身的薪酬政策创造了可能性（Bebchuk and Fried，2003）。当经理人的相对权力更大，例如经理人任职期限较长、经理人兼任董事长或董事会的独立性和运作效率较低时，经理人干预薪酬政策的情况更加突出（Grinstein and Hribar，2004；Hwang and Kim，2009；Coles et al.，2014）。

已有研究从两方面为经理人干涉薪酬政策制定提供了证据。其一，从经理人行为出发提供直接证据。具体而言，学者们在薪酬政策制定的多个环节发现了经理人自定高薪的证据，包括聘请为高额薪酬辩护的薪酬咨询人员（Murphy and Sandino，2010，2020），对董事会施加影响使其选用有利于自己的薪酬基准和业绩考核指标（Faulkender and Yang，2010；Morse et al.，2011），更改已授予期权的行权条件和价格（Heron and Lie，2007；Narayanan and Seyhun，2008），等等。其二，从薪酬结果出发提供间接证据。现实中存在的经理人薪酬异象可以视为经理人利用薪酬攫取私利的例证。一个体现是"幸运支付"（pay for luck），即经理人因超出自身控制范围的运气因素而得到奖励。当市场或行业冲击导致公司业绩变好时，经理人会获得高额奖金，但当外生冲击使公司业绩变差时，经理人却不会承受薪酬损失，这种薪酬与业绩冲击之间的不对称性暗示着薪酬政策可能受经理人权力的影响（Bertrand and Mullainathan，2001；Garvey and Milbourn，2006；Göx and Hemmer，2020）。

其次，经理人能影响薪酬政策的执行效果。这里，同样可以从两方面归结经理人对薪酬政策执行的操纵。第一，薪酬政策的具体执行通常依赖一些具体的业绩指标，如股价，经理人有动机也有能力通过直接操纵业绩指标或是通过信息披露间接影响业绩指标而获得高额薪酬。按照破坏性程度，经理人操纵业绩指标的行为可以分为两类（Edmans et al.，2017）。一类是保持公司的经营和投资政策不变，只进行会计政策调整或信息披露择时，破坏性较小。比如，当薪酬取决于盈余或销售收入增长等会计指标时，经理人为了达到薪酬计划规定的盈利目标会进行更多的应计盈余管理（Healy，1985；Bennett et al.，2017）。当薪酬取决于公司股价时，经理人会操纵信息披露影响股价，在期权行权之前，经理人会发布更多主观性的利好消息以抬高股价（Edmans et al.，2018），或者在临近期权授予日时会提前披露好消息、推迟披露坏消息（Aboody and Kasznik，2000）。而另一类是直接改变公司的投资和财务政策，破坏性较大。比如，为了提高短期业绩而削减研发支出、广告投资和资本支出等有利于公司长期价值提升的投资项目（Dechow and Sloan，1991；Ladika and Sautner，2020），这种短视行为无疑会对公司的长期发展造成破坏。第二，期权激励中的平价期权和期权回溯也反映出经理人对薪酬政策执行的操纵。平价期权是指期权的行权价格等于授予日公司股价。授予日公司股价越低，期权的价值越高。这为经理人创造了期权授予日择时的动机。研究发现，公司股价在期权授予日前后呈现先下跌再回升的异常模式，经理人似乎总能在股价相对较低时获得期权授予（Yermack，1997）。即使期权授予日是固定不变的，经理人也能通过操纵授予日前后的信息披露，通过提前披露坏消息、推迟披露好消息来压低授予日的公司股价（Aboody and Kasznik，2000；Daines et al.，2018）。期权回溯也是经理人薪酬政策操纵的可能表现之一。公司在期权授予后常会人为地选择一个期权授予日，使得行权价格最低。美国上市公司中期权回溯行为普遍存在，并且经理人能从期权回溯中获得可观的经济收益（Heron and Lie，2007；Narayanan and Seyhun，2008）。研究还发现，曾进行期权回溯的经理人更可能实施盈余操纵和财务错报（Biggerstaff et al.，2015），从侧面印证了期权回溯与薄弱的公司治理之间的关联。

可以看出，在研究经理人薪酬时，既要看到薪酬在鼓励经理人努力工作、最大化公司价值上发挥的积极激励作用，也不能忽视因薪酬制度设计不当引发经理人机会主义行为所产生的负面治理效果。

5.1.3 隐性薪酬的治理效果

除了工资、奖金和股权激励等显性薪酬之外，经理人还享受着各种形式的在职消费、养老金计划以及离职遣散费等隐性薪酬。在很长一段时期里，由于隐性薪酬相关数据难以获得，学者们对于隐性薪酬的讨论仅限于理论层面（Jensen and Meckling，1976；Fama，1980）。直到21世纪初，各国监管法规加强了对上市公司经理人薪酬政策的披露要求，隐性薪酬的实证研究才成为可能。同样，现有对隐性薪酬治理效果的研究也没有达成一致结论。鉴于隐性薪酬往往被认为是经理人代理问题的表现，所以下面的讨论先从隐性薪酬的负面治理效果开始讨论，然后再讨论其产生的正面治理效果。

1. 隐性薪酬的负面治理效果

针对隐性薪酬，大多学者持高管权力假说观点，认为隐性薪酬往往在形式上较为隐蔽，在价值上也难以度量，很容易成为经理人攫取私利的工具（Bebchuk and Fried，2004）。

已有研究从各种形式的隐性薪酬出发为这一观点提供证据。在在职消费方面，Yermack（2006）研究了经理人私人飞机的使用情况，发现当公司披露经理人使用私人飞机时，市场对此做出了显著的负面反应，公司的长期股票表现也更差。Stefanescu et al.（2018）在养老金计划的使用中也发现了经理人攫取租金的证据，在养老金计划冻结前一年或经理人退休前，经理人会获得一笔临时增加的奖金，这笔奖金提高了计算养老金的收入基数，并且在经理人取得退休资格的年份，公司还会降低用于计算一次性养老金支付的折现率，使经理人能够获得金额更高的一次性养老金支付。另外，在经理人自愿离职前，离职遣散费同样也出现在薪酬契约规定的数额基础上临时增加的情形（Goldman and Huang，2015）。

2. 隐性薪酬的正面治理效果

不过，也有另一种观点认为隐性薪酬可能是经理人最优薪酬契约的一部分。已有研究从隐性薪酬激励经理人提升工作效率、帮助经理人在组织内树立权威以及降低公司支付经理人薪酬的成本三个方面为此提供证据。

首先，在职消费等隐性薪酬为经理人提高工作效率增加了额外的激励。Rajan and Wulf（2006）指出，经理人私人飞机的使用未必像 Yermack（2006）所说的那样仅单纯是一种代理成本，通过缩短旅行时间，可以使经理人在到达目的地后保持充沛的精力和良好的工作状态，私人飞机提高了经理人的工作效率，对公司价值提升是有利的。同样，离职遣散费能够缓解业绩下行风险对经理人财富的影响，减轻经理人的短期利润压力，有助于鼓励经理人为公司的长远发展考虑（Rau and Xu，2013；Cadman et al.，2016）。此外，当有利于股东的收购尝试发生时，采用“金色降落伞”可以缓解经理人对收购尝试的抵御，从而可能会为股东创造价值，例如，Lambert and Larcker（1985）发现“金色降落伞”的采用平均而言得到了积极的市场反应。

其次，管理学领域文献指出，宽大的办公室、豪华汽车和私人飞机等在职消费作为权力和地位的象征，有助于经理人在组织内树立权威，从而可以更有效地领导企业（Hirsch，1976）。层级较高的职位附带的福利还会激励层级较低的员工努力工作，在提升自己在公司内地位的同时，提升公司业绩。

最后，如果隐性薪酬涉及商品或服务的获取成本对公司而言比对经理人个人而言更低，则使用隐性薪酬是具有经济效率的（Fama，1980）。例如，由于在职消费不计入经理人的收入因而具有税收优势，公司使用在职消费能以更低的成本为经理人提供同等水平的激励（Rajan and Wulf，2006）。

综上，无论是显性薪酬还是隐性薪酬，都存在协调经理人目标与股东利益、缓解代理冲突的积极作用。然而，公司治理机制的固有缺陷、薪酬制度设计不当等也可能使薪酬沦为经理人寻租的工具，损害公司价值。因此，在理解经理人薪酬时，既要看到其对经理人的激励作用，也要考虑其潜在的代理成本。

从以上的文献梳理中可以看出，经理人激励在公司治理研究中具有至关重要的地位。薪酬激励的目标是缓解经理人与股东之间的代理冲突，使经理人的利益与股东利益趋同，驱使经理人努力工作、提升公司价值。最优契约假说和高管权力假说的支持者对薪酬的激励效果进行了激烈的讨论并且至今未达成统一意见，不同形式的薪酬既可能发挥积极治理作用也可能引发高额代理成本。在后续的内容中，我们从经理人激励的正面治理作用、负面治理作用和经理人薪酬的影响因素三个角度选取了三篇经典、重点的文献进行导读，以对经理人激励的治理作用形成更全面的理解。

第一篇文献是 Randall Morck、Andrei Shleifer 及 Robert W. Vishny 于 1988 年发表在 *Journal of Financial Economics* 上的 “Management ownership and market valuation：An empirical analysis”。这篇引用量过万的经典文章首次实证考察了经理人持股与公司价值的关系，并调和了此前针对经理人持股的利益趋同假说和堑壕假说两大假说，使学术界对经理人持股的后果认识更为全面。尽管经理人持股可能并非来自薪酬激励而是作为创始人或者自行购买而获得的，但该研究对我们理解经理人股权激励与公司价值的关系仍然有所启发。

第二篇文献是 David Aboody 和 Ron Kasznik 于 2000 年发表在 *Journal of Accounting and Economics* 上的 “CEO stock option awards and the timing of corporate voluntary disclosures”。该文聚焦公司授予经理人的股票期权，研究了期权授予日附近经理人为压低公司股价进行的信息披露操纵行为，为经理人利用自身权力和信息优势攫取私利提供了实证证据支持。

第三篇文献是 Xavier Gabaix 和 Augustin Landier 于 2008 年发表在 *The Quarterly Journal of Economics* 上的 “Why has CEO pay increased so much?”。这篇文章力图通过理论分析和实证检验解释 20 世纪 80 年代以来美国经理人薪酬持续上涨的原因。作为最优契约假说的代表性文献，该文从经理人才能配置市场均衡的视角理解薪酬水平，提出经理人薪酬上涨并非来自经理人攫取私利，而是由近 30 年企业规模的持续扩大所决定的。

以上三篇文章不仅在各自的研究主题上具有代表性和影响力，而且对比了经理人薪酬的正面和负面治理效果，将理论分析与实证检验结合。这些文章既有助于深入理解经理人薪酬激励的作用，也为未来的经理人激励研究提供了研究方法上的启示。

接下来我们将逐篇介绍论文内容并进行简要评述。

5.2 重点文献导读

5.2 参考文献

5.2.1 经理人持股与公司价值：实证分析

Management Ownership and Market Valuation：An Empirical Analysis

文献来源：Morck R，Shleifer A，Vishny R W. Management ownership and market valuation：An empirical analysis. *Journal of Financial Economics*，1988，20：293 - 315.

1. 研究动机

如今许多大型公司都是由职业经理人而非其所有者进行管理运营，如 Berle and Means（1932）所述，作为实际经营决策者的公司经理人仅持有较少的股份，而股东又由于持股过于分散无法对经理人实施有效监督，导致经理人有动机从事私利攫取行为，偏离股东利益最大化的目标。增加经理人持股是减少经理人私利攫取的一个有效方法（Jensen and Meckling，1976）。随着持股比例的提高，经理人能更多地分享公司发展的收益，并且其私利攫取的成本也将更多地由其本身承担。在这个意义上，持有股份使经理人与股东的利益趋于一致，这被称为经理人持股的利益趋同假说。

然而，经理人持股并非没有坏处。当经理人持股比例较低时，来自经理人市场、产品市场和控制权市场的监督力量能对经理人起到很强的约束作用，不尽职的经理人面临着薪酬减少乃至失去工作的风险（Fama，1980；Hart，1983；Jensen and Ruback，1983）。但如果经理人持有较大比例的股份，其掌握的投票权很可能使他们在公司中的地位变得难以动摇。此时，在从事偏离股东价值最大化目标的行为时，他们的工资水平与职位安全很难受到市场监督机制的影响（Demsetz，1983；Fama and Jensen，1983）。此即经理人持股的堑壕假说。

利益趋同假说和堑壕假说对经理人持股水平和公司价值之间的关系有不同的主张。在利益趋同假说下，更高的持股水平能激励经理人努力工作提升公司价值，即经理人持股比例与公司价值正相关。但在堑壕假说下，经理人持股比例与公司价值间的关系并不明确。因为管理者的堑壕程度并不只由投票权决定，管理者任期、是否是创始人等都可能使管理者获得堑壕地位。此外，虽然整体而言经理人持股会造成经理人堑壕效应，但堑壕程度随经理人持股比例的增加是边际递减的，当经理人持股比例超过某个水平（例如超过 50%）时，增加额外的持股不会提升经理人的堑壕地位。可以看出，经理人持股与公司价值之间的关系究竟如何，理论研究并没有给出清晰的回答。因此，对经理人持股比例与公司价值之间的关系进行实证检验具有重要意义。

2. 研究问题及研究发现

该文以 1980 年《财富》500 强企业中的 371 家公司为样本，以董事会持股衡量经理人持股，实证检验了董事会持股与公司价值的关系。

该文发现随着董事会持股比例由低到高，公司价值呈现出先升后降再上升的态势。这说明利益趋同假说与堑壕假说同时存在，但二者发挥主导效应的情况不同，此发现调和了现有文献中关于经理人持股比例与公司价值之间关系的争论。

3. 研究过程

（1）基本实证结果。

首先，该文以分段线性回归（piecewise linear regression）检验董事会持股比例与公司价值的关系。分段线性回归允许不同水平的董事会持股比例有不同的斜率，因而能够反映董事会持股与公司价值之间的非线性关系。作者为董事会持股比例设置了5%和25%两个分界点，检验董事会持股水平从低到高变动时，其与公司价值的关系。其中，以5%为分界点是因为超过这一份额的持股比例就不再被认为是可以忽略的，并且该比例也是美国证券交易委员会（SEC）要求上市公司披露持股信息的最低比例，以25%为分界点是因为已有研究发现当内部人持股比例超过20%～30%时，外部敌意收购很难取得成功（Weston，1979）。

回归结果显示，在控制公司成长机会、市场垄断地位等与公司价值有关的因素之后，当董事会持股比例低于5%时，持股比例每上升1个百分点，托宾Q值将提高6.2%；当持股比例介于5%～25%时，持股比例每上升1个百分点伴随着托宾Q值降低1.6%；而当董事会持股比例超过25%时，持股比例上升1%，托宾Q值将小幅提高0.8%。此结果意味着董事会持股比例与公司价值之间的关系不是单一线性的，当董事会持股比例很低时，增加其所持股份主要带来的是利益趋同效应，使公司价值上升；随着持股比例持续升高，壁壕效应代替利益趋同效应成为主导，使得公司价值降低；但当持股比例很高时，新增的额外持股对于董事会强化其地位的边际效应变得很小，此时利益趋同效应再次成为主导，公司价值回升。所以，利益趋同假说和壁壕假说都成立，二者分别能在某个持股区间上解释经理人持股与公司价值的关系。

（2）进一步分析。

接着，该文分析了董事身份对持股比例与公司价值关系的影响，以更深入地考察利益趋同假说和壁壕假说发挥作用的情境。第一，内部董事与外部董事发挥监督作用的动机和能力可能不同。与内部董事不同，外部董事不在公司领取薪酬，很难分享公司价值提升的好处，因而努力发挥监督职能、提高公司价值的动机较弱；同时，监督经理人往往需要董事充分了解公司经营管理情况，并在公司内有足够的影响力。相较于内部董事，外部董事在这些方面可能存在劣势，因而监督能力也相对较弱。基于此，该文检验了内部董事持股与外部董事持股与公司价值的关系是否存在差异。令人意外的是，回归结果显示公司价值与外部董事持股比例同样也呈现倒U形关系，意味着与内部董事一样，外部董事也会受到利益趋同和壁壕效应的影响。

第二，持股并非经理人堑壕地位的唯一来源，创始人身份、资历乃至管理者个人强势的性格都可能提高其堑壕程度。该文在此考察了创始人和创始家族的影响，发现在公司年限较长时，董事会地位最高的两位成员中存在公司创始人或创始家族成员会降低公司价值；但在年限较短的公司中，创始人或创始家族成员的存在却会提升公司价值。这意味着，创始人和创始家族在公司发展的不同阶段表现出了不同的影响，在年限较短的公司中，他们发挥的是企业家角色，在领导公司成长方面至关重要；随着公司逐渐成熟，创始人及其家族的地位逐渐固化，尤其是当家族接班人管理公司的能力不足时，家族成员占据董事会关键职位将会破坏公司价值。

（3）未来研究方向。

在文章的最后，作者指出了该文数据结果中存在两个值得进一步探讨的问题。第一，在前文的回归结果中，当董事会持股比例从0上升到5%时，托宾Q值上升了足足30%。如此之高的公司价值提升不仅来自董事会持股的利益趋同效应，还有可能存在某个遗漏因素同时导致了公司价值和董事会持股比例的提高。例如高科技行业中，通常公司中的无形资产占比较高，同时在经理人激励上也更倾向于使用股票期权，这种情况下托宾Q值和经理人持股比例可能同时偏高。不过，回归结果中董事会持股比例超过25%时公司价值的提升仍然为利益趋同效应提供了支持。第二，随着董事会持股比例的升高，托宾Q值先升后降再上升，令人惊讶的是，托宾Q值先升后降的持股比例转折点仅为5%。如此低的持股比例意味着持股并不是董事会唯一的堑壕方式，可能其他堑壕方式与持股之间存在正相关关系，托宾Q值的下降反映了这些相关性。该文检验了创始人身份这一堑壕方式，后续研究可以继续探究其他堑壕方式。

4. 研究贡献

作者认为该文的主要贡献在于调和了经理人持股与公司价值关系间的两种竞争性观点——利益趋同假说和堑壕假说。该文发现利益趋同效应和堑壕效应同时存在，何种效应起到主导作用取决于经理人持股比例。当经理人持股比例很低或很高时，经理人持股与公司价值呈正相关关系，此时利益趋同效应占据主导地位；当经理人持股比例处于中间水平时，经理人持股与公司价值呈负相关关系，堑壕效应占据主导地位。

5. 评述

该文是第一篇实证检验经理人持股与公司价值关系的文章，对后续研究具有很多启示。一方面，在利益趋同假说和堑壕假说争持不下的情况下，该文指出两种效应同时存在，由持股比例决定何种效应占据主导地位。这种调和多个竞争性假说的思路值得我们学习。公司治理研究中，针对同一问题存在多种假说争鸣的情形并不少见。此时可以采取权变视角，根据情况分析哪一效应占据主导地位，这既能整合前人的观点，又能深入理解所研究的问题。另一方面，该文发现经理人持股对公司价值的影响由正向转向负向的临界点为5%，这一比例是否会因控制权市场的活跃程度、大股东享有的控制权私利高低等公司内外部环境变化而存在差异？这一问题值得探究。

作为一篇较为早期的实证论文，该文的不足主要体现在实证设计上。首先，该文使用董事会持股衡量经理人持股，对此作者并没有给出解释。这无疑混淆了董事和经理人身份的本质差异，在机理分析时会产生逻辑上的混乱，结论上难以分清究竟是董事激励还是经理人激励的结果。其次，正如作者在文末指出，该文缺乏对内生性的控制，所发现的董事会持股比例与公司价值间的关系只能理解为相关性而非因果性。最后，在样本代表性上，该文选用的样本为大型公司，可能导致所得结论对规模较小的公司不适用。实际上，Fabisik et al.（2021）重新检验了过去文献中所发现的经理人持股与公司价值之间关系，发现倒U形关系仅存在于规模较大的企业中，对于所有上市公司而言，经理人持股与公司价值之间则呈现出负相关关系。

5.2.2 CEO股票期权授予与公司自愿信息披露择时

CEO Stock Option Awards and the Timing of Corporate Voluntary Disclosures

文献来源：Aboody D，Kasznik R. CEO stock option awards and the timing of corporate voluntary disclosures. *Journal of Accounting and Economics*，2000，29（1）：73－100.

1. 研究动机

合理的薪酬契约能对经理人形成有效激励，驱使其努力工作，最大化公司价值。在薪酬契约设计中，股票期权占据着独特地位。由于经理人具有与公司相关联的重要人力资本，并且其财富相较于股东更集中在公司中，他们的风险规避程度通常比股东更高。期权能使经理人在公司价值上升时获利，但却不会使经理人在公司价值下降时承受损失，这种不对称的收益曲线意味着期权的合理运用能缓解经理人的过度风险规避倾向。然而，在现实中，经理人股票期权的运用却存在问题，其中较为突出的一种现象是普遍存在的平价期权。平价期权是指行权价等于授予日当日公司股价的期权，授予期权时公司的股价越低，期权的价值就越高。因此，经理人有动机压低授予日股价，以便从期权中取得更高的个人收益。信息披露择时便是压低股价的手段之一。

2. 研究问题与研究发现

该文以1992—1996年美国上市公司CEO股票期权授予为样本，对经理人在期权授予前的信息披露择时行为进行探究。

该文发现在授予日之前，CEO会急于公布坏消息、推迟公布好消息，使公司股价下跌，这为经理人通过操纵信息披露获得个人私利的机会主义行为提供了证据。

3. 研究背景

文章中，作者先简要介绍了美国上市公司CEO期权薪酬使用的背景，以便更清晰地引入文章的实证设计。股票期权是美国公司常用的经理人激励方式，自20世纪80年代美国公司开始普遍采用期权激励计划以来，股票期权在CEO总薪酬中所占的比重大幅提升。截至1996年，CEO薪酬总额中近一半来自股票期权。通常情况下，经理人的股票期权每年授予一次，由董事会下设的薪酬委员会决定授予股票期权的规模和行权期限，向董事会提交并通过。在现实中，几乎所有授予经理人的股票期权都是平价期权。经理人因此有动机改变授予日的公司股价以最大化个人收益。由于期权授予日在有些公司中是每年固定不变的，在有些公司中是每年变化的，因此经理人可以有两种择时途径：若期权授予日不固定，经理人可以进行授予日择时，根据公司股价的波动，使董事会在股价较低时授予期权；若期权授予日是固定的，经理人可以进行信息披露择时，在授予日之前通过提前公布坏消息、推迟公布好消息压低授予日股价。Yermack（1997）研究了第一种择时方式即期权授予日择时，发现公司股票回报在CEO期权授予日前显著较低，而在授予日之后显著更高。该文则试图研究第二种择时方式。由于近一半的期权授予日是每年固定的，在这种情况下，经理人仅能通过影响授予日的公司股价来改变期权价值。

4. 研究过程

（1）基本实证结果。

该文以授予日是固定的CEO期权授予事件作为样本，从授予日前后分析师预测和公司股价异常变动两方面，检验CEO在授予日之前是否存在信息披露择时的机会主义行为。首先，作者检验了授予日之前的分析师预测乐观偏差变动情况。由于分析师预测很大程度上反映了公司CEO通过媒体公告、电话会议和私下交谈所传递的信息（Lang and Lundholm，1996；Frankel et al.，1999），如果CEO在期权授予日之前急于披露坏消息、推迟披露好消息，则分析师盈余预测的乐观偏差在授予日之前将会显著更小。实证结果确实支持了这一预期，相较于授予日之前的两个月，分析师乐观偏差在期权授予日所在月份显著减少。并且这一现象在授予日不固定的期权样本中不再存在，意味着在授予日不固定的情况下，CEO难以通过授予日前通过信息披露择时影响公司股价。

然后，该文检验了期权授予日前后公司股票回报的变化。依据研究假设，CEO的信息披露择时行为会使公司股价在期权授予日之前降低，在授予日之后上升。实证结果也确实如此，公司股票累计异常收益在期权授予日之前显著为负，但在期权授予日之后由负转正，印证了CEO急于公布坏消息、推迟公布好消息的假设。

（2）进一步分析。

为了进一步增强以上结论的可靠性，该文紧接着进行了异质性分析。如果该文假设成立，那么当CEO影响信息披露的能力较强时，授予日之前的信息披露择时行为应该更为明显。该文找到了一个能够区分CEO影响信息披露能力强弱的场景——盈余公告是否紧跟在授予日之后。相较于在盈余公告后才收到股票期权的CEO，在盈余公告前较短的一段时期内被授予股票期权的CEO，掌握着更多公司盈利情况的私人信息，因而有更大的能力操纵信息披露以影响股价。该文发现如果期权授予日在盈余公告之前的两周内，则股票异常收益在盈余公告之前显著为负，在盈余公告窗口期有所回升；但授予日在盈余公告之后的期权则没有呈现这种股价异动。这一结果从截面差异的角度进一步验证了CEO在股票期权授予日之前进行信息披露择时的假设。

随后，作者检验了在期权授予日前后公司盈余预测的变化。公司盈余预测直接由以CEO为代表的高管团队提供，因此，相较于分析师预测和股价变动更能直接反映CEO信息披露择时行为。该文选取CEO期权授予日前3个月内发布的高管盈余预测，检验发现相较于在盈余公告后才被授予期权的CEO，在盈余公告前不久被授予期权的CEO发布的悲观盈余预测更多，乐观盈余预测更少，再次印证了CEO具有在授予日之前急于披露坏消息、推迟披露好消息的倾向。据该文估计，行权价格降低1美元会给CEO带来0.68美元的收益，结合CEO期权授予的平均数量，可以得到CEO平均而言从信息披露择时中获得了17万美元的收益，这一收益对在盈余公告不久前被授予期权的CEO而言更高，为22万美元。如此高额的收益充分解释了CEO通过信息披露择时来影响行权价格的动机。

5. 研究贡献

作者指出该文的贡献体现在两个方面。首先，现有关于薪酬契约中经理人机会主义行为的研究主要集中于现金薪酬（Healy，1985；Watts and Zimmerman，1986），很少有研究关注股票期权。该文发现CEO在股票期权授予中，也会表现出操纵信息披露的机会主义行为，从而丰富了经理人薪酬激励的文献。其次，该文揭示了经理人的薪酬激励会改变企业的信息披露行为，拓展了公司自愿信息披露领域的研究。以往研究指出，上市公司经理人更倾向于在盈余公告前不久自愿披露公司负面消息（Skinner，1994；Kasznik and

Lev，1995)，该文的发现有助于解释这种现象，即 CEO 获取私人利益的动机能够解释为何公司在期权授予日之前会披露更多坏消息以压低股价。

6. 评述

该文考察了期权授予中存在的经理人机会主义行为，有诸多可圈可点之处。一方面，从经理人薪酬中存在的自利动机出发，解释了公司的信息披露行为，将经理人薪酬激励与公司信息披露两个领域的研究结合起来，这对于学者寻找新的研究问题和研究视角具有启示意义。公司治理研究其实有着一以贯之的逻辑，将多个领域打通有助于更深刻地理解公司的各种行为。另一方面，在实证设计上，该文从分析师预测、股票回报变化和高管盈余预测三个视角，检验了 CEO 通过信息披露择时压低期权授予日公司股价这一研究假设。这三个视角是层层递进的：分析师预测和公司股价变动包含了公开信息和私人信息、财务信息和非财务信息，所捕获的信息范围比管理者盈余预测更为广泛，但在检验 CEO 信息披露择时上却不够直接；高管盈余预测虽然反映的信息范围较窄，但却能更为直接地反映 CEO 操纵信息披露的行为。从这三个角度检验得到的证据互为补充，展现出文章研究设计的巧思。

该文也引出了许多值得进一步探究的问题。首先，公司的信息披露既包括财务信息，也包括前景预测、行业分析等“软”信息。随着文本分析等新技术的成熟，未来研究可以使用文本分析的新技术考察“软”信息是否也受到 CEO 信息披露择时行为的影响。其次，依据该文所言，CEO 在授予日之前有急于公布坏消息的动机，那么由于坏消息得到了及时的披露，公司在授予日之前的股价崩盘风险应该更低，后续研究也可对此进行考察。最后，既然平价期权会引发 CEO 影响公司股价的动机，为何平价期权仍然普遍存在？如果 CEO 会在授予日之前进行信息披露择时的机会主义行为，为何还有如此多公司设置授予日固定的期权计划？该文没有探讨这些问题，后续研究或许可以给出解释。

5.2.3 CEO 薪酬为什么增长了如此之多？

Why Has CEO Pay Increased So Much?

文献来源：Gabaix X，Landier A. Why has CEO pay increased so much?. *The Quarterly Journal of Economics*，2008，123 (1)：49 - 100.

1. 研究动机

20 世纪 80 年代以来，美国公司 CEO 薪酬持续增长，这一现象在学术界引发了广泛的讨论。学者们对 CEO 薪酬增长提出了三种不同的解释。第一种解释认为 CEO 薪酬上升是因为美国公司从 20 世纪 80 年代开始普遍采用股票期权等薪酬形式，导致薪酬契约的货币价值激增（Jensen and Murphy，

1990；Dow and Raposo，2005）；第二种解释将高额薪酬视为 CEO 利用自身地位和权力攫取私利的表现（Yermack，1997；Bertrand and Mullainathan，2001；Bebchuk and Fried，2004）；第三种解释则主张 CEO 薪酬持续上升是因为企业管理工作的性质出现了变化，例如技术变迁、企业管理工作所需技能变化以及公司治理趋于严格导致 CEO 补偿性工资上涨等（Murphy and Zábojník，2004；Hermalin，2005；Garicano and Rossi-Hansberg，2006）。然而，这三种主张均存在局限性，无法同时解释 CEO 薪酬在公司间的截面差异和在公司内的序时变化。

2. 研究问题

不同于这些现有的解释，该文提出 CEO 薪酬的主要决定因素是公司规模。该文先以理论分析表明，CEO 均衡薪酬会随着其所在公司规模和市场平均公司规模的扩大而增加，再以实证分析验证公司规模对 CEO 薪酬在截面和时序上的差异均有很好的解释力。

3. 研究过程

（1）模型假设。

该文通过一个基本模型推导出了均衡状态下的 CEO 薪酬，阐明其主张的公司规模对 CEO 薪酬的重要影响，并就 CEO 薪酬得到了三个可供实证检验的结论。模型假设市场中存在 N 家公司和 N 个 CEO，公司规模各异，CEO 才能高低也各不相同。公司向 CEO 支付薪酬，CEO 为公司创造价值。模型中以 n 表示公司的规模排名，$S(n)$ 表示排名第 n 位公司的规模；以 m 表示 CEO 的才能排名，$T(m)$ 表示排名第 m 位 CEO 的才能。在给定公司规模、CEO 带来的公司价值增加量和需支付给 CEO 的薪酬的条件下，理性的公司会选择能最大化净收益的 CEO。求解公司收益最大化问题即可得到均衡状态下的 CEO 薪酬，以及 CEO 的才能排名。

（2）模型推导。

在没有给定 CEO 才能一阶导数的表达式之前，作者基于有效均衡指出，可以预期在均衡状态下，才能排名最高的 CEO 会就职于规模最大的公司，才能排名次高的 CEO 就职于规模次大的公司，以此类推。在给定该式之后，作者求解了 CEO 薪酬的表达式。但要理解该表达式需要引入参照点公司（reference firm）的概念，对表达式进行适当变换。参照点公司即市场里排名位次为中位数的公司，用于反映市场中典型公司对管理才能的需求。例如，假如要分析市场中规模最大的 500 家公司的 CEO 薪酬，参照点公司就是居于中位数即规模排在第 250 位的公司。用 n_* 表示参照点公司的规模排序，那么参照点公司的规模即为 $S(n_*)$。引入参照点公司对表达式进行变换之后，CEO 的均衡薪酬可以表示为：

$$w(n)=D(n_*)S(n_*)^{\frac{\beta}{\alpha}}S(n)^{\gamma-\frac{\beta}{\alpha}}$$

其中，$D(n_*)$ 可以理解为公司价值对 CEO 才能的敏感性，公司价值对 CEO 才能越敏感，CEO 获得的薪酬越高。至此，作者通过推导得到了该文的主要命题：在均衡处，CEO 获得的薪酬与其所在公司的规模、参照点公司的规模成比例。

（3）模型结论。

进一步，作者从经理人均衡薪酬的表达式中，得到了以下三个可供实证检验的引理。引理 1：（横截面预测）在某一给定年份，CEO 所在公司规模越大，其薪酬越高。引理 2：（时间序列预测）在一段时期里，当市场中公司的规模增加时，CEO 薪酬也将增加。引理 3：（跨国预测）假设经理人市场在国家间是分隔的，那么管理某一相同规模公司的 CEO 在不同国家中的均衡薪酬不同，因为不同国家中参照点公司的规模是不同的。

（4）基本实证结果。

接下来，该文对上述三个引理进行了实证检验。对于引理 1，该文以 1992—2004 年美国市值最高的 500 家公司为样本，以公司市值作为公司规模的代理变量，以包含薪水、奖金、津贴和股权激励的总薪酬衡量 CEO 薪酬，进行回归分析。回归结果表明，CEO 薪酬与其管理公司的公司规模、参照点公司（即市值排名第 250 的公司）的规模显著正相关，与引理 1 所述一致。同时，该文还发现由于 CEO 才能的分布有上界，但薪酬的分布无上界，在接近 CEO 才能上界之处，很小的 CEO 才能增加将会带来巨大的薪酬增长，这有助于解释超大型公司中 CEO 领取的天价薪酬。

引理 2 表示了 CEO 薪酬在时间序列上的变化，为了验证引理 2，该文将上述样本的检验时期扩大至 1980—2004 年。检验发现，这一时期中，美国最大的 500 家公司市值增长了 6 倍，这些公司的 CEO 薪酬也增长了 6 倍，即 CEO 薪酬在时间上的增长也可以由公司规模扩大很好地解释，这与引理 2 的预测相符。

引理 3 表示了 CEO 薪酬的跨国差异。CEO 薪酬跨国检验的困难在于不同国家 CEO 薪酬的组成和披露规定各不相同，CEO 薪酬数据搜集的难度较大。该文在这里从 Towers Perrin（韬睿咨询公司）2002 年发布的一项调查报告中取得了 17 个国家中的典型公司（定义为营业收入为 5 亿美元的公司）在 1996 年的 CEO 薪酬数据，以此检验了 CEO 薪酬与公司规模的跨国差异，结果表明各国典型公司的规模差异解释了约 50%的 CEO 薪酬跨国差异，符合引理 3 的预测。

（5）模型扩展。

在文章的后续内容中，作者讨论了对该文基本模型的三项扩展。第一，作者将模型假设放松到允许不同公司的价值对 CEO 才能的敏感性不同，例如，高新技术企业可能相较于传统制造行业更依赖 CEO 的管理才能。此时，公司的“有效”规模（即经管理才能敏感性调整后的公司规模）发生变化，才能排名最高的 CEO 会就职于“有效”规模排名最大的公司。第二，均衡薪酬与市场中参照点公司的规模相关，作者就此探讨了 CEO 薪酬的传染效应，即一部分公司提高 CEO 薪酬会对整体市场上的 CEO 薪酬产生多大影响。依据作者在该部分的推导，如果市场中 10％的公司愿意比同等规模公司多支付一半的薪酬，那么依据前文估计的参数值，市场中所有 CEO 的薪酬都将翻倍；反之，如果 10％的公司比同等规模公司少支付一半的薪酬，那么市场中 CEO 的薪酬仅会减少 9％。传染效应是除公司规模扩大之外，对现实中 CEO 薪酬增长的另一个解释。第三，作者将模型拓展到了除 CEO 之外其他高管的薪酬，并给出了其他高管薪酬表达式，此表达式同样表明高管薪酬取决于公司本身规模、参照点公司规模、公司价值对高管才能的敏感性。

（6）未来研究方向。

该文讨论了后续研究的几个方向：1）该文建立了经理人管理才能市场配置的静态模型，后续研究可以就此关系建立动态模型。2）除薪酬之外，CEO 更替也是 CEO 激励的另一重要问题，后续研究可以拓展该文的模型得到关于 CEO 更替的可验证假设。3）该文的模型是基于经理人市场设计的，还存在诸如电影明星、律师和软件工程师等其他“超级明星”市场，该文的模型或许也可以拓展到这些市场中解释头部明星的高额收入。4）社会规范、经理人市场的跨行业分隔等因素可能会影响 CEO 才能的配置，研究者可以分析和检验公司规模与 CEO 薪酬的关系是否呈现出跨时间或空间的变化。5）有学者指出近 20 年来科学技术的发展、通信便利性的提升导致社会收入差距拉大，后续文章可以将这些新出现的因素引入模型考察其带来的影响。

4. 研究贡献

作者认为该文最主要的贡献体现在提出了 CEO 均衡薪酬与公司规模之间的理论关系，此关系可以解释 CEO 薪酬在截面上、时间序列上和不同国家间的差异。另外，该文还为近年来 CEO 薪酬的持续增加给出了另一种解释。目前流行的观点是高额的薪酬来自股权激励方案的广泛采用、CEO 权力扩大或管理工作性质的改变。该文提出了不同于现有观点的解释，即近年来 CEO 薪酬的增加是公司规模扩大的均衡结果。同时，CEO 才能的分布及其对公司价值的影响是公司财务和宏观经济学研究中的重要问题，该文对 CEO 才能和薪酬分布做出了理论分析和实证检验。

5. 评述

该文属于从最优契约论的视角看待 CEO 薪酬变化的文献，认为 CEO 薪酬增长的主要原因不是代理问题恶化或薪酬设计变革，而是公司规模的扩大。与许多理论文章不同的是，对于公司规模扩大后CEO薪酬相应增加多少，该文提出了量化的预测。同时，该文构建的模型虽然较为简单，但能同时解释CEO薪酬差异在横截面、时间序列和跨国差异三个维度上的变化，意味着这一简单模型的应用范围颇广。另外，该文最后提出的CEO薪酬传染效应也颇具启发性，尽管在原文中作者仅以小篇幅讨论了传染效应的潜在影响，但其提出的传染效应也启发了后续学者照此对CEO薪酬契约进行相关研究（Bereskin and Cicero，2013；Faulkender et al.，2013）。

不过，该文的模型中和假设是基于美国公司构建的，尽管能够较好地解释美国CEO薪酬的上升，却未必适用于其他国家。例如，实际上，近几十年来日本公司的规模同样增长了许多，CEO的薪酬却似乎没有出现像美国CEO薪酬那样急剧的增长，这不能说明日本公司的CEO激励无效。在激励CEO时，除了薪酬这种显性的货币激励之外，还存在晋升、社会地位和个人成就感等其他类型的激励，日本公司也许比美国公司更多地依靠除货币外的其他激励方式。该文的模型里没有体现其他激励方式，后续研究也许可以在这方面有所突破。

此外，该文模型中的一些假设也许不符合现实状况。在该文的无摩擦模型中，公司与CEO可以以很低的成本甚至零成本互相选择，而这与CEO劳动力市场的现状不符。许多CEO是通过公司内部晋升上来的（Cremers and Grinstein，2014），意味着CEO的公司特定人力资本具有重要地位，当CEO跨公司移动时，其管理才能并不能无损耗地转移到新公司。在现实中，CEO也很少直接跨公司移动（Cziraki and Jenter，2021），表明CEO在更换其所在公司时面临很大的摩擦，未必像该文假设的那样能够顺畅地移动到下一家公司。

5.3 未来研究展望

5.3 参考文献

在传统公司治理中，经理人与股东的目标不一致是诱发经理人代理问题的根本所在，如何激励经理人以协调利益冲突成为研究的重点。薪酬是公司最常见的激励工具。学者们从企业薪酬契约的影响因素、薪酬政策实施的经济后果等方面进行了诸多探讨。然而，如前文概述部分所述，关于薪酬激励的效果目前尚未形成一致结论，监管与企业实践的变化也对薪酬契约制定提出新要求，经理人激励的效果有待进一步检验。因此，在前文系统文献梳理的基础上，本部分将就经理人激励研究的可能话题进行探讨。

首先，未来可以从新角度深入研究经理人激励的效果与条件。在现有文献中，关于薪酬激励如何影响经理人的行为和动机存在不同的观点：薪酬激励能够协同股东与经理人的利益目标，促进公司价值提升，但也可能引发经理人的机会主义行为。具体而言，以 Morck et al.（1988）为代表的一系列文献检验了经理人持股与公司价值的关系，发现经理人薪酬有助于公司绩效和价值提升。然而，Fabisik et al.（2021）基于最新样本重新检验经理人所有权与公司托宾 Q 值的关系，发现先前研究结论仅存在于大型公司，且二者的相关关系主要由公司股票流动性同时驱动。类似地，Mayberry et al.（2021）使用新实证设计重新检验股票期权对盈余管理的影响，也未发现 Armstrong et al.（2013）中股票期权 vega（期权价格变化/股票波动率变化）与盈余管理正相关的结论。因此，学者可使用新样本、新方法重新评估薪酬激励的作用，以更全面地刻画经理人激励的实际影响。此外，企业薪酬披露与薪酬投票规定的实施也为研究薪酬激励提供了新的视角。例如，Gipper（2021）发现，引入薪酬讨论与分析显著提高了经理人的薪酬水平；Iliev and Vitanova（2019）则从股东对经理人薪酬进行投票的规定入手，发现薪酬投票增加了经理人的薪酬和薪酬绩效敏感性。在直接检验上述因素对薪酬影响的基础上，未来研究可尝试考察薪酬披露与薪酬投票对公司治理、决策与表现的影响。

其次，学者可以考虑使用新数据在新情境下检验薪酬激励的新经济后果。第一，新研究数据为考察经理人行为与薪酬政策提供了条件。例如，Biggerstaff et al.（2021）以高尔夫活动作为个体工作努力程度的反向指标，Gopalan et al.（2021）以股票和期权授予的递延归属即递延薪酬定义薪酬期限，Flammer et al.（2019）则着重考察薪酬契约中的企业社会责任条款，等等。因此，未来研究可考虑使用更精细的数据检验经理人的薪酬契约内容及个体行为。第二，考察经理人激励的新影响。以往文献大多以经理人自身为研究焦点考察公司财务、会计决策，近期研究将其拓展至同群企业（Albuquerque et al.，2019；Ball et al.，2020）、高管团队（Guay et al.，2019），并从企业税收规避（Zolotoy et al.，2021）、劳动力雇佣（Hu and Xu，2022）等新视角为经理人激励作用提供证据。考虑到因薪酬激励带来的经理人动机变化将影响企业的方方面面，未来研究可进一步探究经理人激励的后果。第三，考察不同经理人激励方式之间的关系及联合作用。经理人薪酬通常包括工资、奖金、长期激励计划、限制性股票、股票期权等，不同薪酬组合的实施效果自然有所差异。因此，在考察单一激励工具的基础上，近期研究开始关注内部组合效应，从增长期权对薪酬业绩敏感性的影响（Gryglewicz et al.，2020）、晋升激励与薪酬激励的关系（Cao et al.，2019）等角度进行分析，未来研究仍可沿此方向继续深入探索。

再次，公司薪酬政策的影响因素及其制定过程仍值得学者关注。基于最优契约假说与高管权力假说，大量研究从经理人能力的提供与需求、代理问题约束等角度考察个体及公司内外部特征对经理人薪酬的影响。鉴于经理人薪酬是公司重要决策之一，新近成果也不断涌现，研究角度包括：CEO风险容忍度（Graffin et al.，2020），CEO权力（Gox and Hemmer，2020），董事会专业知识（Meng and Tian，2020）与评估效力（Quigley et al.，2020），董事声誉（Ruiz-Verdu and Singh，2021），CEO与董事（Zorn et al.，2020）、与CFO（Dikolli et al.，2021）的关系，地区社会资本（Hoi et al.，2019），来自连锁企业的代理权争夺（Zhang，2021），等等。因此，未来研究可进一步从CEO、董事会、高管团队、行业、地区、历史、环境等角度考察薪酬激励的决定因素，辨析薪酬制定的动机与基础。此外，薪酬政策的制定过程也有待检验。例如，De Vaan et al.（2019）研究CEO在薪酬同群公司选择中的策略性行为，Shi et al.（2019）从董事会绩效归因的角度说明CEO战略投资与其薪酬业绩敏感性的关系，Finley et al.（2022）研究薪酬谈判对性别薪酬差距的影响，Feng（2021）从动态视角考察现金流波动冲击下薪酬绩效敏感性的变化。探究薪酬制定的过程不仅有利于打开薪酬政策的“黑匣子”，也将为协调最优契约假说与高管权力假说提供更细致的证据。

此外，关于经理人激励与其他公司治理机制的关系也是未来研究方向之一。一方面，由于经理人激励的实施取决于代理问题的严重程度，其他替代公司治理机制的效力势必将影响经理人激励的需求及其作用发挥。与此一致，近期文献从并购市场（Frattaroli，2020）、卖空限制（Chang et al.，2021）、债权人（Hong et al.，2021）等角度研究了不同治理情形下企业薪酬政策的制定。后续学者可进一步从机构投资者、客户、供应商等角度进行研究，也可分析经理人激励与惩罚措施的关系。另一方面，利益相关者会对公司经理人激励政策做出反应，因而可能强化或削弱经理人激励效果。已有研究表明，分析师紧密关注经理人的薪酬信息并据此调整预测（Larocque et al.，2020），然而，分析师对股票薪酬的乐观情绪却可能驱使执行股票薪酬企业的价值被高估（Mohanram et al.，2020）。债权人面对不同的薪酬激励政策也可能做出不同反应，如Bizjak et al.（2019）发现基于会计绩效的股权激励降低了债务成本而基于股价表现的股权激励则会提高债务成本。因此，未来研究可考察在不同情境下经理人激励与其他治理机制的互动关系，从而搭建更完备的公司治理分析框架。

最后，针对经理人激励理论和实践进行跨国比较也有待学者探究。如前所述，经理人激励的使用与公司治理质量紧密相关。由于各个国家公司治理模式和关键代理问题具有显著区别，如在以经理人代理问题为主导的欧美模式与以控股股东代理问题为核心的东亚模式下，公司对经理人激励的需求、薪酬制定动机、激励实施效果自然有所差异，这就为全面研究经理人激励理论提供了机会。当然，经理人激励的效果也与各国薪酬政策相关。在中国，过去国有企业“铁饭碗”政策常被大众所诟病，封闭的劳动力市场也使得晋升激励的作用甚至大于薪酬激励。近年来，以中央管理企业负责人薪酬制度改革为代表的薪酬体系建设取得了一定成效，“建立职业经理人制度，更好发挥企业家作用；建立长效激励约束机制，强化国有企业经营投资责任追究；探索推进国有企业财务预算等重大信息公开；国有企业要合理增加市场化选聘比例，合理确定并严格规范国有企业管理人员薪酬水平、职务待遇、职务消费、业务消费”① 等倡议的提出，对完善国有企业经理人激励制度将具有重要助推作用，这也可能扭转中国经理人市场分割、经理人激励收效甚微的不利局面。因此，动态考察不同国家的薪酬政策和激励效果也具有一定价值。并且，除法律外，薪酬政策的制定也可能受到个体风险偏好、平等主义等非正式制度的影响，探究薪酬政策在国家间的异同，分析各国经理人薪酬实践、趋势与关系，将有助于剖析薪酬激励的深层次制度与历史因素，有助于更深刻地认识经理人薪酬制定的基本原理与规律。

① 习近平．习近平谈治国理政．北京：外文出版社，2014：79.

第6章

债权人治理

本章主要讨论债权人治理的相关研究。在6.1节中，从债权人治理的方式及效果、债权人治理的影响因素两个方面，对债权人治理的现有文献作以梳理和综述，以厘清该领域的研究框架和发展脉络。在此基础上，在6.2节中，从债权人为什么能够发挥治理功能、怎样发挥治理功能以及最终产生了什么经济后果三个方面，各选择一篇具有代表性的文献进行导读，包括对文章内容的介绍和评述。在6.3节中，结合现有文献的空白以及话题的重要性，对该领域的未来研究方向进行展望。

6.1 概 述

6.1 参考文献

公司金融领域中关于负债的研究最早可以追溯到Modigliani and Miller（1958），即著名的M-M定理。该理论指出，在完美的资本市场（完全信息、无税收、无破产成本、无交易成本或契约成本）中，公司的资本结构和公司价值无关。自此之后，试图通过放松严苛的假设，为公司债务融资提供一个合理的解释。早期研究主要集中在放松对无破产成本和无税收的假设，认为负债的使用一方面发挥了税盾的作用，有利于提升公司价值（Modigliani and Miller，1963；DeAngelo and Masulis，1980）；另一方面，大量负债又会加大破产风险，增加企业的财务困境成本和破产成本（Ross，1985）。因此，公司应该选择能使其价值最大化的负债水平。Jensen and Meckling（1976）指出，负债融资能够提高经理人的相对持股比例，从而在一定程度上缓解经理人与股东之间的代理问题，自此，负债开始不仅仅被视为一种重要的融资方式，还是一种关键的公司治理手段。以该研究为起点，学者们陆续开始关注负债的公司治理效应，在债权人治理领域展开了广泛而深入的研究。

负债的公司治理效应源于其特殊的支付结构和债权人直接参与公司治理的动机和能力。具体而言，一方面，定期还本付息的支付结构不仅直接减少了经理人可支配的自由现金流，降低了其进行机会主义行为的能力；它还能对经理人形成破产威胁，削弱其进行机会主义行为的动机。因为一旦公司未能到期偿付借款，债权人就可强制对公司进行清算，使经理人丢失工作以及与工作相连的其他收益，如在职消费、声誉等。另一方面，债权人能在公司发生债务契约违约时，根据相关合同条款获得对公司的控制权，进而通过影响公司相关决策来阻止管理者的不当行为，优化公司治理。此外，债权人还可以通过直接进入董事会的方式来加强对经理人的日常监督和约束（Shleifer and Vishny，1997）。但需要指出的是，进入董事会这一方式在以银行为主导控制的德日公司治理模式中更为常见，但在如美国等对股东权利保护较强的国家或地区中，则有着较高的成本（Kroszner and Strahan，2001）。

债权人治理受到了学者们的广泛关注。研究初期，学者们聚焦负债的支付结构对经理人的约束作用（Grossman and Hart，1982；Jensen，1986）。然而，这一阶段的研究将债权人视作一个被动的旁观者（Nini et al.，2012），除非公司发生支付违约进入破产清算程序，否则债权人并不直接参与公司治理（Gale and Hellwig，1985；Gilson，1990）。直到 20 世纪 90 年代后期，Shleifer and Vishny（1997）指出，公司治理要处理的是公司的资本提供者（包括股东和债权人）如何确保自己的投资得到回报的途径问题。相较于股东，债权人作为企业外部的资金供给方，面临的信息不对称程度更大。因此，债权人有动机参与公司治理，并通过一系列信贷契约的设定和执行来使其成为可能。自此之后，该领域的学者们才将目光从负债支付结构转向债权人本身，开始重视债权人积极参与公司治理的相关行为。相关研究发现，债权人在债务契约违约发生时直接参与公司治理有利于改善其他治理机制，提高公司的投融资效率，最终能够提升公司的经营绩效和价值。

与此同时，学者们也对债权人治理的影响因素进行了大量研究。相关研究表明，并非所有的债权人、所有类型的负债都能够产生良好的公司治理作用（Diamond，1984，1989；Rajan and Winton，1995），相对而言，银行等大债权人以及短期负债能产生更强的治理作用。同时，制度环境也是债权人发挥公司治理作用的重要因素（Stulz，1988；Zwiebel，1996；Pittman and Zhao，2020）。下文将从债权人治理的方式及效果、债权人治理的影响因素两个方面对债权人治理领域的文献进行讨论。

6.1.1 债权人治理的方式及效果

恰如前述，当公司进行债务融资时，债务的支付结构能够产生公司治理效应。同时，债务契约中包含的相机控制权能够让债权人在某些情况下直接控制公司，改善公司治理。此外，债权人还能够通过进入董事会的方式来直接参与公司治理。学者们对以上三种债权人治理方式及相应效果进行了系统探究。

早期，学者们以负债的支付结构为出发点，从理论上阐明了负债的公司治理作用。具体而言，Grossman and Hart（1982）提出的绑定效应假说认为，管理者通过举债使得自身利益和公司（股东）利益绑定在一起，将其作为管理者按照股东利益行动的事先承诺（precommitment）。因为当公司因未能及时偿付债务而被迫清算时，管理者也将面临失业，所以债务融资较股权融资更能促使管理者努力工作，提升公司价值。Jensen（1986）提出的自由现金流假说则强调了负债定期偿付要求在约束经理人机会主义行为中的重要作用。具有大量自由现金流的公司往往存在着较为严重的代理问题，管理者为了获取私利，有着较强的动机和能力进行过度投资及帝国构建。由于负债需要公司定期进行利息偿付，这将减少公司可支配的自由现金流，从而抑制经理人的机会主义行为。

随后，以上述理论研究为基础，学者们进一步为负债的治理效应提供了大量实证证据。Denis and Denis（1993）发现负债可以降低经理人的自由裁量权，进而抑制其过度投资行为。McConnell and Servaes（1995）则发现在低增长型，即投资机会不足的公司中，负债与公司价值正相关。同样地，Harvey et al.（2004）也关注了负债对公司价值的作用。他们发现，负债减少了由所有权和现金流权分离导致的公司价值下降，并且这一作用在最有可能出现过度投资的公司中最为显著，表明负债能通过降低代理成本为公司创造价值。

然而，上述研究忽略了债权人积极治理的动机和能力。债权人绝非仅在公司发生支付违约、进入破产清算时才参与公司治理。当公司业绩下滑但远达不到破产阶段时，债权人就可以参与治理（Aghion and Bolton，1992；Dewatripont and Tirole，1994；Gorton and Kahn，2000）。具体而言，为了确保企业的风险和绩效在一个可接受的范围内，进而保障债权人的利益，债务合同中通常会设置一些限制性条款，比如杠杆率、利息保障倍数以及息税折旧摊销前利润等定期经营现金流指标（Chava and Roberts，2008）。当企业发生此类债务契约违约（debt covenant default）时，债权人拥有与支付违约（payment default）情形下相同的合同权利，可以要求企业立即或加速偿还剩余债务。不过，现实中，债权人在这种情形下通常会选择更为平缓的协商方式，如与企业重新谈判，通过修改债务条款等手段实现公司治理的优化。

在具体研究过程中，债权人治理作用的检验主要在债务契约违约的情境下进行。因为相对于支付违约，债务契约违约的情形更常见，发生时点也远早于支付违约，这就为检验债权人主动治理提供了相对理想的场景。相关研究发现，首先，公司发生债务契约违约后，债权人的介入会影响公司治理机制的运行。例如，Balsam et al.（2018）发现，当公司发生债务条款违约时，债权人会以加速贷款收回为威胁来促使公司减少向 CEO 提供的期权激励，以抑制 CEO 对高风险项目的追逐。而 Ferreira et al.（2018）则从董事构成方面为此观点提供了经验证据。他们发现，在公司发生债务契约违约后，债权人会通过重新谈判来迫使公司在董事会中加入与债权人有关联的独立董事，并且这些新任命的独立董事的确积极支持了有利于债权人的政策，解决了公司债务积压问题，降低了经营风险。

其次，在公司发生债务契约违约后，债权人参与治理也会优化公司的投资和融资决策。已有研究发现，凭借债务契约中的相机控制权，债权人会以加速贷款收回为威胁干预公司投资决策，进而缓解公司的投资扭曲问题，使资源得到更有效的配置（Chava and Roberts，2008）。同时，债权人还可以通过与公司重新谈判、修改债务条款的方式，对公司资本支出施加更严格的限制，使公司的投资策略趋向保守（Nini et al.，2012）。比如，公司会将资源从非核心业务线、生产力低下和风险更高的部门中撤出，而这些部门大多是经理人帝国构建的产物（Ersahin et al.，2021）。除投资效率提高之外，在发生债务契约违约之后，债权人的干预也让公司的融资政策相应缩紧（Nini et al.，2012）。整体而言，债权人在债务契约违约之后的积极参与普遍提高了公司治理水平，显著提升了公司经营绩效和公司价值（Nini et al.，2012；Ferreira et al.，2018）。

此外，有学者对债权人进入董事会治理的方式及效果进行了探讨。Kroszner and Strahan（2001）通过分析美国商业银行进入董事会的成本和收益，发现在美国的法律环境下，银行更倾向于进入规模更大、业绩波动性更小的公司的董事会中，以避免因公司陷入财务困境而给银行带来过高的成本。

6.1.2 债权人治理的影响因素

在探究债权人治理的影响因素这一问题上，已有文献主要从债权人类型、债务期限以及制度环境等方面展开。

首先，债权人的类型不同，其治理效果将有所差异。现有研究普遍认为，相较于分散的单个债权人，银行这类大型债权人拥有更多的专业知识和专业人才（Stiglitz，1994），可以凭借其“专家式”的投资角色、成本优势和信息优势成为众多债权人的“受托者”（Diamond，1984，1989），对贷款企业的经理人进行更加有效率的监督（Dewatripont and Tirole，1994）。而在银行这类金融机构中，银团的势力和能力不可小觑。Harvey et al.（2004）发现，相比于公开发行债券，公司进行国际银团贷款能够获得更积极的市场反应，并且经理人的两权分离度越高时，市场异常收益越高。也正是基于银行比债券持有人具有更强治理作用这一结论，Bharath and Hertzel（2019）发现，当公司面临较低的产品市场和控制权市场的压力，即外部治理环境更差时，公司（股东）意识到银行对经理人有着更强的监督作用，从而将更可能选择通过银行借款来融资，而非选择公开发行债券。该结论也表明了外部其他治理机制与银行治理呈替代关系。

其次，债务期限不同，对经理人机会主义行为的约束作用也有所差异。以债务的期限长短为研究视角，Rajan and Winton（1995）认为，短期债务需要频繁续借，因而它为贷款人提供了用最少的精力对内部人进行有效监督的灵活性。Hart and Moore（1995）也指出，短期债务更能迫使管理者“吐出”现金，抑制其帝国构建的动机。可见，短期债务是监督内部人机会主义的一种更有力的工具（Gilje，2016）。

最后，制度环境对债权人治理的效果更是有着举足轻重的影响。在投资者保护较强的国家或地区，当公司业绩下滑时，债权人将有能力实现对公司的控制；即使公司无力偿还债务，债权人也能够强制公司执行破产清算，从而对经理人产生破产威胁。相反，如果负债的偿付不再具有强制力，债权人治理的有效性将无从谈起。甚至，负债将沦为控股股东的“掏空”工具，加剧公司内的代理冲突。Stulz（1988）指出，在法律环境较弱的国家或地区，控股股东在避免控制权被稀释的情况下可使用负债控制更多的资源。控股股东甚至能够在公司经营状况不佳时，延迟或拒绝对债务进行偿付，进而将经营风险转移至债权人（Faccio et al.，2010）。除了对整体法律保护环境的探究之外，现有研究还详细讨论了信息披露制度和审计制度对债权人治理的效果。Pittman and Zhao（2020）指出严格的信息披露制度和审计制度将有助于实现负债对经理人的约束。

从上述内容能够看出，债权人治理是公司治理中不可忽略的一环。同时，债务类型以及制度环境的差异都会对债权人治理效果产生相应的影响。在后续的内容中，我们从债权人为什么能够发挥治理作用、怎样发挥治理作用以及最终产生了什么经济后果三方面，各选取了一篇经典、重要且对后续研究具有启发性的文献，对此领域的研究进行更为详细和深入的探讨。

第一篇是 Douglas W. Diamond 于 1984 年发表在 *The Review of Economic Studies* 上的"Financial intermediation and delegated monitoring"。Shleifer and Vishny（1997）在其经典综述中指出，Diamond（1984）是最早探讨债权人监督的理论文章之一。这篇极具代表性的经典文章，其 Google Scholar 学术搜索的引用量高达11 777次，不论对后续的理论研究还是实证研究，都具有一定的指导和启发意义。

第二篇是 Randall S. Kroszner 和 Philip E. Strahan 于 2001 年发表在 *Journal of Financial Economics* 上的"Bankers on boards：Monitoring，conflicts of interest，and lender liability"。该文作为为数不多的探讨债权人通过进入董事会的方式发挥治理作用的文献，深入讨论了银行进入董事会的成本和收益问题。

第三篇是 Greg Nini、David C. Smith 以及 Amir Sufi 于 2012 年发表在 *The Review of Financial Studies* 上的"Creditor control rights，corporate governance，and firm value"。该文丰富而全面地探讨了在公司发生债务契约违约时，债权人如何对公司施加控制从而改善公司治理的问题。该篇论文依托企业财务契约违约这一特殊情景，采用多种方法、从多个维度考察了债权人可能发挥的治理作用，并较为细致全面地探讨了财务契约特征及其影响，推动了后续相关研究，具有重要的学术意义。

接下来我们将逐篇介绍论文内容并进行简要评述。

6.2 重点文献导读

6.2.1 金融中介与受托监督

Financial Intermediation and Delegated Monitoring

文献来源：Diamond D W. Financial intermediation and delegated monitoring. *The Review of Economic Studies*, 1984，51（3）：393－414.

6.2 参考文献

1. 研究动机与研究问题

在借款人和贷款人之间存在信息不对称的情形下，借款人有动机和能力隐瞒项目的真实产出，借口投资失败而拒绝向贷款人偿还债务。为了缓解这样的道德风险问题，贷款人需要花费一定的成本去监督借款人。在直接融资方式中，若每一个贷款人都直接监督借款人，会造成监督工作的重复从而导致监督成本过高，或产生严重的"搭便车"问题最终导致无人监督。因此，金融中介应运而生。贷款人可以将资金存入金融中介，由金融中介向借款人贷款并对其进行监督。已有的金融中介理论大多基于金融中介的成本优势，来论述金融中介在市场上存在的意义和作用（Leland and Pyle，1977；Chan，1983）。但需要注意的是，金融中介作为贷款人的代理人，同样会存在道德风险问题。因此，贷款人需要支付一定的委托成本激励金融中介进行有效监督。问题在于，这一委托成本（delegation cost）是否过高而削弱了金融中介的成本优势？以往文献并未对此给出相应的答案。

该文旨在分析委托成本的决定因素，并通过模型推导来论证即使在考虑了委托成本的情况下，通过金融中介的间接借贷方式也比直接借贷更具成本优势。

2. 研究过程

作者在文中首先推演了一个简单模型，紧接着在此模型的基础上引入金融中介，详细分析了该文的核心问题，即金融中介的受托监督问题。随后作者又将模型拓展至风险厌恶的代理人情形，同时也将该文分析的结果应用在此前相关研究的重要模型中。鉴于简单模型是受托监督模型的基础，我们将重点对简单模型和受托监督模型进行总结和回顾。

（1）简单模型。

该文在企业家需要为项目筹集资金的场景下来讨论借款人和贷款人之间的代理关系。作者首先建立了一个潜在贷款人与企业家之间存在信息不对称的简单模型，来论证债务是企业家与贷款人之间的最优契约。在此基础上，作者分析了贷款人选择委托金融中介进行监督的原因。

1）模型假设。

具体来说，此简单模型的主要假设如下。某风险中性的企业家投资一个项目，初始投资额为 1，在期末的期望收益大于该经济体中的竞争性利率 R。但企业家的自有财富为 0，因此需要向 $m(m>1)$ 个潜在贷款人融资，并向贷款人承诺在项目到期后进行偿付。每个贷款人也都是风险中性的，其可投资的金额均为 $1/m$。同时该经济体中存在信息不对称问题，即项目的投资结果只有企业家知道，投资者无法观测。因此就会存在企业家的道德风险问题——企业家可以宣称项目投资失败而拒绝给予投资者偿付。另外，模型也允许双方签订的合同中带有非货币性质的破产惩罚，即与贷款人无关的、企业家独自承担的损失，比如企业家在破产程序中耗费的时间、被解雇之后寻找新职位的搜索成本以及破产导致的声誉损失等。

2）模型推导。

基于以上假设，作者给定潜在贷款人的最小期望收益为 R，通过最大化企业家的期望收益，求解得到最优合约中的非货币破产惩罚 $\varnothing$。由此推导出该文的命题 1：最优契约应为面值为 h、非货币破产惩罚为 $\varnothing^*$ 的债务合约。

其中 h 是满足提供给贷款人期望收益 R 的最小账面价值，$\varnothing^*$ 等于合约面值 h 与实际支付给贷款人金额的差值（若差值小于 0，$\varnothing^*$ 为 0)。从命题 1 能够看出，破产惩罚 $\varnothing^*$ 具有为正的可能性，也就意味着即使是最优的合约，企业家也有可能进行机会主义行为，从而损害贷款人的利益。因此，作者指出如果监督成本低于破产惩罚成本时，贷款人就可以考虑对企业家进行监督，来规避这样的破产成本。

作者进一步假设每个贷款人的监督成本为 K，并且对企业家进行监督后就能够观测到项目期末的真实收益。在这种情况下，作者指出将有三种合约可供贷款人选择。第一种是命题 1 中的合约，即贷款人不监督企业家，但会在合同中施加破产惩罚 $\varnothing^*$。第二种是 m 个贷款人都对企业家进行重复的监督，来避免信息不对称问题。此时总监督成本为 $m \cdot K$。第三种是贷款人委托金融中介机构来监督企业家，此时监督成本为 K。但是在第三种情况下，还存在“谁来监督监督者”的问题。即金融中介的监督行为是不能被贷款人所观测到的，同样存在委托代理问题。因此贷款人也要给金融中介提供激励。作者将这一激励的成本称为委托成本，用 D 表示。因此，第三种合约的成本为 $K+D$。当第三种合约的成本小于等于前两种合约的成本时，引入金融中介就是可行的，即当满足下式时，贷款人委托金融中介进行监督将是最优决策。

$$K+D \leqslant \min(\varnothing^*, m \cdot K) \tag{1}$$

（2）金融中介的受托监督模型。

想要论证金融中介存在的合理性和可行性，就需要寻找满足式（1）的条件。作者通过在简单模型的基础上建立受托监督模型，证明只要企业家的数量大于某一个值（即金融中介能够实现风险分散）时，式（1）就可成立。

1）模型假设。

具体来说，作者在贷款人和企业家中间引入金融中介，并自此之后将贷款人称为储户（depositor），在考虑所有成本的情况下考察金融中介的可行性。模型假设金融中介同样是风险中性的，自有财富为 0。金融中介从 $m \cdot N$ 个储户吸收存款，贷给 N 个企业家，并受储户的委托来监督企业家项目的投资结果。储户无法观测到项目投资的结果以及企业家带给金融中介的收益。因此，此种情形下存在双重委托代理关系。

2）模型推导。

正如简单模型中的贷款人和企业家一样，受托监督模型中的储户与金融中介之间同样存在激励问题。因此，作者指出，由命题 1 可推断出储户与金融中介之间的最优契约也应该是债务合约。

在此，作者假设金融中介监督第 i 个企业家的成本为 K，同时储户委托金融中介监督每一个企业家的委托成本为D_N。作者指出，委托成本具有规模效应，即一个中介去监督 N 个项目的委托成本要小于多个中介监督 N 个项目的委托成本之和。这意味着，随着与金融中介签订合同的企业家越来越多，金融中介能够实现规模效应，其委托成本D_N会越来越小。由此，作者得到命题 2：当项目之间独立同分布时，随着企业家的数量 N 趋向无穷大，金融中介的委托成本D_N将趋近于 0。由此可以推出，当一个金融中介对多个企业家进行受托监督时，合约成本既低于贷款人不监督的成本，也低于贷款人直接监督的成本。式（1）$K+D\leqslant\min(\emptyset^*, m\cdot K)$ 成立，即金融中介存在是有必要的。

紧接着，作者放松了项目之间独立同分布的严格假设，而是假设项目的收益取决于一些常见的可观测的因素，如国民生产总值（GNP）、利率、投入品价格等。这些因素都是可观测的，因此金融中介能够分散这些风险。比如金融中介可以在远期市场上对这些因素进行对冲，或者直接将这些因素列入其与储户的合同中，而不是自己去承担所有的风险。由此分析得出该文命题 2 的推论：当项目不完全独立，而是取决于一些共同可观测的因素时，随着 N 趋向无穷大，金融中介的委托成本 D_N仍然趋于 0。命题 2 揭示了受托监督情形下分散化（diversification）的重要性。分散化使得金融中介的违约风险变得非常小，因此无须储户来进行激励，即委托成本趋近于 0。同时，作者也指出，这里的分散化指的是金融中介内部的分散化，而储户（委托人）将资金存入多个金融中介的分散化方式并不能带来相同的效果。

3）模型扩展。

鉴于分散化是解释金融中介角色的关键，在文章的后续内容中，作者进一步将基础模型中的风险中性假设放松至代理人风险厌恶的情形，分析在风险厌恶的经济中，金融中介的分散化在降低委托成本方面的效果。作者指出，在这样的经济中，存在两种类型的分散化方式。第一种是金融中介增加银行家（banker）的数量，每一个银行家负责监督一个项目。在这种情况下，Ramakrishnan and Thakor（1984）已经证明了当 N 趋于无穷大时，每个银行家承担的风险将趋于 0，从而实现了在中介内部的风险分散。第二种分散化方式为金融中介仍为一个银行家不变，而项目 N 的数量增加。在此种情形下，作者通过求解博弈均衡，指出与第一种分散化方式不同，通过增加项目数量来进行风险分散的效果取决于代理人效用函数的具体形式。

此外，作者还将该文模型中的结果应用到 L-P 模型（Leland and Pyle，1977）中。该模型指出，金融中介能够帮助解决贷款人与借款人之间面临的事前信息不对称问题，即逆向选择问题。作者意在分析该文所提到的两种分散化方式是否也能够帮助金融中介解决逆向选择问题。通过在 L-P 模型中加入分散化条件，作者证明第一种分散化方式可行，但第二种分散化方式对降低金融中介的相关成本无效。

3. 研究贡献

作者认为，该文的贡献在于以下两个方面。一是该文扩展了有关单一代理人-单一委托人的文献（Harris and Raviv，1979；Holmstrom，1979；Shavell，1979）。通过在模型中引入金融中介，该文将这方面的文献拓展至多个委托人的情形。二是该文丰富了基于不完全信息的金融中介理论。如前所述，以往文献分析了委托金融中介来进行监督的总收益，但并未对委托成本的影响因素和金融中介的可行性进行深入的分析（Leland and Pyle，1977；Chan，1983）。该文填补了这方面的空白，同时也将模型结果简要应用在 L-P 模型中。

4. 评述

正如作者所言，该文提出了委托成本这一关键性定义，极大地推动了金融中介理论的发展。对于债权人治理领域的研究而言，这篇文章也同样具有举足轻重的意义。作为早期第一批研究债权人监督的重要文献（Shleifer and Vishny，1997），该文作者经过细致、缜密的模型构建和推演，得出相较于直接借贷，间接借贷方式更有助于抑制企业经理人的机会主义行为的结论。这为后续研究探讨银行这类债权人的治理优势提供了重要的理论依据。

该文的不足之处在于：模型中的前提条件与现实仍存在一定的差距，比如假设每一个贷款人的可贷资金都相同、监督成本也都相同，再如项目之间的相关性完全依赖于一些可观测的因素等。在这样较强的假设下，作者通过论证得出只要金融中介内部能够实现风险分散，贷款人与金融中介的委托代理成本就将为 0，金融中介将会尽职监督。但在脱离了文中假设条件的现实中，金融中介能否实现风险分散、又能否完全尽职履行监督职能，都是值得商榷的问题。这也为学者们探索现实情境中贷款人、银行与借款企业之间的双重代理问题提供了思路，进一步丰富和完善了债权人治理相关研究。

6.2.2 董事会中的银行家：监控、利益冲突和贷款人责任

Bankers on Boards：Monitoring，Conflicts of Interest，and Lender Liability

文献来源：Kroszner R S，Strahan P E. Bankers on boards：Monitoring，conflicts of interest，and lender liability. *Journal of Financial Economics*，2001，62（3）：415－452.

1. 研究动机与研究问题

由于股权与债务在支付结构上的差异，股东与债权人对于风险的偏好截

然不同，二者之间存在潜在的利益冲突。这一利益冲突在商业银行（以下简称“银行”）高管进入非金融公司（以下简称“公司”）董事会时表现得尤为明显。此时银行高管既有作为董事在受托责任下为股东利益服务的目标，又有作为债权人或潜在债权人本身的目标。由此，为保护自身利益，股东和管理者可能会对银行高管进入公司董事会持抵制态度。同时，诸如美国等对股东权利保护较强的国家，会通过破产法中的衡平居次原则（bankruptcy doctrines of equitable subordination）及债权人责任规定，来保护股东和处于劣势的债权人的利益。其中，衡平居次原则意味着在企业破产时，若某些债权人实施了不正当行为或者因其有利地位（如公司内部债权人）获得了不公平优势，法院有权将其债务劣后处理；债权人责任规定则包含公司内部债权人需要因其在公司中的不当行为对其他债权人的债务负责等。因此，为避免触发上述规定，银行高管通常会主动减少进入公司董事会的行为。

上述讨论不免使人认为，受制于这些阻碍，银行高管会较少出现在美国公司的董事会中。但反观现实却发现，美国竟然有1/3的大型公司中存在银行高管进入董事会的现象。这意味着该治理结构必定能给公司和银行带来足够大的收益以抵消上述成本。但将美国与德、日等债权人保护较强的国家相比，却发现银行高管进入公司董事会的现象在德、日等国家中更为普遍。究其原因，德、日等国家不仅在破产法中不存在对债权人的限制和责任规定，还允许银行持有公司股票，因此银行高管进入公司董事会的成本较小。由此可见，收益和成本同时影响银行高管进入美国公司董事会的决策，那么二者谁主谁次呢?

对这一问题的分析即构成了该文的研究问题和主要研究内容。

2. 研究过程：理论分析

明确银行高管进入公司董事会这一决策的成本收益是什么，是该篇文章继续研究的前提和基础。就收益来看，首先，银行高管进入公司董事会增加了银行与公司间的信息交流，从而不仅增强了公司从银行高管所在银行获得借款的能力，也增加了公司获得行业专门知识的渠道。银行高管可能因向某一行业的多家公司提供贷款习得了该行业的专门知识，而公司可以从他们履行董事咨询职能的过程中获得这一知识。其次，银行高管进入公司董事会降低了公司的外部融资成本。鉴于前述破产法相关规定，银行高管涉足公司董事会这一行为对公司来说起到了鉴证作用，向外界传递了公司经营状况良好、无破产风险的信号。最后，通过进入公司董事会，银行高管可以从其他外部董事处获得与行业或潜在借款者等相关的增量信息，从而能够更好地评估借款者，并提供更多贷款。

当然，银行高管进入公司董事会也会使银行和公司双方都发生极大成本。

对公司来说，与其他外部董事不同，在同时作为公司董事和债权人时，银行高管对公司股东和对其雇主的受托责任存在冲突。对银行来说，其成本源于破产法中的衡平居次原则和关于债权人责任的规定，作为债权人的银行一旦参与公司治理，在公司陷入财务困境时，就有很大概率不仅会失去优先求偿权，还会面临其他债权人的诉讼。

作者的研究思路是找到与上述成本收益同时相关的公司特征，进而根据公司特征与银行高管进入公司董事会概率的相关关系，判断是成本还是收益主导了这一决策。具体来说，如果在高收益（低成本）情形下银行高管的进入概率高，则说明收益（成本）在决策中占据主导地位。

为找到相关公司特征，作者先宽泛地确定了信息不对称程度和短期融资依赖度两条与成本收益相关的标准。信息不对称程度及短期融资依赖度越高的公司，越依赖银行的直接借款以及从其他渠道筹资时银行的鉴证作用，因此，从银行高管进入公司董事会这一决策中获得的收益就越大。同时，正因为这些公司对银行的依赖，它们在股东和债权人潜在利益冲突表现上更为突出、债权人责任成本更大，与该决策相关的成本也更大。

在上述两条标准的指导下，作者确定了五个具体的公司特征，并收集了其代理变量的数据。第一个特征是波动性，公司波动性越高，其在外部融资时面临的信息不对称程度越高。该文使用月度股票收益率的标准差作为成本的代理变量。第二个特征是公司规模，公司规模越大，对银行借款的依赖程度越低。该文使用总资产的对数作为公司规模的代理变量。第三个特征是有形资产数量，有形资产越少的公司市场信息越不透明，信息不对称程度越高。该文使用净资产、厂房和设备占总资产的比率作为有形资产数量的代理变量。第四个特征是公司是否有商业票据评级，商业票据评级直接衡量了公司从资本市场获得信贷的能力，有商业票据评级的公司更容易获得来自银行之外的贷款，对银行融资依赖度低。最后一个特征是资本结构，负债越多的公司越依赖银行贷款及银行的鉴证作用。该文使用资产负债率以及短期负债在总负债中的占比衡量资本结构。

3. 研究过程

（1）基本实证结果。

如研究思路所阐释的那样，在实证检验中，作者主要关注银行高管进入公司董事会的概率与各公司特征的关系。描述性统计结果显示，有银行高管进入董事会的公司具有以下特征：规模更大，波动性更小，有形资产在总资产中的占比更高，短期借款更少，更有可能获得商业票据评级，支付的股利占净收入的比例更高。这说明有银行高管进入董事会的公司对银行的依赖程度更低，银行高管的进入成本和收益更低，从而初步证明成本在决策过程中的主导地位。回归结果同样显示，银行高管更倾向于进入规模更大、更稳定、有形资产在总资产中占比更高、短期负债在总负债中占比更低的公司，进一步说明公司在决策中更加注重对成本的考量。值得注意的是，银行高管进入公司董事会的概率与公司波动性的关系稍显不同，二者呈现出非线性关系。在波动性（企业风险）较低时，银行高管进入董事会的概率与波动性正相关，此时决策由收益主导；但当波动性增加到一定程度后，银行高管进入董事会的概率与波动性的关系发生反转，在股东和债权人间发生利益冲突以及债权人在公司陷入财务困境时，成本转而主导这一决策。

（2）进一步分析。

银行与公司间的借款关系会强化成本在银行高管进入公司董事会这一决策中的重要性。因此，如果成本在决策中占据主导地位，那么在该情境下其主导地位理应更为突出。作者对此进行了检验。具体地，作者按照借款关系将有银行高管进入公司董事会的样本分为三类，进一步考察公司特征与银行高管进入公司董事会间的关系。其中，第一类是公司和银行间不存在借款关系，第二类是公司和银行间存在借款关系且银行是公司的最大债权人，第三类是公司和银行间存在借款关系但银行非公司的最大债权人。回归结果显示，各公司特征变量的回归系数绝对值在第二类样本中最大，说明成本在决策中的主导地位在该类样本中最为突出，进一步证明了成本是主要考虑因素。

作者还检验了当银行高管进入公司董事会时，该银行是否会对公司所在行业发放更多贷款，以说明作者主张的银行能通过进入公司董事会获得增量信息是否真实存在。回归结果显示，银行的确将贷款集中发放于上述公司所在行业，验证了作者的观点。

（3）内生性处理。

作者排除了两个替代性解释。一是其他外部董事或是有财务专业知识的董事同样会倾向于避免与小规模、波动性大、有形资产占比低的公司建立关联，因为这些公司对于他们的声誉提升没有帮助，因此之前检验得到的结果并不一定是因为高管来自银行。为了排除这种可能性，作者检验影响银行高管参与公司董事会的五个特征是否同样适用于解释其他外部董事和投资银行在董事会中的分布。结果显示，影响银行高管进入公司董事会的因素并不对其他外部董事和投资银行进入董事会产生显著影响。

二是银行高管在进入公司后改变了公司特征。作者在银行高管进入董事会的第一年和该文的样本年两个时间点上，分别比较了有银行高管进入董事会和没有银行高管进入董事会的公司特征，发现两个时间点上两类公司在特征差异上基本相同，并没有因为银行高管的加入发生改变。

4. 研究贡献

作者虽未言明该文贡献何在，但文中多次强调该文的政策意义。文章表明，为平衡股东和债权人利益的立法对银行参与公司治理决策产生了显著影响，因此，在对银行相关监管政策进行改革以促进银行发挥公司治理作用时，需要考虑这部分法律对改革效果的影响。

5. 评述

我们认为该文具有以下几个亮点。首先，作者在分析银行高管进入公司董事会这一决策时使用了成本收益分析框架。这一框架可以广泛应用于各类问题的分析，值得借鉴。其次，进入公司董事会是银行等债权人参与公司治理的主要方式之一，使得银行等债权人拥有了对公司进行日常监督的权利。该文发现如股东与债权人间利益冲突等成本是影响这一治理方式施行的主要因素，这为意欲提高银行参与治理的公司或监管者提供了思路，有助于更好地发挥银行的治理作用。再次，该文结论对政策制定者具有一定启示意义。政策的影响是多方面的，制定政策时不仅要考量其直接影响，还要警惕其间接影响。例如，美国禁止银行长期持有公司股权，该政策旨在保护股东的利益，但实际上允许银行持股可以缓解股东与债权人间的利益冲突。最后，该文提到银行高管可能因长期向某一行业的多家公司提供贷款而习得对应行业的专门知识，因此，其在作为董事参与公司治理的过程中不仅能起到监督作用，还能提供咨询，这是较早提到董事咨询作用的文献，为后续研究提供了思路。

但是，由于发表时间较早，该文在实证检验上存在一些不足。第一，在考察银行和公司间的借款关系影响时，作者分三个子样本进行回归，却并未对子样本间变量系数的差异进行统计检验，而仅仅根据数值上的差异就判断样本间存在差异。第二，在理论分析中，作者以银行是公司债权人为前提，对银行高管进入公司董事会这一决策进行了成本收益分析，为后文的实证检验奠定基础。但在实证检验中，作者并未在主回归中区分银行是否与公司存在债务关系，仅在进一步检验中对此进行了区分。这一实证结构的安排与理论分析稍显不一致，不利于读者理清文章逻辑。另外，如果作者在成本收益分析以及后续公司特征选择上能提出一个框架，以说明分析逻辑可能会更好。

6.2.3 债权人控制权、公司治理与企业价值

Creditor Control Rights，Corporate Governance，and Firm Value

文献来源：Nini G，Smith D C，Sufi A. Creditor control rights，corporate governance，and firm value. *The Review of Financial Studies*，2012，25（6）：1713－1761.

1. 研究动机和研究问题

Shleifer and Vishny（1997）将公司治理定义为保障企业的资金提供者可以得到投资回报的机制。依据这一定义，一个自然而然的问题是，什么样的投资者会对经理人施加影响呢？传统的公司治理观点认为，股东是公司治理的主体，能够通过董事会直接或间接地影响经理人决策，而债权人往往是消极的“旁观者”，通常只有在企业未能偿付资金的情况下才会有所作为（Townsend，1979；Hart and Moore，1998）。这也导致大量研究往往仅关注股东的治理角色（Shleifer and Vishny，1997；Adams et al.，2010），针对债权人治理作用的讨论则大多聚焦于公司支付违约后或破产重组过程中（Gilson，1990；Andrade and Kaplan，1998）。因此，就如 Shleifer and Vishny（1997）指出的，尽管当前已有许多关于债权人治理的理论阐述，相关的实证研究仍远远不足。例如，除面临企业债务支付违约外，债权人是否也会在其他情形下采取措施以影响经理人的决策？债权人如何发挥作用？债权人治理与股东治理是否同等重要？

针对上述未决问题，该篇论文以债务契约违约作为切入点展开实证研究。

2. 研究过程

（1）识别策略。

债务契约违约是检验债权人治理作用的理想情形，其原因主要包括以下三点：第一，债务契约违约发生时，债权人拥有与支付违约情形下相同的合同权利，可以要求企业立即或加速偿还剩余债务，具备强劲的谈判势力，因而有能力参与治理。第二，相比支付违约，债务契约违约更为常见。在该文样本中，每年都有 10%～20%的公司发生债务契约违约事件；而从整个样本期间来看，有超过 40%的公司至少发生过一次债务契约违约。从总体上看，企业债务契约违约行为具有周期性，违约高峰与经济衰退、金融危机等时点基本一致，这在一定程度上反映了债务契约违约的经济特征。第三，债务契约违约不同于支付违约和破产，且其发生时点远早于支付违约和破产。具体而言，在对企业基本财务状况的分析中，作者发现在债务契约违约的前几个季度，虽然公司的经营现金流下降、市场估值恶化、流动性下降、杠杆率增加，但是与同年、同行业的未违约企业相比，违约企业在杠杆率、市盈率、信用评级、流动性、经营现金流等方面未有一致的显著差异。并且即便是那些远非资不抵债或尚未处于支付违约、破产边缘的“正常”公司，也可能存在违约问题。因此，违反债务契约似乎更多反映了企业绩效的变化，但并不意味着企业绩效低下。此外，违约企业的退出①风险并不显著高于其他企业，

① 如果企业不再拥有总资产、总销售额、已发行普通股和收盘价的可用数据，作者就将其定义为“退出”。

作者进一步说明了债务契约违约与支付违约、破产的区别。

（2）基本实证结果。

在企业违反债务契约后，债权人将有何反应？尽管债权人可以要求违约企业立即偿债，但在现实中，债权人往往选择更为平缓的协商方式，与企业重新谈判，修改债务条款，并强化监督违约企业。通过对违反契约后重新谈判的贷款与违约前的贷款特征进行比较，文章发现，修订后的贷款具有如下特征：规模较小、利率较高、期限较短、银团的贷款人较少，同时也更可能要求抵押担保、更少的绩效定价条款，对违约企业的资本支出、现金使用施加更严格的限制。这些贷款合同特征变化不仅反映了违约企业借贷风险的增加，也说明债权人在企业违反契约后将加强对企业进行监督的意愿。

除通过修订契约强化对违约企业的合同限制外，债权人也可以为企业提供管理建议，施加非合同性的控制。在简单情形下，债权人可以要求企业披露更高质量的报告、加强流动性管理，而当企业存在结构性问题时，债权人可能会对企业产生更深刻的影响，如在必要时推动经理人变更，替换现任经理人。为此，文章进一步采用“准不连续”（quasi-discontinuity）回归分析的方法，依次考察了企业在违约后第四个季度与违约时的投资、融资、股利支付等财务政策的变化和经理人变更情况，以验证债权人干预的影响。

具体地，作者在投资方面发现，企业在违反债务契约之后整体资产规模下降，并在违约后的第一个季度开始转向更为保守的财务政策，资本支出显著减少、现金并购下降，同时也开始出售和处置资产。到违约后的第四个季度时，其资产缩水超过2%。这一结果与信贷协议中常包含资本支出和收购限制相符，这些规定将使得债权人得以在企业违约后约束企业投资并提供适当的合同机制。在融资方面，企业在违反契约后，新债发行、总体债务规模减小，杠杆率下降，股东支付（包括股利和股票回购）大幅削减，以现金比率衡量的流动性逐渐增加，这与债权人将强化对违约企业资金管理限制的观点也是一致的。

（3）进一步分析。

进一步地，作者发现，在企业宣布契约违约后，经理人离职的概率显著增加，对强制离职事件的影响尤为突出。从经济显著性上看，在保持其他绩效变量不变的情况下，违约季度经理人被强制离职的边际可能性要高出60%，约等于经营现金流或市账率下降2个标准差的边际作用。这一结果表明债权人可能利用契约违约机会追加非合同性手段以控制企业，对公司内部治理产生重要影响。

为综合说明债权人控制的效果，文章在最后也检验了债权人干预对违约企业绩效的后续影响。理论上，债权人治理对企业价值的影响并不明确。一方面，债权人的干预会加剧股东与债权人之间的利益冲突，降低企业价值。债权人的过度保守可能导致企业错失部分正净现值项目，同时也可能通过修订贷款增加利息费用以攫取企业盈余。另一方面，债权人的干预也会增加企业价值，即通过降低经理人的代理问题以及提供困境后的业绩转机，而使股东也从中受益。

实证结果显示，平均而言，企业在违反债务契约后经营业绩和股票市场估值均有所改善。在会计绩效上，企业的经营现金流在违约前连续经历5个季度的下降后，在违约后急剧扭转。进一步研究发现，企业绩效的改善更多源于经营费用或成本的减少，而非销售收入的增加。这一结果也表明，违约后企业做出的行为改变主要是致力于提升企业的经营效率，其次才是提高营收增长率。类似地，在市场表现方面，企业股价在违约前的数月大幅下跌，但在违约后迅速扭转颓势。基于事件研究法，作者采用标准的累计异常收益率（CAR）和以日历时间法（calendar-time）构造等权重的违约企业投资组合计算的詹森 α（Jensen's alpha），考察违约企业的异常收益情况，发现违约企业在违约后的数月内能够获得显著为正的年化5%的异常收益。因此，从经营绩效和市场估值来看，违约情境下由债权人主导的干预将有利于提高企业价值，股东也终将获益。

3. 研究总结

总体而言，文章通过实证检验发现企业违反债务契约后将采取更为保守的融资和投资政策，经理人离职概率也大大增加，企业经营绩效和权益价值在违约后显著改善。即当企业违反债务契约时，债权人对企业的合同控制、以“幕后”非合同形式施加干预，将有助于企业扭亏为盈。这就说明，即便在企业尚未发生支付违约或破产的情况下，债权人也能够在公司治理中发挥重要作用，最优的公司治理结构应充分考虑债权人控制权的影响。

4. 研究贡献

通过实证检验企业在债务契约违约后的贷款合同及各项行为变化，作者认为该文章从以下几个方面对已有研究做出了贡献。

第一，该文与股东治理研究相关。现有公司治理文献主要集中考察了股东的治理作用（如 Shleifer and Vishny（1997）），该文则从债权人治理的角度，发现债权人能够使用契约及其相关的控制权，在支付违约或破产情境之外对公司治理产生重要影响。其研究结果也表明，有效的债权人干预可以促进甚至是替代以股权为中心的治理机制。

第二，该文也补充了近期兴起的有关契约违约对公司行为影响的研究，如 Beneish and Press（1993）、Chava and Roberts（2008）等。该文考察了资本支出、债务发行、资产增长、现金收购、股东支付、现金持有等一系列企业行为，较全面地刻画了违反契约的经济后果，强化了 Roberts and Sufi（2009）以及 Nini et al.（2009）有关合同条款在企业违约后将收紧并进一步影响企业行为的证据。有关经理人变更的结果也证明了债权人不仅会通过现有文献强调的合同控制形式干预企业，也可能通过为经理人提供咨询的“幕后”非合同控制形式影响企业。同时，作者也认为该文是第一篇检验违约对企业绩效和价值的广泛影响、公开上市公司财务契约违约数据的研究。此外，该文通过研究以银行为主导的债权人在企业债务契约违约情形下的干预作用，也拓展了已有大多集中于支付违约或破产相关困境下的债权人治理、非传统贷款人（如对冲基金）的作用的文献（如 Ivashina et al.，2016）。

5. 评述

该文在企业债务契约违约这一特殊情境下，采用多种方法、从多个维度考察了债权人可能发挥的治理作用，具有重要的学术意义。尽管如此，恰如作者在文中所强调的，该文在识别非合同控制机制方面存在不少困难。针对契约违约通过何种渠道影响经理人强制变更的问题，作者提出了两个可能解释，一是债权人可能利用退出威胁影响董事会决策，二是通过其退出行为向其他利益相关者发送信号来诱导其他利益相关者干预企业，但遗憾的是，作者并未检验上述间接作用机制。并且，作者也未考虑债权人直接通过与债权人相关的董事影响经理人变更的可能性，例如在违约之后企业是否会主动或被动聘任债权人董事，或经理人强制变更是否依赖于违约前债权人董事等。同时，文章发现的债权人治理效应是否主要存在于债权人同时兼任股东的企业中，这也将影响有关债权人治理作用与股东治理作用的讨论。

此外，尽管契约违约可能蕴含着经理人管理质量较差的信号，但因经理人变更带来的人力资本流失也可能对企业造成巨大冲击，当经理人人力资本价值较高时，基于成本收益分析框架分析债权人对经理人变更的影响是否将有所削弱？是否会给予这些经理人更多的修正时间？契约违约后，其他的公司治理表现，如经理人薪酬、在职消费、董事长与经理人的两职合一情况、独立董事结构及行为，是否也发生了变化？由于债权人的非合同控制和影响是该篇文章的核心贡献之一，也是债权人治理作用能够产生合同外广泛影响的重要体现，因此，厘清契约违约提高经理人变更概率的作用机制尤为关键。同时，文章侧重于讨论债务契约违约对企业行为造成的影响，在债权人特征方面如债权人身份、银团内部结构、债权人与企业的关系等关注较少，也未比较债权人在企业债务契约、肯定契约、否定契约违约中作用的差异。这些重要而又相关的问题有待后续研究进行补充。

6.3　未来研究展望

6.3　参考文献

作为企业的重要投资者之一，债权人同股东一样，拥有保障自身投资回报的权利。已有文献表明，负债能够产生治理作用。与权益融资相比，债务具有特殊的支付结构。企业对债务负有定期偿付本金和利息的义务，未能履行契约将迫使其面临破产清算困境，因而负债能够通过破产威胁或减少企业闲置资金来削弱内部人的私利动机。同时，债权人可以选择进入董事会来监督和约束经理人，或在企业违反债务契约的情况下获取控制权，通过修订债务合同或与企业协商谈判等方式干预企业经营，改善内部治理质量，扭转非效率决策。此外，债权人也可以通过确立债务条件如债务条款限制、债务成本、债务期限、抵押品要求等，在事前约束和遏制潜在的利益侵占行为。尽管有关债权人治理的研究在近些年快速兴起，但与股东治理研究相比仍远远不足，这也为未来债权人治理研究提供了广阔的空间。

首先，关于债权人发挥治理作用的影响因素值得进一步探讨。在现有的债权人治理文献中，大量文献指出债权人能够在企业违反债务契约条款后介入企业活动，产生积极影响（Chava and Roberts，2008；Nini et al.，2012），或通过减少自由现金流（Jensen，1986）缓解经理人代理问题。但是，债权人的加入也引发了股东与债权人之间的利益冲突（Jensen and Meckling，1976），导致在财务困境下企业出现过度投资、投资不足、撇脂等问题。因此，需要关注的一个问题便是：债权人何时会发挥积极作用，影响债权人监督的因素有哪些？已有研究从银团贷款等债权人类型（Harvey et al.，2004）和债务期限结构（Gilje，2016）角度比较不同条件下债权人作用差异，近期研究也开始关注信用违约互换（credit default swap，CDS）对债权人监督动机的影响。例如，CDS 交易降低了债权人的监督水平，新贷款契约中要求抵押的可能性较低、财务契约条款较少（Shan et al.，2019），薪酬计划下经理人的风险承担动机增强（Hong et al.，2021）。Nikolaev（2018）则从契约谈判角度论证了债权人治理的条件，认为谈判将取决于债权人增加监督的收益和干预成本的权衡。此外，债权人作用的发挥也与其身份相关，国有银行与商业银行、本土银行与外资银行、专业金融机构与以企业为代表的影子银行等不同类型债权人之间监督的动机和能力显然也存在较大差异。因此，未来研究可进一步从债权人类型、债务契约特征、企业内外部环境等角度考察债权人治理作用的差异和条件。

同时，债权人关系如何影响公司治理这一问题应予以关注。第一，在债权人与企业的关系上，已有研究主要关注银企关系如银行董事（Erkens et al.，2014）或借贷关系期限（Prilmeier，2017）对债权人监督程度的影响，然而，债权人与企业建立的联系多种多样，既包含直接的关联，也涉及间接地通过利益相关者与债权人形成的互通关系。例如，Gong and Luo（2018）发现，当债权人同时放贷给借款企业的主要客户时，由于债权人可以从客户处获取关于企业的私有信息，其将放宽对企业会计稳健性的要求。因此，未来研究可以考察其他形式的债权人-企业关联。第二，债权人之间的关系也会影响债权人的治理效应。关于债权人之间关系的研究正在兴起，涉及银团内部主贷款人与其他贷款人作用的比较（Deng et al.，2018）、各债权人的合作倾向（Nitani and Legendre，2021）；也涉及多个债权人之间的博弈，如银行与公共债券持有人（Ma et al.，2019）、债权人与提供商业信用的客户供应商（Zhang，2019）等方面。由于不同债权人的监督目标和作用途径可能不同，未来研究可进一步沿此思路挖掘相关议题。

其次，债权人发挥治理作用的途径需进一步研究。近年来，有关债权人作用研究的焦点正在从“被动的资金提供者”转向“主动的干预者”，学者开始关注债权人主动介入对企业的直接或间接影响。例如，Nini et al.（2012）的研究表明，在企业违反债务契约条款后，企业的投资、融资、股利均大幅收缩，CEO发生强制变更的概率更高。基于工厂层面的数据，Ersahin et al.（2021）发现，在债务契约违约后，企业的员工雇佣和投资数额均下降，并关闭了更多非核心业务及低效率的工厂。然而，需要注意的是，企业违约前后表现出来的这些变化究竟是源于债权人的影响，还是因债务违约引起了其他利益相关者（如股东、董事会、客户、供应商等）的积极行动，这一问题并不明确。除少数研究如Ferreira et al.（2018）关注新独立董事聘任外，大多研究均未直接检验债权人影响企业各项决策的具体路径，而厘清债权人的影响机制尤为关键。此外，未来研究也可考察债权人在企业正常经营而非契约违约时是否会有所作为，从而完善债权人治理作用讨论。

再次，债权人治理与其他公司治理机制的关系也是未来研究方向之一。债权人作用的发挥依赖获取的信息质量与干预的能力，也受到企业内外部其他利益相关者治理机制完备与否的影响。如Jensen and Meckling（1976）指出，股东与债权人可能存在一定的利益冲突，这一代理问题是引入债权人的重要成本。那么，股东治理与债权人治理能否联合产生积极影响？二者属于替代关系还是互补关系？针对这一问题，近期研究表明，当企业发生债务契约违约后，股东并未将监督的权力授予债权人，而是增强了对企业的监督（Christensen et al.，2019），但Kim et al.（2018）认为，债权人监督意愿的降低将促使股东增加对经理人的监督，因而二者呈现出此消彼长的关系。

Chu（2018）和 Chava et al.（2019）则分别利用股东与债权人的合并、股东和债权人的双重身份考察了股东-债权人关系对二者代理问题的影响。此外，债权人与其他利益相关者在监督企业方面也存在密切关联，如审计师的行业专长（Callahan et al.，2019）、审计师变更（Francis et al.，2017）等均将影响债权人定价，而企业与政府拥有的联系也将影响债权人监督的动力（Cohen et al.，2022），替代公司治理机制的存在，如活跃的产品市场和控制权市场（Bharath and Hertzel，2019）也会影响企业对债权人治理的需求。鉴于公司治理机制的丰富内涵及复杂情境，考察债权人与其他利益相关者如何共同影响治理质量对理解债权人治理作用也具有重要帮助。

最后，针对债权人治理作用进行跨国比较也是未来研究的一项重要工作。一方面，各国制度环境存在巨大差异，这将影响债权人的治理效果。如 La Porta et al.（1998）指出，各国的债权人保护程度相去甚远，而债权人保护是决定债权人能否发挥作用的根本所在，如果缺乏强有力的法律保障，债权人的治理作用便无从谈起。已有跨国研究表明，良好的债权人保护将减少债务契约条款的使用（Qi et al.，2011；Miller and Reisel，2012），影响企业的负债比例（Oeztekin，2015），迫使企业降低风险承担（Acharya et al.，2011）。与此同时，非正式制度因素如社会信任（Brockman et al.，2020）也会影响债权人的监督意愿，进而可能导致债权人的治理作用在不同国家间存在差异。另一方面，随着法律体系的不断完善，各国债权人保护也可能发生日新月异的变化。例如，在中国，2007年《中华人民共和国物权法》的实施强化了债权人在担保物权方面的权利，尤其为银行债权提供了有力保护。对于资本市场规范，习近平总书记强调要“健全资本发展的法律制度，形成框架完整、逻辑清晰、制度完备的规则体系”，“要以保护产权、维护契约、统一市场、平等交换、公平竞争、有效监管为导向，针对存在的突出问题，做好相关法律法规的立改废释”。[①] 因此，以最新数据重新测度各国债权人保护力度，并从更多维度深入研究各国债权人影响的差异及根源，不仅有助于从理论上系统、全面地阐述债权人的治理作用，也能从实践上促进全球资本流动和金融市场开放。

---

① 习近平．习近平谈治国理政（第四卷）．北京：外文出版社，2022：220.

第 7 章

信息中介的作用

本章主要讲述信息中介在公司治理中的作用。在 7.1 节中，从分析师、审计师和媒体三个方面，对信息中介的公司治理作用进行相应的回顾，以厘清该领域的研究框架和发展脉络。在此基础上，在 7.2 节中，从分析师、审计师和媒体三个领域各选择一篇具有代表性的文献进行导读，包括对文章内容的介绍和评价。在 7.3 节中，针对文献的研究现状，对该领域的未来研究方向进行展望。

7.1 概　述

众所周知，公司治理旨在缓解各类代理问题，降低代理成本。代理问题产生的三个前提条件是委托人与代理人之间的目标不一致、契约不完备和信息不对称。作为代理问题产生的前提之一，信息不对称自然而然地成为公司治理领域的重点关注对象，如何有效地降低委托人与代理人之间的信息不对称程度以缓解代理问题是该领域相关研究的主要目标。

7.1　参考文献

资本市场上的各类信息中介是降低公司内外部信息不对称的有力推手，因而在公司治理中发挥着举足轻重的作用，受到了学者们的广泛关注。其中，分析师、审计师和媒体是中坚力量和主力军，前两者主要作用于信息挖掘、解读和传播过程，后者作用于信息鉴证过程。值得一提的是，信用评级机构作为债券市场上最重要的信息中介，同样具有缓解信息不对称的功能，理应发挥公司治理作用。但遗憾的是，据我们检索，目前在顶级期刊上发表的与评级机构相关的研究，主要聚焦于探讨评级标准、评级市场竞争程度、付费方式等与评级结果的关系，尚未就其公司治理作用加以讨论。鉴于此，后文以前述三者为例，并结合其被纳入公司治理研究领域的时间，以分析师、审计师和媒体为序，概述它们的公司治理作用。

7.1.1 分析师

学术界对分析师公司治理作用的关注最早可以追溯到 Jensen and Meckling（1976）。他们通过构建理论模型，论证了对代理人的监督活动可以有效降低代理成本，并预期监督活动会成为一种专门活动，由那些在该活动上具有相对优势的机构或个人完成。进一步，他们认为受雇于投行、经纪公司或是机构投资者的分析师应该会在监督活动中发挥重要作用。自此，学者们开始关注分析师的公司治理作用。

分析师的治理作用来源于其在对公司进行信息挖掘、解读和传播，进而降低公司与外部信息不对称过程中的相对优势。具体而言，相较于普通投资者，分析师具有专业性、专门性和信息优势。分析师受过相关职业训练，具有解读专业信息的能力；分析师的跟踪活动具有长期性，使得分析师能在跟踪过程中积累与行业相关的专门知识（Kadan et al.，2012）；并且分析师还可以借实地调研、高管电话会议等方式获取私人信息。由此，一方面，分析师在信息挖掘和解读过程中更能发现并揭露高管的不当行为（Miller，2006；Dyck et al.，2010）；另一方面，分析师能向投资者传播更多关于公司的公开和私人信息（Roulstone，2003；Chan and Hameed，2006），降低投资者与公司间的信息不对称程度，助力投资者发现公司的不当行为。分析师具备的相对优势赋予了他们较强的监督能力，使他们能作为一种外部治理手段抑制高管的不当行为，缓解代理问题，发挥公司治理作用。

围绕分析师的治理作用，学者们进行了大量探讨。自 Jensen and Meckling（1976）打开了分析师治理作用研究的大门之后，诸多研究给出了分析师正面治理作用的证据。具体而言，起初，学者们主要以公司的潜在代理问题与其分析师跟踪数量的正相关关系为证据（Moyer et al.，1989）。鉴于这一视角无法体现分析师的实际治理效果，随后，学者们从分析师跟踪的经济后果出发来论证其治理作用。他们不仅发现分析师跟踪有助于提高公司价值（Chung and Jo，1996；Lang et al.，2004；Cheng and Subramanyam，2008），还从分析师对公司治理相关行为的影响，如提高信息披露以及约束经理人的自利行为，来进一步说明其发挥了治理作用，进而提高公司价值的具体途径（Yu，2008；Wiersema and Zhang，2011；Chen et al.，2015；Kim et al.，2019；Christensen et al.，2021）。近年来，学者们开始以分析师介入公司治理的具体行为，如揭露公司会计造假为例证，更为直截了当地说明其治理作用（Dyck et al.，2010）。

然而，随着对分析师相关研究的不断深入，学者们认识到分析师并不总是产生正面的治理作用，他们也存在恶化公司治理的“阴暗面”。具体而言，20世纪90年代中期开始，投资者意识到分析师对公司盈余预测相较于其他方式如时间序列预测等更加准确（Brown and Kim，1991），便开始以分析师盈余预测为标准来评价公司业绩是否达标，并据此评价结果给相应达标公司（盈余超过分析师预测）以“奖励”，给未达标公司（盈余未超过分析师预测）以“惩罚”（Matsunaga and Park，2001；McNichols，2002）。在此背景下，分析师的盈余预测实际上给经理人带来了极大的不达标成本和随之而来的达标压力。经理人出于维护自身声誉和财富等动机，会进行一些机会主义行为使得公司盈利在短期内达标（Graham et al.，2005），但从长期来看，此类行为可能有损公司价值。由此，分析师盈余预测实际会将经理人置于短期业绩压力之下，促使其产生机会主义行为动机，加剧代理问题，恶化公司治理，从而损害公司价值。在研究中，学者们发现经理人的机会主义行为体现在操纵公司会计信息、减少创新和企业社会责任投资等诸多行为上（Gentry and Shen，2013；He and Tian，2013；An et al.，2014；Irani and Oesch，2016；Chu et al.，2019；Guo et al.，2019；Qian et al.，2019）。值得一提的是，恰如Jensen and Fuller（2002）所言，近年来，分析师甚至不再分析公司的基本情况，而是围绕其盈余预测是否具有可实现性、公司如何行动才能达到其预期，发布愈发激进的盈余预测，在更大程度上恶化了公司治理。

此外，分析师治理效应的发挥依赖于其所发布报告的准确性，而报告的准确性受一系列因素的影响，这些因素大致可以归结为分析师与投资者间的利益冲突、其自身非完全理性两大类。分析师与投资者间的利益冲突源于其自利动机，突出表现在以下两个方面：一是在现行分析师薪酬和投行业务结构下，分析师有动机为实现自身财富最大化发布有利于投行客户的报告；二是为获得信息优势或未来就业机会，分析师有动机发布有利于其信息提供者或潜在雇主的报告。已有研究在以上两种利益冲突的情形下均发现分析师失去独立、客观性，发布有偏报告的证据（Lin and McNichols，1998；Irvine，2004；Jackson，2005；O'Brien et al.，2005；James and Karceski，2006；Chan et al.，2007；Kolasinski and Kothari，2008；Firth et al.，2013；Gu et al.，2013；Huyghebaert and Xu，2016；Horton et al.，2017；Harford et al.，2019；Lourie，2019）。另外，由于自身的非完全理性，分析师并不总能发表准确的意见。已有研究从分析师行为偏差，如“羊群行为”和受外部环境影响等方面为此提供了相应的证据（Trueman，1994；Easterwood and Nutt，1999；Graham，1999；Lo and Wu，2018；Aslan，2022；Bourveau and Law，2021；Dong et al.，2021）。

下面，我们就从分析师的正面治理效应、负面治理效应以及分析师治理作用的影响因素三个方面来梳理分析师治理作用的相关文献。

1. 分析师的正面治理效应

分析师的正面治理效应得到了诸多学者的支持。Jensen and Meckling（1976）最早指出分析师可以通过监督缓解代理问题，之后学者们从代理问题的严重程度与分析师跟踪数量间的相关关系、分析师跟踪的经济后果以及分析师的具体治理行为出发，为分析师的治理作用提供了大量实证证据。

最初，学者们通过论证公司代理问题的严重程度与其分析师跟踪数量间的正相关关系来说明分析师的治理作用。Jensen and Meckling（1976）提出分析师可以通过监督活动降低代理成本，从公司治理的角度为分析师找到了新的存在价值。由此出发，Moyer et al.（1989）认为，在其他条件相同的情况下，公司的潜在代理问题越严重、代理问题导致的负面经济后果越大时，分析师的存在价值越高，因而公司的分析师跟踪数量应该越多。在排除投资者信息需求对公司分析师跟踪数量的影响后，他们发现潜在代理问题确实与分析师跟踪数量正相关，首次为分析师的治理作用提供了实证证明。

鉴于上述证据无法体现分析师的具体治理效果，此后，学者们开始从经济后果出发来论证分析师的治理作用。一方面，已有研究关注了公司价值这一最终结果，发现分析师跟踪有利于提高公司价值（Chung and Jo，1996），且该价值提升作用在外部治理环境较差、内部治理机制不完善的公司中更为显著（Lang et al.，2004）。不仅如此，通过发挥治理作用提高企业价值，分析师跟踪还降低了企业的债务违约风险（Cheng and Subramanyam，2008）。另一方面，为说明分析师发挥价值提升作用的具体途径，学者们还研究了分析师跟踪对公司行为的影响。首先，分析师跟踪有利于规范公司的信息披露行为。分析师跟踪不仅能减少公司的信息操纵行为，如盈余管理（Yu，2008）、隐藏坏信息行为（Kim et al.，2019），还能降低公司信息披露的激进程度（Christensen et al.，2021），从而提高信息披露质量（Irani and Oesch，2013）。其次，分析师跟踪能强化公司对经理人私利行为的约束。已有研究发现，分析师跟踪能提高董事会解雇业绩不佳经理人的概率（Wiersema and Zhang，2011），抑制经理人获取超额薪酬以及从事有损公司价值的并购活动（Chen et al.，2015）。分析师跟踪对公司相关行为的改善为其正面治理作用提供了进一步的证据。

需要说明的是，上述证据涉及的研究均以公司为研究对象，从分析师对公司的影响效应来间接反映分析师的治理作用。近年来出现的一些研究则直接关注分析师本身，以分析师实施的具体治理行为如揭露公司会计造假为例，为证明分析师的治理效应提供了更为宝贵的直接证据。比如，Dyck et al.

（2010）通过分析1996—2004年发生在美国的公司欺诈事件，发现分析师是揭露公司诈骗事件的主要群体之一，扮演着重要的“吹哨人”角色。

2. 分析师的负面治理效应

遗憾的是，分析师并不总是发挥积极的治理作用。分析师的盈余预测也可能给经理人带来极大压力，促使经理人为了在短期内迅速提升业绩而从事机会主义行为，进而恶化公司治理。

在分析师盈余预测给经理人造成巨大业绩压力的情况下，经理人有动机操纵公司现有活动以达到分析师的盈余预期。具体来说，经理人会进行如提高养老金计划资产的预期回报率（An et al.，2014）、对自身或通过子公司进行盈余管理（Irani and Oesch，2016），甚至进行非法的盈余操纵（Chu et al.，2019）等活动。

同时，在巨大的业绩压力之下，经理人也有动机策略性地减少那些对公司未来发展重要但短期内难以获得收益的活动投入。其中，创新活动首当其冲。创新活动具有投入大、周期长、不确定性高的特点，虽然长期来看对公司发展有益，但短期内不利于经理人达到分析师的盈余预期，故经理人会出于对实现短期收益目标的考量而减少创新投资（Gentry and Shen，2013；He and Tian 2013；Guo et al.，2019）。企业社会责任投资是另一个与此相关的典型活动。企业社会责任投入作为一项成本无疑会降低公司的短期盈余，但却很少在短期内给公司带来收益。因此，经理人同样有动机在必要时削减对企业社会责任的投资以符合分析师的盈余预期（Qian et al.，2019）。

此外，为了在事前避免产生巨大的业绩压力，经理人甚至会通过一定手段，如向分析师释放负面信息，来直接降低分析师对公司的盈余预测（Kross et al.，2011），而在那些财务报告复杂的公司，此类行为更甚（Filzen and Peterson，2015）。

3. 分析师治理作用的影响因素

准确地传递信息是分析师发挥治理作用的前提和基础。已有文献主要从分析师与投资者间的利益冲突以及分析师自身的非完全理性两方面出发，探讨相关因素对分析师信息传递准确性的影响。

（1）利益冲突。

分析师与投资者间的利益冲突源于分析师的自利动机。出于对自身财富和职业前景的考虑，分析师难以客观、独立地发挥信息传递效应。

第一，现行分析师薪酬结构和券商业务容易导致分析师和投资者间发生利益冲突，从而影响分析师信息传递的准确性。具体而言，分析师的薪酬大部分由其为券商创造收入和利润的能力所决定。而券商主要涉足以下四种业务：1）证券发行和并购咨询服务；2）经纪服务；3）自营交易；4）资产管理。分析师主要通过发布报告支持前两种业务，即促成证券发行和并购咨询服务或增加经纪业务佣金，为券商创造收入和利润，从而实现自身财富最大化。然而，对上述两种业务的支持常常使分析师倾向于发布偏离实际的、过度乐观的报告，导致分析师与投资者间出现利益冲突。其中，前者使分析师倾向于发布对券商客户（潜在客户）有利的意见以获得下一次（当下）的合作机会；后者使分析师倾向于发布更乐观的意见以增加相应股票在其所在券商的交易量，从而增加经纪佣金。

已有研究为此提供了广泛证据。首先，在证券承销情景中，相较于其他分析师，承销商公司的分析师会对发行公司发布更加积极的推荐意见（Lin and McNichols，1998；Huyghebaert and Xu，2016），尤其是对那些证券发行后表现不佳的公司（James and Karceski，2006）。不仅如此，这些分析师在发行公司出现好消息时上调评级的速度更快，而在坏消息来临时做出下调评级的反应更慢，也更少披露发行公司的负面信息（O'Brien et al.，2005）。同时，分析师会在公司财报公布前主动调整对发行公司的盈余预测，帮助其达到预期，且该现象在成长性强、后续融资需求大的公司中更为显著（Chan et al.，2007）。其次，在并购咨询情景中，为主并方提供并购咨询业务的分析师会在并购交易中发布对主并方更加积极的推荐，以使主并公司受益；而为目标公司提供并购咨询业务的分析师则会在确定并购交换比率之后发布对主并方更加积极的推荐，以使目标公司受益（Kolasinski and Kothari，2008）。最后，在经纪业务情景中，分析师的乐观偏差与其所在券商交易量正相关（Irvine，2004；Jackson，2005）。以为券商提供佣金的主要机构投资者为例的研究发现，券商分析师对机构投资者所持股票发布了更加乐观的意见，且机构投资者支付佣金在券商总佣金中的占比越高、相关股票在机构投资者投资组合中占比越大时，分析师的乐观程度越高（Firth et al.，2013；Gu et al.，2013）。

第二，分析师与投资者之间的利益冲突还源于分析师的私有信息获取和择业需求，从而影响分析师信息传递的准确性。分析师为从跟踪公司处获取更多的私有信息或更好的就业机会，有动机背离客观准确传递投资者所需信息这一原则，发布有利于公司的报告。同时，已有研究发现，在分析师离职的最后一年里，他们有动机发布对未来雇主过度乐观的意见以获得雇主好感（Horton et al.，2017；Lourie，2019）。此外，分析师会战略性地将更多精力分配给对他们职业生涯相对重要的公司（Harford et al.，2019）。

（2）非完全理性。

除利益冲突外，分析师的非完全理性也制约了其信息传递的准确性。在不完全理性下，分析师表现出各种行为偏差。具体而言，首先，分析师存在

“羊群行为”。这一行为在文献中受到广泛关注。Trueman（1994）从理论上证明分析师倾向于与其他分析师发布的预测保持一致，即存在“羊群行为”，且该行为在分析师的声誉越高、能力越低或公开信息与分析师掌握的私有信息越不一致时越显著（Graham，1999）。其次，分析师在信息处理上表现出行为偏差。分析师对消极信息反应不足，对积极信息反应过度（Easterwood and Nutt，1999）。最后，外部条件如空气质量（Dong et al.，2021）、季节变化（Lo and Wu，2018）、分析师个人财务状况（Aslan，2022）、突发破坏性事件（Bourveau and Law，2021）等均可能通过影响分析师情绪而给其预测行为带来偏差。

此外，还有少量文献关注了分析师异质性导致信息传递准确性作用的截面差异。相关研究发现，性别（Kumar，2010）、文化（Pacelli，2019；Pursiainen，2022）等因素对分析师的信息传递效应也具有显著影响。

7.1.2 审计师

Jensen and Meckling（1976）的这一研究作为公司治理领域的奠基之作，极具启发意义，是该领域诸多后续研究的思想源头。与分析师一样，外部审计师被纳入公司治理的研究范畴也是从此文开始的。在文章中，作者认为经理人为获得股东信任主动进行的担保活动和股东对经理人的监督活动在降低代理成本上具有同等作用，承诺雇用外部审计师对公司财务报表进行鉴证是经理人担保活动的重要形式。此后，学者们开始逐步关注外部审计师的公司治理作用。

审计师应秉持独立、客观、公正的原则，判断公司向外披露报告中的文字表述和财务数据是否真实、准确、完整、及时地反映了公司的财务状况和经营成果，发挥信息鉴证作用，其公司治理作用即源于此。具体而言，在公司内外部信息不对称、内部人具有信息优势、内部人有动机且有能力进行选择性甚至虚假性信息披露、外部投资者对公司披露的信息缺乏信任的情况下，一方面，经外部审计师鉴证的信息能够得到外部投资者的认可，有助于降低公司内外部信息不对称程度（Datar et al.，1991），加强外部投资者的监督能力；另一方面，外部审计师的信息鉴证过程增加了内部代理人实施不当行为被发现的概率（Dyck et al.，2010），有利于约束内部代理人的机会主义行为。

纵观已有研究，许多学者为外部审计师的正面公司治理作用提供了证据支持。与前述分析师治理作用的探究逻辑一脉相承，早期研究主要关注公司的外部审计需求，通过论证代理问题越严重的公司其外部审计需求越强来说明审计师的正面治理作用（Chow，1982；Francis and Wilson，1988；DeFond，1992；Fan and Wong，2005；Lennox，2005a；Choi and

Wong，2007；Zerni et al.，2010）。审计质量被定义为审计师发现并报告公司对外披露财务报告中违规行为的概率（DeAngelo，1981a），决定了审计师是否以及能在多大程度上发挥治理作用。得益于审计质量的明确定义和衡量，后续研究开始着眼于不同审计质量下公司行为的差异，发现高质量审计更能约束公司的不当行为（Lennox and Pittman，2010；Choi et al.，2018），如盈余管理、财务造假等，为审计师治理作用的具体表现提供了丰富证据。

此外，审计质量作为审计师发挥治理作用的外在表现形式，其影响因素也广受关注。在实际研究中，学者们主要探讨了审计师任期、审计费用、同时提供非审计服务、审计师与被审计公司间的社会关联这四类最常见且最重要的因素如何作用于审计质量。他们发现，同时提供非审计服务（Frankel et al.，2002；Kornish and Levine，2004；Felix Jr et al.，2005；Srinidhi and Gul，2007；Paterson and Valencia，2011；Causholli et al.，2014；Carcello et al.，2020）、审计师与被审计公司间的社会关联（Menon and Williams，2004；Lennox，2005b；Guan et al.，2016；He et al.，2017）这两类因素有损审计质量，而审计费用并未对审计质量产生不利影响（Craswell et al.，2002；Chung and Kallapur，2003；Hope and Langli，2010），较长的审计师任期反而有助于审计师习得专门知识，提高审计质量（Johnson et al.，2002；Myers et al.，2003；Chen et al.，2008；Lennox et al.，2014；Callen and Fang，2017；Patterson et al.，2019）。这些研究发现对如何有效保障审计质量具有启示意义。

下面，我们将从审计师的治理效应体现以及审计质量的影响因素两个方面对审计师的公司治理作用加以概述。

1. 审计师的治理效应

学者们一致认同审计师具有积极的治理作用。研究初期，学者们主要通过公司潜在代理问题的严重程度与其外部审计师需求之间的正相关关系，来证明审计师的公司治理作用。具体而言，学者们发现，在公司自愿聘请外部审计师的背景下，潜在代理问题越严重的公司越有可能主动聘请外部审计师（Chow，1982）；在公司被强制要求聘请外部审计师的背景下，潜在代理问题越严重的公司对外部审计质量的需求越高，越有可能聘请高质量的外部审计师（Francis and Wilson，1988；DeFond，1992；Fan and Wong，2005；Lennox，2005a；Choi and Wong，2007；Zerni et al.，2010），且这一现象在法律环境较为薄弱的情况下更为显著（Choi and Wong，2007）。

后续，学者们从审计质量的截面差异出发，通过证明高质量的审计更有助于减少公司的不当行为，为审计师积极的治理作用提供进一步的证据。审计质量的明确可度量性是直接研究审计师治理作用的前提。DeAngelo（1981b）提出，审计质量和审计师事务所规模正相关，因此，归属于前 N 大审计师事务所的审计师（以下简称“前 N 大”）能提供更高质量的审计服务。据此，将是否前 N 大作为审计质量的代理变量，学者们发现：经前 N 大审计的公司更少进行盈余管理（不论是应计还是真实盈余管理）（Choi et al.，2018）、会计造假（Lennox and Pittman，2010）等不当行为，从而其股权融资成本更低（El Ghoul et al.，2016）。需要注意的是，在我国背景下，由于国有企业盈余管理动机较弱，关于审计师对盈余管理的影响仅在非国有企业中成立（Chen et al.，2011）。

此外，前 N 大审计的公司拥有较高的长期债务占比，即高质量的审计在一定程度上能替代短期负债的治理作用（El Ghoul et al.，2016）。值得一提的是，另有少量研究依据审计质量的定义，将审计师的努力程度（Caramanis and Lennox，2008）、行业知识（专业性）（Burnett et al.，2012；Jayaraman and Milbourn，2015）作为审计质量的代理变量，同样发现审计质量与公司不当行为之间存在负相关关系。

可以看出，通过信息鉴证职能，审计师在约束公司不当行为上具有重要作用，是一种行之有效的外部治理机制，对改善公司治理具有重要意义。

2. 审计质量的影响因素

审计质量决定了审计师是否以及在多大程度上发挥治理作用。已有研究聚焦审计收费、同时提供非审计服务、审计师任期以及审计师与被审计公司相关人员的社会关联这四类实际中最受关注、最常讨论的因素，探讨其是否会损害审计质量，进而影响审计师治理作用的发挥。需要注意的是，上述因素本身可能会从正、反两方面对审计质量产生影响，但在实证研究中，审计质量最终是否会受到损害还与审计师在审计失败时面临诉讼和声誉损失风险约束相关，取决于审计师在上述因素影响下降低审计质量取得的经济利益与审计失败成本之间的权衡。

（1）审计费用。

审计师为获得和维持审计费用，可能迫于客户的压力降低审计质量。具体而言，审计费用由公司支付给审计师，是审计师收入的主要来源。而公司拥有自主选择、更换审计机构的权利。因此，公司支付的审计费用越高，审计师对客户的财务依赖性越强（Magee，1990），审计师越有动机维持与客户的审计关系，越可能迫于客户的压力纵容甚至协助其进行不当行为，丧失独立性，损害审计质量。

然而，已有研究结果显示，审计费用并不影响审计质量。具体而言，公司支付的审计费用与公司的异常应计利润（Chung and Kallapur，2003）和审计师发布标准的无保留意见的概率均无关（Craswell et al.，2002）。即便在低诉讼和低声誉损失风险的背景下，仍未发现审计费用影响了审计质量（Hope and Langli，2010）。以上结果说明由于在较高审计费用下，审计师在审计失败时面临的诉讼风险和声誉损失也较高（DeAngelo，1981b），即损害审计质量的成本较高，审计师对声誉保护和诉讼风险的考量战胜了由较高审计费用带来的经济动机，最终审计费用并未损害审计质量。

（2）同时提供非审计服务。

同时提供非审计服务可能从两方面影响审计质量。一方面，同时提供非审计服务在审计费用的基础上进一步增强了审计师与公司间的经济联系，从而加强了客户对审计师行为的影响，引发了投资者、监管机构等对审计师独立性丧失和审计质量下降的进一步担忧。另一方面，提供非审计服务具有积极效应，可以帮助审计师获取关于公司的额外信息，有助于其更好地进行决策、提供更高质量的审计服务。

从研究结果来看，大多数研究发现同时提供非审计服务会损害审计质量。理论模型表明，当经理人在购买非审计服务决策上具有较大的自由裁量权时，同时提供非审计服务会促使审计师出具对公司更加有利的意见（Kornish and Levine，2004）。实证研究发现，同时提供非审计服务会降低财务报告中应计项目的质量（Srinidhi and Gul，2007；Carcello et al.，2020），提高盈余管理水平（Frankel et al.，2002），还会影响审计师的证据收集行为，使得审计师更依赖公司内部审计提供的证据（Felix Jr et al.，2005）。值得一提的是，不限于当前非审计业务，被审计公司未来非审计业务的需求越高，当期盈余管理水平也越高（Causholli et al.，2014）。Paterson and Valencia（2011）进一步对非审计服务进行细分之后发现，除税务服务特别是重复性税务服务不对审计质量产生影响外，其他非审计服务均有损审计质量。此外，与大多数基于英国和美国公司的研究结论不同，少数以德国（Ratzinger-Sakel，2013）、澳大利亚（Ruddock et al.，2006）公司为样本的研究发现，非审计服务不影响审计师的独立性。

总而言之，提供和维持非审计服务给审计师带来的经济利益，足以凌驾于审计师声誉和诉讼成本之上，在审计师决策中发挥着主导作用，损害审计质量。

（3）审计师任期。

审计师任期对审计质量也存在正、反两方面的影响。一方面，较长的任期为审计师提供了与公司多次接触的机会，从而增加了审计师与公司建立关联进而损害其独立性、降低审计质量的可能；不仅如此，重复的审计工作还可能导致审计师产生自满情绪，减少审计过程中的精力投入，从而进一步损害审计质量。但另一方面，较长的审计任期增加了审计师对客户的了解程度，更有利于其发现错误，提供更高质量的审计（Singer and Zhang，2018）。

大部分研究支持较长审计师任期对审计质量的提高作用。理论模型的推导结果显示，审计师任期越长越有利于降低公司的舞弊风险（Patterson et al.，2019）。已有实证研究结果发现，审计师任期与公司的盈余质量正相关（Johnson et al.，2002；Myers et al.，2003；Chen et al.，2008），同时也强化了审计师发现并阻止客户囤积坏消息，从而降低股价崩盘风险的能力（Callen and Fang，2017）。Lennox et al.（2014）基于中国数据，以审计合伙人强制轮换规定作为外生冲击，研究发现轮换后第一年的审计质量有明显提高。然而，也有少量研究得出了不同结论。Singer and Zhang（2018）以进行财务重述公司为样本，发现审计师任期越长，公司财务重述的及时性越差。

总而言之，以上结果表明在声誉和诉讼风险的约束下，较长的审计师任期不仅未损害审计师的独立性，反而有助于审计师在提供服务过程中习得更多专业知识，建立专业判断，提供更高质量的审计。

（4）审计师与被审计公司间的社会关联。

审计师与被审计公司间的社会关联对审计质量同样具有正、反两方面的影响。现有研究主要关注审计师事务所与公司经理人过去存在雇佣关系这种形式。一方面，基于同事间的友好关系或出于对前同事的尊重，当前审计师可能较少对公司提出质疑；另一方面，过往的工作经历使得公司经理人十分熟悉审计公司的相关测试方法，他们可以有效地避开审计师的质疑（Lennox，2005b），从而有损审计质量。但公司与审计师的社会关联也可能提升二者之间的信息交流效率，提高审计质量。

相关研究结果表明，审计师社会关联有损审计质量，具体表现为与审计师存在社会关联的公司有更大概率收到标准的无保留意见（Lennox，2005b）、有更低的盈余质量（Menon and Williams，2004）。针对如基于审计师与经理人的校友关系（Guan et al.，2016）、审计师与审计委员会间的社会关联（校友关系、师生关系、雇佣关系）（He et al.，2017）等其他形式的社会关联的研究，均支持社会关联有损审计质量这一结论。因此，该部分研究结果说明，审计师与被审计公司相关人员间的社会关联会使得审计师不顾审计失败的声誉损失和诉讼风险，提供低质量的审计。

除上述四类因素外，还有部分研究发现，更好的法律环境（Ke and Lennox，2015）、更低的市场集中度（Boone et al.，2012）将更有助于提高审计质量，改善治理效果。

7.1.3 媒体

现实中，随着媒体的影响力日趋增强，部分投资者在利益受到侵害却又缺乏直接影响公司行为能力的情况下，常常选择借助媒体的力量来维护自身权益。通过将公司内部代理人的不当行为经由媒体曝光，他们最终能迫使公司内部代理人纠正其利益侵害行为。随着此类事件频频发生，学者们终于意识到了媒体的公司治理作用。

Dyck and Zingales（2002）的研究是探讨媒体公司治理作用的开山之作，他们不仅系统地阐述了媒体发挥治理作用的主要机制，还给出了可以证明媒体治理作用的若干具体案例和大样本统计结果。他们指出，通过降低信息的收集和处理成本，媒体可以作用于声誉的形成和积累过程。进一步，借由对不同人群声誉的影响，媒体能够通过以下三种途径发挥公司治理作用。第一，媒体可以影响政客在公众中的声誉，促使他们为了维护自身声誉而积极推进公司法改革、贯彻公司法实施；第二，媒体可以影响经理人在其雇主和潜在雇主中的声誉，促使他们为获得更好的职业前景而以股东利益最大化为原则行事；第三，媒体可以影响经理人和董事会成员在社会上的声誉，促使他们为了维护社会地位而按照社会规范行事。后续，他们又从经理人在公司治理决策过程中的成本收益权衡出发，比较经理人从公司治理违规行为中获得的私有收益与由此造成的自身声誉损失、潜在的监管处罚等成本，进一步阐释媒体如何通过以上三种途径影响经理人的决策成本，从而作用于经理人的具体决策过程，发挥治理作用（Dyck et al.，2008）。

自 Dyck and Zingales（2002）的开创性研究之后，学术界掀起了一股研究媒体公司治理作用的热潮。从研究结论来看，学者们大都发现媒体报道有助于揭露或约束公司的不当行为，并以此肯定了媒体的正面治理作用（Miller，2006；Dyck et al.，2010；等等）。仅有少数学者提出了不同看法，认为媒体报道并没有对公司后续行为产生实质影响，甚至有时会给经理人造成短期压力，使其产生机会主义行为动机（Dai et al.，2021），恶化公司治理。

与此同时，学者们也研究了哪些因素影响媒体治理作用的发挥。理论上来说，鉴于媒体依赖声誉机制发挥治理作用，其治理作用自然受声誉作用条件的影响。具体而言，声誉能否产生作用由群体是否共享同一社会规范所决定，而声誉能否约束具体对象的行为由该对象是否重视声誉所决定（Dyck et al.，2008）。因此，媒体的治理作用由其受众是否共享同一社会规范和其具体报道对象是否重视声誉所决定。另外，媒体的治理作用受其报道的可信度影响。可信度衡量了媒体是否有动机做进一步调查，以确定所报道信息的有效性以及能否准确报道所掌握的信息（Dyck and Zingales，2002），只有及时准确地报道才能产生相应的治理作用。

纵观已有研究，对声誉作用条件的探讨大都出现在情境检验中，作为补充进一步说明媒体的治理作用，未有单独成篇对其进行研究的文章。学者们主要还是聚焦媒体报道的可信度，关注广告费用（Reuter and Zitzewitz，2006；Gurun and Butler，2012）、与公司的社会关联（Ru et al.，2020）、所有权结构（Prat and Besley，2006；DellaVigna and Hermle，2017；You et al.，2018）、对读者的迎合（Core et al.，2008；Ahern and Sosyura，2015）等因素对媒体报道可信度的影响，发现以上因素均会促成“媒体偏见”，降低媒体报道的可信度。此外，学者们还讨论了公司的媒体管理行为，不仅发现了公司对媒体进行“印象管理行为”的事实（Bednar，2012），还找到了其操纵信息披露的内容（Huang et al.，2018；Jung et al.，2018）、语调（Huang et al.，2014）及时间（Ahern and Sosyura，2014）的证据。公司的媒体管理行为进一步降低了媒体报道的可信度。

下面，我们从媒体的治理作用和媒体治理作用的影响因素两方面对相关文献加以梳理。

1. 媒体的治理作用

媒体的治理作用得到了大多数学者的肯定。已有研究主要从媒体对公司财务造假行为的揭露作用以及媒体报道对公司低效治理行为的约束作用两个方面来说明媒体的治理效应。

一方面，媒体在揭露公司的财务造假行为中发挥了重要作用。具体而言，Miller（2006）探讨了媒体是否参与公司造假行为的早期识别并得到了肯定答案。他们发现，媒体通过对已有信息（通常包括公开可得的文件）的调查、分析形成自身对公司财务造假行为的指控，或是通过传播其他主体如分析师、审计师或法律机构提供的信息，来参与公司财务造假行为的早期识别，起到“监督者”（watch dog）的作用。在此基础上，Dyck et al.（2010）进一步说明了媒体在多大程度上参与公司财务造假行为的识别。他们统计了各类公司财务造假事件中“吹哨人”的分布情况，发现由媒体作为“吹哨人”揭发的公司财务造假事件在样本中占13.2%，这就充分肯定了媒体在公司财务造假揭发中的重要地位。

另一方面，媒体报道有助于改善公司的低效治理行为。具体而言，媒体对低效董事会的报道会促使公司提升董事会质量，如提高独立董事的比例等（Joe et al.，2009）。令人意外的是，在公司间通过连锁董事建立关联时，媒体对关联公司董事会的报道，不论是正面报道还是负面报道，都有利于提高公司的董事会质量（Shipilov et al.，2019）。进一步地，媒体对公司具体不当治理行为的报道会增加其纠正概率。比如，媒体对有损公司价值并购案的报道显著降低了并购最终成功的概率（Liu and McConnell，2013），对CEO超额薪酬的批判会带来后续的薪酬调整（Vergne et al.，2018），从而使公司行为更符合股东利益最大化原则。通过对不当治理行为的约束，媒体报道最终降低了公司的控制权私有收益（Dyck and Zingales，2004）和内部交易利润（Dai et al.，2015）

值得一提的是，随着社交媒体的兴起，部分学者也开始关注其公司治理作用，并为其通过聚集群体智慧发挥积极治理作用提供了初步证据。Ang et al.（2021）发现，小股东在社交媒体上表达的负面评价会提高管理者撤回价值降低型并购要约的可能性，且这一关系随小股东发布信息质量的提高而增强。

尽管媒体的正面治理作用得到了大多数实证研究结果的支持，但仍然有少量学者持不同观点。具体而言，Core et al.（2008）发现，媒体对CEO超额薪酬的负面报道在后续既没有降低CEO的薪酬也没有提高CEO的离职概率，因而媒体并不具备治理效应。Dai et al.（2021）指出媒体具有负面治理作用。他们发现媒体报道与公司的创新活动负相关。因为媒体报道会给管理者造成短期市场压力，促使管理者产生机会主义行为动机，以牺牲公司长期利益为代价来获得积极的短期市场反应。

综合上述分析可以看出，除少数研究对媒体的正面治理作用提出异议外，媒体的正面治理作用得到了大多数研究的肯定。在信息技术飞速发展的背景下，以社交媒体为代表的各类媒体的影响力日趋增强，媒体在社会生活的方方面面都发挥着越来越重要的作用。因此，充分利用媒体这一外部治理机制的力量必将对改善公司治理大有裨益。

2. 媒体治理作用的影响因素

如前所述，媒体报道的可信度决定了其是否以及在多大程度上发挥治理作用。已有研究主要从广告费用、与公司间社会关联、所有权结构、对读者的迎合等方面出发，探讨媒体报道的可信度是否受到影响。

首先，与公司间的广告业务往来有损媒体可信度，使得媒体发布有利于广告商的报道。比如，Reuter and Zitzewitz（2006）发现，金融媒体对共同基金的推荐与基金的广告支出正相关；而Gurun and Butler（2012）的研究发现，相较于异地公司，媒体对本地公司的报道中使用的消极词汇更少，原因在于本地公司与媒体间存在更多的广告业务往来，向媒体支付了更多的广告费用。

其次，与公司间的社会关联同样有损媒体可信度，使媒体发布有利于关联公司的有偏报道。当公司高管与媒体高管之间通过校友或是同乡关系建立关联时，媒体对公司的报道数量更多，报道内容的语调更积极，但报道中包含的信息却更少（Ru et al.，2020）。这说明，公司高管与媒体高管间的社会关联使得媒体在报道时失去了客观性，降低了媒体可信度。

最后，为迎合读者，吸引读者注意，媒体会牺牲其报道的准确性。读者是媒体赖以生存的基本前提，出于经济动机，媒体倾向于根据读者的特征来调整报道内容。媒体的这一倾向在多种情景下均得到体现。在报道公司高管薪酬时，鉴于期权行权收益反映了长期以来对高管薪酬激励的累计结果，收益的数额越大越易吸引读者注意，因此，媒体会对执行大量期权的高管进行更多报道（Core et al.，2008）。在并购情景下亦是如此。媒体更愿意对知名公司的这一类更具新闻价值、更能吸引广泛受众的并购传闻进行报道，然而，许多知名公司被报道的并购传闻后来并没有发生，即报道的准确性更低（Ahern and Sosyura，2015）。

此外，有研究对媒体与其所报道的公司同属一个集团是否影响其报道给予了关注，并未发现此类关系的负面影响（DellaVigna and Hermle，2017）。

除了上述媒体本身的各种利益关系会致使其发布有偏报道外，已有研究还发现公司方面存在媒体管理行为，同样影响了媒体报道的准确性。

管理者会通过一些“表面功夫”美化公司形象，以“骗取”媒体的积极报道。由于积极的媒体报道会给管理者带来诸如提高薪酬等系列好处，管理者出于私利动机，会进行一些看似有利于公司实则对公司无实质影响的机会主义行为，来为公司获得媒体的好感和积极的报道，比如增加表面独立但实际上可能跟公司存在其他隐性社会关联的董事，象征性地提高董事会独立性（Bednar，2012）。

公司还会根据自身情况以及实际需求，对信息披露内容、语调及时间等进行选择，对媒体报道形成间接性操纵。以披露内容操纵为例，Huang et al.（2018）发现，在披露公司收益的情景下，鉴于投资者注意力有限，当管理者更希望投资者对公司收益信息做出反应时，他们就会使用更加显著（量化程度更高）的标题。Jung et al.（2018）则以社交媒体这一新兴的公司信息传播渠道为研究对象，发现公司只会在社交媒体上披露正面消息，而不太可能发布负面消息。管理者对收益报告语调的操纵同样得到了证实。Huang et al.（2014）发现，如果公司实际表现不佳，管理者就会在披露报告中使用更加积极的语调；而如果出现管理者即将被授予期权等需要压低股价的情况，他们就会在报告中使用更加消极的语调。此外，信息披露的时间也会对公司产生影响，具有操纵价值。在并购场景下，使用股票作为支付方式时，主并公司会在并购谈判开始后、并购决定宣布前发布更多的媒体报道。这一策略会在股票交易比率确定期间使主并公司的股价上涨，降低收购成本（Ahern and Sosyura，2014）。

报道的准确性是媒体发挥治理作用的前提和基础。然而在实际中，媒体报道不仅受其自身利益冲突的影响，还面临着来自公司的蓄意操纵。如何保障媒体报道的准确性值得深思，我们一方面寄希望于更严格的监管，可以对媒体和公司的不当行为进一步加以约束，另一方面也期盼随着资本市场信息透明度的不断提高，市场本身可以爆发更强大的力量，能更加敏锐地发现、更加严厉地惩罚各个主体的不当行为。

从以上对信息中介治理领域文献的回顾中可以看出，不论是分析师、审计师还是媒体，都在公司治理中发挥着独特且重要的作用。在后续内容中，我们将在上述三类信息中介的研究中分别选取一篇经典、重要且对后续研究具有启发性的文献，以对相关领域的研究进行详细和深入的探讨。

在分析师部分中，我们选取的文献是 Hsiou-Wei Lin 和 Maureen F. McNichols 于 1998 年发表在 *Journal of Accounting and Economics* 上的 "Underwriting relationships, analysts' earnings forecasts and investment recommendations"。该文聚焦分析师所在公司与其跟踪公司存在证券承销关系这一具体利益冲突，为分析师独立性受损提供了证据。该文在已有研究的基础上关注更为详细的指标和更长的研究区间，得出了更为丰富的结论，在如何细化并挖掘已有研究话题的价值上具有启发意义。

在审计师部分中，我们选取的文献是 Connie L. Becker、Mark L. Defond、James Jiambalvo 以及 K. R. Subramanyam 于 1998 年发表在 *Contemporary Accounting Research* 上的 "The effect of audit quality on earnings management"。不同于以往的大多数研究，该文认为经理人从事盈余管理的能力存在差异，进而探讨了审计质量是否是导致该差异的原因之一，并发现高质量审计确实通过限制经理人的盈余管理能力，降低了公司的盈余管理。该文识别了一个审计师发挥治理作用的具体机制，也证明了高质量审计的价值。这为公司聘请高质量审计，为监管者规范审计行业、倡导高质量审计提供了依据。

在媒体部分中，我们选取的文献是 Alexander Dyck、Natalya Volchkova 以及 Luigi Zingales 于 2008 年发表在 *The Journal of Finance* 上的 "The corporate governance role of the media: Evidence from Russia"。该文是媒体公司治理作用研究领域内最重要的文章之一。该文系统地阐明了媒体发挥治理作用的机制，深化了媒体治理作用分析，极大地启发和促进了后续研究。并且该文使用的成本收益分析框架也极具借鉴意义。同时，借助研究情景的巧妙选择，文章在很大程度上克服了实证研究的最大阻碍即内生性问题的困扰，实现了媒体治理作用研究的因果识别。

接下来我们将逐篇介绍论文内容并进行简要评述。

7.2 重点文献导读

7.2.1 承销关系、分析师盈余预测和投资建议

Underwriting Relationships, Analysts' Earnings Forecasts and Investment Recommendations

7.2 参考文献

文献来源：Lin H-W, McNichols M F. Underwriting relationships, analysts' earnings forecasts and investment recommendations. *Journal of Accounting and Economics*, 1998, 25 (1): 101-127.

1. 研究动机与研究问题

现实中，分析师经常在各种各样的利益冲突下被质疑独立性不足，发布的研究报告过于乐观。事实是否真的如此？

该文聚焦证券承销这一具体情景下分析师面临的利益冲突，对上述问题进行了研究。具体地，该文研究了当分析师与其跟踪公司通过证券承销建立关联时（后称关联分析师），其研究报告是否更为乐观。

2. 研究过程

（1）理论分析。

考虑形成承销关系的两种可能情景。一种是非策略性偏差情景（non-strategic bias scenario）。该情景下，分析师对发行公司前景的预期是影响承销关系形成的主要原因。看好发行公司前景的分析师会发布更为乐观的研究报告。受此影响，此类分析师所在公司更有可能提出一些有利于发行公司的条款来促成二者的承销关系。同时，发行公司也更愿意与看好其前景的承销商公司合作。由此，分析师客观、公允地发布研究报告，但对发行公司前景预期更乐观的分析师所在公司最终成为承销商，导致关联分析师的研究报告更为乐观。

另一种是策略性偏差情景（strategic bias scenario）。该情景下发行公司将分析师研究报告的乐观程度作为选择承销商的直接或间接因素，并倾向于选择出具研究报告更乐观的分析师所在的公司。所以在承销商公司正式选定之前，分析师会通过发布更乐观的研究报告，增大其所在公司被选为承销商的机会。但不同公司分析师对发行公司研究报告的操纵动机不同。认为其所在公司大概率会成为承销商的分析师，会更趋于提高研究报告的乐观程度。由此，通过操纵发布更乐观研究报告的分析师所在公司最终成为承销商，造成关联分析师的研究报告更为乐观的现象。

虽然驱动因素不同，但以上两种情景最终都导致发布更乐观研究报告的分析师所在公司成为承销商。由此作者提出了文章假设：相较于非关联分析师，与跟踪公司通过证券承销关系建立关联的分析师，其研究报告更乐观。

（2）基本实证结果。

作者通过比较关联和非关联分析师的盈余预测、长期盈余增长预测以及投资建议来实现对上述假设的检验。股票正式发行前的比较结果显示，关联与非关联分析师当年和下一年盈余预测的乐观程度无显著差异；在盈余增长率的预测和投资建议上，关联分析师显著更乐观。其中，主承销商和联合承销商与非关联分析师的比较结果类似，差别仅在于主承销商的乐观程度更高。考虑到发行前承销关系尚未完全确定，分析师的行为只是基于其对承销关系的预期。作者在股票发行后重复上述比较，结果与上述发现一致。

以上结果表明，关联分析师仅在如盈余增长和投资建议这类更长期、不确定性更大的变量上的预测更为乐观。其原因可能在于两方面：一是发行公司在选择主承销商时主要关注增长预测和推荐；二是对增长和推荐的操纵更难被投资者察觉，因而对分析师来说操纵成本更低。同时，以上结果也表明，影响主承销商分析师预测和推荐的因素同样影响联合承销商分析师。

（3）进一步分析。

那么，投资者是否能感知到关联和非关联分析师在投资建议上的质量差异呢？基于关联分析师的研究报告过于乐观这一事实，作者认为，假设投资者能感知这一差异，那么他们在短期市场的反应会表现出一些差异。相较于非关联分析师，关联分析师的“买入”建议在短期市场反应上更不积极，其“持有”或“卖出”建议在短期市场反应上更加消极。

作者分别在股票发行后一年和两年这两个时点上，比较了关联和非关联分析师投资建议在短期收益上的差异。基于股票发行后一年的结果显示，在关联和非关联分析师的全样本中“强势买入”“买入”建议的短期收益显著为正，其“持有”“卖出”建议的短期收益则显著为负。该结果一是表明投资者认为分析师的建议具有信息含量，二是表明投资者主动剔除了“持有”建议中的乐观偏差，因为他们将“持有”建议解读为负面信息而非中性信息。

另外，就关联和非关联分析师在短期收益上的差异来说，在“强势买入”“买入”建议上，关联和非关联分析师的短期收益未表现出显著差别。但在“持有”建议上，关联分析师的短期收益在更大程度上显著为负。该检验结果说明投资者能够感知到两类分析师投资推荐的质量差异。同时，这一结果还有助于说明关联分析师更为乐观的原因。具体而言，该结果支持前述策略性偏差情景。因为非策略性偏差情景下，相较于关联分析师，非关联分析师的所有建议的短期收益均应在更大程度上显著为正，而上述结果说明关联分析师仅存在策略性避免“卖出”的倾向。在股票发行后两年的样本中重复上述估计，除了市场对关联分析师“强势买入”的积极反应显著更强外，其余结果不变。

同时，作者认为，既然关联分析师的建议过度乐观，那么如果投资者遵循其建议进行投资，其长期投资表现理应不佳，即相较于非关联分析师，遵循关联分析师的“买入”建议将获得更不积极的长期收益，遵循其“持有”或者“卖出”建议将获得更加消极的长期回报。但检验结果显示，关联和非关联分析师的投资推荐在长期收益上并未表现出显著差异。在股票发行后两年的样本中重复上述估计，结果仍然如此。为了增加结论的稳健性，作者改变了对推荐分类的定义，发现上述结论并未改变。

综上所述，作者认为投资者在做决策时自主修正了分析师在“持有”建议中的乐观偏差。并且相较而言，投资者对关联分析师“持有”建议中的乐观偏差修正程度更高。

3. 研究贡献

基于实证研究发现，作者阐述了该文的相关贡献。具体来说，第一，该文丰富了对首次和后续公开募股时分析师预测及预测偏差的研究。通过对关联和非关联分析师的盈余预测、增长预测以及投资建议的大样本分析，该文发现关联和非关联分析师在短期盈余预测上不存在显著差异，这一点与以往研究类似（Hansen and Sarin，1996），但不同的是，该文进一步发现二者在长期盈余增长预测和投资建议上存在显著差异。由此，仅仅比较关联和非关联分析师在短期盈余预测上的结果，并不足以说明分析师对声誉的重视可以完全抵消投行压力对分析师的影响。

第二，该文也丰富了关联分析师与投资建议领域的研究。首先，该文克服了以往研究的小样本缺陷（Dugar and Nathan，1995），不仅发现关联和非关联分析师在投资建议上存在显著差别，并进一步表明市场会对此差异做出反应；其次，该文说明关联分析师研究报告更乐观的现象不仅存在于首次公开募股时（Womack，1996），在后续公开募股时同样存在；再次，以往研究发现，相较于关联分析师，非关联分析师的“强势买入”“买入”建议在短期市场反应上更为积极。与之不同，该文在“强势买入”“买入”建议的短期市场反应上，未发现关联和非关联分析师之间存在显著差别，而在“持有”建议的短期市场反应上发现关联分析师更加消极。这一结果表明投资者会主动剔除关联分析师“持有”建议中的乐观偏差。从次，在研究分析师推荐的长期市场反应时，该文将时间区间限定在投资建议的有效期内，即分析师对公司发布该次推荐建议到其发布下一次推荐建议，或放弃跟踪该公司抑或不再受雇于当前经纪公司之前的时间，是对相关研究方法的扩展。最后，该文未在投资建议的长期市场反应上发现关联和非关联分析师间的差异。这表明，长期来看，可能存在一些其他因素如关联分析师的信息优势，可以抵消关联分析师投资建议中的乐观偏差。

4. 评述

我们认为该文的亮点可以从以下两方面阐释。一方面，该文从横向和纵向两个维度，对已有的关于关联分析师以及投资建议的相关研究进行细化，得到了新的结论，这一研究思路值得学习。具体来说，横向维度体现在指标选择上，作者不仅使用了分析师研究报告中的盈余预测这类短期指标，还将盈余增长预测和投资建议这类长期指标纳入研究中；纵向维度体现在研究区间上，作者不仅检验分析师的短期市场反应，还进一步检验了长期市场反应。另一方面，该文的研究发现对会计人员、投资者以及监管者均有启示意义，具有极强的现实意义。

当然，该文也存在不足之处。比如，由于发表时间较早，该文在实证检验上有待细化，可进一步考虑控制内生性问题，进行更丰富的情境检验，既可以强化文章的研究结论，也可以更为清晰地反映变量之间的作用机理。此外，对于未在投资建议的长期市场反应上发现关联和非关联分析师的差异，作者在讨论文章贡献和实证研究部分给出了不同的说法，对于文章贡献，作者解释道："长期来看，可能存在一些其他因素如关联分析师的信息优势，可以抵消关联分析师投资建议中的乐观偏差"，而在实证研究过程中则是这样说的："投资者在做决策时自主修正了分析师在持有建议中的乐观偏差。并且相较而言，投资者对关联分析师'持有'建议中的乐观偏差的修正程度更高。"尽管可能二者都存在，但是解释前后不一致易令人产生困惑，而且，对于在贡献中提到的关联分析师信息优势的抵消作用较难理解。其抵消作用更为可能的原因是"关联关系的存在使得他们难以保持客观公正的立场"，如果这样去解释，前后两个地方似乎就保持一致了。

7.2.2 审计质量对盈余管理的影响

The Effect of Audit Quality on Earnings Management

文献来源：Becker C L，Defond M L，Jiambalvo J，Subramanyam K R. The effect of audit quality on earnings management. *Contemporary Accounting Research*，1998，15 (1)：1－24.

1. 研究动机

盈余信息从整体上反映了公司的经营情况，是公司最重要的会计信息之一，因而受到公司各个利益相关群体的高度重视。经理人作为公司日常经营的决策者、公司盈余的主要负责人，免不了在方方面面受到盈余信息的影响。

经理人既受到盈余信息的硬约束，如经理人薪酬计划等合同的制定基础为盈余信息；同时，经理人又受到盈余信息的软约束，如与客户或供应商的合同，其中虽很少对公司盈余做出强制性的限定，但其重要性不言自明。另外，盈余信息还能在如进口减免谈判（import relief negotiation）、管理层收购（management buyouts）、代理权争夺（proxy contacts）等一些重要场合为公司争取优势地位。因此，经理人出于公司或其自身利益最大化的考虑，有强烈的动机去进行盈余管理。

以往研究主要将重点置于经理人进行盈余管理的动机之上，假定其进行盈余管理的能力具有同质性，但这一假定与现实有所出入。实际上，经理人进行盈余管理的能力受到如公司内部治理结构等诸多因素的影响（Sweeney，1994；Dechow et al.，1995）。

2. 研究问题

与以往研究不同，该文转而关注哪些因素影响了经理人进行盈余管理的能力。具体来说，该文主要关注外部审计质量这一因素如何影响经理人进行盈余管理的能力。

3. 研究过程

（1）理论分析。

通过核验公司财务报告，外部审计降低了经理人与利益相关者之间的信息不对称程度，有效减少了公司内的盈余管理。但外部审计对盈余管理的制约能力与其审计质量息息相关。审计质量越高，审计过程中越有可能发现盈余管理，且越有可能据此出具保留意见，从而盈余管理更容易被曝光在公众面前，使经理人声誉及公司价值受损。由此，相较于审计质量低的审计师，审计质量高的审计师对盈余管理的制约能力更强，对应公司盈余操纵现象更少。DeAngelo（1981）从理论上证明，审计公司规模是审计师质量的代理变量之一。审计公司未能及时指出客户公司的盈余管理而使声誉受损时，规模越大的公司，审计师因失去客户而遭受的损失越大，因而更有动机去发现和指出客户公司的盈余管理，提供更高质量的审计服务。因而审计师是否来自“六大”（美国规模最大的六家会计师事务所）是衡量审计师质量最常见的方式。

经理人对盈余的操纵可分为上调与下调两种。实践证据表明，一方面，经理人更倾向于上调盈余。另一方面，审计师常常因为容忍上调盈余受到诉讼，但未出现因审计师容忍下调盈余而受到诉讼的案例。因而，相较于下调盈余的行为，“六大”的审计师在公司上调盈余的行为中面临声誉受损的风险更大，更有动力提供高质量的审计服务。基于以上实践证据，该文主要关注上调盈余的行为，并使用可操纵应计利润反映盈余管理的大小和方向。

综上提出文章假设：相较于有“六大”的审计师参与审计（简称“六大审计”）的公司，未有“六大”的审计师参与审计（简称“非六大审计”）的公司会报告更高的可操纵应计利润。

（2）基本实证结果。

在正式阐述文章的实证检验前，需要就文章样本做两点说明。其一，样本公司在研究区间内不涉及审计师类型转换；其二，为了提高“六大审计”和“非六大审计”样本间的可比性，该文以同年、同行业、经营性现金流处于同一个十分位组为匹配标准，进行了样本匹配，并剔除了匹配失败的样本。

文章先后使用单变量分析和多元回归分析对上述假设进行检验。其中，因变量可操纵应计利润通过横截面Jones模型计算得到（Jones，1991）。单变量分析的结果为文章假设提供了初步支持，即“非六大审计”的公司在可操纵应计利润上显著高于“六大审计”的公司。然而，由于对是否为“六大审计”公司相关特征的描述性统计结果显示，两类公司在诸多方面存在固有差异，如“六大审计”的公司规模更大，盈利能力更强，而单变量分析无法控制这些差异对可操纵应计利润的影响，因此需要使用多元回归分析才能得到稳健的结果。加入一系列控制变量的多元回归分析结果显示，“非六大审计”的公司在可操纵应计利润上显著高于“六大审计”的公司，与文章假设一致。

（3）稳健性检验。

为了减轻误差项的截面相关性对结果的影响，该文分年度重新进行了上述回归，结果原有发现仍旧存在。此外，虽然该文主要关注上调收入的盈余管理，但也对综合了上调和下调收入的整体盈余管理水平进行了单变量分析。整体盈余管理水平反映了公司的会计灵活度，使用可操控性应计利润的绝对值作为代理变量。结果显示，“非六大审计”的公司在可操纵应计利润的绝对值上显著高于“六大审计”公司。这就说明，“非六大审计”公司的会计灵活度更高，与其盈余管理程度更高的假设一致。

4. 研究贡献和不足

作者认为该文的贡献在于以下三点。一是该文直接验证了审计质量和盈余管理之间的关系，丰富了关于审计质量的研究。不同于该文，以往的研究多从对审计质量与盈余管理关系的假定出发，检验与盈余管理相关的可观测特征如诉讼风险等与审计质量间的关系，属于间接检验。二是该文证明外部审计对公司经理人的会计政策选择具有约束作用，且约束有效性由审计质量决定，丰富了会计政策选择相关研究。三是该文有利于对可操纵应计利润开展后续研究。该文的研究结果说明，后续对可操纵应计利润的研究必须在回归中增加审计质量这一控制变量。

同时，作者也指出了该文的一些不足之处。限于数据可得性，该文存在一个无法排除的替代性解释。理想情形下，该文应该检验可操纵应计利润的变动比例而不是可操纵应计利润的水平在是否为“六大审计”的公司中的差异，以此研究审计质量对盈余管理的影响。但此检验思路受限于审计前数据的不可获得性。因而该文存在一个替代性假说，即“非六大审计”的公司在审计前的可操纵应计利润水平较高，即便审计过后其可操纵应计利润变动比例较大，其可操纵应计利润水平可能仍高于“六大审计”的公司。

5. 评述

我们认可作者提到的三点贡献。与此同时，我们认为文章的亮点还体现在以下三方面。首先，该文对审计师治理作用的后续研究具有启示意义。以往研究大都基于审计质量与公司潜在代理问题严重程度的关系来说明审计师的治理作用，而该文是较早从审计质量截面差异的后果出发来说明审计师治理作用的文章，推动了后续审计质量与公司行为的相关研究。其次，该文对公司审计师雇佣决策具有指导意义。文章从对经理人盈余管理的约束作用为高质量审计的积极意义提供了又一证据，因此旨在约束经理人代理行为的公司有必要雇用审计质量高的外部审计。最后，高质量审计的积极效应也启示相关部门要加强对审计行业的监管，助力高质量审计更好地发展，进而更好地服务于公司。

当然，文章也不免存在一些瑕疵。由于发表时间较早，在现在看来，其实证过程略显粗糙，作者未在文中进行内生性问题的检验，也没有进行相关情境检验，可能会影响结论的稳健性。

7.2.3 媒体的公司治理作用：来自俄罗斯的证据

The Corporate Governance Role of the Media：Evidence from Russia

文献来源：Dyck A，Volchkova N，Zingales L. The corporate governance role of the media：Evidence from Russia. *The Journal of Finance*，2008，63（3）：1093－1135.

1. 研究动机与研究问题

近年来，对冲基金已然成为公司治理强有力的参与者之一。从现实来看，对冲基金经理最常使用的策略是利用媒体将公众目光吸引到业绩表现不佳的公司上，从而迫使公司经理人离职或改变经营方针。但仅仅根据这一现实结果，很难判断媒体究竟是因本身具有治理作用而被作为对冲基金的工具，还是只是充当其他治理机制的触发手段。因此，媒体是否具有治理作用仍然是一个有待研究的问题。

基于此，该文对媒体的治理作用进行了深入探讨。

2. 研究过程

（1）理论分析。

现实中存在着大量理性忽略（rational ignorance）的情况，即在信息获取成本超过其附带收益的情况下，个体会故意忽略该部分信息。媒体能通过对信息的收集、筛选、认证及再归整，极大降低公众的信息获取成本，有效克服理性忽略的情况。因而，媒体增加了信息在公众中的传播范围，增强了声誉的影响效应。Fama（1980）最早认识到声誉的公司治理作用。在其之后，早期研究主要强调经理人对其在潜在雇主群体中声誉的重视（Fama and Jensen，1983），因其直接影响了经理人薪资和未来的工作机会。后续研究进一步强调了经理人对其在资本市场上声誉的重视（Diamond，1989），因其会直接影响公司融资，进而影响公司未来发展。可见，声誉可以从不同方面影响经理人利益，从而约束经理人的机会主义行为，发挥公司治理作用。增强声誉的影响效应是媒体发挥公司治理作用的主要途径。

那么，媒体具体如何通过声誉机制作用于公司治理呢？这可以从经理人的决策过程出发去理解媒体对公司治理的作用机理。经理人的决策过程是一个成本收益的权衡过程。具体到涉及违反公司治理规定的决策，经理人的潜在收益是从决策中获得的私人利益，潜在成本则包括经理人的声誉成本和决策可能引发的强制性惩罚成本，只有当经理人对潜在收益的预期大于对潜在成本的预期时（E(私人利益)＞E(声誉成本)＋E(惩罚成本)），才会最终执行该决策，违反公司治理规定。经理人对潜在声誉成本和强制性惩罚成本的预期，由成本发挥作用的可能性和成本大小共同决定。

媒体报道正是通过影响经理人和监管者的声誉，从而作用于经理人对潜在成本预期的四个组成部分，进而影响经理人决策，发挥公司治理作用。具体来说，首先，媒体可以增加经理人声誉成本发挥作用的概率，从而增加经理人对声誉成本的预期（E(声誉成本)）。媒体报道通过扩大信息的传播范围，增加经理人行为被特定群体知晓的概率，以此经理人在该群体中的声誉成本得以对其发挥约束作用。当然，媒体有其特定的受众，其作用仅局限在受众群体中。

其次，媒体可以影响经理人声誉成本大小，从而增加经理人对声誉成本的预期（E(声誉成本)）。与第一种方式的作用机制不同，此处不强调群体覆盖范围上的增加，而强调传播过程中，媒体的负面描述和谴责语气能在受众中更普遍地、更大程度地形成对经理人行为的负面认知，以此影响声誉成本的大小。

再次，媒体可以增加经理人受到强制性惩罚的概率，从而增加经理人对惩罚成本的预期（E(惩罚成本)）。在决定是否对公司治理违规现象执行强制性惩罚时，监管者面临与经理人相似的成本收益权衡。具体地，监管者不执行强制性惩罚的私人收益表现为省时省力和从违规公司中获得好处，成本则体现在因不作为面临的一些声誉成本。此外，如果监管者的不作为违反了法律，则其成本进一步体现在受法律惩罚的风险上。媒体对公司治理违规消息的传播，对监管者不作为的揭露，可以在以下三种渠道的作用下增加监管者的不作为成本，迫使其采取一定行动，进而提高经理人受到惩罚的概率。一是媒体可以加强“选民声誉”对政治家的约束作用。因为政治家希望通过积极作为维护其在选民中的声誉，所以当负面事件经媒体报道受到公众广泛关注时，政治家更有可能采取行动。二是媒体可以削弱既得利益者的权力，使公共利益在与既得利益的斗争中占优。既得利益者的权力如此之大的一个主要原因是在选民中存在理性忽略现象，然而正如前文所述，媒体能通过降低信息获取成本克服该现象，从而降低既得利益者的权力。三是媒体可以加强“国际声誉”对政治家的约束作用。任何有关政治家不作为或是无法掌控局势的媒体报道（特别是国外媒体报道），都会损害其在国际社会上的声誉。

最后，媒体可以影响经理人受到强制性惩罚的大小，从而增加经理人对惩罚成本的预期（E(惩罚成本)）。当监管者对惩罚大小有酌处权且受公众声誉约束时，媒体就能通过声誉机制对监管者形成约束，从而影响强制性惩罚的大小。另外，媒体还能通过在审判时影响陪审团的情绪影响强制性惩罚的大小。

需要注意的是，经理人在决定是否违反公司治理规定时，会根据上述成本收益预期进行权衡，而在实际违反公司治理规定后，决定是否对其进行改正时，则会根据上述预期成本收益实际值的大小进行权衡。因而媒体的公司治理作用在事前及事后均有体现。

另外，媒体治理效应在不同情况下也有差异，媒体本身及外部环境不同都会导致治理效应不同。当媒体的受众越多、可信度越高、其所处外部环境中个体价值观的一致程度越高时，其治理效应越强；而当公司对外部环境的依赖性越低时，其治理效应则越弱。

（2）识别策略。

以上论述从理论上明晰了媒体如何具体发挥公司治理作用。在实证中，出于以下几点原因，作者选择俄罗斯作为研究场景。第一，20 世纪 90 年代末，俄罗斯的公司治理违规现象十分普遍，因而提供了丰富的研究数据。第二，在该文研究区间内，其他标准的公司治理机制要么不存在，要么完全无效，因而能够单独剥离媒体的公司治理效应。第三，俄罗斯有一只名为 Hermitage 的对冲基金，该基金的特别之处在于 1998 年金融危机后，其开始有意识地借助媒体的力量来影响持股公司的治理行为。以其持股情况作为工具变量将可以得到外生的媒体报道变化，从而识别出媒体报道对公司治理的因果效应。第四，研究区间内，俄罗斯公司的经理人仅初步认识到媒体的影响，不太可能预先在其决策中考虑媒体的影响，因而可以基于后续结果检验媒体是否具有治理作用。

该文的研究区间是 1998—2002 年，研究样本为涉及治理违规行为的俄罗斯公司。在核心变量的衡量上，以治理违规事件公布前一个月到治理违规事件公布后两个月的报道总量作为对应公司媒体报道的衡量，以治理违规事件后续纠正情况来衡量治理效果。鉴于前述媒体的治理效应与其受众及可信度密切相关，该文据此区分出了三类媒体以进一步探究媒体的治理效应。其中，第一类是使用俄语进行报道的俄罗斯媒体，受众是俄罗斯公众；第二类是使用俄语进行报道的外资媒体，同样影响俄罗斯公众；第三类是使用英文进行报道的英美媒体，影响范围涵盖国际经济和政治权力中心。

（3）基本实证结果。

由于实证结果表明，上述三类媒体中仅有英美媒体的报道能对公司治理产生影响，因而该文仅关注了英美媒体报道数量的影响因素，并重点聚焦 Hermitage 这一对冲基金是否能提高英美媒体对特定公司或事件的报道。研究结果显示，公司规模和自然情况下的媒体报道数量是英美媒体报道的主要决定因素。但在控制上述因素后，Hermitage 基金对公司的持股仍然能显著增加公司的媒体报道数量，其持股比例增加一个标准差，预期报道水平将增加一倍。该结果说明了该对冲基金确实在借助媒体的力量影响公司行为，而更为重要的是，这一结果为后续以 Hermitage 基金对公司的持股比例作为媒体报道数量的工具变量提供了初步依据。

要检验该文的核心问题，即媒体报道能否影响公司治理，最简单的方式即为非参数检验。为检验是否被英美媒体报道是造成公司之间违规行为纠正差异的最大原因，作者在非参数检验中依据这一维度对样本进行了划分。检验结果显示，相较于未经英美媒体报道的公司，那些被英美媒体报道的公司治理违规行为在后续被纠正的比例显著更高。该结果为媒体的公司治理作用提供了初步证据。同时，为进一步说明后续以 Hermitage 基金对公司的持股比例为媒体报道数量工具变量的合理性，作者以是否被 Hermitage 基金持股为分组标准检验了公司治理违规行为的纠正概率。研究发现，被持股公司的治理违规行为纠正比例显著高于未被持股公司，再次证明了该工具变量的合理性。鉴于非参数检验无法考虑其他因素对结果的影响，作者又进行了多元回归分析。回归结果同样支持英美媒体报道显著提高了公司治理水平这一结论，且一系列稳健性检验也并没有改变这一结论。

（4）进一步分析。

那么，不同类型媒体在治理作用上是否存在差异呢？作者发现，不同于英美媒体，俄罗斯媒体并未显现出治理效果。进一步，二者间治理作用差异的原因何在？是二者在受众上还是在可信度上的不同所致？作者借助 *Vedemosti* 这一特别的媒体阐明了这一问题。具体来说，*Vedemosti* 由英美媒体创办，与其有相同的声誉，即可信度相同，区别在于 *Vedemosti* 的受众在俄罗斯本国，而英美媒体的受众在外国。在检验中没有发现 *Vedemosti* 具有显著的公司治理作用，因而英美媒体的公司治理作用来源于其受众。

（5）内生性处理。

在内生性问题的处理上，作者使用了以下三种方法。第一，作者以 Hermitage 基金 1998 年的持股情况作为媒体报道工具变量直接解决内生性问题。从媒体报道决定因素的回归结果中可以看出，在控制一系列因素后，Hermitage 基金仍能显著增加媒体报道，符合工具变量的相关性特征。为了进一步说明二者的相关性，作者还阐明了 Hermitage 基金影响媒体报道的两个机制。一是成为有用的信息来源。Hermitage 基金会主动调查研究收集信息，然后将其所得信息交由指定记者发布，从而增加媒体报道。由此，其不仅能掌握报道发布的具体内容，还能左右报道发布的时间。二是成为新闻。通过诸如提起诉讼等方式，Hermitage 基金使其自身成为媒体关注的焦点，从而增加媒体报道。从工具变量的外生性来说，文章选择 1998 年 Hermitage 基金的持股比例作为工具变量，该时间在公司治理违规现象激增的俄罗斯债务危机之前，此时 Hermitage 基金的持股情况不太可能是在考虑媒体治理策略下确定的。在此前提下，使用工具变量回归不改变原有结果，媒体报道仍然具有公司治理作用。第二，作者使用了 Cox 比例风险模型，发现媒体报道加快了公司治理违规行为的纠正速度，与原有结果逻辑一致。第三，作者在一个新的假设下检验了媒体报道的公司治理作用。具体来说，如果媒体存在公司治理效应且经理人存在学习效应，那么在经历被迫改变公司治理违规决策后，经理人会意识到这种行为带来的严重后果。因此，可以预期公司治理违规事件的发生频率应越来越少，且这种减少在 Hermitage 基金持股的公司应该更加显著。检验结果与该假设一致。以上三种方法的结果进一步论证了媒体报道与公司治理间的因果效应。

（6）影响机制归纳。

最后，作者对媒体报道产生影响的机制进行了归纳。根据样本中公司治理违规行为纠正的具体原因，作者认为媒体报道产生影响的主要机制是增加不当行为（公司治理违规行为）在相关受众中（英美投资者）的声誉成本，这一方式的成功在很大程度上取决于关键行为者（经理人）对其在这一群体中（英美投资者）的声誉的重视程度。

3. 研究贡献

作者认为该文的贡献在于以下三个方面。第一，该文论证了媒体报道的公司治理效应。研究结论表明，媒体不仅反映现实，也会影响现实，这一发现丰富了对媒体报道真实影响效应的研究。第二，该文发现了对冲基金对媒体报道的影响，说明即使是最知名的媒体，其报道也会受到利益集团的影响，因而丰富了媒体报道偏见决定因素的相关研究。第三，该文关注对冲基金这一类新的公司治理参与者，并且聚焦其与媒体这一重要治理机制之间的相互作用，丰富了股东积极主义的相关研究。

4. 评述

该文是研究媒体公司治理作用的重要文章之一。正如作者所言，其对多个相关领域的研究均做出了重要贡献。除了作者提到的几点之外，我们认为该文的亮点还体现在以下几个方面。第一，在从理论上具体说明媒体如何发挥公司治理作用时，作者提出的成本收益分析框架和具体的期望公式简单明了易于理解，是该文的最大亮点，这一理论框架和分析方法均值得借鉴。第二，该文对内生性问题的解决方法值得借鉴。其一，该文找到了绝佳的工具变量，其对工具变量的选择思路以及后续对工具变量合理性论证的方式都值得借鉴；其二，作者还罕见地在内生性问题的解决上使用了 Cox 模型，为 Cox 模型的应用提供了又一范例，供后续研究参考。第三，该文的研究场景选择十分巧妙，为研究提供了诸多便利。作者已对此做了充分说明，此处不再赘述。第四，该文研究了媒体报道的影响因素，这为后续研究的控制变量选择提供了参考。

同时，我们认为该文存在以下几点不足。第一，在对工具变量的合理性进行论证时，重点放在了相关性论证，对工具变量外生性的说明稍显不足。第二，作者虽然识别出了影响声誉对于经理人重要程度的变量，即英美投资者持股及欧洲开发复兴银行是否是公司债权人，却没有为此设计情境检验，如果能进一步设计情境检验，进一步论证媒体发挥公司治理作用的机制将更加完善。

7.3　未来研究展望

7.3　参考文献

在公司治理体系中，信息中介在连接公司与投资者之间扮演着重要角色。常见的信息中介包括分析师、审计师、媒体等，如前文概述部分阐释，信息中介在提升信息环境质量、完善治理体系、引导资源分配方面均具有突出作用。随着金融市场的发展，信息中介从多方位触及公司治理和行为决策，其作用的复杂性与多样性也受到更多关注。因此，在前文系统性文献回顾的基础上，此部分将进一步探讨有关信息中介治理的未来研究方向。具体地，我们首先分别阐述分析师、审计师、媒体治理作用的研究空白，然后就其共性部分或相互关系进行简要讨论。

在分析师方面，有关分析师治理作用的异质性及其具体机制值得学者关注。已有研究表明，分析师跟踪显著提升了企业价值（Chung and Jo，1996）、改善信息披露质量（Irani and Oesch，2013）、减少价值减损型并购（Chen et al.，2015）、降低激进的非公认会计原则报告（Christensen et al.，2021）等；但同时，分析师跟踪也使得公司经理人面临高外部压力，诱发印象管理行为（Westphal and Graebner，2010）、降低企业创新投资（He and Tian，2013）等不利后果。关于分析师作用的结论不统一，这也促使学者深入考察分析师跟踪的实际影响，如从实证方法上以券商合并和倒闭作为分析师跟踪的外生冲击解决潜在的内生性问题（Kim et al.，2019a），从商誉减值（Ayres et al.，2019）、创新策略（Guo et al.，2019）等不同维度阐述分析师的信息角色与压力机制的差异性经济后果，从分析师关联关系（Chan et al.，2020）、个人职业考量（Lourie，2019）等角度揭示潜在利益冲突对分析师信息中介功能有效性的影响。学术界研究的深入与金融市场的发展也催生了诸多新命题，如治理分析师（governance analyst）的作用（Lehmann，2019）、分析师资本支出预测的影响（Choi et al.，2020）、分析师与关联承销商的互惠压力（Mao and Song，2021）等。这些讨论不仅从分析师的不同类型、不同预测信息维度、利益冲突的不同来源为未来研究提供重要启示，也充分说明了分析师与公司、投资者、券商之间关系的丰富内涵。与此同时，分析师通过何种方式发挥治理作用也有待进一步考察。以往文献大多强调分析师通过盈余预测、推荐等绩效分析影响公司行为，是否存在其他作用渠道（如参与电话会议、实地调研、私人沟通、社交媒体披露等）？这些渠道之间具有何种关系？分析师如何搜集和传递信息？在信息获取受阻的情况下，分析师会如何应对？分析师的群体行为是否会影响及如何影响公司治理质量和决策？未来研究可进一步探讨这些问题。

审计师治理效果的差异与所需条件也是待探索的方向之一。在现有文献中，大多学者通过考察不同特征企业的审计师选择（Kim et al.，2019b）、审计定价差异（Dikolli et al.，2020），检验审计师质量（Chen et al.，2011）、知识经验（Jayaraman and Milbourn，2015）与公司信息披露质量等方面的关系，来说明审计师对内部人私利动机的约束作用。近期，学者也开始关注审计师责任与审计报告内容的影响。例如，Lamoreaux et al.（2020）基于跨国数据发现来自允许 PCAOB（美国公众公司会计监督委员会）进行审计师检查的国家的企业具有更低的权益资本成本，但 Chy and Hope（2021）以审计师法律责任变化作为外生冲击的研究却发现，保守的审计师可能会导致公司经理人牺牲长期创新投资以实现短期绩效目标，Porumb et al.（2021）则研究了扩展审计报告的使用对贷款成本和期限的影响并发现积极效应。这也说明，审计师在履行财务报告鉴证角色从而提高信息披露质量的同时，也可能引发内部人的保守倾向或不当行为，因此未来研究可进一步辩证探讨审计师对其他公司决策的影响。此外，审计师的治理作用也依赖于一定条件。已有文献强调非审计服务（Kornish and Levine，2004）、社会关系（He et al.，2017）、审计任期（Singer and Zhang，2018）对审计质量具有重要影响，未来研究可进一步分析审计师的动机、能力及企业内外部环境条件对审计师治理作用的调节效应。当然，审计师通过何种方式发挥治理作用也值得探讨，如 Buchanan et al.（2021）的最新研究指出审计师与董事会沟通的重要性。

基于不同经济后果、不同媒体特征、公司与媒体间的关系，进一步考察媒体治理效应。与大量的分析师、审计师研究相比，有关媒体治理作用的讨论相对较少。已有文献大多关注媒体报道对公司不当行为的纠正与预警作用，包括内幕交易（Dai et al.，2015）、超额薪酬（Vergne et al.，2018）等，发现媒体报道能够显著改善公司治理水平。近期研究则将公司行为视角延展到 IPO 定价（Chen et al.，2020）、融资成本（Gao et al.，2020）、企业创新活动（Dai et al.，2021）等方面，并发现广告业务联系、公司与媒体之间的社会联系（Ru et al.，2020）将扭曲媒体报道的独立性。基于媒体报道特征，学者也比较了直接或间接报道（Shipilov et al.，2019）、快速或深度报道（Ahn et al.，2019）等维度的媒体对公司治理实践的影响差异。因此，未来研究可基于如公司媒体压力、媒体报道质量、企业间媒体关联等角度，从公司和媒体特征验证媒体治理作用，与此同时，学者也可研究由媒体聚光灯效应引发的负面后果。同时，未来研究可深入考察媒体发挥治理作用的渠道。媒体作为重要的信息中介之一，承担着公正地传播信息、挖掘信息的职能。“新闻媒体要直面工作中存在的问题，直面社会丑恶现象，激浊扬清、针砭时弊”[①]。尽管现有研究描绘了媒体报道的显著影响，却很少涉及对两类职能的比较以及媒体失实报道的后果，因此，选择合适的情境和数据检验并刻画媒体作用的具体机制将有助于弥补研究空白。

在此基础上，学者对中介机构作用的研究还可以从以下几方面着手。

---

① 人民日报社评论部．论学习贯彻习近平总书记新闻舆论工作座谈会重要讲话精神．北京：人民出版社，2016：6.

第一，关注信息中介之间的关系。以往文献大多集中研究单一信息中介的功能和影响，然而，各个主体作为信息的提供者和使用者，自然将受到信息环境的影响。在投资者信息需求高而外部信息匮乏的背景下，分析师（Jennings，2019）和媒体（Bonsall et al.，2020）将积极应对以填补信息空白。并且分析师与媒体具有互补作用，媒体的报道将强化分析师建议的传播并加速该信息融入投资者决策（Ahn et al.，2019）。那么，审计师与分析师、媒体之间是否也会依据相互提供的信息而做出反应？审计师、分析师、媒体三者关系如何？债券分析师与股票分析师的治理作用是否相同？二者关系如何？等等。

第二，关注信息中介与其他公司治理机制的关系。从已有文献来看，信息中介改善了公司信息环境，降低了公司内外部之间的信息不对称程度，这将有助于其他公司治理机制更好地发挥作用，即信息中介和其他公司治理机制之间可能存在互补关系；同时，信息环境的改善，将会抑制大股东或者经理人通过机会主义行为谋取私利的动机，即二者之间可能存在一定的替代关系。无疑，对这些问题的探讨有助于丰富公司治理领域的研究。

第三，考察其他信息中介的治理作用。如前文概述部分所示，现有研究大多关注分析师、审计师和媒体的作用，而对其他中介机构如信用评级机构（Sethuraman，2019）、社交媒体平台（Ang et al.，2021）的研究较少，探索新中介形式在缓解信息不对称、降低代理问题方面的作用将有利于推进信息中介与公司治理实践的发展。

第四，基于新背景，采用新方法，利用新数据，研究信息中介功能。作为以往使用数量信息密度指标（如分析师跟踪人数、新闻报道数量等）的补充，未来研究可使用文本分析、机器学习等方法量化定性信息，考察分析师研报、新闻报道、审计师报告的文本特征（如语调、可读性、信息类型等）与公司治理质量的关系，扩展研究维度和深度。尤其在大数据背景下，中介机构的信息获取方式、生成与传播过程、信息质量都将发生显著变化，中介机构的治理作用与传统结论是否不同仍有待检验。例如，在新时代下如何协调传统信息中介与新兴主体的关系以更好发挥治理功效也是待研究的问题之一。例如，“推动传统媒体和新兴媒体融合发展，要遵循新闻传播规律和新兴媒体发展规律，强化互联网思维，坚持传统媒体和新兴媒体优势互补、一体发展”①，发挥协同共治作用。这一思路为后续相关研究提供了重要指引。

第五，对信息中介作用进行跨国比较。由于各国资本市场发展程度、对

① 中共中央文献研究室．习近平关于全面建成小康社会论述摘编．北京：中央文献出版社，2016：117.

中介机构的监管规定各异，中介机构在公司治理体系中扮演的角色及重要性将不尽相同，因此，利用跨国数据比较中介机构的作用将有助于系统地构建信息中介治理体系，与此同时，这也为探索影响信息中介作用的更高层级因素如投资者保护制度、国家文化、信息环境建设等提供了良好的研究条件。

第 8 章

法律制度的约束

本章主要讲述法律制度在公司治理中的作用。在 8.1 节中，介绍法律制度与投资者保护的基本含义，简要阐述法系起源与投资者法律保护的关系，结合文献介绍不同法系国家投资者保护水平的差异，并回顾投资者保护对公司治理影响的相关文献，以厘清该领域的研究框架和发展脉络。在此基础上，在 8.2 节中，对该领域三篇具有代表性的文献进行导读，包括对文章内容的介绍和评价。在 8.3 节中，针对文献的研究现状，对该领域的未来研究方向进行展望。

8.1 概　述

8.1 参考文献

公司治理是一套制度安排，解决的是公司的资金提供者确保自己取得投资回报的途径问题（Shleifer and Vishny，1997）。在这套制度安排中，法律占据着至关重要的地位。现实中，投资者愿意给公司提供资金的主要原因是他们能获得公司部分控制权。他们通过与公司签订金融契约，来明确相应控制权。其中，股权投资者通过股权契约即股票，获得公司的资产收益、参与重大决策和选择经理人等权利；债权投资者通过债务契约即贷款或债券，享有企业按期支付本息、企业违约时获得抵押品以及企业破产时优先受偿等权利。投资者获得的控制权是其约束内部人不当行为、缓解代理问题、确保取得投资回报的重要途径。然而，证券赋予的权利能否顺利实现，依赖法律对投资者的保护程度（La Porta et al.，1997，1998）。

对法律制度与公司治理的关系进行系统性论述的代表性文献，是由 Rafael La Porta、Florencio Lopez-de-Silanes、Andrei Shleifer 以及 Robert W.

Vishny 四位学者（简称为 LLSV）于 20 世纪末至 21 世纪初发表的一系列文章。这些文章比较了各国法律的投资者保护差异，并探讨了投资者法律保护的影响因素和经济后果，提出了“法与金融”理论，开创了金融学与法学交叉学科的研究思潮。LLSV 系列文章提出的“法与金融”理论包括两个主要观点：其一，各国法律对投资者权利保护程度的差异主要源于不同的法系，普通法系国家对投资者的保护整体上强于大陆法系国家；其二，法律制度深刻影响着一个国家或地区的金融发展和经济增长。在一系列文章中，LLSV 表明良好的投资者法律保护不仅与宏观层面的资本市场发展有关（La Porta et al.，1997），也与微观层面的公司价值、股权集中度、股利支付等公司财务问题有关（La Porta et al.，1999，2000a，2002b）。

自 LLSV 系列文章发表之后，众多学者研究并肯定了法律制度的公司治理作用。在研究的早期，学者们主要从外部融资成本、公司价值等反映公司整体治理情况的角度出发，发现法律对投资者的保护有利于降低融资成本，提高公司价值。随着研究的推进，学者们开始考察法律对投资者的保护程度如何影响公司内部人的具体行为，发现由于法律保护提高了内部人实施自利行为的成本，在较好的法律保护下，内部人不当行为较少发生。具体体现为内部人的直接利益输送行为越少，投资、股利和现金持有等财务决策的扭曲行为越少，信息披露操纵行为越少。另外，还有部分学者关注了法律机制与其他公司治理机制的关系，有的学者主张二者是替代关系，也有学者认为是互补关系，至今两种观点并存。

就作用机理而言，Andrei Shleifer 和 Robert W. Vishny 认为，法律主要通过平衡公司内部人与外部投资者之间的关系实现投资者保护，进而作用于公司治理的改善。具体包括以下两种途径。

第一，法律制度对处于相对弱势的外部投资者所享有的权利提供强制保护，提高了外部投资者的监督能力。一旦缺乏法律保护或法律保护程度较弱时，投资者合法权利的执行就难以得到保障，其监督作用就难以发挥。以股东投票权为例，在法律制度弱的国家，不允许以邮件形式进行投票，股东必须出席股东大会才能投票，投票权的实施成本大幅提高；当股东投票中出现内部人干预、欺诈或腐败时，法庭也往往无法有效惩罚内部人对中小股东投票权的侵犯。此时，中小股东实施投票权变得异常艰难，其参与公司治理的能力大大降低。反之，在完善的法律保护下，中小股东通过出席股东大会并对董事选举和公司其他重大决策进行表决，查阅公司董事会会议记录和财务报告等公司文件，或要求公司将利润以股利的形式返还给股东等股东权利的实施，对内部人的监督将大大增强。

债权人的监督能力同样依赖于其权利在多大程度上得到法律的保障。在立法上，破产法和重组法等法律对债权人权利的界定，影响了债权人在公司违约时可采取的行动，例如是否可以自动取得抵押品、是否有权在公司破产重组中指定负责人。如果债权人能获得广泛的权利，其对公司高管和大股东的监督能力将得到增强。同时，法庭对破产法的执行力度决定了公司面临的破产威胁强弱。破产威胁是债务产生公司治理作用的重要渠道，严格执行破产法通过增强公司面临的破产威胁，也能对内部人的机会主义行为形成有效约束。

第二，法律对处于相对强势的内部人施加法定义务，并对其违法行为处以相应惩罚，降低了内部人利益侵占的动机和能力。法律往往要求董事和高管承担对公司（股东）的忠实义务，要求董事和高管在履行职责时必须以公司（股东）利益为出发点，不得利用其在公司的地位和职权谋取私利。如果董事和高管违反忠实义务，股东有权对董事和高管提起诉讼，追究其法律责任并要求赔偿损失。各国法律对忠实义务的界定不完全相同，但一个广为接受的要素是限制公司高管自我交易。这种限制可能以明确禁止的形式呈现，例如禁止盗窃公司资产、禁止利用职务便利进行各种形式的利益输送以及禁止财务舞弊；也可以采用对董事和高管的决策施加约束的方式，例如某些可能损害股东利益的高管决策须经股东大会批准，甚至单独经中小股东投票通过。在法律限制下，内部人可用的利益侵占手段只能越来越复杂、扭曲，随着实施利益侵占的成本大大提高，利益侵占行为也将减少（La Porta et al.，2000b）。

接下来的内容将首先介绍法律制度与投资者保护的基本含义，简要阐述法系起源与投资者法律保护的关系，然后结合文献介绍不同法系国家的投资者保护水平差异，最后回顾投资者保护对公司治理影响的相关文献。

8.1.1 法律制度与投资者保护

投资者是向企业提供外部融资的主体，按是否介入公司经营可分为内部投资者（大股东）和外部投资者（中小股东和债权人）。无疑，外部投资者的权益更容易被侵占。当外部投资者将资金投入企业之后，资金实际上由控股股东和经理人（即内部人）负责管理，外部投资者与公司内部人之间形成委托代理关系。然而，作为代理人的内部人与作为委托人的外部投资者，二者的目标函数并不完全一致，加上外部投资者相较内部人在信息获取上处于劣势，内部人有很强的动机做出损害外部投资者利益的侵占行为，从而产生高昂的代理成本（Shleifer and Vishny，1997）。

为了降低这种代理成本，需要一套制度安排保护外部投资者的权益。LLSV（1997，1998，1999，2000b）等学者提出的“法与金融”理论认为，法律就是这套投资者保护制度安排中最主要的部分，投资者保护在很大程度上就是投资者法律保护。通过完善的立法和强有力的执法，法律制度能提高内部人侵占外部投资者的成本，减少内部人利益侵占行为，规范公司各方主体的行为。随着外部投资者面临的利益侵占风险的减小，他们要求的资金回报率也随之降低，意味着企业能以更低的成本获得外部融资，因此，该国的资本市场将得到更充分的发展。相反，如果缺失法律对投资者利益的保护，内部人将能轻易掠夺外部投资者的利益。一旦外部投资者预期其投入企业的资金得不到保障，他们会要求更高的资金回报率，甚至退出资本市场。此时，企业得不到所需的外部融资，资本市场规模也随之萎缩。因此，投资者法律保护对于企业获取外部融资以及一国资本市场的发展至关重要。

在“法与金融”理论提出之前，学术界对于法律的重要性存在另一种学术观点。Coase（1960）、Stigler（1964）和 Easterbrook and Fischel（1984）等学者认为，既然公司在本质上是相关参与人之间的契约安排，那么，只要投资者能与公司签订完备的契约，并且执行契约的司法体系是有效的，投资者通过与公司订立私人契约就能保护自身利益，不需要法律介入。因此，国家不必立法保护投资者利益，只需保证市场力量顺利运作即可。此种观点被称为“法律无关论”。然而，20 世纪 80 年代开始，学者们逐渐意识到完备的契约是不可能存在的（Grossman and Hart，1986），确保契约执行的司法体系也不总是有效的（Glaeser et al.，2001），仅依靠私人缔约和市场力量难以提供有效的投资者保护，学术界对法律重要性的看法开始由“法律无关论”转向“法律有关论”。法律不仅能通过规定契约框架降低私人契约的签订和执行成本（Coffee，1989；Hay et al.，1996），还可以通过设立公共执法机构进行市场监管和违法欺诈惩罚，来弥补私人契约执行的不足（Glaeser and Shleifer，2003）。LLSV 系列论文对“法律有关论”的观点进行了系统性阐述和实证分析，自此之后，法律对于资本市场发展和公司治理改善的重要性进一步得到了广泛认可。

下面我们介绍世界上的两大经典法系对投资者保护的影响，在此基础上讨论投资者保护的衡量指标，以及不同法系国家在投资者法律保护上的差异。

1. 经典法系与投资者保护

世界上两大经典法系是普通法系（common law）和大陆法系（civil law）。其中，大陆法系又细分为法国大陆法、德国大陆法、斯堪的纳维亚大陆法三个子系。普通法系又称英美法系，起源于日耳曼法，大陆法系的源头是古罗马法。两大法系得到广泛传播，英国、美国、加拿大、澳大利亚、印度等国家的法律属于普通法系，法国、意大利、巴西等国采用法国大陆法，德国、瑞士、日本等国采用德国大陆法，斯堪的纳维亚大陆法则分布于丹麦、挪威和瑞典等北欧国家。

LLSV（1998）认为，两大法系对投资者保护程度的不同源于二者法律传统的差异。大陆法系倚重成文法，即享有立法权的统治者或国家机关以文字形式颁布的法律，法官在使用法律过程中受到严格的限制，只能较为机械地按照法典规定的程序操作。这导致大陆法系难以对出现的新情况做出及时适应和调整。普通法系属于判例法，在处理案件时赋予法官较大的裁量权，法官依照某些普遍准则，对每个案件的具体情况进行区别和分析，做出判决，形成判例。随着判例的增多，普通法系的法律体系逐渐丰富和完善，之前的判例可作为后续判决的法律依据。与大陆法系相比，普通法系表现出更强的灵活性，在处理资本市场中出现的利益侵占和证券欺诈案件时具有优势。因为在证券市场发展过程中，金融契约越来越复杂和非标准化，内部人的欺诈和侵占变得更为隐蔽，手段不断翻新，事前很难通过立法对各种新型侵占方式的非法性加以界定。普通法系的法官能在法律条文对该案件的行为没有明确规定的情况下，遵循先例并通过诸如"气味测试"（smell test）等方式判断具体案件的欺诈或侵占性质，从而产生更有效的判决结果，保护投资者的权益。

La Porta et al.（2008）进一步指出，两大法系之所以形成各自的法律传统，是由于在历史进程中两大法系的起源国英国和法国对经济活动中的国家干预的立场不同。英国的观念强调私人财产具有神圣性，主张市场自由发展，并对国家权力干预市场存有疑虑。在此背景下形成的普通法系强调财产安全和合同自由，侧重于依赖法庭确保契约执行。在面对市场失败时，普通法系国家也会实施政府干预，但其采取的增强投资者权利、强化信息披露、加强民事责任规则等干预措施往往具有促进纠纷解决、恢复和支持市场力量运行的特点。与之相比，法国在历史上主张对经济活动实施全方位的干预，对私人的自我规制活动加以限制。由此形成的大陆法系强调以强大的政府对经济活动进行调控，以确保市场秩序。在面对市场失败时，大陆法系国家倾向于采用扩大政府管制范围、实施企业国有化等干预措施，具有对市场进行压制，或通过行政干预，试图取代市场的特征。与普通法系国家相比，大陆法系国家的政府对市场的介入程度更高，体现为更高的银行和媒体的国有化程度（La Porta et al.，2002a；Djankov et al.，2003），更严格的市场准入规则和劳动力市场监管（Djankov et al.，2002；Botero et al.，2004）。

普通法系与大陆法系的法律传统在长期发展过程中不仅融入了具体的法律条文，还融入了一个国家的法律组织以及参与者的观念信仰，产生了广泛而深远的影响。由此，La Porta et al.（2008）将法系起源的含义扩展为"对经济生活进行社会控制的不同模式"，并提出了"法系起源理论"（legal origin theory），认为法系起源提供了处理经济和其他社会问题的不同思路和策略，是理解世界上各国市场形态差异的关键所在。

2. 投资者保护的衡量指标

投资者法律保护包括立法和执法两个层面。较早提出投资者法律保护的衡量指标并进行国际比较的文献是 LLSV（1998），该文在分析 49 个国家或地区的投资者保护立法和执法水平差异之后，指出法系是影响一国法律保护程度的重要因素，开创了"法与金融"这一新的研究领域。后来的学者逐步拓展国际比较的样本范围，并对投资者法律保护衡量指标进行补充和改进，代表性文献有 La Porta et al.（2006）、Djankov et al.（2007）、Djankov et al.（2008）以及 Jackson and Roe（2009）。

（1）投资者立法保护的衡量指标。

立法是投资者法律保护的基础。投资者立法保护水平与公司法、证券法、破产法、内幕交易法等由立法机构制定的法律以及证券交易所的监管规则和会计准则等规章制度相关。

LLSV（1998）从股东保护和债权人保护两方面提出投资者立法保护水平的衡量指标，并在 49 个国家或地区间进行比较。具体而言，股东立法保护主要由抗董事权指数（anti-director index）度量，此指数被后续文献广为采用。抗董事权指数包含通信表决权、股份留置权、累积投票制、少数股东反对权、股份优先认购权、临时股东大会召集权六项内容，符合一项计一分，分值越高说明中小股东权利范围越广，越有能力对抗公司董事及其做出的决策。此外，法律是否要求一股一票制和强制股利也是股东保护的两项重要指标。债权人立法保护主要由债权人权利指数度量，该指数考虑公司申请破产重组是否须经债权人同意、公司申请破产后债权人是否有权获得抵押品、破产清算偿付顺序中担保债权人是否排在第一顺位、重组过程中经理人是否留任四项债权人权利，同样是符合一项计一分，得分越高说明债权人求偿权得到的法律保障越强，求偿途径更多样。此外，LLSV（1998）还考虑将法定准备金计提比例作为非担保债权人立法保护的度量指标。

需要注意的是，投资者法律保护是涉及多方面内容的综合概念，度量难度较大。LLSV（1998）构建的投资者保护度量指标虽然颇具开创性，但也存在一些问题。例如，Spamann（2010）认为，抗董事权指数的设计缺乏法律理论指导，致使指标含义模糊。另外，LLSV（1998）构建的投资者立法保护指数只适用于跨国比较，无法比较具有相同法律体系的同一国家内部投资者保护程度的差异，也无法对一国法律制度的发展过程进行纵向分析。

（2）投资者执法保护的衡量指标。

仅有立法保护还不足以对投资者权利形成有效保护，只有当相关法律得到严格执行，投资者权益的保护才能产生效果（Bhattacharya and Daouk,

2002)。投资者执法保护按照执法主体可以分为公共执法和私人执法。公共执法（public enforcement）是以证券监管机构、检察机构等公共代理人为主体的执法活动。以证券法为例，公共执法包括证券监管机构制定交易和监管规则、对证券市场进行日常监督管理、对证券市场违法行为进行调查和处罚等（Jackson and Roe，2009)。私人执法（private enforcement）则主要依靠私人主体对违法行为提起诉讼的方式确保法律执行，主要体现为证券发行方依法进行信息披露和投资者通过民事诉讼维护自身权利两个维度。

8.1.2 投资者法律保护的公司治理效应

以 LLSV 为代表的学者们深入探讨并充分肯定了投资者法律保护的公司治理作用。他们利用各国在投资者保护程度上的截面差异，特定法律法规的颁布和执行，以及交叉上市和跨国并购等具体场景，来识别投资者保护的变化，并以此为切入点，从投资者保护对内部人的行为和经济后果两方面的影响出发，论证投资者保护对公司治理的改善作用。

从内部人的行为来看，较好的投资者保护可以降低控制权私利，减少内部人的利益侵占行为。Nenova（2003）和 Dyck and Zingales（2004）以控制权溢价衡量控制权私利水平的研究，为投资者保护与控制权私利间的负相关关系提供了证据。关于交叉上市的文献也发现，在美国交叉上市的外国公司，由于接受美国严格的证券监管和投资者保护，控制权私利水平相比于该公司所在国的其他公司而言更低（Doidge，2004)。

具体到各种内部人行为，首先，较好的投资者保护减少了内部人的直接利益输送行为。基于 Johnson et al.（2000）关于大股东利益输送行为的开创性研究，后续研究聚焦多种具体的利益输送行为，进一步为此结论提供了证据。比如，Atanasov et al.（2010)、Buchuk et al.（2014）和 Fried et al.（2020）分别以稀释性股票发行、通过集团内部贷款转移现金、向关联经理人支付高额薪酬这三类具体的利益输送行为为研究对象，表明对投资者保护的增强能够减少利益输送行为。

其次，较好的投资者保护能减少公司的财务决策扭曲，提高决策有效性。第一，较好的投资者保护迫使内部人发放更多股利，持有更少现金，降低自由现金流的代理成本。现金等流动性强的资产为内部人的自利行为提供了绝佳的途径。LLSV（2000a）发现，当公司所在地有较强的投资者保护时，中小股东通过行使权利能对公司内部人施加压力，迫使其支付更多的股利将公司利润归还股东，减少内部人控制的资源，降低公司代理成本。针对现金持有，Dittmar et al.（2003）发现，位于股东权利保护较差国家或地区的公司，其现金持有是股东权利保护较强国家或地区公司的 2 倍，并且现金持有水平在公司更容易获得融资时还会更高。这就意味着，在股东保护不力的国家，股东无法要求经理人“吐出”其持有的超额现金。值得一提的是，中小投资者已然认识到在法律环境较为薄弱的情况下，内部人会通过现金持有进行利益侵占，因此，公司现金持有越多，其价值越低（Pinkowitz et al.，2006；Kalcheva and Lins，2007）。第二，较好的投资者保护能提高投资效率。在投资者保护较差的地区，大股东能更轻易地通过转移公司资产和利润的方式谋取控制权私利（Johnson et al.，2000）。为了保护控制权私利，大股东倾向于选择较保守的投资政策。增强投资者保护可以缓解大股东放弃正净现值项目的保守投资倾向，促使公司采取更多风险较高但能提高公司增长率的投资项目（John et al.，2008）。

最后，较好的投资者保护可以减少内部人的信息操纵行为，降低公司内外部信息不对称程度。缓解信息不对称是各国证券法和市场监管的重要目标，投资者保护法律通过强化信息披露规则、对违规披露行为严格执法、增强公司经理人对财务舞弊的法律责任，促使公司提高信息披露质量。部分研究从投资者保护整体水平的国际比较出发，发现投资者保护法律越强，公司的盈余管理越少（Leuz et al.，2003），信息披露质量更高（Bushman et al.，2004）。也有部分研究聚焦特定法律法规的施行或加大执法强度，来说明投资者保护对公司信息披露行为的规范作用。如 Zhang and Zhang（2018）发现，内幕交易法在一国或地区的初次施行会降低以盈余平滑性来衡量的公司报告不透明度；Bushee and Leuz（2005）、Kedia and Rajgopal（2011）和 Hopkins（2018）则聚焦执法强度，分别从公共和私人执法保护出发，发现执法强度的增加有助于减少公司的财务重述行为。

从经济后果来看，首先，较好的投资者保护有助于缓解融资约束。当法律对外部投资者利益的保护不健全时，公司资产和利润更容易被内部人以各种自我交易或利益输送手段侵占，较高的利益侵占风险使投资者要求的资金回报率提高，甚至不愿意为企业提供资金，企业的融资成本提高。多篇研究证明，在投资者保护完善的市场中，公司无论是股权融资成本还是债务融资成本都更低（Bhattacharya and Daouk，2002；Hail and Leuz，2006；Mann，2018），外部融资规模更大（La Porta et al.，1997；Agrawal，2013；Bernstein et al.，2020），并且更多公司能取得长期融资（Demirgüç-Kunt and Maksimovic，1998；Gopalan et al.，2016）。此外，完善的法律保护要求更严格的信息披露，缓解了市场中的信息不对称，提高了股票流动性（Brockman and Chung，2003），从而有助于降低企业融资成本。值得一提的是，投资者保护通过缓解公司融资约束问题，还能进一步减轻其投资不足的问题。通过促进资本市场发展，投资者保护使风险较高的无形资产投资更容易获得融资支持，从而有利于公司提高长期研发投资率（Brown et al.，2013）。

其次，完善的法律保护有利于公司价值的提升。LLSV（2002b）研究了中小股东保护水平与公司价值的关系。他们发现，在中小股东保护较好的国家或地区，控股股东侵占中小股东利益的行为受到限制，公司资产被控股股东侵占的风险降低，因此，公司价值更高。LLSV（2002b）的研究引起了学界对投资者保护与公司价值关系的进一步探讨。Albuquerue and Wang（2008）从理论上分析了完善的投资者保护和严格的证券市场监管对公司价值的提升作用，借助交叉上市和跨国并购等具体情景的研究，为此提供了相应的证据支持。例如，Silvers（2016）以交叉上市为背景，发现 SEC 执法力度的加强有助于提高在美国上市的外国公司的价值，即交叉上市公司受上市地的法律制度约束，从而产生了绑定效应（Coffee，1999）。同时，Bris and Cabolis（2008）和 Chari et al.（2010）关于跨国并购的研究表明，主并方公司所在地较高的投资者保护水平能使因并购带来的双方公司的价值提升更大。

综上，一国法律保护和监管程度深刻影响了公司治理。在法律体系健全的环境中，公司整体治理水平较高，内部人谋取私利的行为受到更强的约束，不仅保护了外部投资者的利益，使投资者更可能取得投资回报，也有利于公司以更低的成本获得外部融资，提升公司价值。这些正面作用终将体现在资本市场的蓬勃发展上，在法律保护较好的国家或地区中，资本市场的规模更大、流动性更强、资本配置效率更高、新创企业更容易获得融资（LLSV，1997；Wurgler，2000；Beck et al.，2003；Beck and Levine，2005；Levine et al.，2016；Bernstein et al.，2020）。

8.1.3 投资者法律保护与其他公司治理机制的关系

在论述法律制度对公司治理的影响时，现有文献常常采取两种不同的视角。一种视角认为法律保护与其他公司治理机制是替代关系，二者有一即可。另一种视角认为法律保护与其他公司治理机制是互补关系，法律保护能增强其他治理机制的作用。

主张替代关系的文献认为，法律对投资者保护不足产生的问题，可以由其他治理机制来弥补，集中的股权结构和声誉约束是这部分文献主要提及的两种机制。

首先，集中股权结构可以作为弱投资者法律保护的替代机制，有助于缓解股东与经理人之间的代理问题（La Porta et al.，1999；Boubakri et al.，2005）。当投资者法律保护较弱时，经理人实施机会主义行为的动机增强，分散的小股东由于“理性冷漠”和“搭便车”问题，难以对经理人实施有效监督，只有持股比例较高的大股东能对经理人形成约束，保障自己获得投资收益的权利。股东要避免自身利益被经理人侵占，可以通过高持股比例维持对经理人较强的监督。Shleifer and Wolfenzon（2002）、Basak et al.（2019）等的理论分析表明，在弱投资者保护下，均衡的公司最优股权集中度更高。实证研究大致验证了此理论预测。比如，Boubakri et al.（2005）研究了 39 个国家民营化改革之后公司股权的再集中问题，发现股权再集中在投资者保护较差的国家中发生得更快。

其次，声誉也可以在缺乏有效的法律保护时，对大股东和经理人的行为形成约束（Gomes，2000）。由于声誉良好的公司更容易被投资者信任，从而能获得更多融资，实现更高的公司价值，控股股东有动机通过主动采取保护投资者利益的行为，例如定期发放股利、增强董事会独立性、提高信息透明度，来建立良好声誉（La Porta et al.，2000a；Dahya et al.，2008；Durnev and Kim，2005）。在法律制度较为薄弱的发展中国家或地区中，声誉机制和社会网络对于约束内部人机会主义行为、帮助公司获取外部融资发挥着重要的作用（Pistor and Xu，2005；Allen et al.，2012）。此外，较低的股利支付可以作为债权人法律保护的替代机制，当债权人权利得到强有力的法律保护时，债权人更可能放松对公司股利支付的限制（Brockman and Unlu，2009）。

主张法律保护与其他公司治理机制是互补关系的文献认为，法律制度与其他治理机制能产生协同效应，带来更强的治理效果。这部分文献提到了法律保护对改善经理人监督和激励，以及加强机构投资者治理效应的作用。

首先，对投资者权利予以法律保护有利于改善经理人监督和激励。在较好的投资者保护下，董事与经理人合谋攫取私利的动机被削弱；并且董事如果出现违反忠实义务的行为将面临很高的股东诉讼风险。这种情况下，董事更可能尽职监督经理人，在经理人业绩不佳时将其更换。例如，DeFond and Hung（2004）研究了各国家或地区投资者保护水平与经理人更换的关系，发现在投资者保护执法严格的国家或地区中，CEO 在绩效低下时被更换的可能性更高，并且董事还会依据股价信息含量选择合适的 CEO 绩效考核指标。Correa and Lel（2016）发现，当赋予股东薪酬建议权（say on pay）的法律实施之后，股东有权对 CEO 薪酬方案进行表决，这使得 CEO 薪酬增长率下降，薪酬-业绩敏感性增强。

其次，投资者法律保护可以增强机构投资者的治理作用。比如，Foroughi et al.（2019）发现，在投资者保护水平较高的情况下，机构投资者实施的积极主义活动对公司长期业绩的提升作用更明显，因为在投资者保护良好的情况下，机构投资者的参与更可能产生改善公司治理的效果。

需要指出的是，以上两种视角并非相互排斥的。有可能当法律保护很弱时，其他治理机制弥补了法律保护的不足，产生了替代性的治理作用；随着法律的发展完善，法律制度开始与其他治理机制共同作用于公司治理，产生协同作用。比如说，在法律保护缺失的情况下，集中的股权结构可以作为替代机制发挥监督经理人的作用。但大股东的存在也产生了新的代理问题，大股东可能利用其控股地位和信息优势谋取私利。通过完善法律制度增强对大股东私利攫取行为的约束，缓解大股东代理冲突，可以使大股东的积极作用得到充分发挥。由此可见，依赖于公司内外部环境，法律制度与其他治理机制可能时而表现为替代关系，时而表现为互补关系。

从以上文献回顾可以看出，法律制度是基本且重要的公司治理机制，对于缓解代理冲突、保护投资者利益发挥着关键作用。在接下来的重点文献导读中，我们从投资者保护与公司治理的关系、投资者保护的积极治理作用以及投资者执法保护三个角度选取了三篇文献加以介绍，以期对法律制度与公司治理的关系形成较为全面的理解。

第一篇文献是 Rafael La Porta、Florencio Lopez-de-Silanes、Andrei Shleifer 和 Robert W. Vishny 于 2000 年发表在 *Journal of Financial Economics* 上的“Investor protection and corporate governance”。这篇综述文章在谷歌学术搜索上的引用量超过 9 000 次，对投资者保护和公司治理的文献进行了回顾，总结了投资者保护在公司所有权结构、金融市场和经济发展方面的经济后果，将法律视角与传统的市场导向或银行导向两分法进行比较，并指出前者更具解释力。

第二篇文献是 Mark L. DeFond 和 Mingyi Hung 于 2004 年发表在 *Journal of Accounting Research* 上的“Investor protection and corporate governance：Evidence from worldwide CEO turnover”。该文是较早对投资者保护的公司治理效应进行实证检验的文章，从 CEO 更换的角度考察了投资者保护的公司治理作用，对各国家或地区投资者立法和执法保护如何影响 CEO 更换-业绩敏感性，以及业绩考核指标的选择进行了详细论述和实证分析。该文认为，投资者保护能够削弱董事与 CEO 合谋攫取私利的动机，增强董事会对 CEO 的监督。实证检验发现，在投资者保护较好的国家或地区中，业绩不佳的 CEO 更可能被更换，CEO 业绩考核指标的选择也更准确。这篇文章对后续学者进行法律制度与公司治理相关实证研究具有很强的启示意义。

第三篇文献是 Howell E. Jackson 和 Mark J. Roe 于 2009 年发表于 *Journal of Financial Economics* 的“Public and private enforcement of securities laws：Resource-based evidence”。这篇文章专注于投资者执法保护，比较了公共执法保护和私人执法保护的相对重要性。这篇文章使用各国家或地区为证券监管机构配备的执法保护资源作为公共执法保护水平的度量，发现公共执法保护和私人执法保护对于资本市场发展而言同等重要。在我国证券法执行逐渐步入由公共执法保护向私人执法保护转变的阶段，这篇文章对于如何看待两种执法保护方式具有重要的启示作用。

这三篇经典文献，既有对投资者法律保护对公司治理的影响机理的理论阐释，又有对投资者保护的公司层面和市场层面经济后果的实证考察，有助于读者系统了解法律影响公司治理的机制和效应，并对未来的“法与金融”研究提供了很好的启示。接下来我们将逐篇介绍文章内容并进行简要评述。

8.2　重点文献导读

8.2.1　投资者保护与公司治理

8.2　参考文献

Investor Protection and Corporate Governance

文献来源：La Porta R，Lopez-de-Silanes F，Shleifer A，Vishny R. Investor protection and corporate governance. *Journal of Financial Economics*，2000，58（1－2）：3－27.

1. 研究动机与研究问题

投资者保护是指一个国家或地区的法律、资本市场监管规则乃至会计准则等法规对投资者（包括股东和债权人）权利保护的条款，以及这些条款的执行情况。La Porta et al.（1998）率先将投资者保护与公司治理联系起来，认为投资者保护程度通过影响公司治理，可以解释世界各国在金融体系上的诸多差异，如公司所有权结构、新证券发行速度、资本市场广度和深度以及资本配置效率等。此后，“法与金融”研究兴起，从投资者法律保护的角度理解各国公司治理和金融发展模式的差异成为一大热潮。

该文对“法与金融”文献中投资者保护与公司治理相关文献进行梳理和总结。

2. 研究过程

该文在指出投资者保护重要性的基础之上，先讨论了不同国家投资者保护程度存在差异的原因，然后梳理了已有文献对投资者保护经济后果的研究，接着论述了在理解各国金融系统时投资者保护视角相比传统视角（即银行导向型或市场导向型二分法）存在的优势，最后指出投资者保护法律改革可采取的策略。

（1）投资者保护的重要性。

投资者法律保护之所以重要，是因为它是减少内部人（经理人或控股股东）利益侵占行为的关键制度安排。现实中广泛存在着内部人利益侵占行为。内部人对投资者的利益侵占，可以采取资产转移、盗窃、享受高额在职消费或卸责等多种直接或间接的形式。投资者保护通过使这些利益侵占手段变得低效，来发挥治理作用。具体而言，在没有投资者保护的极端情形下，内部人能以极低的成本将公司资源据为己有。随着对投资者保护的改善，法律对各个市场参与者的权利和义务做出了规定，并由公共执法保护主体（证券监管部门、法庭等）和私人执法保护主体（投资者、公司等市场参与者）确保相关法律得到有效执行。此时，作为资金接收方的公司，承担着依法进行信息披露、按规定用途使用资金等义务；作为资金供给方的投资者，则享有获得股利或利息、选举公司董事、当利益被侵犯时提起诉讼等权利。因此，内部人为达到利益侵占目标，必须实施更为扭曲和复杂的手段，大大提高利益侵占的成本，利益侵占行为也随之减少。

（2）投资者保护的国家差异。

不同法系国家或地区的投资者保护程度不同。对于普通法系国家或地区在投资者保护方面优于大陆法系国家或地区（La Porta et al.，1998）这一现象，目前还没有一个被普遍认可的解释，但有必要对现存两种主要的解释进行区分。其中，第一种解释从司法角度出发，指出大陆法系主要按照成文法进行案件判决，普通法系主要依靠法官遵循普遍的法律原则对具体案件进行判决。在投资者保护领域，由于内部人利益侵占手段往往是非常规且创新的，因此，相较于教条的大陆法系，普通法系更擅长识别并惩罚侵占投资者利益的行为（Coffee，1999；Johnson et al.，2000），对投资者的保护水平更高。然而，这一解释依赖于法官会偏向于保护外部投资者而非内部人利益的假设，不足以完全解释不同法系国家或地区投资者保护程度不同的现象。

第二种解释提出要理解不同法系投资者保护水平的差异，还需要从历史和政治的角度，对各国家或地区的司法目标进行分析（Finer，1997；La Porta et al.，1999b）。法国和德国等欧洲大陆国家在历史上存在强大的集权化官僚机构，国家对经济活动进行着广泛干预，政府部门对市场具有巨大的影响力，而私人部门和司法机构的力量相对弱小。与之相反，在以英国为代表的普通法系国家或地区中，历史上私有业主的斗争、司法和国会力量的崛起，强化了法律中尊重私有产权和合同自由的观念，形成了政府部门较少干预经济活动的风格。这种历史传统的不同持续影响着当今各国对投资者权利的重视程度，导致普通法系国家或地区与大陆法系国家或地区对投资者利益的保护程度存在差异。

（3）投资者保护的经济后果。

作为一项基础性的公共制度，投资者保护会在微观和宏观层面产生广泛的经济后果。该文从公司股权结构、资本市场发展以及实体经济增长三个方面，对投资者保护的经济后果的相关文献进行综述。

第一，投资者保护影响了公司股权结构。大部分研究认为投资者保护较差时公司股权会更集中。一个原因是在投资者利益得不到充分保障的国家中，由于法律对经理人的监督机制失效，投资者只有通过持有大量股份成为大股东，才能有效监督经理人，保护自身利益。另一个原因是当投资者保护较差时，内部人得以享受高额的控制权私利，往往不愿与他人分享，并且集中股权下大股东人数较少，攫取私利的合谋行为也更加容易（Zingales，1995）。La Porta et al.（1999a）和 Claessens et al.（2000）的跨国家或地区研究为投资者保护与股权集中度之间的负相关关系提供了实证证据。

第二，投资者保护有助于拓展资本市场发展的广度和深度。资本市场的作用在于促进资金在投资者和企业之间的流动和配置。投资者保护通过减少内部人利益侵占行为，提高了投资者和企业参与资本市场的积极性，促进资本市场的发展。当法律为投资者权利提供了强有力的保障时，投资者面临的利益侵占风险较小，愿意以较高的价格购买证券，因而发行证券进行融资对企业家的吸引力也更大。La Porta et al.（1997）发现，投资者保护程度较高的国家或地区拥有规模更大的股票市场、更快的新证券发行速度和更多的人均上市公司数量。另外，由于投资者保护能减少内部人的利益侵占行为，研究也发现在投资者保护更为完善的国家中内部人所持股份的估值更高（Gorton and Schmid，2000；Claessens et al.，2000；La Porta et al.，2002）。

第三，通过深化金融发展，投资者保护最终能促进实体经济增长。King and Levine（1993）较早研究了资本市场规模与经济发展的关系，发现资本市场初始规模较大的国家，其增长速度也更快。随后，其他文献使用资本市场规模的外生变动，继续验证了这一关系（Demirgüç-Kunt and Maksimovic，1998；Levine and Zervos，1998；Rajan and Zingales，1998）。随着研究的深入，Beck et al.（2000）提出了资本市场投资者保护促进经济发展的三个机制，分别是鼓励储蓄、增强资本要素积累以及提高资源配置效率。这三个机制也得到了实证研究的支持，法系起源与全要素生产率、跨行业的投资配置效率、股价中的公司特定信息含量密切相关（Wurgler，2000；Morck et al.，2000）。

（4）金融系统的理解方式。

在传统的财务研究中，各国的金融系统通常按资金提供方的类型分为银行导向型或市场导向型（Gerschenkron，1962；Allen and Gale，2000）。德国、日本等国拥有典型的银行导向型金融系统，公司的大部分融资来自少数几家银行，这些银行同时也扮演着监督公司经理人的外部治理角色。而在美国、英国等市场导向型金融系统中，一家公司的融资由大量分散的投资者提供，外部收购市场相应扮演着外部治理角色。该文认为这种传统金融系统分类方式与各国股市和债市的实际发展状况不符，且缺乏理论深度。例如，日本虽然被划分为具有银行导向型金融系统，但其同时也存在着高度发达的股票市场；法国、意大利等国家的银行融资和市场融资都不发达，既不属于银行导向型也不能严格划入市场导向型。

与银行导向型或市场导向型二分法的分类方式相比，从投资者保护的角度理解各国金融系统更为合理。无论是股东还是债权人，所有投资者都需要法律确保其权益能够实现。德国大陆法系国家为债权人提供了强有力的保护，因而银行业得到充分发展；而普通法系国家的法律赋予了股东广泛的权利，因而产生了发达的股票市场；意大利、比利时等国家则因为法律对外部投资者的保护薄弱，银行和股票市场融资均发展缓慢。投资者保护的不同决定了金融系统的模式和发展水平，因此，应基于投资者保护理解各国金融系统。

(5) 投资者保护相关改革方向。

文章最后讨论了投资者保护改革可以采取的策略。要进行法律和市场结构的改革来提高投资者保护水平并非易事，作者就此提出了三点改革策略。首先，投资者保护改革要考虑立法、司法与监管之间的互补关系，采用整合视角将这三个方面同时推进。其次，投资者保护薄弱的国家需要借鉴成功的投资者保护改革经验，1933 年美国资本市场的监管加强，第二次世界大战后日本金融系统的改革，以及 1997 年亚洲金融危机后东亚国家的破产程序改革，均是可供学习和研究的成功经验。最后，投资者保护改革应遵循完善立法、强化执法的原则，在执法方式上要注意私人执法与公共执法并重。

3. 研究总结

总之，该文对“法与金融”领域中投资者保护的相关文献进行了综述，总结了投资者保护的决定因素和经济后果；比较了各国金融系统的两种分类方式——传统的银行导向型或市场导向型分类，以及新近的基于投资者保护的分类，并指出基于投资者保护的分类方式无论在理论深度上还是对现实情况的解释力上都更优秀；最后为各国投资者保护法律改革提出了建议。

4. 评述

作为一篇综述文章，该文不仅梳理了投资者保护与公司治理相关文献，作者还就已有研究取得的成果提出了独到的见解，颇具思想深度，主要体现在以下方面：(1) 在文章开头，作者基于代理理论和契约理论，详尽阐述了投资者保护影响公司治理和财务行为的机制，并结合各国法律和历史政治因素，总结了投资者保护存在跨国差异的原因；(2) 在比较金融系统的两种分类方式时，作者就德国、法国等多个国家的金融系统发展历史，指出传统分类方式在解释现实情况时存在的不足，并论述了基于投资者保护理解各国金融系统的优势所在；(3) 理论与实践相结合也是该文的一大特色，作者不仅将学术讨论与各国投资者保护实践进行比较，进而指出已有研究成果在解释现实情况上的优势与不足，还基于已有研究发现为各国监管部门的投资者保护改革提出了具有实践价值的建议。我们可以从这篇文章体会到在文献综述写作时，对现有文献进行完善的总结提炼是基本要求，更重要的是基于文献提出新的观点，为文献综述增添理论性和思想性。

该文有待扩展的一个地方在于：投资者保护的经济后果广泛多样，既有公司层面也有外部环境层面，该文在综述投资者保护的公司层面影响时仅关注了股权结构，而没有考虑投资者保护对其他公司治理机制和财务行为的影响。

8.2.2　投资者保护与公司治理：来自全球 CEO 更换的证据

Investor Protection and Corporate Governance：Evidence from Worldwide CEO Turnover

文献来源：DeFond M L，Hung M. Investor protection and corporate governance：Evidence from worldwide CEO turnover. *Journal of Accounting Research*，2004，42（2）：269－312.

1. 研究动机与研究问题

以 La Porta et al.（1997，2000）为代表的一系列文章强调了投资者法律保护对公司治理至关重要的影响。然而，这些文章大多是从资本市场规模、资本分配效率和公司股权集中度等角度间接进行验证，鲜有研究直接考察投资者法律保护对公司治理实践的影响。

监督公司经理人的经营管理行为，依据公司业绩对经理人实施激励和惩戒，在业绩低下时及时更换不称职的经理人，是良好公司治理的重要标志（Jensen and Ruback，1983；Shleifer and Vishny，1989）。据此，该文从 CEO 更换的视角，直接考察投资者法律保护对公司治理的影响。如果投资者法律保护能够促进公司治理水平的提高，那么在投资者保护较好的国家中，公司不仅更可能更换经营不善的 CEO，还可能在 CEO 更换决策中倾向于选择信息含量更高、更准确的业绩度量指标。

2. 研究过程

（1）理论分析。

当投资者法律保护薄弱时，董事可以与 CEO 合谋剥削股东财富，享受巨额私人收益（Shleifer and Vishny，1997；Dyck and Zingales，2004）。因此，董事不会积极解雇业绩较差的 CEO。但当投资者法律保护较强时，完善的立法赋予了股东（尤其是少数股东）保护自身权益不受侵害的权利。在股东财富被侵占时，股东有权起诉未能履行尽职义务的董事，或在董事选举中，投票更换不能对 CEO 实施有效监督的董事。高昂的潜在损失使董事有动机按股东利益最大化原则行事，及时更换业绩不佳的 CEO。同时，严格的执法能够使利益侵占更容易受到法律惩罚，从而削弱董事与 CEO 合谋侵害股东财富的动机，有效打击董事和 CEO 等内部人对股东利益的侵占行为。由此，该文提出第一个研究假设：在投资者法律保护较强的国家或地区中，CEO 因业绩不佳而离职的可能性更高。

在 CEO 业绩考核上，契约理论认为，最优契约的订立取决于能否选择准确的业绩考核指标（Holmstrom and Milgrom，1991）。CEO 业绩考核通常存在以股票为基础的市场业绩和以盈余为基础的会计业绩两种考核指标。当股价信息含量较高时，股票回报比会计盈余对 CEO 业绩的度量更为全面准确（Morck et al.，2000；Wurgler，2000）。但当股价信息含量较低时，公司只能依赖会计盈余来度量 CEO 业绩。如果投资者法律保护较强时公司治理水平更高，那么在衡量 CEO 业绩表现时，董事会理应能够依据股价信息含量的高低，选择更能准确反映公司实际业绩的指标。因此，该文第二个研究假设是：在投资者法律保护较强的国家中，当股价信息含量较高时，CEO 离职更可能与股票回报相关；而当股价信息含量较低时，CEO 离职更可能与盈余变化相关。

（2）基本实证结果。

该文以 1997—2001 年 33 个国家或地区的公司为样本，先检验了投资者立法保护、执法保护与 CEO 离职-业绩敏感性的关系。借鉴 La Porta et al.（1997，1998），以抗董事权指数度量投资者立法保护水平，以司法系统效率、法律秩序传统、政府腐败程度三个执法维度得分的均值度量投资者执法保护水平，并按这两个指标的中位数将样本分组。

回归结果显示，就投资者立法保护而言，在立法水平较高和较低的两组国家或地区样本中，CEO 更换均与业绩负相关，但业绩系数的组间差异不显著；在投资者执法保护上，只有在执法水平较高的国家或地区中，CEO 更换与业绩负相关，在执法保护水平较低的国家或地区中 CEO 更换与业绩间的关系不显著。上述结果意味着在识别和更换业绩不佳的 CEO 时，强有力的投资者执法保护发挥了强化公司治理的作用，而投资者立法保护的影响力却较弱。这一结果与 La Porta et al.（1998）、Dyck and Zingales（2004）的结论一致，虽然所有国家或地区都有公司法或证券法给予股东最低程度的保护，但只有这些法律得到严格执行，内部人才不太可能从事侵吞股东财富的行为，董事才有动力解雇不称职的 CEO。

接下来，作者检验了投资者保护与 CEO 业绩度量指标选择之间的关系。由于上述实证结果表明立法保护水平与 CEO 离职-业绩敏感性无关，这部分的检验中只考察了执法保护水平的影响。该文以 Morck et al.（2000）构建的股价同步性指标度量股价信息含量，股价同步性越高，意味着股价中包含的公司特定信息越少，即信息含量越低。回归结果表明，在投资者执法保护较强的国家或地区中，当股价信息含量较高时，CEO 更换与较差的股票业绩相关，当股价信息含量较低时，CEO 更换与较差的会计业绩相关。但在投资者执法保护较弱的国家或地区中，无论股价信息含量如何，都未发现 CEO 更换与公司业绩相关的证据。这意味着，强有力的投资者执法保护促进了公司治理水平的提高，促使董事在评估 CEO 经营管理能力时选择最能准确反映公司业绩的度量指标。

（3）内生性处理。

最后，作者排除了相关的替代性解释。投资者法律保护与 CEO 离职-业绩敏感性之间的关系可能受到除法律制度之外的其他公司治理机制的影响，如控制权市场、集中的股权结构和董事会独立性。该文依次考察了这三项公司治理机制对文章结论的影响。第一，针对控制权市场，作者认为仅有美国和英国存在能对公司治理发挥显著影响的足够活跃的控制权市场，因此剔除了美国和英国公司样本重新进行分析，发现文章结论不变。第二，在股权结构集中度上，该文剔除了控股股东直接持股比例超过 20%的样本重新进行分析，主要结论也不改变。第三，就董事会独立性而言，前人研究表明独立性更高的董事会更可能因业绩差而解雇 CEO（Weisbach，1988）。由于数据可得性问题，该文未能就董事会独立性直接进行检验。但作者在讨论中指出，如果独立董事制度和投资者保护是互相替代的关系，即在投资者保护薄弱时独立董事能对业绩较差的 CEO 发挥监督作用，那么该文发现的投资者保护对 CEO 离职-业绩敏感性的效应实际上低估了投资者保护的实际影响；如果独立董事制度和投资者保护是互补关系，那么独立董事制度作为一种公司内部治理机制，应该被视作投资者保护对公司治理产生影响的一个渠道，即董事会独立性这一因素也不影响文章结论。因此，可以认为，无论董事会独立性和投资者保护是互为替代还是互为补充的关系，董事会独立性都不太可能影响文章结论。

除了其他公司治理机制的影响之外，利益相关者导向可能也是影响文章结论的重要混淆因素。前文的讨论和分析中隐含了股东中心主义的假设，即公司治理的目标是实现股东财富最大化。有可能投资者保护水平较低的国家恰好是利益相关者导向的国家，这些国家中的公司不以财务业绩作为 CEO 考核的首要标准，因此，财务业绩较差未必会导致 CEO 更换。若如此，那么该文发现的结果实际上反映的是利益相关者导向的影响，而不是投资者法律保护的影响。为了排除这一可能性，该文借鉴先前文献，从债权人利益（La Porta et al.，1997）、员工利益（Pagano and Volpin，2005）和利益相关者综合导向（Ball et al.，2000）三个维度衡量利益相关者导向，检验利益相关者较强和较弱的国家或地区中 CEO 离职-业绩敏感性是否存在差异，其结果表明利益相关者导向无法解释该文发现的结果。

3. 研究贡献

作者认为该文的贡献体现在五个方面：第一，该文发现，就更换不称职的 CEO 而言，投资者的执法保护比立法保护更为重要，拓展了投资者立法保护和执法保护相对重要性比较的研究（La Porta et al.，1997，2000；Dyck and Zingales，2004）。第二，投资者保护程度会影响董事评估 CEO 业绩时的指标选择，这丰富了会计学界对法律制度与财务披露质量的研究（Ball et al.，2003）。第三，尽管有大量文献研究美国公司中的 CEO 离职（Weisbach，1988；DeFond and Park，1999），但对美国以外的国家或地区中 CEO 更换影响因素的研究却很有限，该文对这一领域做出了补充。第四，该文丰富了股价信息含量与 CEO 业绩度量指标选择之间的关系的相关文献（Bushman and Smith，2001）。第五，近年来监管部门和学术界对于公司治理准则的国际趋同存在诸多讨论（Khanna et al.，2006），该文研究结果表明，加强执法力度可能比公司治理准则本身更为重要，这有助于更准确地理解和把握投资者法律保护在完善公司治理制度中的作用。

同时，作者还指出该文的两点局限：首先，以股票回报和盈余变化度量 CEO 业绩反映的是股东中心主义的观点，即使文中针对利益相关者导向进行了稳健性检验，仍然难以完全排除与利益相关者导向有关的遗漏变量驱动该文结论的可能性。其次，由于该文使用的是跨国样本，在回归中难以控制住影响 CEO 离职-业绩敏感性的全部因素。例如，国有企业中 CEO 离职的决策可能与业绩关联不大，但由于数据限制，该文未能控制产权性质的影响。

4. 评述

该文研究了投资者保护与 CEO 离职-业绩敏感性、业绩考核指标选择之间的关系，是“法与金融”领域较早进行严谨的实证检验的文章之一。该文在逻辑推理和实证研究方法上有诸多闪光点。在逻辑推理上，作者从立法保护和执法保护两方面分别论述了法律保护较弱和较强时董事对 CEO 实施有效监督的动机，逻辑紧密顺畅。在实证研究方法上，作者针对具体的研究问题分析最主要的遗漏变量和混淆因素，并针对性地进行解决。尽管这篇文章发表于 2004 年，但其处理内生性问题的思路至今仍然值得学习借鉴。

不过，该文也存在一些值得进一步完善的地方。首先，该文虽然考察了 CEO 离职-业绩敏感性如何随着投资者保护程度不同而变化，但在界定 CEO 更换时没有区分正常更换与被迫更换。如果样本中大部分 CEO 更换属于换届、退休等正常更换，则该文结论的说服力可能会有所降低。其次，作者在提出假设时采用的是英美模式的公司治理框架，假设 CEO 的解雇决策主要由董事会负责，法律制度通过改变董事的监督动机影响 CEO 更换。但在包括我国在内的许多国家中，CEO 解雇决策实际是由大股东控制，此时，投资者法律保护如何影响大股东的 CEO 更换决策，需要提出不同的解释。最后，良好的公司治理不仅要求及时更换不称职的 CEO，还要求董事会有能力识别和吸引优秀的继任 CEO，使公司业绩在 CEO 更换之后得到改善，该文未就 CEO 更换后的业绩变化进行检验，后续研究可以进一步考察投资者法律保护程度与 CEO 更换后公司业绩提升的关系。

8.2.3 证券法的公共执行和私人执行：基于执法资源的证据

Public and Private Enforcement of Securities Laws: Resource-based Evidence

文献来源：Jackson H E, Roe M J. Public and private enforcement of securities laws: Resource-based evidence. *Journal of Financial Economics*, 2009, 93 (2): 207 - 238.

1. 研究动机与研究问题

法律对投资者利益的保护是各国资本市场发展水平的重要决定因素。投资者保护包括立法保护和执法保护两个环节，而只有当法律条文得到严格执行时，法律制度才能切实保护投资者利益，发挥其应有的公司治理作用。最近的文献考察了哪些执法机制可以更好地保护投资者利益。La Porta et al. (2006) 和 Djankov et al. (2008) 将法律执行分为公共执法和私人执法，发现私人执法与资本市场发展高度相关，但公共执法却与资本市场发展不相关，因而他们认为，私人执法相较公共执法更为重要。该文指出，这两篇文献低估了公共执法的重要性，其之所以得出公共执法不重要的结论，是因为所采用的度量指标无法准确反映各国公共执法的真实水平。

2. 研究问题与研究发现

该文提出以证券监管机构的执法资源作为公共执法强度的度量指标，对公共执法的重要性进行重新检验。

该文发现，与私人执法一样，公共执法与资本市场发展表现出显著相关性，并且公共执法在解释各国资本市场发展程度上与私人执法同样重要。这一结果意味着研究者和政策制定机构应重新考量公共执法和私人执法的相对重要性。

3. 研究过程

(1) 理论分析。

在深入考察公共执法的重要性前，该文首先论述了两种执法形式各自的优势和缺陷，以说明二者对法律的有效执行同等重要。就证券法执行而言，公共执法的执法主体是证券监管机构，其专业性比普通公众更强，也有权对违法行为施加强制处罚。同时，公共机构的集中执法还可以避免由私人反复起诉带来的成本，具有规模效应。不过，公共执法存在执法主体激励不足、对市场信息和特定公司信息了解有限等问题。私人执法的优势体现在执法主体（企业和投资者）是对具体案件拥有丰富信息的知情人，并且由于执法结果关乎自身利益，他们也具有充分的激励。但由于“搭便车”问题，即便存在集体诉讼这样的弥补机制，私人执法仍然容易陷入集体行动困境（Black et al.，2005）。此外，私人执法还存在司法机关反应缓慢、可能扭曲激励等局限（Grundfest，1994；Coffee，2006）。在现实情况中，由于私人执法的局限性，公共执法能对私人执法形成有效的补充（Cox et al.，2003）。尤其值得强调的是，在很多情况下强有力的公共执法是私人执法发挥效果的前提，例如，股东的投票决策和投资者对证券的准确定价都依赖公司的信息披露质量，而信息披露质量高低又取决于监管机构是否制定和实施了严格的信息披露规则。

（2）指标构建。

实证检验公共执法重要性面临的最大问题是如何度量公共执法的强度。现有文献主要从公共执法机构具备的正式执法权范围出发对其进行衡量。例如，La Porta et al.（2006）对各国或地区证券市场监管机构在人事特征、法规制定权、法律秩序、调查权和刑事制裁权五个维度上拥有的执法权进行打分，得到“LLS 指数”来度量公共执法强度。Djankov et al.（2008）依据监管机构是否有权采取罚款和刑期的处罚措施来规制内部人自我交易行为，构建了反自我交易公共执法指数。这些基于法定权力范围的指标虽然能作为公共执法强度的初步度量，但却存在一个缺陷——指标的构建纯粹依赖监管机构拥有的正式权力范围，但实际上，许多监管机构虽然拥有开展调查和施加惩罚的法定权力，却并没有真正行使这些权力。该文认为要更准确地测度执法强度，应从执法主体是否拥有资源条件进行执法活动的角度展开。充足的预算和人力资源有助于证券监管机构履行法定职责，进行市场监督管理，制定完善的交易规则，经常性地实施补救措施并调查和惩罚不法行为。因此，该文从预算资源和人力资源两个角度出发，提出了基于执法资源的公共执法度量指标——每十亿美元 GDP 的证券监管预算和每百万人口中的证券监管人员数量。

（3）基本实证结果。

在提出更恰当的公共执法强度度量指标之后，该文首先重新进行了 La Porta et al.（2006）文中的实证检验，以 2005 年 34 个国家或地区的截面样本比较了“LLS 指数”和两个执法资源指标何者更能解释资本市场发展程度。La Porta et al.（2006）以四个代理变量度量资本市场发展水平，具体包括：股票市场总市值占 GDP 的比重、股票市场总交易量占 GDP 的比重、每百万人口中本土上市公司的数量、年度 IPO 募集资本金额占 GDP 的比重。以这四个变量为因变量的回归结果显示，“LLS 指数”仅在少数模型中得到了显著为正的系数，但预算资源和人力资源指标却在绝大多数情况下系数显著为正。并且在一些模型设定中，加入预算资源和人力资源指标后，“LLS 指数”的系数由显著为正变得不再显著，甚至变得显著为负。这些结果表明，相较于“LLS 指数”，执法资源指标对公共执法强度的度量更准确，并且显著地影响了资本市场的发展水平。

由于 La Porta et al.（2006）认为私人执法比公共执法更重要，该文接下来考察了两个执法资源指标与资本市场发展的相关性在控制私人执法水平之后是否仍然成立。赛马模型（horse-race models）结果显示，在控制反映私人执法水平的信息披露指数和民事责任标准指数之后，“LLS 指数”只对每百万人口中本土上市公司的数量表现出预测力，对其他三个资本市场发展变量的预测能力均十分微弱，这与 La Porta et al.（2006）的研究结果一致；基于执法资源的两个公共执法指标对资本市场发展的四个方面均表现出较好的解释力；私人执法方面，虽然民事责任标准指数对资本市场发展的预测力较弱，但信息披露指数对资本市场发展的预测力却与基于资源观的两个公共执法指标相当。这意味着，公共执法与私人执法同等重要，并且在私人执法的两个方面（信息披露和民事责任标准）中，公共执法比民事责任标准更能解释资本市场发展水平。

（4）进一步分析。

作为进一步分析，该文接下来分析了公共执法与企业所有权分散的关系。金融和法律领域均有研究指出，集中的股权结构是缓解代理冲突的一种有效机制（Jensen，1986；Gilson，2006）。如果公共执法能抑制内部人利益侵占动机并提升投资者的投资意愿，则股权分散度提高，即股权分散度也可以作为资本市场高水平发展的反映（La Porta et al.，2006）。因此，该文检验了公共执法与控制权溢价、股权资本可得性和所有权分散度的关系，但并没有发现公共执法与这三个变量呈现出明显的相关性。作者指出，这可能是因为虽然按照 La Porta et al.（2006）的观点，公共执法与股权分散度正相关，但在股权集中度高的情况下，可能需要更多的资源来控制大股东的利益侵占行为，因此，股权分散度与公共执法消耗的资源之间也有可能呈现负相关关系。

随后，该文讨论了公共执法资源与资本市场发展之间的因果方向问题。La Porta et al.（2006）认为法律是因，资本市场发展是果，并以法系起源作为工具变量进行了验证。但该文认为，公共执法与资本市场发展之间的因果关系是双向的。强有力的公共执法推进了资本市场的发展，发达的资本市场反过来又有助于为证券监管机构配备更充足的预算和人力资源。尽管如此，该文仍然借鉴 La Porta et al.（2006）的方法，以法系起源作为法律保护的工具变量，进行了工具变量两阶段回归，却未能在公共执法与资本市场发展间发现显著关系。作者认为，在该文情境下法系起源并非一个好的工具变量，不仅法系起源与证券市场监管所投入资源之间的关系模糊不清，而且法系起源很可能通过其他渠道与资本市场发展相关，所以，工具变量检验的结果对该文结论的影响有限。

该文最后讨论了公共执法影响资本市场发展的几种可能的机制。第一，充足的预算和人员配置使公共执法机构能更好地进行市场监督；第二，在发现违法行为时，充足的执法资源有利于监管调查的实施；第三，执法资源使监管机构能够编写、修订和执行更完善的监管规则，已有研究表明法律规则的完善程度会影响内幕交易监管的效果（Beny，2005），可以推测其也可能更广泛地影响公司治理和金融发展；第四，许多公共执法活动是以行政指导等非正式方式进行的，例如，日本依赖于行政指导，英国侧重于行业自治（Armour et al.，2009），这种非正式的公共执法需要高度熟练的专业人员，公共执法机构充足的人员配置为非正式公共执法培养了此类人才。虽然提出了这四种可能的机制，但该文没有具体讨论这四种机制中何者是最重要的，而将此问题留给了后续研究。

4. 研究贡献和不足

该文的贡献在于，在公共执法和私人执法何者对于资本市场发展更为重要引发学术界和实务界热烈讨论的背景下，该文提出了基于执法资源的公共执法力度度量指标，以这种新的度量指标证明了公共执法与私人执法对于资本市场发展而言都是不可或缺的。此结论不同于 La Porta et al.（2006）和 Djankov et al.（2008）的研究结论，因此，学者和实务界的政策制定者应重新思考两种执法方式的相对重要性。

该文也存在不足之处：以资本市场监管机构拥有的执法资源作为公共执法的度量指标，虽然相较于已有研究中使用的基于监管机构法定权力构建的公共执法指标有所改进，却仍然未能直接反映公共执法结果。有可能监管机构拥有充足的预算和人力资源，但并未高效地使用这些资源进行执法活动。后续研究也许可以从执法产出的角度测度公共执法力度，更为直接地反映监管机构执法的结果。

5. 评述

该文对标了 La Porta et al.（2006）著名文章，重新进行了该文中的实证检验，并得出了不同的结论：公共执法和私人执法同样重要。该文最大的亮点在于提出了新的执法力度度量方式，将执法力度的测度向前推进了一步，原则上能够更好地反映实际执法力度。并且，该文对于公共执法与私人执法各自优缺点的阐述也值得深入思考，学术研究可能过于偏好比较公共执法与私人执法之间的相对重要性而忽略了二者的互补关系，然而，二者的互补关系对于理解法律制度的运行或许更加重要。

当然，该文也存在不足之处。首先，正如作者所言，该文虽然将公共执法力度的度量方式向前推进了一步，但基于资源观的公共执法力度测度仍然存在缺陷。即使证券监管机构拥有充足的预算和人力资源，如果其不能高效地将这些资源利用到相关法律的执行上（例如，如果证券监管机构存在腐败问题，或证券监管制度设计不当），实际的公共执法水平仍然可能低下。如果能从执法产出的角度构建执法力度指标，或许能在一定程度上缓解这个问题。其次，在进一步分析中文章发现公共执法与大股东代理问题（以股权分散度、控制权溢价作为代理变量）无关，作者认为可能是因为公共执法最能发挥效果的领域是完善交易制度，其对于改善公司治理不是最有成效的。但这一解释可能有些牵强，因为公司治理与投资者保护在逻辑上紧密相关，投资者保护法律的执行理应也与大股东代理问题表现出一些关系。为何该文中公共执法与大股东代理无关，这有待学者进一步深入挖掘。

值得一提的是，该文提及了以法系起源作为投资者保护的工具变量所存在的局限性。就法律制度与金融发展的关系，既可能是完善的法律保护促进了金融市场的发展，也可能是发达的金融市场使一国更有资源和能力建立完善的法律制度对投资者权益加以保护，证明二者孰因孰果一直是“法与金融”研究面临的难题。La Porta et al.（1997，1998）提出在检验投资者保护的影响时可以使用法系起源作为工具变量，其逻辑是，普通法系比大陆法系的投资者保护更强，并且法系是很久以前经由殖民或征服在世界各地得到传播的，因此对于当今的公司财务变量而言是外生的，所以法系起源满足工具变量的要求。这一做法随后被多篇文献所借鉴。然而，正如 Jackson and Roe（2009）在该文中所指出的，法系起源对经济活动的影响十分广泛，将其作为工具变量很难保证其仅通过投资者保护这个单一渠道影响公司治理或金融市场发展，即难以满足工具变量的外生性约束。La Porta et al.（2013）认可了此批评，认为由于存在外生性约束难以满足的缺陷，所以需要谨慎解读以法系起源作为工具变量的因果推断结果。

8.3　未来研究展望

“法治兴则民族兴，法治强则国家强”[①]。法律关乎民族兴衰和国家命运，而在微观层面，其对于企业公司治理也具有至关重要的影响。如前文所述，尽管大量学者从股权结构、董事会、薪酬激励等角度提出内部治理机制的积极影响，但内部人控制问题的存在常常使这些机制难以发挥有效

8.3　参考文献

① 习近平．习近平谈治国理政（第四卷）．北京：外文出版社，2022：300．

作用。因此，要建立良好的公司治理体系亟需外部力量约束，而法律制度是最重要、最根本的投资者权益保障方式。法律与金融的交叉研究具有长远历史，投资者保护问题也是学者关注的重点，随着全球公司治理改革与监管实践的发展，法律制度的影响将愈加广泛。因此，本部分将在前文文献梳理的基础上，就法律制度与投资者保护相关议题未来可能的研究方向进行展望。

首先，未来研究可以基于新法律实践探讨投资者立法保护的效果。在现有文献中，大多数学者沿用 La Porta et al.（1998）对投资者保护水平的测度方法，以此检验各国投资者保护对公司决策的影响。近年来，学者的研究焦点正逐步发生转变，主要表现在以下三个方面：其一，学者开始关注特定法案或规定的作用，如《萨班斯-奥克斯利法案》（Gao and Zhang，2019；Allen et al.，2022）、《多德-弗兰克法案》（Iliev and Vitanova，2019）等，这一研究视角的转变不仅为法律政策制定提供了证据支撑，也为后续类似研究提供了重要的启示。其二，关于投资者立法保护对企业作用的结论逐步显现分歧。以往文献大多认为加强投资者立法保护能够促进企业价值提升，这一观点也获得许多研究支持，如 Gao and Zhang（2019）发现，《萨班斯-奥克斯利法案》的通过抑制了内部人谋取私有利益的倾向；Hope and Lu（2020）发现，美国证监会对关联交易的强制披露政策显著减少了关联交易的发生；Iliev and Vitanova（2019）和 Fried et al.（2020）均发现，增强股东投票权能够提高公司经理人薪酬效率。然而，近期研究却表明，监管并不总是有利于企业价值提升的，强金融监管（Allen et al.，2022）、高监管负担（Dambra and Gustafson，2021）反而可能会阻碍企业的创新活动。以债权人保护为关注点，El Ghoul et al.（2021）也发现，强有力的债权人保护仅对低杠杆公司产生积极效应，对高杠杆公司则会产生不利影响。这些讨论也表明，“一刀切”的法律政策对不同企业的适用性存在一定差异，基于企业特征研究投资者立法保护的具体价值是未来研究的重要方面。其三，中小股东保护与债权人保护问题日益受到重视，未来研究也可以进一步探讨相关立法规定对公司治理及决策的影响。

同时，学者也可以进一步探究投资者执法保护影响的异质性。如 Bhattacharya and Daouk（2002）指出，仅有立法并不足以对投资者形成有效保护，强有力的法律执行也必不可少。鉴于其影响，近期学者针对执法效果也进行了大量研究，但结论却并不一致。从公共执法的角度看，研究发现公共执法有助于改善公司治理、提高信息披露质量（Ke and Zhang，2021），但监管审查也可能给企业带来高昂的成本，如因引发管理者短视从而损害股票价值（Christensen et al.，2020），或因分散企业经营注意力而导致更多财务重述（Cassell et al.，2019），或因执法导致企业审计费用增加（Florou et al.，2020）等。从私人执法的角度看，诉讼风险是约束内部人私利倾向的有力因素。基于诉讼风险的外生变化，部分学者发现诉讼风险下降将增加企业的真实盈余管理（Huang et al.，2020a），减少企业的自愿性信息披露如高管盈余预测（Houston et al.，2019）和盈余预警的发布（Huang et al.，2020b），但信息准确度的变化则取决于盈余信息为好消息还是坏消息（Ma，2020）。然而，部分学者指出，股东诉讼施加的外部压力也可能阻碍高管从事探索性创新活动，诉讼风险的降低反而促进新技术专利的产生，提升专利价值（Lin et al.，2021）。因此，鉴于执法活动的复杂性，未来研究可进一步从企业异质性、行为异质性等角度全面剖析执法保护的经济后果。此外，考察企业对实际执法行动的反应也具有重要价值。例如，在诉讼后，尽管高管会减少好消息的预测频率并延迟发布，但会增加坏消息预测的频率并及时发布（Billings et al.，2021），而这将对企业的信息环境产生显著影响。除盈余信息披露外，企业是否会调整实际经营活动、改变战略决策或采取补救措施以缓解执法冲击？企业拥有的异质性资源如人力资本、社会资本等能否帮助企业摆脱困境？利益相关者是否会对企业执法活动做出反应，是“落井下石”还是“雪中送炭”？探究执法后各方行为的变化，将有助于完善投资者保护从立法保护到执法保护影响的分析链条。

其次，针对不同执法对象的经济后果研究也值得关注。第一，从执法机构来看，证监会的惩处具有显著的震慑作用。近期研究显示，与信息披露规定（Hope and Lu，2020）相似，监管机构通过发布问询函（Johnston and Petacchi，2017）、进行上市资格筛选（Fjesme et al.，2021）等方式也起到重要的“守门人”作用。随着监管机构分工的专业化和功能的转变，证监会的角色以及交易所的作用将日益多样，未来研究可深入挖掘监管机构新兴监管方式的作用及比较监管方式差异。第二，从执法对象来看，监管也日渐触及更多主体，包括公司高管（Campbell et al.，2021）、董事（Naaraayanan and Nielsen，2021）、审计师（Chy and Hope，2021）、分析师（Call et al.，2019）等，针对不同主体的监管行为的作用效果及机制将有所差异，这也是未来研究可探讨的话题之一。第三，如 Schantl and Wagenhofer（2020）指出的，公共执法与私人执法是战略替代品，公共执法的强化可能因挤出私人执法而导致不良后果，因此，如何协调公共执法与私人执法的关系以提升执法质量、夯实监管成效也应受到重视。

再次，考察投资者保护的作用条件、途径及其度量指标也是未来研究方向之一。法律制度建设是加强投资者保护的重要方式，但落实投资者保护举措并不容易，可能受到非经济执法压力（Mehta and Zhao，2020）等因素的干扰。在处于薄弱的股东保护背景下，企业也可能通过与股东签订私人合同（Acheson et al.，2019）等措施主动、自愿地为股东提供保护。因此，未来研究可结合宏观环境特征与微观企业行为，探讨投资者保护有效发挥作用的条件。在作用机制上，投资者保护制度不仅能够从立法保护和执法保护渠道直接影响公司治理，也可能与其他治理机制形成互动关系，如影响控股股东的持股行为（Basak et al.，2019）、董事劳动力市场的效率（Lel and Miller，2019）、高管薪酬激励措施的期限（Chang et al.，2021）等，从而间接作用于公司决策。因此，未来股东保护研究在着眼立法保护、执法保护等直接影响的同时，也应关注其与内外部治理机制的联系，协同优化股东保护的作用。同时，在投资者保护的度量标准上，La Porta et al.（1998）、La Porta et al.（2006）等经典文献的测度方法得到广泛认可，但法律实践的发展可能使得投资者保护的手段和形式发生重大变化，创新投资者保护的度量指标也是待研究的问题之一。例如，Huang et al.（2019）考察法官意识形态如何影响企业诉讼风险，便从司法任命这一全新视角扩展了诉讼风险的衡量标准。

最后，基于全球视角研究投资者保护的作用也有待学者深入探究。如 La Porta et al.（1998）指出，各个国家的投资者保护水平无论是在立法保护与执法保护或是在股东保护与债权人保护方面均存在较大差异。在此背景下，未来研究可从以下几方面拓展：第一，在法律起源、经济决定等观点的基础上，继续探究投资者保护的影响因素，以便从根源上剖析投资者保护的差异；第二，进一步考察投资者保护在国家之间的溢出效应及渠道，如外国直接投资（Albuquerque et al.，2019）、交叉上市（Liao et al.，2021）、对冲基金资本流动（Aragon et al.，2021）、跨境监管合作（Lang et al.，2020）等方式；第三，随着法律、监管、公司治理实践的发展，各国在投资者保护方面做出的努力或已卓有成效。当下，我国“全面依法治国总体格局基本形成”①，“全面依法治国实践取得重大进展”②，习近平总书记指出，“我国用 30 多年时间形成了中国特色社会主义法律体系，这是人类法治史上一项了不起的成就。”“同时，也要看到，时代在进步，实践在发展，不断对法律体系建设提出新需求，法律体系必须与时俱进加以完善”③。鉴于全球投资者保护格局或已呈现全新面貌，学者可基于最新数据与最新实践，采用动态视角检验投资者保护的变化，进行投资者保护的横向跨国比较，同时也可聚焦某一国家投资者保护的内部差异或纵向历史演变。此外，未来研究也可从宏观视角考察投资者保护制度对金融体系构建的价值，如 Bernstein et al.（2020）从交易所发展角度探讨投资者保护的影响，未来研究可以沿此思路探讨投资者保护对信息中介市场发展、资本市场制度创新等方面的作用。

---

① 习近平．习近平谈治国理政（第四卷）．北京：外文出版社，2022：286.

② 习近平．论坚持全面依法治国．北京：中央文献出版社，2020：2.

③ 习近平．习近平谈治国理政（第四卷）．北京：外文出版社，2022：253.

第 9 章

文化的力量

本章主要讲述文化在公司治理中的作用。在 9.1 节中，对文化与公司治理的文献进行梳理和综述，以厘清该领域的研究框架和发展脉络。在此基础上，在 9.2 节中，对该领域三篇具有代表性的文献进行导读，包括对文章内容的介绍和评述。最后，在 9.3 节中，结合文献的研究现状，对该领域的未来研究方向进行展望。

9.1 概　述

9.1　参考文献

传统公司治理理论强调通过各类正式的内外部治理机制来缓解代理问题（Shleifer and Vishny，1997），忽略了非正式制度在公司治理中的作用。随着学术界对世界各国公司治理差异的探讨逐渐深入，文化这一重要的非正式制度进入了相关领域学者们的研究视野。沿着法律是公司治理的重要机制这一结论，Stulz and Williamson（2003）通过跨国研究进一步发现，世界各个国家或地区之间的文化差异正是导致投资者法律保护差异的关键因素。Buck and Shahrim（2005）通过比较分析德国与美国的公司治理模式，指出一国想要学习借鉴其他国家的公司治理实践时，必须考虑两国文化的差异。即文化对公司治理模式的选择具有重要影响。同时，Dyck and Zingales（2004）强调了良好的文化能够降低各国公司的控制权私有收益。自此，文化与公司治理领域的研究大门被缓缓推开。

尽管学术界对文化的概念众说纷纭，莫衷一是，但众多定义中的核心要素并无二致，即文化是人们在长期交往中形成的、被群体所共享的一系列价值观（values）、规范（norms）、信念（beliefs）等的集合（North，1990；

O'Reilly and Chatman，1996；Stulz and Williamson，2003；Guiso et al.，2006）。需要说明的是，社会网络作为社会资本的重要组成部分，也是通过网络中的个体所共享的价值观、规范、信念来发挥作用的，因此，我们也将其纳入本章“文化”的范畴中来。无疑，这些价值观念、伦理规范和意识信念均具有公司治理效应。

众所周知，委托人与代理人之间的目标不一致、信息不对称和契约不完备，是代理问题产生的根源。文化正是通过两个渠道即影响代理人的目标设定及其面对信息不对称和契约不完备时的决策来发挥作用的。一方面，文化能够影响代理人的目标设定。作为文化重要组成部分的价值观和信念，能够塑造代理人的主观心理，影响代理人的人生追求和目标设定（Granovetter，1985；Uzzi，1997；Williamson，2000；Boubakri et al.，2016），最终反映在代理人进行机会主义行为的动机上。另一方面，文化会影响代理人面对信息不对称和契约不完备时的决策。当代理人拥有信息优势且面临未被合同事前明确约束的选择时，正式制度的作用会被弱化，文化的力量就会凸显。文化中的规则性期望、价值观、原则等作为非正式规范，能够影响代理人解释现象、处理信息和解决问题的思维方式，进而影响代理人是否进行、如何进行机会主义行为的决策（O'Reilly，1989；North，1990；Guiso et al.，2015b；Li et al.，2021）。

尽管学者们逐渐意识到文化对公司治理的重要影响，但由于文化通常不成文、只能意会不能言传，文化的识别和衡量成为学术研究中的极大挑战（Li et al.，2021）。最初，学者们基于国别文化差异的比较研究，尝试探索国家文化对公司治理的影响。近年来，随着研究方法和识别技术的逐渐成熟，学者们将目光转向公司维度的文化上，用更直接的方式探究文化的公司治理效应。此外，还有学者从除国家文化和公司文化外的其他维度研究了文化的治理作用，相关研究主要集中在对社会资本治理作用的探讨上。

下面，我们将按照相关研究的内容，分别从国家或地区文化、公司文化、文化的其他维度三个方面来讨论文化的公司治理效应。

9.1.1 国家或地区文化

国家或地区文化与公司治理的研究主要基于以下两种全球调查问卷。一是 Hofstede 价值观调查（Hofstede，1984，2001；Hofstede et al.，2005）。1967—1973 年，Geert Hofstede 对 IBM 在全球几十个国家或地区的分支机构的 11 万余名员工进行了关于个人价值观的问卷调查。基于以上数据，他将国家或地区文化划分为四个维度，包括：（1）个人主义（individualism）/集体主义（collectivism）；（2）权力距离（power distance）；（3）不确定性规避（uncertainty avoidance）；（4）阳刚气质（masculinity）/阴柔气质（femininity)。随后，Geert Hofstede 又补充了第五个和第六个维度，分别为长期导向（long-term orientation）/短期导向（short-term orientation）、放纵（indulgence）/克制（restraint）。二是 Schwartz 价值观量表（Schwartz，1992，1994）。与 Hofstede 对员工进行的问卷调查不同，Shalom H. Schwartz 基于对小学教师和大学生的问卷调查，将文化划分为以下七个维度：(1) 保守主义（conservatism）；(2) 情感自主性（affective autonomy）；(3) 学术自主性（intellectual autonomy）；(4) 平等主义（egalitarianism）；(5) 等级制度（hierarchy）；(6) 控制文化（mastery）；(7) 和谐文化（harmony）。以上调查问卷提供了文化的分类方式和衡量方式，正是这部分探索推动了文化在公司治理领域的早期研究。

目前，现有文献较多从个人主义/集体主义和不确定性规避这两个维度来探究国家或地区文化的公司治理作用。学者们发现，个人主义倾向兼具积极和消极的治理作用。在积极方面，个人主义倾向能提供更好的投资者保护。国家或地区的个人主义文化越浓厚，个体越重视对自身权利的保护，因此，在个人主义倾向较高的国家或地区，公司去传播和发展公司治理准则的倾向更强烈，以保护投资者的利益（Haxhi and van Ees，2010）。在消极方面，个人主义倾向为经理人提供了更大的自由裁量权和机会主义行为空间。由于国家或地区的个人主义倾向越高，就越会强调个人自主性和独立性，因此，公司经理人有着更强的自主导向，被允许拥有更大的自由裁量权（Crossland and Hambrick，2011），其所在公司的盈余管理水平和股价崩盘风险也更高（Han et al.，2008；Kanagaretnam et al.，2011；An et al.，2018）。此外，考虑到“盎格鲁-撒克逊”公司治理模式的特征之一正是经理人自主导向，当国家或地区个人主义倾向更高时，其所在公司也更加偏好这类公司治理模式（Griffin et al.，2017）。

同时，不确定性规避限制了经理人的自由裁量权，有助于减少其不当行为。当一国或地区的不确定性规避文化越强，意味着个体对不确定性的容忍度越低，越不具有风险导向。因此，在不确定性规避程度更高的国家或地区中，因为无法忍受给予经理人更大权力后带来的不确定性，公司经理人的自由裁量权更小（Crossland and Hambrick，2011）；这种对不确定性的高度规避也使得公司的盈余管理水平更低（Han et al.，2008；Kanagaretnam et al.，2011）。

此外，学者们还对国家或地区文化的其他维度的公司治理作用进行了探究。例如，Krause et al.（2016）发现当公司的客户所在国家或地区的权力距离越大时，面对激烈的产品市场竞争，公司经理人的权力也会更大。Kanagaretnam et al.（2011）发现，公司所在国家或地区的权力距离越大、阳刚气质越浓时，公司越可能冒风险去提高盈余管理的水平。

从上述讨论可以看出，国家或地区文化的公司治理效应不容忽视。然而，由于难以排除国家或地区制度背景和经营环境对上述结论的干扰，加之两类调查问卷数据在时间和范围上的天然缺陷，从而掣肘了该领域的快速发展。也正因为如此，学者们也开始了新一轮对文化识别的创新和探索。当然，这些创新和探索主要体现在对公司文化的研究上。

9.1.2 公司文化

Guiso et al.（2015a）指出，公司文化是检验文化影响力的绝佳场景，是检验其因果关系的试验田。首先，相比于一个国家或地区的文化，学者们更容易识别公司文化何时确立、由谁确立。其次，相比起根深蒂固的国家或地区文化，公司文化更容易受到一些重大事件的冲击而发生改变（Weber et al.，1996；Li et al.，2021）。更重要的是，识别手段的进一步发展使得公司文化的实证研究成为可能。自 2015 年金融学顶级期刊 *Journal of Financial Economics* 出版了一期关于公司文化的特刊之后（Guiso et al.，2015b），公司金融领域开始掀起一场文化革新的热潮。

现有研究主要采用以下几种方式识别公司文化。一是用文本分析法识别企业所宣传的文化（Fiordelisi and Ricci，2014；Guiso et al.，2015b；Jiang et al.，2019）。二是用问卷调查法识别员工感知到的公司文化（Garrett et al.，2014；Guiso et al.，2015b）。三是用经理人的背景或行为特征来作为公司文化的代理变量（Benmelech and Frydman，2015；Biggerstaff et al.，2015；Davidson et al.，2015；Liu，2016），因为经理人可以通过教育培训、员工选择和激励措施来将自身文化传递给公司员工。值得一提的是，用机器学习的方法在海量的公开资料中提取企业文化，是目前最前沿的识别方法（Li et al.，2021）。

该领域的相关研究主要集中在积极公司文化的正面治理效应、消极公司文化的负面治理效应这两个方面。

一方面，大多数学者认为积极的公司文化有助于提升公司治理水平。Garrett et al.（2014）采用问卷调查方式衡量企业内部信任文化，指出这一文化能够影响公司内部信息的生成与共享，发现信任文化越高的公司，财务报表质量越高。Benmelech and Frydman（2015）从经理人的军事背景出发，认为有过从军经历的经理人往往会更加忠诚且遵循道德规范，他们发现这样的军事文化能够降低企业财务造假的概率，并且公司在行业不景气时业绩表现更好。学者同样关注企业财务造假行为，Braguinsky and Mityakov（2015）以透明文化为研究对象，发现企业的透明文化会显著提高公司报告员工工资的透明度，进而显著降低企业财务欺诈的可能性。不同于以上对公司单一文化的讨论，Li et al.（2021）关注了标普 500 指数公司最常提及的创新、诚信、质量、尊重和合作五类文化，通过构建一个综合文化指标，研究发现公司文化越浓厚，企业越不可能进行盈余管理，经理人薪酬设计也更趋向长期导向，并且公司价值更高。

另一方面，相关研究也发现了消极的公司文化会降低公司治理水平，加剧经理人的代理倾向。Liu（2016）以公司内部人（经理人和董事）祖籍地区的平均腐败程度作为公司腐败文化的代理变量，发现具有更强腐败文化的公司更可能进行盈余管理、财务造假、期权回溯和内部交易。同样关注经理人背景特征，Biggerstaff et al.（2015）将那些曾从期权回溯中获得过个人收益的经理人所在公司，定义为不道德文化浓厚的公司，发现其所在公司也更可能进行财务造假。相似地，Davidson et al.（2015）认为，有过个人违法记录或拥有大量奢侈品的经理人会塑造和影响公司文化，建立起一种“有助于财务错报”的文化，并且研究发现了这类经理人所在的公司财务造假概率更高。需要注意的是，消极文化的公司治理效应，不仅存在于研究中关注较多的非金融企业，在强调风险管理的银行业也同样如此。Bushman et al.（2018）以银行业为研究样本，发现公司经理人的享乐主义倾向越严重时，公司的风险管理强度越低，公司下行尾部风险越高。

此外，也有学者开始意识到公司文化对公司治理影响的两面性。Guggenmos and Van der Stede（2020）探究了积极文化对公司治理的负面影响，从而有助于学者们更全面地了解公司文化的力量。该研究关注了公司文化领域备受关注的创新文化，认为创新文化鼓励冒险，这一特点会让经理人和员工更激进、更不受约束、认为机会主义行为是可取的。基于实验会计学的研究方法，他们研究发现创新文化会促使企业进行真实盈余管理。

9.1.3　文化的其他维度

除了从国家和公司层面研究文化的公司治理作用之外，学者们还关注文化的其他方面。这部分研究主要探讨了社会资本的公司治理作用。

社会资本指行为主体在社会互动中形成的社会网络、信任和行为规范（Coleman，1994；Putnam，2001）。其中，社会网络也被称为关系，包括人与人之间直接的社会关系以及通过物质环境和文化共享而结成的间接社会关系。现有文献从同乡关系、校友关系、同一俱乐部或同一行业等多种共同经历来衡量行为主体的社会网络关系（Hwang and Kim，2009；Cohen et al.，2010；Engelberg et al.，2013；Larcker et al.，2013；Bruynseels and Cardinaels，2014）。也有学者用总统选举时的投票率、人口普查问卷的答复率衡量当地社会规范强度，用非营利组织和社会组织的数量来衡量社会网络密度，综合以上四个指标来整体衡量地区的社会资本程度（Hasan et al.，2017；

Hoi et al.，2019）。

公司治理领域的学者对社会网络的关注最多。与经济学领域发现了社会网络的积极作用不同（Rosenzweig and Stark，1989；Fafchamps and Lund，2003；Luke and Munshi，2007；Kinnan and Townsend，2012），公司治理领域的研究较多发现的是社会网络的消极影响。下面我们按照社会关联的研究对象来对这类文献进行分类讨论。

首先，董事会的社会关联会降低其监督质量。一是当董事会与经理人存在社会关联时，即董事存在外部关联，董事可能出于对经理人关怀或信任的私人情感，或出于维护双方关系的动机，而扭曲其原本应客观的监督效果。学者们对此进行了较为深入的探究。Hwang and Kim（2009）的研究作为该领域的第一篇文献，关注了独立董事与CEO的社会关联，发现这类关联会降低CEO薪酬-业绩敏感性和CEO离职-业绩敏感性。Fracassi and Tate（2012）和Sauerwald et al.（2016）则关注董事会中所有董事与CEO的关联，发现存在董事-CEO关联的公司，更有可能进行有损公司价值的并购，CEO也更可能获得超额薪酬。而Bruynseels and Cardinaels（2014）聚焦在董事会中审计委员会与CEO的社会关联，同样发现了该类专业委员会监督质量较差。二是当董事与董事之间，即董事会内部存在关联时，董事出于包庇心理或顾虑收到其他董事的负面回应，将更不愿意发表异议，从而削弱其监督作用。Souther（2018）作为第一篇探究董事会内部社会关联的文献，发现了存在该类关联的公司董事薪酬水平更高、董事更替率更低，同时公司也更有可能进行财务造假。

其次，高管的社会关联会恶化其机会主义行为。高管与本公司董事甚至与其他公司的高管、董事之间存在的社会关联，在一定程度上能够缓解外部控制权市场和经理人市场对高管的约束作用，从而增强高管的机会主义动机。Nguyen（2012）的研究为此提供了直接证据。该研究发现，当CEO拥有十分强大的社会网络时，他们因为机会主义行为被解雇后，会更快地找到更好的新职位。El-Khatib et al.（2015）则从并购的视角出发，研究发现具有高网络中心度的CEO会通过频繁的并购活动攫取个人私利，而这些并购活动极大地损害了公司价值。

最后，中介机构的社会关联也会扭曲其治理效果。与董事会关联会降低监督质量的逻辑一脉相承，该类社会关联降低了信息中介的独立性，从而使其进行有偏的信息传递。He et al.（2017）关注项目审计师与公司审计委员会成员之间的社会关联，发现这类关联损害了审计师的审计质量。Ru et al.（2020）则聚焦媒体高管与公司高管之间的社会关联，发现媒体更可能报道与其有社会关联的公司，且报道语调更乐观，报道包含的信息更少。

但毋庸置疑的是，从社会关联的资源观来看，社会网络存在优化公司治理的可能。少数文献从董事会咨询职能的角度对此做出了讨论。Westphal (1999) 基于问卷调查数据，发现与 CEO 存在朋友关系的董事，会在企业战略层面给管理者提出更多的建议，即发挥了更好的咨询职能。Schmidt (2015) 则是考虑了不同情景，指出董事社会关联的影响取决于公司的需求。该研究选取企业并购的样本，发现当并购方对董事会的咨询需求更高时，并购方董事会的社会关联会带来更高的并购宣告效应；反之，当公司对董事会的监督需求更高时，社会关联会降低并购的宣告效应。

除了社会网络这一被重点研究的社会资本之外，该领域的学者也关注地区层面的社会规范和价值观对公司治理的影响。Hoi et al. (2019) 认为，地区社会资本高，意味着当地具有强大的合作规范和密集的社交网络，从而增加了经理人进行机会主义行为的成本。他们的研究支持了上述推理，发现社会资本抑制了 CEO 在薪酬方面的租金攫取行为，进而缓解了代理问题。Christensen et al. (2018) 则是从反面提供了相应的经验证据。该研究通过探究当地对博彩的态度这一社会价值观，发现如果公司总部所在地区越容易接受赌博行为，即博彩文化越浓厚，这些公司便越可能进行财务错报。

可见，不论是社会网络还是社会规范，社会资本这一重要的文化对公司治理都产生了举足轻重的影响。

上述文献表明，文化在公司治理中的作用不可忽视。从国家文化到公司文化，再到社会资本，无一不具有公司治理效应。恰如前述，囿于相关调查问卷的时间久远，且因果关系识别较为困难，国家文化的公司治理研究多集中在 21 世纪初期，近年来进展较为缓慢。鉴于此，我们在选择三篇重点文献进行导读时，未从国家文化领域中选取，而是聚焦后面两个维度，在积极的公司文化、消极的公司文化、社会资本三个方面各选择了一篇经典、重要且对后续研究具有启发性的文献，以深入探讨文化的力量。

第一篇是 Jace Garrett、Rani Hoitash 和 Douglas F. Prawitt 于 2014 年发表在 *Journal of Accounting Research* 上的“Trust and financial reporting quality”。作为为数不多的探讨信任文化的公司治理作用的文献，该文研究了公司内部的信任文化如何影响公司财务报表质量，有力推进了信任这一重要文化的相关研究。

第二篇是 Xiaoding Liu 于 2016 年发表在 *Journal of Financial Economics* 上的“Corruption culture and corporate misconduct”。该文首次用流行病学的方法识别了公司文化，探讨了公司腐败文化对公司不当行为的影响，得到了后续研究的广泛、持续关注。

第三篇是 Byoung-Hyoun Hwang 和 Seoyoung Kim 于 2009 年发表在

Journal of Financial Economics 上的“It pays to have friends”。该研究作为最早讨论董事社会关联对董事会监督职能影响的文章，不论是研究视角还是对社会关联的识别，都对后续研究具有一定的指引作用和启发性。

接下来我们将逐篇介绍文章内容并进行简要评述。

9.2 重点文献导读

9.2.1 信任与财务报告质量

9.2 参考文献

Trust and Financial Reporting Quality

文献来源：Garrett J，Hoitash R，Prawitt D F. Trust and financial reporting quality. *Journal of Accounting Research*，2014，52 (5)：1087－1125.

1. 研究动机与研究问题

信任在商业活动中尤为重要，但会计领域里探究信任的文献还比较少，尤其是探究信任对财务报告质量（financial report quality，FRQ）影响的研究更是少之又少。作者认为，组织内部的高度信任，能够提高信息的准确性，加快问题的发现和修正速度，从而提高公司财务报告质量。

基于以上研究动机，该文旨在探究员工对管理者的信任程度如何影响公司财务报告质量这一问题。

2. 研究过程

（1）理论分析。

作者认为，若要全方位地探讨信任对财务报告质量的影响，就需要考虑财务报告的输入质量和输出质量。首先，作者论述了信任如何影响应计盈余质量和财务错报可能性这两类输出质量。因为编制财务报告面临着估计、判断和评估等一系列挑战，管理者不可避免地需要依靠拥有私有信息的员工来提供具体信息。如果员工对管理者缺乏信任，他们将担心真实的建议和报告可能会被不公平地使用，从而侵害到自身利益。因此，员工在进行预测、预算或报告实际结果时，都不太可能完全公开或足够诚实。同时，当员工对管理者的信任程度较低时，因为害怕产生一些负面后果，他们也更不愿意指出自己所发现的问题。可想而知，如果得不到员工的充分信任，管理者即使能力再强、真实披露的意愿再强烈，也难以编制出高质量的财务报告。与之相反，当员工充分信任管理者时，员工在需要时更可能向管理者寻求帮助，并且愿意更大程度地分享自己的私有信息。这种信息分享能够让管理者做出更有效率的决策，编制出质量更高的财务报告。基于以上分析，作者认为公司内部的信任程度更高时，公司应计盈余质量更高，财务错报的可能性更低。

其次，作者也论证了信任对内部控制质量这一输入质量的影响。COSO内部控制整合框架（2013 版）明确强调了开放清晰的沟通在内部控制体系中的重要性。而组织内部的信任就能够促进沟通的开放性。同时，COSO 内部控制整合框架（2013 版）也指出，当管理者没有时间、兴趣或者资源去解决他们已经发现的问题时，员工能够很快地感知到这种情况。无疑，此种情形会降低员工对管理者的信任程度，从而降低员工报告内部控制缺陷的意愿。基于以上分析，作者认为当组织内部的信任程度更高时，内部控制缺陷更可能被发现和修正，从而减少内部控制报告中对未解决缺陷的披露。

（2）基本实证结果。

该文的研究样本为 2005—2010 年《财富》杂志评选出的当年“美国最适宜工作的 100 家公司”。基于对这些公司的问卷调查数据，作者发现信任会提高公司的应计盈余质量、降低财务错报和内部控制中披露实质性缺陷的可能性，即信任能够提高公司的财务报告质量。

（3）作用机制。

为了进一步验证信任是通过影响信息的产生和分享机制来对财务报告质量发挥作用的，作者检验了在分权和集权的公司中，上述发现是否有所差异。作者认为，在组织形式更加分散的公司中，公司员工数量更多、跨地区跨行业的部门更多、下属子公司和业务单元都更多，这就意味着准确整合信息会更具挑战性，因此在这类公司中信任对财务报告质量的影响会更加显著。相关实证结果证实了作者的猜想。

（4）内生性处理。

作者采用了以下几种方法来缓解文章潜在的内生性问题。第一，可能存在不可观测的公司层面特征同时影响了信任程度与财务报告质量，使得二者存在正相关关系。为解决这一问题，作者选取了问卷调查中与信任相关但不直接影响财务报告质量的变量作为工具变量。具体来说，作者先选取了“员工医疗保险中公司支付的平均比例”和“公司是否制定了允许员工在工作日进行志愿服务的相关政策”作为工具变量。但在检验工具变量的有效性时，作者发现当因变量为财务错报时，选取的工具变量未通过过度识别检验（Sargan test）。为此作者将其中与志愿服务相关的工具变量替换为“公司是否允许弹性工作制”这一变量，发现所有的模型均通过了弱工具变量和过度识别检验。基于以上修正过的工具变量进行检验后，文章的主要结论不变。第二，可能存在管理者水平的遗漏变量同时影响了信任程度和财务报告质量，比如能力更强的管理者，更可能得到员工的高度信任，同时所在公司的财务报告质量更高。为了排除这一替代性解释，作者进一步控制了管理者能力相关指标，发现结论保持稳健。第三，为了缓解反向因果问题，即更高的财务报告质量会导致更高水平的信任，作者将自变量滞后 5 期，发现结论依然成立。第四，参与问卷调查的公司可能具有某类共同特征，即存在样本选择偏差问题。为此作者采用 Heckman 选择模型进行处理，发现结论保持稳健。

（5）进一步研究。

作者将员工对管理者的信任进一步分为低层员工和高层员工对管理者的信任，研究发现，当这两类群体对管理者的信任程度趋同时，高层员工对管理者的信任更能够对财务报告质量的提升发挥作用。作者认为，这在一定程度上反映了当信任作为一种公司文化完全渗透于组织内部时，信任的作用会更加显著。同时，作者还发现了不论公司的代理成本高低，信任对财务报告质量的提升作用都显著。这一结果说明管理者并没有利用员工对其的信任进行盈余操纵等行为。

（6）局限性。

在文章的结尾部分，作者还讨论了问卷调查方法的局限性对该文结论的影响。一方面，作者承认由于受到样本数量的限制，该文结论可能无法推及至那些具有更低信任水平的小规模公司中。另一方面，作者指出，尽管采用问卷调查的方式可能使信任这一关键变量衡量存在偏差，但是这一偏差并不影响该文的现有结论和发现。如果样本中所有公司对调查问卷的回答都有偏，作者预计这些公司的实际信任程度应该更高，这种情况并不会改变该文的结论。另外，如果只有部分低信任的公司操纵了自己的回答，即谎称它们具有高信任水平，那这种情况可能降低样本中信任的差异度，从而使该文更难发现显著结果；也可能导致该文发现高信任水平的公司财务报告质量更低。然而该文并未发现以上两种情况，因此上述问卷调查的潜在缺陷并不影响该文结论的可靠性。

3. 研究贡献

作者认为该文的贡献体现在以下两点：其一，丰富了信任文化在会计领域的研究。已有研究多关注信任文化对员工满意度等相对主观的个人决策的影响，而该文探究了信任对财务报告质量这类较为客观的公司行为的影响，将信任的影响从个人层面延伸到了企业层面；其二，该文发现了企业信任文化也是财务报告质量的影响因素之一，这对董事会和审计委员会监督作用的发挥也具有现实意义。

4. 评述

诚如该文作者所述，该文的贡献之一确实在于将信任文化引入会计这一研究领域。但就文化与公司治理领域的研究而言，我们认为该文的最大贡献在于作者将地区层面的信任文化拓展到了组织内部层面，有力推进了信任文化的相关研究。同时，财务报告质量作为外部利益相关者获取信息的重要来源，该文在一定程度上也是在探究组织内部的信任如何影响外部投资者对公司的信任，即内部的利益相关者和外部的利益相关者之间的关系。以上两点是作者在阐述贡献时所忽略的。

此外，该文对内生性的处理以及对调查问卷局限性的论述都值得借鉴。尽管可能受到调查问卷的数据限制，作者处理内生性的方式并非完美，但作者尝试了四种方法，并且清晰阐述了每一种方法在理论上和程序上的合理性，这无疑增加了文章的规范性和科学性。同时，基于调查问卷的研究往往会被质疑衡量的准确性和结论的普适性，该文在结尾部分对这一问题的驳斥与说明，对大量使用调查问卷的研究也具有一定参考价值。

然而，该文也存在如下不足之处。一是该文选择财务报告质量进行探究的动机仍不够充分。在财务报告的编制过程中，需要员工主观判断、人为传递的信息多吗？考虑到当今企业高度发达的会计信息化系统，我们对这一问题持怀疑态度。如果员工主观判断的比例不大、发挥的作用有限，员工对管理者的信任又如何能够影响到财务报告质量呢？二是该文将“信任文化”等同于“组织内部的文化”，但实则“信任文化”不仅包括组织内部的信任，还包括地区层面组织与组织之间的信任，即二者是包含与被包含的关系。作者应该对这两个概念加以区分，增强文章的严谨性。三是该文选取公司特征（如公司是否允许弹性工作制等）作为工具变量，不够符合工具变量的外生性要求，进而削弱了内生性检验的效力。

基于该文的发现，我们认为后续相关研究可以从以下几个方面继续进行探索。该文认为组织内部的高度信任能提高信息在公司内部的传递效率，进而体现在财务报告质量上。那么，除了财务报告质量这一体现之外，信息传递还对公司的哪些决策、行为或经济后果有着重要影响？另外，组织内部的信任是否对公司治理产生负面影响？譬如说，管理者可能会通过一些手段来“收买”员工的信任，那么这样的信任或许会损害股东的利益，从而恶化代理问题。

9.2.2　腐败文化与公司违规行为

Corruption Culture and Corporate Misconduct

文献来源：Liu X. Corruption culture and corporate misconduct. *Journal of Financial Economics*，2016，122（2）：307－327.

1. 研究动机与研究问题

如何缓解代理问题是公司治理领域的一个关键话题。已有的文献广泛关注如敌意并购、董事会和机构投资者等传统公司治理机制的有效性，但并未得到一致的结论。企业文化作为员工所共享的价值观，可能会对公司治理产生影响。因此，监管者和学者们开始将目光转向企业内部的员工，探究企业文化的公司治理作用。

该文旨在研究公司腐败文化对企业不当行为的影响。这些不当行为包括盈余管理、财务欺诈、期权回溯和基于机会主义的内部交易等。

2. 研究过程

（1）理论分析。

作者认为，公司腐败文化会通过以下两种机制来发挥作用。公司文化是一种潜在的选择机制。Schneider（1987）提出的“吸引-选择-磨合”（attraction-selection-attrition，ASA）理论，是指个体通过被组织吸引、选择、磨合或淘汰，能够形成一个特定的组织群体，而这一群体中的个体就决定了组织行为。这正是公司腐败文化形成和发挥作用的关键，即通过选择和吸引具有相同腐败文化的个体进入公司，使其按照自身的内部规范（即腐败倾向）行事，最终体现在公司的行为和表现上。

公司文化也能够跨越个人的内部规范，直接通过群体规范来作用于个体行为。不同于第一种机制中的个体内部规范，群体规范是由群体成员通过奖惩机制来执行的。就公司文化这一群体规范而言，为了惩罚违背公司文化的员工，其他员工可能会与这些员工保持社交距离、隐瞒有助于这些员工晋升的关键信息，甚至在他们寻求帮助时拒绝其请求。因此，即使一个员工自身的腐败倾向与其他员工并不相同，但畏于群体惩罚，他的行为方式也有可能和群体规范保持一致。据此，作者提出该文的主要假设：有着高腐败文化的公司，会对腐败行为更加容忍，从而更有可能实施不当行为。

（2）指标构建。

就公司文化这一关键指标而言，该文作者通过识别和整合公司高管和董事的文化背景来构建。具体来说，该文对公司腐败文化的衡量是基于Fernández（2011）研究中所使用的流行病学方法，其主要思想（前提假定）是当个人从本国移民到新的国家或地区时，尽管外部的经济和制度环境会发生变化，但他们的文化信仰和价值观仍旧不变；同时，移民者不仅将信仰和价值观带到新的国家或地区，他们还会将这些信仰传递给他们的后代（Guiso et al.，2006）。在现有腐败文化领域的研究中，DeBacker et al.（2015）率先在公司层面上证明了个人的腐败态度能够从其母国或地区引入到美国；Simpser（2015）使用个人层面的问卷调查数据，也发现了腐败态度在代际之间的传承关系。由此可见，祖先所在国家或地区的相关经济后果能够作为移民者及其后代文化价值观的代理变量。

作者通过识别1988—2006年美国上市公司171 000多个高管和董事（平

均每家公司 19 个内部人）的姓氏来确定每一位内部人的祖籍国家或地区，再利用腐败感知指数来衡量其祖籍国家或地区的腐败倾向，最后计算每家公司每一年度的所有高管和董事腐败态度的平均值，作为公司-年度层面的腐败文化指标。作者强调，关注高管和董事的原因主要有：第一，已有研究表明在公司文化的形成和传播过程中，领导者和关键决策者起到了至关重要的作用。第二，领导者能够通过雇用和吸引与其拥有相同价值观的员工来创造和传播企业文化，因此，有理由假设低层级的员工与其领导者有着相同的价值观。第三，公司关键内部人对该文所要检验的公司不当行为负主要责任，因此，他们的文化价值观理应是更相关也是更重要的。

作者指出，上述衡量方法具有以下几点优势。第一，这一方法从公司层面进行测度，有助于检验公司文化与公司行为之间的关系。第二，尽管这一指标无法度量公司文化的所有维度和内容，但它确实能够反映公司内部人对于机会主义行为的普遍态度。第三，通过使用现阶段较成熟的经济学方法，这一衡量方法能够对将近 9 000 家美国上市公司的文化进行度量，具有普适性。第四，这一指标在时间维度上横跨 19 年，有助于分析企业文化在时间序列上的变化趋势。第五，通过衡量个人层面的腐败态度以及利用内部人进入和退出公司的数据，这一衡量方法有助于在一定程度上揭示企业腐败文化产生影响的内部机制。

（3）基本实证结果。

基于以上对公司腐败文化的衡量，作者通过实证检验发现，公司腐败文化程度每增加一个标准差，公司进行盈余管理、财务欺诈、期权回溯和基于机会主义的内部交易的可能性会分别上升 1.9%、7.4%、4.6%和 5.7%。

（4）稳健性检验与内生性控制。

进一步地，为了排除当地经济、文化、政治环境等因素对上述研究结论的影响，作者还控制了地区-年度固定效应和行业-年度固定效应来进行稳健性检验，发现结论依然成立。

作者使用了以下两种方式来缓解内生性。第一，为了缓解如公司的亲社会文化和公司治理环境等潜在遗漏变量导致的内生性问题，作者相应控制了企业捐赠水平和包括董事会规模、内部董事比例、机构持股比例以及敌意并购威胁等在内的公司治理变量，发现结论保持稳健。第二，尽管公司文化往往会相对保持稳定，但有研究表明新任 CEO 会使公司文化发生更迭，因此作者还检验了公司在新 CEO 上任前后 5 年的不当行为，仍旧发现了腐败文化对不当行为的正向影响。

（5）进一步分析。

在文章的机制检验部分，首先，作者检验了腐败文化作为选择机制的这一影响路径。相关结果表明，有着高腐败倾向的个体更可能加入腐败文化浓厚的公司，同时当CEO或董事的腐败倾向与公司其他内部人的腐败倾向差异更大时，该CEO或董事更可能离开公司。此外，作者还专门针对新CEO上任后的情况做了相应检验，发现有着高腐败倾向的个人更有可能加入同样有着高腐败倾向CEO的公司。相似地，作者还发现内部人的腐败倾向与新任CEO的腐败倾向差异越大，其越可能离职。

其次，作者检验了腐败文化通过群体规范直接作用于个人行为这一机制。作者在此只关注那些个体在公司间流动的样本，以控制个人固定效应。结果表明，相比于在低腐败文化的公司，同一人在高腐败文化的公司中，选择进行个人不当行为（如期权回溯、内部人交易）的可能性更大。

3. 研究贡献

该文的贡献在于以下三点。第一，该文是第一篇基于公司内部人的血统来构建公司文化指标的文章。近年来，公司文化对公司行为的影响研究逐渐兴起，如何衡量公司文化是一个极富挑战性的问题，该文对公司文化衡量的探索则推动了该研究领域的发展。第二，该文丰富了腐败行为的影响研究。相较于已有文献，该文发现了从前几代人继承下来的腐败文化仍能够对现在的行为产生影响，揭示了腐败文化的持续性特征；同时也发现个人不仅会受自身腐败倾向的影响，同样还会受到同事腐败倾向的影响。第三，该文发现继承下来的文化同样能够渗透到组织中并影响公司行为，补充和丰富了经济学领域探究移民文化对个体影响的研究。

4. 评述

我们认为该文有以下几点值得学习。首先，正如作者所言，公司文化指标的构建是该文最突出的亮点，也是该文的最大贡献。受到这一衡量方法的启发，学者们相继通过公司内部人的姓氏来衡量公司风险文化或文化多样性（Pan et al.，2017；Giannetti and Zhao，2019）。但这一方法的局限性在于只能用于移民国家的样本，若以我国公司为样本进行研究，该方法可能不再适用。

其次，除了指标构建的思想值得借鉴之外，作者对指标合理性、优越性的论证也同样值得学习。作者通过引用组织行为学和经济学的相关研究，来论证该指标基本思想和前提假设的合理性；又结合现有公司文化领域研究的局限性，列举了该指标在构建层次、时间跨度、适用范围等方面的优势。

最后，该文机制检验的思路和方法也具有一定的启发性。公司文化作为一种隐性的非正式制度，如何检验其作用机制成为一个研究难点。该文结合组织行为学的相关理论框架，利用个体层面的文化衡量指标，较为巧妙地探究了企业文化的选择机制和群体规范两个作用渠道。因此，我们在进行文化方面的机制检验时，一是可以从其他学科中获取灵感，打开思路；二是要从数据入手，思考现有数据结构如何能衡量出文化的变化。

然而，该文也存在着一些局限和不足。首先，公司的不当行为有很多表现形式，作者并没有清晰地阐述检验文中四种不当行为的动机。其次，该文从高管背景特征出发衡量企业文化，高阶理论的相关文献也是从高管背景特征出发来进行讨论，而作者并未区别该文与此理论的不同之处。正如本章 9.1 节概述部分提到的，一些文献开始用高管背景特征来衡量企业文化。我们认为，采用这一衡量方式的学者或许都需要考虑如何将文章与高阶理论相关文献进行区别。最后，该文用流行病学的方法，即从先天的角度去衡量个体的腐败倾向，忽略了后天因素的影响。是先天因素还是后天因素对个体的影响更大？或许作者应对这一问题进行必要的解释。此外，该文的研究结论似乎传递了一种悲观的看法——既然我们无法选择出生地，是否注定会形成某种公司文化，给公司带来消极后果。然而，幸运的是，事实并非如此（Zingales，2015）。现有研究发现后天教育同样也很重要（Benmelech and Frydman，2015），因此我们不必对该文的结论感到悲观。

同时，这篇文章在一定程度上也说明了进行反腐运动的必要性。正如习近平总书记所强调的，“如果任凭腐败问题愈演愈烈，最终必然亡党亡国”[①]。自党的十八大以来，党中央开展了大规模、强力度、全方位的反腐行动，不仅宏观上使党风政风为之一新，微观上也极大改善了公司治理水平（Hope et al.，2020），取得了令世界惊叹的重大成效。

9.2.3 有朋友是要付出代价的

It Pays to Have Friends

文献来源：Hwang B-H，Kim S. It pays to have friends. *Journal of Financial Economics*，2009，93（1）：138－158.

1. 研究动机

当公司出现丑闻或发生利益冲突时，提高董事会独立性是一种常见的补救措施。已有研究广泛讨论了董事会独立性对其监督职能的提升作用。共同基金的投资者也在呼吁需要更多的独立董事来对基金经理进行监督。同时，近年来美国各个证券交易所提出的公司治理改革也要求上市公司的董事会应具有独立性。可见，不论是学术界、投资界还是监管层，都十分重视董事会独立性对公司代理问题的缓解作用。但是现实中被认为具有独立性的董事会是否真的独立？作者对这一问题持否定态度。现有对董事独立性的判定仅仅是看其是否与公司或 CEO 之间存在经济或家族关联。这一传统标准恰恰忽略

① 人民日报社评论部．“四个全面”学习读本．北京：人民出版社，2015：233.

了社会关联这类非正式关系。董事作为股东的代理人，其行为动机不只出于经济利益，社会关联同样会极大影响董事发挥监督职能。

2. 研究问题与研究发现

该文的目的正在于将这些此前被忽略的社会关联纳入董事会独立性的判定，并检验其对董事会监督有效性的影响。

整体而言，该文发现社会关联显著降低了董事会对 CEO 的监督效果，而且那些在传统意义上被认为具有独立性的董事会，实际上很多并不独立。

3. 研究过程

（1）理论分析。

在代理理论中，董事会的主要职能是代表股东利益、缓解 CEO 的机会主义行为，比如负责控制 CEO 的总体薪酬。然而在现实中，许多董事并不是完美的代理人，同样也会产生代理问题。因此，Fama and Jensen（1983）提出董事会应主要由独立董事构成，因为他们更可能客观地监督和约束 CEO。作者认为，不仅是传统意义上的经济和家族关联会影响董事独立性，社会关联同样也会影响董事对 CEO 的监督与约束。具体来说，个体之间的共同特点或经历会使彼此相互吸引，促进彼此间的交流互动，从而有助于双方建立起私人关系。这种社会关联会使两人的规范性期望发生变化，也就是说，约束他们行为的不再是那类基于利益交换和客观互惠的规范，而是一类共享的、能促进彼此关怀和信任的规范。同时，社会关联会“使一个人倾向于对另一个人的意图和行为做出有利的解释”。因此，该文假设当 CEO 与董事存在社会关联时，董事对 CEO 的监督和惩罚可能会有失公允。

（2）指标构建。

该文的研究样本为 2005 年《财富》100 强公司。作者手工搜集了这些公司在 1996—2005 年每一位董事和 CEO 的教育背景、军队经历、地域来源、学科背景、所处行业等相关数据，并分别用传统定义和该文提出的新定义来判定该董事是否独立。该文指出董事独立性的传统定义为：如果董事不在这家公司或这家公司的下属公司就职（包括曾经就职）、不是公司 CEO 的亲戚、不是公司的客户或者供应商或者专业服务商、不是公司慈善基金的受众、不是重要股东或集团书面协定中的指定人，也没有与公司 CEO 连锁（在该文中指：X 公司的 CEO 是 Y 公司的董事，同时 Y 公司的 CEO 是 X 公司的董事），则认为该董事具有独立性，反之，则认为该董事不独立。而该文提出的新定义则认为只有当董事既在上述传统意义上独立，又在社会关联方面独立时，才能够被判定该董事具有独立性，否则该董事不独立。具体来说，该文定义当董事与 CEO 存在下列两种或两种以上的关联时，判定该董事具有社会关联：1）都有军队经历；2）毕业于同一所大学（并且年龄相差不超过 3 岁）；

3）出生在美国同一地区或同一个非美国的国家或地区；4）有相同的学科背景；5）有相同的行业就职经历；6）通过另一个董事间接建立起来的关联（即该董事与CEO都与另一个董事存在两种或两种以上的关联）。进一步地，如果该公司多数董事都具有独立性，则作者认为该公司的董事会具有独立性。

相比于问卷调查，该文对董事社会关联衡量的优势在于以下两点。一是该方法的数据可获得性更高且更容易识别。比如教育经历、地域出身、军队经历等这类系统性的数据比较容易获得，有助于学者展开后续的相关研究。二是该方法涉及的社会关联的维度更多、范围更广。调查问卷可能只涵盖朋友关系这种有意识的关联，但实则很多社会关联都是建立在潜意识层面的，很难通过调查问卷识别出来。

（3）基本实证结果。

该文的描述性统计结果显示，按照传统的董事会独立性标准，87%的董事会都是独立的（即董事会中大部分是传统意义上具有独立性的董事）。但基于该文提出的新标准，这一比例下降至62%。

在回归分析中，首先，作者检验了影响社会关联董事在董事会中的占比的因素，发现CEO任期越长、CEO获得"《商业周刊》最佳经理人"奖项时，董事会中越可能出现社会关联董事。这也从侧面说明了CEO对社会关联董事的需要，并会利用自己的权力去影响董事选任。同时，作者还发现，在CEO上任当年，社会关联董事的比例有所下降，但随着CEO任职时间的推移，社会关联董事的占比又会增多，这在一定程度上说明了新任CEO会考虑社会关联因素来选择董事，重新建立起与董事会的社会关联。

其次，作者分别检验了传统定义下的董事会独立性以及用新方法定义的董事会独立性对CEO薪酬的影响。实证检验结果表明，前者对CEO薪酬没有显著影响，而后者对CEO薪酬产生了显著的抑制作用。需要说明的是，该文度量CEO薪酬时使用了以下两种方式：一是基础工资加津贴；二是总薪酬，包括基础工资、津贴、长期激励奖金、限制性股票的价值和期权价值。

紧接着，为了有效识别出社会关联而非传统关联对董事会监督作用的影响，作者单独关注传统定义下具有独立性的董事会这一子样本，构建了一个"非独立的董事会"变量，即若董事会在传统意义上独立但在社会关联方面不独立，则取1；若董事既在传统意义上独立又在社会关联方面独立，则取0。研究发现在该子样本中、在上述定义下，"非独立的董事会"显著提高了CEO薪酬。可见，社会关联确实会扭曲董事会对CEO的监督作用。

（4）内生性处理。

该文的研究发现可能存在其他替代性解释，比如当CEO的工作更困难或更复杂时，他会要求更高水平的薪酬，也需要董事会充分发挥咨询职能，从而使董事会独立性下降。为了排除这类替代性假说，作者使用上述子样本进一步对企业绩效进行了检验。检验结果表明，具有社会关联的董事会显著降低企业绩效。而上述替代性假说无法解释公司为何后续业绩表现不佳。

（5）进一步分析。

除了上述对 CEO 薪酬的讨论之外，作者还检验了董事会在 CEO 薪酬-业绩敏感性和 CEO 离职-业绩敏感性方面的监督效果。相同地，该部分的检验也都使用了上述子样本。研究结果表明，董事的社会关联削弱了上述两个方面的监督效果。此外，作者还单独检验了社会关联对审计委员会履职的影响。董事会中的审计委员会负责监督公司财务报表的真实性和可靠性，而会计利润恰恰是 CEO 津贴的主要来源，因此，CEO 有动机去操纵盈余来为自己谋求更多的津贴。作者发现相比于那些既在传统意义上独立又无社会关联的审计委员会，在传统意义上独立但具有社会关联的审计委员会显著增加了 CEO 津贴，从侧面验证了社会关联会干扰审计委员会监督的客观性。

4. 研究贡献

该文的贡献在于以下两个方面，一是基于同一母校、军队经历、同一地域、同一学科、同一行业这五类社会关系构建了一个董事- CEO 社会关联的指标。相比于问卷调查，这一指标在普适性和数据可获得性上都具有优势。二是该文是第一篇探究社会关联对董事会监督有效性影响的研究，丰富了独立董事监督有效性的相关文献。

5. 评述

首先，该文在指标构建和研究视角上具有一定贡献。第一，该文对社会关联的识别方法简单、普适，衡量维度十分全面且细致，为后续研究提供了构建社会关联指标的范本。第二，该文的研究视角具有开创性，是第一篇探究社会关联对董事会监督职能影响的文献。作者将董事社会关联这一问题置于董事会独立性这一重要的研究领域，并与传统独立性定义相比较，突出了该文的理论贡献和现实意义。其次，该文的研究设计也具有一定的参考价值，对于如何剥离传统关联来单独检验社会关联的影响研究具有启发性。为了较为准确地识别社会关联，而非其他关联对董事会监督作用的影响，除第一部分的检验之外，该文的大部分检验都使用传统定义下具有独立性的董事会这一子样本进行检验，一定程度上有效控制了传统关联的影响。

但该文也存在一些不足之处。第一，尽管社会关联这一指标涉及的维度很丰富，但有些维度的精准度可能不够。比如，军队经历这一维度或许还可以再细化到空军、海军、陆军等不同军种，并做进一步比较；再如同一学科、同一行业经历等维度也似乎过于宽泛。后续研究可以尝试对此衡量进一步细化；此外，有些维度的衡量有一定的合理性，例如校友（并且年龄相差不超过 3 岁），以及地域即我们所说的老乡关系，但是有些维度，例如军队经历，如果是军队同事可以理解，但是如果年龄相差很大，而且军队地域、军种都差异很大，这样的界定似乎有些泛化，这会影响理论分析的逻辑性。在同一行业工作过，相同的学科背景，这些界定也存在类似问题。按照作者的逻辑，还可以找到很多维度，甚至是更好的维度，譬如说是否在同一个协会、同一个俱乐部，是否都是男性或者都是女性，等等。但是，如果按照这样去划分，最后所有的董事会可能都不具有独立性了。第二，在缓解内生性方面，作者仅排除了一个特定的替代性解释，对于潜在遗漏变量所导致的内生性问题，作者并没有给出相应的解决办法。第三，该文还缺乏进一步的机制检验。在何种情境下，社会关联的负面治理效应会更严重？分情境的探讨和实证检验，有助于为该文的作用机制提供进一步的证据支持。

9.3　未来研究展望

9.3　参考文献

习近平总书记指出："一个国家选择什么样的治理体系，是由这个国家的历史传承、文化传统、经济社会发展水平决定的。"[①] 国家治理如此，公司治理同样如此。从已有文献情况可以看出，自 21 世纪初以来，文化的公司治理效应得到了学者们越来越多的关注。特别是，随着与心理学、社会学、经济学、管理学和计量经济学的交叉融合，我们认为将会有更多有趣、有价值的研究成果出现。根据前面的综述，我们认为以下几个方面或许是未来文化与公司治理研究的重点和突破点。

一是进一步探索文化作用的两面性。纵观文化对公司治理的影响研究，不难发现大多数研究结论都在意料之中，即积极文化会带来正面影响，消极文化会产生负面后果。然而，从辩证唯物主义的角度来说，任何一种事物都具有两面性，文化亦不例外。Guggenmos and Van der Stede（2020）首次探究了创新这种积极文化对公司真实盈余管理的消极影响，这让我们意识到，用辩证、多元的视角看待文化的影响，才能全面地理解它在公司治理中发挥的作用。我们认为，未来研究非常有必要在一个研究中探讨同一种文化对公司治理的正、负两方面作用。需要考虑该类型文化是否对不同的公司治理问题具有不同的影响；还需要考虑同一种文化在不同类型的公司中是否会有截然相反的影响；同时也不能忽视同一种文化在不同场景下作用的不同。

二是进一步重视文化的动态变化。我们需要认识到，有些文化，尤其是

① 中共中央文献研究室．习近平关于全面深化改革论述摘编．北京：中央文献出版社，2014：21.

公司文化，在某些情况下并不是根深蒂固、一成不变的，而是会随着环境或人为的因素而动态变化的，基于动态视角调整企业文化在一定程度上也会给企业带来价值。Park and Zhang（2020）发现，公司采用东道国投资者认可的管理框架，如通过董事的海外教育和外国机构投资者接触东道国的另类文化（alternative culture），可以丰富公司用于参与全球化的组织资源。尽管其可能受到母国制度环境的限制，然而，Bourmault and Siegel（2022）从跨国企业组织管理实践角度研究发现，在母国与东道国文化规范存在冲突的情况下，即使跨国企业采用东道国实践，它们也可以巧妙地从高管的价值观等渠道转移本国的文化。这也说明，文化具有内在稳定性和持续性，理念转变并非易事。在未来研究中，可以对文化的动态变化这一现象做出描述和解释，在此基础上全面、完整地分析动态变化的文化如何影响公司治理；同时，更要善于捕捉、利用这一动态变化的特性，来进行相应的实证设计以缓解这一领域挑战性极高的内生性问题。

三是进一步从理论与实证两个方面深入挖掘文化的影响机制。文化看不见、摸不着，似乎是在无形中影响着代理人的行为决策。这使得文化对公司治理的影响机制难以被系统地论述，也难以被严谨地证明。相比于研究 CEO（Dikolli et al.，2020）或股东（Titus et al.，2022）等具体主体特征带来的文化影响，考察国家或地区文化如何影响公司治理实践的研究需要讨论更细致的影响机制。我们认为，在未来的研究中，在理论分析方面可以考虑结合心理学、组织行为学的相关理论，将其嵌入委托代理理论中，通过多学科交叉来实现分析的系统性和科学性。在实证检验方面，一是使用机器学习（Li et al.，2021）等前沿研究方法，提高文化的测量精度，准确捕捉文化的影响；二是结合理论分析的框架和逻辑，进行合理的研究设计；三是寻找使文化发生改变的外生冲击来进一步证明文化的力量。

四是进一步探究文化与正式制度之间的互动关系。在公司代理问题中，文化的作用和正式制度的作用孰轻孰重？换句话说，哪一种制度占主导作用？文化是否影响了正式制度的执行和实施？尤其是当正式制度造成负面影响时，文化能否缓解这一影响？正式制度是否又会影响到文化力量的发挥？二者之间的关系是相互补充还是相互替代？这一系列问题的回答有助于我们去理解现实中的公司治理实践，更对推进和完善公司治理具有重要意义。如今，各类正式制度对公司治理的影响研究十分丰富，同时文化的公司治理效应也逐渐受到学者的重视。比如，Zhu et al.（2019）发现，母国的集体主义和人文导向等非正式制度能够提高并购绩效，以股东导向和产权保护为代表的正式制度限制了并购整合和绩效提升，并且非正式制度的积极影响可能会被不兼容的正式制度所削弱；Brockman et al.（2022）发现，非正式社会信任制度能够减少公司的债券契约限制，这一效应在正式制度较为薄弱的国家中更为显著。鉴于文化的丰富内涵和广泛影响，未来研究可以朝着两类制度之间的互动关系做出有价值的探索和推进。

五是进一步拓展文化的内涵，关注对同一种文化的国别比较。尽管现有文献关注的文化类型已有很多，如基于 Geert Hofstede 和 Shalom H. Schwartz 各自提出的不同文化维度进行研究，其中数 Hofstede 的个人主义与不确定性规避（Han et al.，2010；Kanagaretnam et al.，2011）、Schwartz 的保守主义和控制文化（Shao et al.，2010）等方面的研究结论最为丰富。尽管如此，文化博大精深，仍有许多重要的、影响深远的文化内容尚未被探究。尤其是在我国，数千年来所积累的文化遗产不胜枚举，而这些中华优秀传统文化是“在党和人民伟大斗争中孕育的革命文化和社会主义先进文化，积淀着中华民族最深层的精神追求，代表着中华民族独特的精神标识”[①]。因此，若要充分了解我国企业行为背后的逻辑，深入挖掘企业的文化根基必不可少。在正式制度仍有待发展和健全的背景下，文化对我国企业的公司治理具有更加重要的影响。在这一方面，学者从儒家文化（Yang and Modell，2015）、商会文化（Du et al.，2017）、诚信文化（Jiang et al.，2019）、方言文化（Bian et al.，2019）等角度进行了初步探索，但还有诸多文化等待学者们研讨，比如，团结文化、和谐文化、差序格局文化、利他主义倾向、红军长征精神等是否会影响公司管理者和员工的机会主义动机和行为，从而产生公司治理效应？“求同存异”“共同富裕”“命运共同体”等理念如何影响我国企业管理和治理模式也有待探究。对于这些问题的研究有助于实现“向世界阐释推介更多具有中国特色、体现中国精神、蕴藏中国智慧的优秀文化”[②]。同时，如 Venaik and Midgley（2015）指出的，各个国家的文化表征存在一定差异，文化本身既普遍又独特。加之不同国家具有不同的制度环境，即便是同一种文化，在不同国家中发挥的作用可能也各有差异。例如，人情文化或社会关系日益受到学者关注，比如，我国的社会关联和国外的社会关联是否会有不同的公司治理效应？现有文献对此讨论较少，有待进一步丰富和补充。

尽管文化与公司治理的研究还处于发展阶段，对文化的定义、分类、识别和检验都还不够完善，但我们深信，这一领域的研究十分重要，因为它让我们开始重视那些曾被我们所忽略、但确实对公司治理有着深远影响的制度性因素。一旦意识到这一问题，我们需要做的就是锲而不舍地向前探索，不断加深对它的认识和了解，不断寻求解决现有研究缺陷的方法和路径，直到止于至善。

---

① 习近平．在庆祝中国共产党成立95周年大会上的讲话．北京：人民出版社，2016：13.

② 习近平．习近平谈治国理政（第四卷）．北京：外文出版社，2022：317.

第 10 章

市场机制的作用

本章主要讲述市场机制在公司治理中的作用。在 10.1 节中，从控制权市场、经理人市场、产品市场竞争三个方面，对市场机制与公司治理的相关文献进行梳理和综述，以厘清该领域的研究框架和发展脉络。在此基础上，在 10.2 节中，从控制权市场、经理人市场、产品市场竞争三个领域各选择了两篇具有代表性的文献进行导读，包括对文章内容的介绍和评述。结合现有文章的研究进展情况，在 10.3 节中，对该领域未来研究方向进行展望。

10.1 概 述

10.1 参考文献

不论如何界定公司治理，公司治理内部和外部机制的区分都为学者们所广为采用（Denis and McConnell，2003；Gillan，2006）。Jensen and Murphy（1990）指出，薪酬和解雇政策是公司董事会用以对经理人进行激励的内部措施。除此之外，一些外部机制也激励着经理人努力工作，提高公司价值。其中，市场机制是外部机制的重要组成部分，包括公司控制权市场（Manne，1965）、经理人市场（Fama，1980）和产品市场竞争（Hart，1983）。在本节中，我们将分别对以上三篇市场机制与公司治理相关的文献进行梳理和综述，从而对该领域的研究形成框架性的了解。

10.1.1 控制权市场

控制权市场这一概念最早由 Manne（1965）提出。他认为在活跃的控制权市场中，当经理人管理不善导致公司股票价格下降时，外部人可通过直接购买股票、代理权争夺或兼并的方式获得公司控制权，以替换低效的经理人，促进资源的有效配置，获得价值增值。Jensen and Ruback（1983）沿袭 Manne（1965）的上述思路，进一步将控制权市场明确定义为一个由各个管理团队争夺公司资源管理权的竞技场。由于代理权争夺被学者们认为是一种最昂贵、最具不确定性和最少使用的获取控制权的方式（Manne，1965），因此，后续研究在讨论控制权市场时，常常特指并购市场（Jensen and Ruback，1983）。

上述控制权市场定义在一定程度上已经说明了其能够对公司经理人进行约束，发挥积极的治理作用。具体来说，在一个充满流动性的并购市场中，经济资源将最终掌握在管理效率最高的管理团队手中，而有损公司价值的经理人则会在并购市场中被价值提升型经理人取代（Jensen，1986）。同时，被取代的经理人在其他公司获得相同职位的概率也较低（Agrawal and Walkling，1994）。因此，为避免沦为被取代的对象，经理人将在事前尽职工作，减少机会主义行为，从而降低代理成本。

学者们十分重视控制权市场这一外部治理机制的作用，同时美国等发达国家并购市场的繁荣发展也极大促进了控制权市场治理效应的相关研究。从研究结论来看，大多数学者都认同控制权市场是一种十分有效的公司治理机制（Fama and Jensen，1983；Williamson，1983；Rosett，1990；Holmstrom and Kaplan，2001）。早期研究主要从并购成功后的市场反应来揭示控制权市场的积极治理效应（Dodd，1980；Jensen and Ruback，1983）。随着研究的进一步深入，学者们逐渐意识到了市场反应这一检验的局限性，开始从并购后的经理人更替等公司决策（Mitchell and Lehn，1990；Servaes and Tamayo，2014）、反并购举措所造成的负面效应（Bertrand and Mullainathan，2003；Masulis et al.，2007）等方面，给出控制权市场有效治理的直接证据。然而，也有一些学者对控制权市场的治理效应持否定态度，认为来自控制权市场的威胁会促使目标公司经理人实施短视行为（Stein，1988），如缩减有价值的长期投资（Shleifer and Vishny，1990）、实施财务欺诈（Shi et al.，2017）等机会主义行为。下面，我们将从控制权市场的正面和负面治理效应两个角度来对这一领域的文献进行回顾。

1. 控制权市场的正面治理效应

在研究初期，学者们聚焦并购活动的市场反应来侧面验证控制权市场的正面治理效应。这一阶段的研究发现收购方首次公布议案时将产生正向市场反应（Dodd，1980），在成功接管目标公司后，目标方股东将获得显著的异常收益，同时并购方股东也并未遭受损失（Jensen and Ruback，1983）。整体而言，并购活动产生了正向的综合收益（Healy et al.，1992）。然而，此后越来越多的研究表明，并购行为本身也可能是收购方公司经理人构建商业帝国等代理问题的表现（Fama and Jensen，1983），并且在并购活动中更多是目标方股东受益，收购方股东甚至会遭受损失（Mitchell and Lehn，1990；Lang et al.，1991）。因此，市场反应本身并不足以说明控制权市场的公司治理作用。

随后，学者们从并购对目标方公司决策的影响、反收购条款的负面效应等多个角度来提供直接证据。

首先，收购方更可能将管理低效的公司纳入并购目标，并且在并购成功后解雇目标公司经理人。具体而言，相关研究发现曾实施价值损失型并购的经理人，其所在公司此后更容易被并购（Mitchell and Lehn，1990）。同时，当公司被并购后，目标公司经理人极有可能离职（Hambrick and Cannella，1993；Agrawal and Walkling，1994；Lehn and Zhao，2006）。目标公司在被并购前的市场份额和经营绩效越低，经理人的离职概率越高（Kini et al.，2004）。可见，管理低效的经理人更容易在收购方接管公司后失去工作。

其次，即使是以失败告终的并购尝试，同样能够约束经理人的机会主义行为。事实上，就算是在并购市场相当活跃的发达国家，也有大量的并购尝试最终以失败告终。已有研究发现，那些成功抵御了并购威胁的公司常常会削减资本支出、出售资产、减少工人雇佣，同时增加公司负债（Denis and Denis，1993；Hendershott，1996；Safieddine and Titman，1999），最终公司长期股票收益呈现大幅增长（Safieddine and Titman，1999）。可见，目标公司通过削减支出、提高负债等方式，减少了经理人可控制的资源，能够约束其机会主义行为，降低代理成本。此外，并购尝试甚至会对整个行业的公司产生约束作用。Servaes and Tamayo（2014）发现，行业内一家公司受到敌意收购出价后，行业内的其他公司也会采取如削减自由现金流、增加负债和股利支付等措施来抵御并购威胁，并且长期股票收益和经营绩效将在之后获得相应提升。因此，控制权市场的治理作用对整个行业有着重要的溢出效应。

最后，当控制权市场受到公司反收购条款或者国家或地区反收购法案的限制时，目标公司经理人的代理问题将会恶化。无疑，公司引入的反收购条款和一国或地区的反收购法案会大幅延迟并购过程，提高并购的预期成本，进而降低并购成功概率，削弱潜在并购者进行并购竞标的动力（Field and Karpoff，2002），最终限制控制权市场的治理作用。就公司使用反收购条款的经济后果而言，大量研究表明其会降低控制权市场的约束力，引发经理人更多的机会主义行为，如进行价值损失型并购（Masulis et al.，2007）、经营效率低下（Gompers et al.，2003）等，最终导致公司价值下降（Gompers et al.，2003；Bebchuk and Cohen，2005；Cremers and Nair，2005）。

此外，还有学者从一国或地区的法律法规对并购施加限制的经济后果进行研究，发现其会导致公司代理问题的恶化。这具体表现为，当一州首次公开宣告反收购法案时，该州的公司在当天有显著的负向市场反应（Karpoff and Malatesta，1989）。同时，经理人因免受被并购的压力，一方面会开始享受"平静的生活"，如增加员工工资、减少旧厂房的拆除和新厂房的建立（Bertrand and Mullainathan，2003）；另一方面也会"安全行事"，如增加现金持有、进行多元化并购、减少风险投资等，进而损害股东财富（Gormley and Matsa，2016）。此外，Frattaroli（2020）还发现当反收购法案导致公司市场价值降低时，董事会将提高经理人的薪酬-业绩敏感性来弥补这一外部治理机制受限所产生的损失。

从上述研究可以看出，控制权市场提供了经理人之间竞相争夺公司资源的平台。为避免成为并购目标，经理人会努力工作，减少机会主义行为，从而使得控制权市场成为有效的外部公司治理机制。

2. 控制权市场的负面治理效应

控制权市场具有积极的治理效应这一经典观点受到了一些学者的质疑（Pontiff et al.，1990；Hanly，1992）。这些学者认为，当收购方接管公司之后，目标公司将遭遇经理人被解聘、大规模裁员、养老金计划受损等一系列后果，这破坏了经理人与股东、其他利益相关者之间的长期隐性契约（Pontiff et al.，1990；Hanly，1992；Ippolito and James，1992）。同时，来自控制权市场的压力将给公司经理人带来极大的不安全感，进而促使其过度关注企业短期利润，导致经理人的短视行为（Stein，1988）。关于控制权市场负面影响的文献主要从以下两方面展开：一是直接讨论控制权市场压力带来的负面治理效应；二是通过探讨公司反收购条款带来的积极治理效应从侧面说明控制权市场的负面影响。

来自控制权市场的压力将增加经理人失业的威胁，从而缩短经理人的决策范围和期限（Martin and McConnell，1991；Denis and Denis，1995；Mikkelson and Partch，1997）。已有研究发现，当面临的收购威胁增加时，经理人为了提高短期绩效将不顾企业未来发展，放弃有价值的长期投资（Cannon et al.，2020），如创新投入（Shleifer and Vishny，1990）等。甚至，经理人会通过财务欺诈等机会主义行为，缓解来自外部控制权市场的压力（Shi et al.，2017）。在此情形下，公司股东会支付给经理人更高的薪酬作为其缺乏安全感的补偿（Agrawal and Knoeber，1998）。这同样说明了控制权市场在某种程度上会让股东付出代价。

另外，当公司使用反收购条款来抵御并购威胁时，经理人更有动力追求长期目标，其利益与股东利益更加趋同（Stein，1988；Holmstrom，1989）。

这方面的文献主要集中在企业创新方面。相关研究发现，使用更多反收购条款的公司会加大研发投入（Ge et al.，2016），进而实现更多的创新产出（Manso，2011；Chemmanur and Tian，2018），最终提升公司价值（Cremers et al.，2017）。此外，也有学者发现反收购条款缓解了经理人的短期市场压力，经理人更不可能进行真实盈余管理（Bhojraj et al.，2017）。

3. 小结

综合以上控制权市场的相关文献，能够看出大部分学者认同并证实了控制权市场具有正面治理作用（Fama and Jensen，1983；Williamson，1983；Rosett，1990；Holmstrom and Kaplan，2001）即通过给经理人施加失业和声誉等方面的威胁，控制权市场激励经理人尽职工作，抑制过度投资、现金持有等机会主义行为（Denis and Denis，1993；Gormley and Matsa，2016）。然而，在众多肯定声音中出现了越来越多的反对意见（Pontiff et al.，1990；Hanly，1992）。这些学者发现控制权市场具有负面治理效应，即经理人将更关注短期目标（Stein，1988），放弃价值提升型的长期投资，甚至进行财务造假等行为来提升短期绩效（Shi et al.，2017）。这无疑对企业价值造成巨大损失。因此，我们应客观看待控制权市场的治理效应，既要考虑其对经理人机会主义动机的约束效应，也要考虑其对恶化经理人短视行为的不利影响。要意识到控制权市场具有公司治理的“双刃剑效应”。

10.1.2 经理人市场

早在1969年，著名经济学家Armen A. Alchian在其《公司管理与产权》一文中就指出，经理人市场的有效约束将使得公司经理人的代理问题不再重要，此时股东仍可获得竞争性回报。如果说Alchian（1969）是经理人市场公司治理效应研究的萌芽，那么Fama（1980）可被认为是这一领域的开山之作。Fama（1980）首次明确提出经理人市场竞争作为激励机制的开创性想法，强调了经理人市场对公司经理人的约束作用。在此之后，学者们开始重视并逐步探究经理人市场这一外部治理机制的作用。

已有文献认为，经理人市场能够从以下两个方面约束经理人的机会主义动机，发挥公司治理作用。当经理人能够在市场上自由流动时，声誉机制将作为一种隐形契约，激励经理人尽职工作（Fama，1980；Holmstrom，1982）。经理人凭借努力工作获得的良好业绩，能够在经理人市场上树立良好声誉，拥有更好的职业前景。反之，若经理人做出不利于公司股东的举动，他们将受到声誉机制的严重惩罚，包括收入减少、声誉受损、遭到解聘等不利后果，甚至就此终结职业生涯（Fee and Hadlock，2004）。同时，活跃的经理人市场提供了充足的经理人供给，使公司在聘用经理人方面有了更多选择

(Dalton and Kesner，1985；Huson et al.，2004)。众多潜在候选人无疑会给现任经理人带来竞争压力，促使其努力工作，以避免被更有能力的经理人替代。可见，不论是通过声誉机制还是竞争压力，经理人市场都将缓解经理人的代理问题，发挥积极的公司治理效应。

从已有研究来看，以 Fama (1980) 为代表的主流观点支持经理人市场的积极治理作用，高度认同有效的经理人市场会对公司经理人进行客观公正的奖惩，同时市场上也将有更高质量的外部经理人供公司选择。而在该领域研究初期，也有少数学者通过构建理论模型指出，在某些情况下，经理人市场也将产生负面治理效应 (Narayanan，1985)。基于此，我们将从经理人市场的正面和负面治理效应两个方面对这一领域的文献进行介绍。

1. 经理人市场的正面治理效应

已有文献大都认可经理人市场的正面治理效应，并从三个方面，即经理人市场对表现较好的经理人进行奖励 (Fee and Hadlock，2003；Chang et al.，2010)、对经营不善的经理人施加惩罚 (Fee and Hadlock，2004)、提供市场预期更好的外部继任者 (Dalton and Kesner，1985；Huson et al.，2004)，讨论经理人市场对经理人的约束作用。下面我们对该部分文献进行详细介绍。

首先，活跃的经理人市场将奖赏那些表现良好的经理人，如获得更多、更好的公司外部就业机会。在经理人市场的研究中，一个隐性假定是公司的业绩表现反映了公司经理人的能力。因此，经理人所在公司业绩表现越好，经理人的外部就业机会便越多。许多研究为此假定提供了经验证据。

具体地，Chang et al. (2010) 研究了 CEO 强制离职和自愿离职的整体情况，发现 CEO 离职之前公司绩效越高，该 CEO 离任的市场反应将越消极，同时该 CEO 也更容易在新公司找到一个更好的职位。Schepker and Barker (2018) 则单独研究了 CEO 强制离职的情况，同样发现当被解雇的 CEO 声誉越高时，其越有可能重获 CEO 职位。Brickley et al. (1999) 则是将已退休 CEO 作为研究对象，发现当该 CEO 任职期间公司市场表现更好时，其在退休后更可能留任公司董事会；当该 CEO 任职期间公司会计绩效更好时，其退休后更可能被其他公司聘为独立董事。值得注意的是，不仅是表现突出的 CEO 能够获得经理人市场的奖励，担任非 CEO 职位的其他高管也是如此。Fee and Hadlock (2003) 发现，当公司的股票表现高于平均水平时，非担任 CEO 职位的其他高管跳槽到其他公司任职 CEO 的概率也将有所增加。

其次，对于不称职的经理人而言，活跃的经理人市场将对其进行惩罚，如使其获得更少的就业机会、更差的就业质量，甚至退出经理人市场。大量研究表明管理不善的经理人往往会被公司解雇 (Coughlan and Schmidt，

1985；Weisbach，1988；Kaplan，1994；Chevalier and Ellison，1999；Srivastav et al.，2017），这无疑体现了公司内部治理的积极效果。不仅如此，外部经理人市场也相信公司会通过经理人变更程序筛选掉能力较差、机会主义动机较高的经理人，因此，会对离职经理人施加额外惩罚，使其声誉受损、更难获得新工作，甚至退出经理人市场。

具体而言，当公司经理人因丑闻、会计差错或业绩虚报遭到解雇时，其获得新职位的概率大大降低，并且即使找到新工作，薪酬和地位也不如从前，即他们在经理人市场上处于劣势（Fee and Hadlock，2004；Desai et al.，2006）。Gilson（1989）研究发现，当经理人因公司陷入财务困境而离职时，他们至少在未来 3 年内未能在任何一家上市公司谋得新职位。此外，如果公司申请破产甚至倒闭，公司经理人在失业后将更难找到同等水平的工作（Sutton and Callahan，1987；Cannella et al.，1995），甚至退出了经理人市场，只能成为非执行董事或直接退休（Eckbo et al.，2016）。

最后，经理人市场提供的外部潜在继任者往往有着更好的市场预期，被认为能够更大程度地提升公司价值。充满活力的经理人市场增多了公司经理人职位的候选人，尽管任命外部经理人的成本更高，但如果其相对于内部继任者的价值增量能够被明确预期，公司将会从经理人市场上选择继任者（Dalton and Kesner，1985）。不难想到，这种情况会给现任经理人带来竞争压力，促使其努力工作。遗憾的是，目前顶级期刊上尚未有文章从该方面讨论经理人市场的约束作用。但不少文献已经围绕着外部继任者在市场预期、提升公司价值方面的优势展开了较为丰富的讨论，为该领域的进一步研究打下了良好基础。

就市场反应而言，Borokhovich et al.（1996）发现在公司 CEO 发生强制变更后，外部继任将有显著的正向市场反应，而内部继任则呈现显著的负向市场反应。这意味着股东对外部候选者更加青睐。就会计业绩而言，外部继任者也同样胜过内部继任者。Huson et al.（2004）通过探究 CEO 变更前后公司会计绩效的变化发现，CEO 变更之前，公司会计绩效有所降低；但变更之后，会计绩效有所提升。同时，当继任 CEO 来自外部时，会计绩效提升的程度将更高。此外，Connelly et al.（2016）还发现当公司发生如诚信缺失等不当行为解雇现任经理人时，投资者对外部继任者有着积极预期，认为其可以扭转公司局面，但对内部继任者则持有消极的看法和期望。

除以上三个方面之外，也有部分学者探讨了影响经理人市场发挥治理效应的因素。Holmstrom（1982）通过建立信号干扰（signal jamming）模型，发现经理人市场的治理效应将随着经理人年龄的增加而递减。进一步地，Holmstrom（1999）经过理论分析得出经理人的职业生命周期会影响经理人市场对其的激励效应，即当经理人年龄较大、缺乏职业前景时，声誉机制会相对失效。除上述理论探讨之外，Dechow and Sloan（1991）也提供了相应的实证证据，他们发现经理人在离职的前几年，其努力程度会下降，具体表现为大幅削减公司的研发支出。

2. 经理人市场的负面治理效应

尽管以 Fama（1980）为代表的学者高度认同经理人市场在约束经理人代理行为方面的积极作用（Holmstrom，1982；Tadelis，2002），但需要指出的是，在该领域研究初期，有少数学者认为经理人市场也会产生负面作用。

持该观点的学者们在各自构建的模型假设下，指出经理人市场在某些情形下也会导致经理人的机会主义行为，损害公司价值。Narayanan（1985）认为，当经理人拥有一些有关项目决策的私人信息时，他们会为了尽快提高自己的声誉而选择那些能在短时间内产生现金流的项目，尽管这些项目的净现值在可选项目中并非最高。可见，经理人会出于尽快建立声誉的动机而实施短视行为。Hirshleifer and Thakor（1992）指出，当只有经理人才能观测到可供选择的投资项目时，他们会出于声誉保护动机选择那些相对保守、安全的投资项目，放弃有价值的风险投资。因为风险型项目的投资回报率尽管更高，但一旦失败，就会损害经理人声誉。与之类似，Scharfstein and Stein（1990）通过构建理论模型，发现经理人越在乎自己在经理人市场中的声誉，便越倾向于模仿其他经理人的行为，而忽略有价值的私人信息，即产生“羊群效应”。原因是一旦经理人做出的“逆向决策”失败，其声誉会大大受损。虽然以上研究支持了经理人市场的负面治理效应，但都是基于严格假设下的理论模型推导，缺乏相应的实证经验证据。

3. 小结

从经理人市场的治理效应文献可以看出，大部分学者高度认同经理人市场在约束经理人代理问题上的积极作用。活跃的经理人市场能够奖励表现良好的经理人，使其拥有更好的职业前景；也会惩罚不称职的经理人，使其声誉、权威和收入受损，甚至结束其职业生涯；同时也会给公司提供能力较强的经理人候选人，有助于公司缓解代理问题，提升公司价值。即经理人市场通过给现任经理人带来声誉激励和竞争压力，发挥了有效的公司治理作用。但是，有少数学者基于严格假设下的理论模型推导，认为经理人市场也会产生负面作用。

10.1.3 产品市场竞争

产品市场竞争这一研究话题最早在经济学领域出现。早在 1776 年，亚当·斯密在《国富论》中就指出了市场竞争在有效配置资源和促进经济增长方面的优势。20世纪50年代，以Alchian（1950）和Stigler（1958）为代表的学者们通过模型推导，明确指出产品市场竞争是获取经济效率最强大的力量（Shleifer and Vishny，1997），并认为企业会迫于竞争压力而自觉完善生产经营模式，从而解决企业内部潜在的信息与激励问题。随后，Hart（1983）又直接将经理人懈怠（managerial slack）这一确切的代理问题引入模型中，为产品市场竞争对经理人的约束作用提供了直接的理论解释。自此之后，学者们开始关注产品市场竞争的公司治理效应。

产品市场竞争主要通过以下两种机制来缓解公司内部的代理问题。产品市场竞争对经理人造成的竞争压力和破产清算威胁，将有助于抑制其机会主义行为（Alchian，1950；Stigler，1958）。在激烈的产品市场竞争中，如果经理人浪费公司资源，无法提高生产效率或降低产品成本，公司将面临因为经营失败而破产清算的威胁（Machlup，1967；Schmidt，1997）。因此，经理人将减少懈怠行为，使公司在产品市场上获得竞争优势，避免因为表现不佳而被其他经理人取代（Hart，1983）。另外，产品市场竞争通过提供相对业绩评价，缓解了公司股东与经理人之间的信息不对称，有助于股东有效激励和监督经理人（Scharfstein，1988；Meyer and Vickers，1997；Schmidt，1997）。当行业竞争激烈时，同行业可比公司的相关信息将有助于股东合理、客观地评估经理人的努力程度，从而缓解了因信息不对称而导致的经理人道德风险问题（Holmstrom，1982；Nalebuff and Stiglitz，1983）。

该领域经过40余年的发展，已经进入较为成熟的阶段。现有研究普遍认为，产品市场竞争是一种有效的外部治理机制（Hart，1983），甚至在某些情况下比控制权市场、法律监管更为有效（Rajan and Zingales，2003）。纵观已有文献，一方面，学者们探讨了产品市场竞争治理效应的具体表现（Parrino，1997；DeFond and Park，1999；Bloom et al.，2016；Dasgupta et al.，2018），并从经理人行为和经理人变更两方面给出了证据。他们发现，竞争激烈的产品市场不仅有助于约束经理人的自利行为，还能解雇不称职的经理人。另一方面，学者们还探究了产品市场竞争与其他公司治理机制之间的互动关系（Schmidt，1997；Rajan and Zingales，2003；Raith，2003；Giroud and Mueller，2011），以深入探究产品市场竞争的公司治理效应。然而，学者们并未就此形成一致观点，一部分学者主张替代关系，另一部分主张互补关系，并分别提供了相应证据。下面我们就从以上两个方面出发，对该领域的文献进行介绍。

1. 产品市场竞争的治理效应

已有研究主要从股东和经理人之间的代理问题出发，聚焦经理人相关行为决策和经理人变更两个方面，探讨了产品市场竞争对公司经理人的约束作用，为其公司治理效应提供证据；与此同时，少量研究关注控股股东的代理问题，发现产品市场竞争同样能够有效约束控股股东的利益侵占行为。

产品市场竞争能够抑制经理人自利动机，促使其优化投资决策，减少在职消费。已有研究发现，面对激烈的产品市场竞争，经理人将进行技术变革（Bloom et al.，2016），提高公司的研发支出和资本支出（Dixit，1980；Kim et al.，2021），促进企业创新（Blundell et al.，1995），以赢得技术优势。与此同时，迫于市场竞争压力，经理人也会减少在职消费，降低产品成本（Edwards，1977），更有效地使用公司资源（Schmitz Jr.，2005），以获得成本优势。

同时，激烈的产品市场竞争会提高经理人变更概率，有效激励和约束经理人。由于产品市场竞争的约束机制和信息机制，竞争性行业中努力程度较低的经理人更容易被识别。因此相较于竞争程度较弱的行业，高度竞争行业的经理人离职频率明显较高（Parrino，1997；DeFond and Park，1999；Fee and Hadlock，2000）。并且，随着行业竞争程度的加剧，相对绩效评价也越来越有效，这具体表现为经理人离职-业绩敏感性有所提高（Dasgupta et al.，2018），同时经理人薪酬对竞争对手公司的业绩也更加敏感（Aggarwal and Samwick，1999）。在经历这些变化后，最终企业绩效和生产效率均得到改善（Dasgupta et al.，2018）。

产品市场竞争的公司治理效应不仅体现在对经理人代理问题的缓解上，同样，它还能够有效约束控股股东的利益侵占行为，有助于缓解大股东与中小股东之间的利益冲突问题。Dyck and Zingales（2004）通过构建理论模型，指出股权越集中，控制权私有收益越高；而产品市场竞争能够有效降低控制权私有收益。Bena and Xu（2017）从实证方面为此观点提供了相应证据。他们发现，在股权集中的公司中，产品市场竞争会导致内部人持股比例降低和外部人持股比例分散化，从而缓解大股东与中小股东之间的利益冲突，最终提高了公司绩效。

2. 产品市场竞争与其他公司治理机制的关系

关于产品市场竞争与其他公司治理机制的关系，大部分学者认为二者之间是替代关系，但也有部分学者坚持二者是互补关系。我们将分别对以上两种观点进行讨论。

持替代关系观点的学者指出，产品市场竞争在降低公司代理成本、提升公司价值方面具有积极作用，从而被认为是一种有效的外部公司治理机制。因此，激烈的市场竞争便足以对经理人进行约束，无须再使用其他较强的公司治理手段对经理人进行监督，即产品市场竞争与其他公司治理机制是替代关系。大量研究为上述观点提供了相应的实证证据。

产品市场竞争与法律机制、控制权市场等外部治理机制呈替代关系。Rajan and Zingales（2003）指出，法律这一治理机制有时会给利益集团创造寻租机会。在这种情况下，产品市场竞争能够替代这一失效的机制发挥公司治理作用。Giroud and Mueller（2010）则探究了产品市场竞争与控制权市场的替代关系。他们发现当公司控制权市场被限制后，只有行业竞争程度低的公司经理人才会出现懈怠行为，开始享受平静的生活，公司绩效也明显下降，但在行业竞争程度高的公司内并无此影响。可见，行业竞争足以约束经理人的懈怠行为，其与控制权市场机制之间为替代关系。

产品市场竞争也与内部公司治理机制相互替代。Giroud and Mueller（2011）发现，只有在竞争不充分的行业内，治理水平较低的公司才会有更低的股票收益、更差的经营绩效和更低的公司价值。Chhaochharia et al.（2017）将 2002 年《萨班斯-奥克斯利法案》的颁布作为外生冲击，认为它会改善公司内部治理机制。他们发现，相比于竞争性行业，《萨班斯-奥克斯利法案》给非竞争性行业里的公司带来的积极影响更为显著。

持互补观点的学者则从以下两个方面给出了理由。一方面，从竞争压力的角度来说，当产品市场竞争激烈时，股东更需要加强对经理人的监督和激励，保持更高的公司治理水平，否则就会被逐出市场（Alchian，1950；Stigler，1958；Fama，1980；Fama and Jensen，1983）。另一方面，从降低成本（从而提升企业绩效）的边际收益角度而言，当产品市场竞争激烈时，如果公司降低成本有助于挤占竞争对手的市场份额，即实现商业窃取效应（business stealing effect），这将增加公司降低成本的边际收益。因此，在这种情况下，公司倾向于向经理人提供更强的激励（Schmidt，1997；Raith，2003）。基于以上观点，Karuna（2007）实证检验了产品市场竞争与经理人激励机制的互补关系，他发现，在行业竞争程度高的企业内，经理人的薪酬-业绩敏感性更高，即经理人被提供了更高强度的激励。

3. 小结

尽管在产品市场竞争与其他公司治理机制之间的关系上，学者们并未达成一致的意见。但毋庸置疑的是，学术界普遍认同产品市场竞争能够发挥公司治理作用，能够有效约束经理人乃至控股股东的机会主义行为。因此，在探讨公司治理改善的手段时，不能忽略产品市场竞争这一重要的外部治理机制。

综合以上控制权市场、经理人市场和产品市场竞争的相关文献，不难看出市场机制在公司治理中的重要作用。在后续的内容中，我们将从第三类市场机制相关研究中各选取两篇经典、重要且对后续研究具有启发性的文献，对此领域展开更为详细和深入的探讨。

在控制权市场中，我们选取的第一篇文献是 Michael C. Jensen 和 Richard S. Ruback 于 1983 年发表在 *Journal of Financial Economics* 上的“The market for corporate control：The scientific evidence”。这篇极具代表性的经典综述文章，在谷歌学术搜索上的引用量高达 7 000 余次，系统梳理了 20 世纪 80 年代之前的一系列关于控制权市场的研究。我们认为，即使是过去了近 40 年，它仍旧对后续的理论和实证研究具有指引和启发意义。第二篇是 Gerald T. Garvey 和 Gordon Hanka 于 1999 年发表在 *The Journal of Finance* 上的“Capital structure and corporate control：The effect of antitakeover statutes on firm leverage”。这篇文章利用反收购法案这一外生冲击，较为精准地识别了控制权威胁对经理人的影响，从而为控制权市场的治理效应提供了坚实的经验证据。同时，作者对企业杠杆率的创新性衡量，也对后续相关研究具有较大的参考价值。

在经理人市场中，我们选取的第一篇文献是 Mark R. Huson、Paul H. Malatesta 和 Robert Parrino 于 2004 年发表在 *Journal of Financial Economics* 上的“Managerial succession and firm performance”。该文采用较为可靠的方法，在更长的研究区间内探究了 CEO 变更前后的业绩变化，以及继任 CEO 的来源（公司内部还是外部）对业绩的影响。该文通过比较内、外部继任 CEO 的影响，暗示了经理人市场能够提供更多潜在有价值的 CEO 候选人，有助于我们更深入地了解经理人市场的运作机制和公司治理效果。第二篇是 Hemang Desai、Chris E. Hogan 和 Michael S. Wilkins 于 2006 年发表在 *The Accounting Review* 上的“The reputational penalty for aggressive accounting：Earnings restatements and management turnover”。该文聚焦财务重述这一机会主义行为，通过跟踪 CEO 离职后的后续就业情况，为经理人市场的声誉惩罚机制提供了较为直接的经验证据。这一检验思路对后续学者具有极大的启发和参考价值。

在产品市场竞争中，我们选取的第一篇文献是 Oliver D. Hart 于 1983 年发表在 *The Bell Journal of Economics* 上的“The market as an incentive scheme”。该文通过理论模型就产品市场竞争对经理人激励的影响进行了严密论证，是较早从公司治理角度探讨产品市场竞争作用的文章。其在谷歌学术搜索上的引用量近 2 000 次，对后续实证研究提供了坚实的理论基础。第二篇文献是 Xavier Giroud 和 Holger M. Mueller 于 2010 年发表在 *Journal of Financial Economics* 上的“Does corporate governance matter in competitive industries?”。该文利用三重差分模型探究商业合并法案对不同竞争程度的公司产生影响的差异，以此检验了产品市场竞争对缓解经理人懈怠的积极作用。该文不仅在实证设计上可圈可点，同时还有助于我们学习和思考如何深入挖掘一些已被广泛讨论的政策研究。

接下来我们将逐篇介绍论文内容并进行简要介绍和评述。

10.2 重点文献导读

10.2.1 公司控制权市场：科学证据

10.2 参考文献

The Market for Corporate Control：The Scientific Evidence

文献来源：Jensen M C，Ruback R S. The market for corporate control：The scientific evidence. *Journal of Financial Economics*，1983，11（1－4）：5－50.

1. 研究动机与研究问题

关于公司控制权市场的许多争议问题尚未得到解决，同时也出现了很多值得研究的新问题。

作者通过回顾公司控制权市场的相关文献，主要讨论以下几个问题。第一，接管行为如何影响收购方和目标方的股东财富？第二，接管行为创造的收益是否来自产品市场势力的增加？第三，反垄断政策是否会给合并后的企业带来成本？第四，目标公司抵御收购的行为是否会损害公司股东的利益？第五，代理权争夺如何影响股东财富？第六，公司投票权是否有价值？在探究以上问题的基础上，作者还提出了关于公司控制权市场这一领域未来研究方向的建议。

2. 研究发现

简而言之，作者发现，接管行为确实产生了积极的效果，具体表现为目标公司股东财富增加，且收购公司股东财富不会受到损失。同时，接管行为所创造的收益似乎并不来自市场势力的增加。而反垄断政策也的确给合并后的企业带来了成本。此外，除非目标公司经理人的反收购策略确实降低了收购的可能性，否则这些行为很难损害到股东利益。作者也指出，经理人之间的代理权争夺能够增加股东财富，可见公司投票权是有价值的。

3. 研究过程

与上述研究问题对应，该文的第一部分主要对文章的分析视角进行了解释。第二部分详细讨论了接管行为的财富效应。第三部分旨在进一步分析接管收益的具体来源，以及反垄断政策对接管收益的影响。第四部分则讨论了经理人与股东的利益冲突问题，并在此基础上评估各种经理人行为对股价的影响，以及公司投票权的价值。最后一部分是作者对未来研究方向的建议。

（1）文章分析视角。

作者首先对公司控制权、公司控制权市场进行了准确定义。作者认为，公司控制权指公司资源管理权，即雇用、解雇高管和设定高管薪酬的权力（Fama and Jensen，1983a，1983b）。当收购方收购了目标公司后，目标公司的控制权就会转移到收购方的董事会手中。尽管董事会总是掌握着最高控制权，但其通常会把公司资源管理权委托给内部经理人。因此，目标公司的资源管理权实则在收购方的高管团队（top management）手中。进一步地，作者认为，公司控制权市场，即接管市场（takeover market），是指多个管理团队来竞争公司资源管理权的市场。传统观点认为股东和金融家通过购买公司股票来实现对公司的控制，进而实现资源的最优配置。与这一观点不同，作者所主张的经理人竞争理论认为，相互竞争的管理团队才是市场上的积极主义者，股东仅作为被动方来选择最高的要约价格、任用最优的管理团队，而金融家（包括套利者和收购专家）则作为中介来评估管理团队的能力和价值，加速交易进行。在作者的这一视角下，管理团队之间的激烈竞争不仅能缓解股东与经理人的利益冲突，还能通过兼并或重组公司资源来实现规模经济或协同效应。

紧接着，作者将接管活动分为兼并、要约收购和代理权争夺三类。具体地，兼并是指收购方直接与目标公司的管理团队和董事会进行协商，经其批准后，再移交股东大会进行表决。要约收购指收购方直接向个体股东发起收购要约，由股东自己决定是否要卖出股票，无须经他人同意。代理权争夺是指收购者（通常是对公司现状不满意的前任高管团队或由大股东带领的团队）以大量征集股东委托书的方式来争夺公司控制权。

最后，作者通过表 1 和表 2 展示了支持该文主要观点的初步证据。表中数据来自作者对已有文献的综合，具体每篇文献的样本区间和研究事件区间参见原文表 3 和表 4。

表 1　成功的接管活动中公司经市场价格调整后股价的变动

接管类型	目标方（%）	收购方（%）
要约收购	30	4
兼并	20	0
代理权争夺	8	不适用

表 2　失败的接管活动中公司经市场价格调整后股价的变动

接管类型	目标方（%）	收购方（%）
要约收购	−3	−1
兼并	−3	−5
代理权争夺	8	不适用

由表 1 和表 2 能够看出，接管的类型不同、接管成功与否，都会影响收购方与目标方的股东财富。成功的接管活动能够为目标方带来异常收益，同时，也没有给收购方带来损失；而失败的接管活动将损害目标方和收购方股东的利益。此外，作者还关注到代理权争夺这一类型的接管活动，不论其成功还是失败，目标方均有 8%的正向异常收益。

(2) 接管行为的财富效应。

众多研究探讨了接管行为对目标方、收购方以及合并后公司的财富效应(Dodd and Ruback，1977；Bradley，1980；Ruback，1983)。首先，综合已有对目标方收益进行探究的文献，作者得出如下结论。总体来看，在成功的要约收购和公司兼并事件中，目标公司从事件宣告日到收购完成日都能持续获得正向的异常收益。并且对于不成功的要约收购事件，目标方在事件宣告日至收购失败日期间，也都能持续获得正向异常收益。但是，如果这些目标公司在收购失败后 2 年内没有再收到其他的要约收购的话，之前的正向收益也都会消失。而对于不成功的兼并事件，当公众得知该事件失败后，目标公司将失去之前在兼并宣告日获得的正向收益。

其次，作者总结了探究收购方财富效应的文献。已有研究发现，成功的要约收购事件能够给收购方带来正向收益，失败的要约收购和企业兼并将损害收购方的利益。但出乎意料的是，在成功的兼并活动中，收购方的收益却为 0。作者指出，这可能是因为成功兼并给收购方带来的财富效应难以准确衡量。

最后，作者对接管行为的总收益进行了讨论。综合已有文献来看，成功的接管活动会使目标方获益，同时也没有给收购方带来损失。然而，考虑到收购方的规模通常要比目标方更大，因此合并后公司的收益并不是双方收益的简单加总。也就是说，收购方即使损失微弱，其财富损失的绝对值也可能超过目标方所获得的收益。因此，整体的财富效应是需要实证研究的问题。从已有研究来看，Malatesta (1983) 和 Bradley et al. (1982) 在考虑了收购双方规模的影响后，的确发现控制权转移有助于提高收购双方的整体价值。

(3) 反垄断与接管收益的来源。

接管行为经常会受到来自目标公司经理人以及反垄断组织的抵制。比如，目标公司经常会将潜在收购方称作侵入者，认为收购方获得的收益是以目标方利益损失为代价的。同时，反垄断组织也认为接管行为会导致市场垄断，并采取行动来推迟甚至终止接管行为，或将已经完成的接管行为诉诸法庭。但从前文的讨论中能够看出，以往研究并不认为接管行为是一件价值损毁型活动。因此，作者在本部分对接管收益的具体来源进行了详细探讨。除此之外，本部分也讨论了反垄断等监管行为给公司带来的成本。

作者首先从理论上阐述了接管收益的来源。一是协同效应假说（Williamson，1981）。即接管行为能够通过实现规模经济、垂直整合、采用更高效的生产技术等途径降低生产或分销成本，获得协同效应。二是市场势力假说（Benston，1980）。即接管能够获得一系列财务优势，如充分利用税盾、避免破产成本、提高杠杆率等，进而提升产品市场势力。三是提升管理效率假说。即接管行为会淘汰目标方公司低效的管理团队，帮助提升公司价值。四是内幕消息假说。即收购方拥有关于此次接管能否提升公司价值的内幕消息，因此，会相应选择现金或股票等不同的报价方式。随后，作者通过回顾相关实证文献，指出现有研究明确不支持市场势力假说（Eckbo，1983），然而也没有直接证据支持其他假说。因此，已有研究对接管收益具体来源的探究尚不充分。

其次，作者讨论了反垄断行为的相关文献，如 Ellert（1976），Wier（1983）。已有研究发现，与反垄断有关的投诉、法案和监管等行为会对接管收益产生消极影响。这表明由于限制了控制权市场竞争，反垄断行为给收购方带来了高昂成本。此外，有证据表明一些其他类型的监管政策（如对要约收购的监管）也会降低接管收益。当然，作者在此申明，由于样本选择偏差，现有研究结果仍然是有偏、不充分的。

（4）经理人-股东利益冲突。

恰如前述，只有当控制权成功转移到收购方手中时，要约收购和兼并才能增加股东财富。由于目标公司经理人在接管后面临着被替换的风险，他们有动机做出反收购举措来降低公司被成功接管的可能性，从而使目标方股东的利益受损。然而，如果经理人的反收购行为提高了接管价格或抬高了公司股价时，目标方股东反而会受益。因此，作者指出，经理人的反收购行为对股东财富的影响是一个需要实证检验的问题。在这一部分的讨论中，作者估计了多种经理人反收购行为和代理权争夺对股价的影响，并进一步探究了公司投票权的价值。

现有关于经理人反收购行为影响的研究，并未得到一致的结论。部分研究发现不论是通过改变公司注册地（因为不同州对反收购的规定不同）（Dodd and Leftwich，1980），还是采用反收购修正案来提高收购条款的严格程度（DeAngelo et al.，1984），都没有证据表明公司的股价会发生显著变化。但另有部分研究发现，当目标公司进行有针对性的大宗股票回购（Dann and DeAngelo，1983）或发起停滞协议来阻碍接管时（Bradley and Wakeman，1983），目标方股东的利益将受到损害。综合来看，当经理人反收购行为能降低接管可能性或不需要股东通过投票表决发表意见的话，这些反收购行为将降低公司股价，即经理人会牺牲股东利益来保全自己的职位。

关于代理权争夺在缓解股东与经理人利益冲突方面的作用，现有的研究结论较为一致。已有文献指出，不论代理权争夺是否成功，都将提升股东价值。若持不同意见的经理人最终占据了董事会中的重要席位，股东财富将有更大幅度的增加。这一结果也表明控制权是具有价值的。

（5）未来研究方向。

在文章的最后一部分，作者对未来研究方向提出了一些建议。作者重申，控制权市场是不同管理团队之间争夺公司资源管理权的竞技场。然而，管理团队之间的竞争十分复杂，目前尚未有充足的理论或证据来对这一现象进行描述。作者指出，未来研究应关注以下几个方面。一是关注管理团队在控制权市场中的成本和收益，这有助于理解收购方进行接管的目的和发起接管的时点，也有助于理解目标方经理人反对或接受接管的原因。二是关注收购方不同接管策略的特点和效果。三是关注目标方所采用的不同防御策略的特点和差异。四是关注控制权市场上公司并购的对立面，即公司进行分拆、资产剥离的原因。五是关注一些为人熟知但缺乏相关证据的问题，如接管收益的来源、准确衡量接管中收购方的回报、"白衣骑士"在接管中支付的价格等。

4. 评述

该文作为控制权市场的经典综述，系统而详细地描述了 20 世纪 80 年代控制权市场领域的相关学术成果，包括控制权市场的概念、接管行为给双方公司带来的财富效应、反收购行为的影响等。

作者在文章的结尾处提出了一些未来研究方向，如今经过 40 年的发展，其中一些问题得到了学者们的广泛关注，推进相关领域不断向前发展，比如不少文献探讨了各式各样的接管防御策略的影响（Ge et al.，2016；Bhojraj et al.，2017；Chemmanur and Tian，2018）。但目前仍有未被填补的空白。一是作者提到的管理团队在控制权市场中的成本和收益有哪些，不同的管理团队在这个市场上如何进行博弈等问题尚未被充分探究。二是相比于针对目标方反收购策略的研究，目前学者们对收购方各类接管策略的关注度较低。正如作者所言，对比不同接管策略的特点和影响，不仅对于提高接管绩效有极大的意义，也有助于找到最优的缓解代理问题的方式。

10.2.2 资本结构与企业控制：反收购法案对公司杠杆的影响

Capital Structure and Corporate Control：The Effect of Antitakeover Statutes on Firm Leverage

文献来源：Garvey G T，Hanka G. Capital structure and corporate control：The effect of antitakeover statutes on firm leverage. *The Journal of Finance*，1999，54（2）：519－46.

1. 研究动机与研究问题

由于契约的不完全性，经理人对公司的资本结构具有自由裁量权，可能会出于自利动机做出有损股东财富的融资决策。已有理论研究指出，经理人之所以使用债务融资，可能并非出于提升股东价值的意图，而是因为债务能够降低敌意收购的威胁（Novaes and Zingales，1995；Zwiebel，1996）。这就意味着当公司面临的敌意收购威胁降低时，经理人会为了降低公司财务困境风险、避免负债对其分配自由现金流的限制，选择降低企业的杠杆率。

该文通过探究美国反收购法案对公司杠杆率的影响，为上述观点提供实证方面的经验证据，以印证控制权市场的治理作用。整体而言，作者发现，在反收购法案通过之后，受到保护的经理人确实会降低债务融资，并更少进行重组或投资重大项目。

2. 研究过程

（1）识别策略。

美国部分州于 1987—1990 年陆续通过第二代州立反收购法案，为该文的研究问题提供了一个相对外生的研究场景。这一反收购法案在商业合并和控股股权等方面做出了诸多限制，从而提高了收购方发起敌意收购的成本，降低了当地公司受到敌意收购的威胁。作者将受到反收购法案保护的公司（即这些公司所在州通过了反收购法案）作为实验组，将未受到法案保护的公司（公司所在州未通过该法案）作为控制组，进而比较两组公司在反收购法案通过前后杠杆率变化的差异。同时，作者将样本时间选为 1983—1993 年，这包括了大部分州通过反收购法案前后 4 年的时间跨度。

（2）指标构建。

在公司杠杆率这一关键变量的选取上，作者指出，公司杠杆不仅受到该文所关注的债务的新增与偿付、股权的发行与回购的影响，还会不可避免地受到公司相关股利、投资政策等影响，其中有些决策并不直接受经理人的控制。因此，为了聚焦该文所关注的融资政策，作者构建了一个全新的指标，具体衡量方式如下：

$$\text{杠杆率变化}=\frac{D+d}{A+d+e}-\frac{D}{A}$$

其中，D 为期初总负债，A 为期初总资产，d 为本年新增债务扣除债务偿付的净额，e 为本年股权发行扣除回购股权的净额。

（3）基本实证结果。

在构建关键指标之后，作者用折线图展示了实验组与控制组在 1983—1993 年的杠杆率变化，以直观探究两组公司在反收购法案通过前后，公司杠杆率的变化趋势。值得一提的结果是，作者发现在反收购法案通过之前，实验组的公司杠杆率要明显高于控制组，且前者呈逐年上升趋势，后者呈逐年下降趋势。这表明该文的样本未能完美满足平行趋势假设。对此，作者解释道，这可能是因为最终受到法案保护的公司在法案通过之前面临的敌意收购威胁较大，因此在法案颁布之前，这些公司会用较高的杠杆率来抵御敌意收购，也用来游说当地政府通过法案。

在实证检验方面，作者首先初步验证了该文的假设，即相比于未受到法案保护的公司，受法案保护的公司的杠杆率在法案通过后显著下降。

（4）稳健性检验。

接下来，作者进行了一系列丰富的稳健性检验。一是作者在进行平行趋势检验时，发现在反收购法案通过前，实验组的公司杠杆率呈上升趋势，因此，该文结果很可能是因为实验组公司在扭转之前异常激进的债务融资政策。鉴于此，作者剔除了在法案通过之前提高公司杠杆率的实验组样本，重新对模型进行估计。研究发现，这些在法案通过之前没有提高杠杆率的实验组公司，在受到法案的保护后仍然会降低杠杆率，由此排除了上述替代性解释。二是用公司整体负债率的变化作为因变量，作者发现主要结果仍然不变，但统计显著性会降低。作者指出，这恰恰说明了整体杠杆率的变化的确有一部分是不受经理人控制的。正如相关实证结果表明，反收购法案只对长期负债有影响，而对短期负债没有显著影响。这是因为像商业信用、短期银行借款这样的短期负债与公司日常经营更相关，与经理人机会主义行为关联不大。

与此同时，作者还考虑到反收购法案这一事件是否足够外生的问题。比如在某些州（如俄亥俄州和宾夕法尼亚州），经理人可以选择接受或者不接受反收购法案的保护。当经理人已经设置了一些防御收购的措施时，他们可能会选择不接受反收购法案的保护。这种情况就会导致反收购法案对公司的影响不完全外生，同时也难以预测这类公司对反收购法案的反应。具体来说，选择受反收购法案保护的公司可能会因为受到保护而降低杠杆率，也可能会因为感受到了收购的威胁而提高杠杆率，将其作为额外的防御措施。同理，采用“毒丸计划”的公司也是如此。即采用“毒丸计划”表明经理人感受到较大的威胁，这一方面意味着他们将从反收购法案中受益更多，另一方面也意味着他们可能无论何时都会保持异常高的杠杆率。作者分别研究了以上两个问题。一是将这些对法案的保护有选择权的公司作为实验组，并进一步将其分为选择接受法案保护、选择不接受法案保护两组样本，同时对照组保持不变，进行三重差分检验。二是将原基础模型中的实验组进一步按照法案通过前是否拥有“毒丸计划”分为两组，同时对照组保持不变，也进行三重差分检验。相关实证结果显示，以上两个模型中三重差分的系数均不显著。这说明反收购法案对这两类公司和对其他公司的影响没有显著差别。

（5）进一步分析。

在该文的进一步检验中，作者先是探究了杠杆率的变化主要来源于债务融资还是股权融资，再是对企业资金的来源做出了更为细致的探究，此外还对公司的相关投资策略进行了检验。

就第一个问题而言，作者指出，新增债务和股权回购对杠杆率的影响是非对称的。股权回购只影响杠杆率的分子，而新增债务会对杠杆率的分子和分母同时产生影响。因此，作者将原模型因变量进一步分解为负债的影响和股权的影响，具体如下：

$$\text{杠杆率变化}=\frac{D+d}{A+d+e}-\frac{D}{A}=\frac{d}{A}\left(\frac{A-D}{A+d+e}\right)-\frac{e}{A}\left(\frac{D}{A+d+e}\right)$$
$$=\text{负债效应}-\text{股权效应}$$

根据上式，作者计算得出在该文样本中，负债效应接近股权效应的 6 倍。此外，作者还分别将负债效应和股权效应作为模型的因变量，发现负债效应的影响更显著，且在经济意义上影响更大。因此，反收购法案对公司杠杆率的影响主要来自负债效应。

就第二个问题而言，作者提出，既然经理人主要是通过降低债务融资来降低企业杠杆率的，那么他们必然会通过增加股权融资或增加利润或降低成长率的方式来补偿企业资金缺口。鉴于此，作者进一步探究了企业资金的四种来源，包括企业盈余水平、总资产变化、扣除利息支出的净负债增加以及扣除股利的股权资本净增加。相关实证结果表明，相比于未受反收购法案保护的公司而言，受反收购法案保护的公司在法案通过之后较法案通过之前，股权融资显著增加。也就是说，降低债务融资后的资金缺口是由股权融资所弥补的。整体而言，作者发现在法案通过后，受到法案保护的经理人将融资方式由债务融资转为股权融资，同时股权融资的增加也足以补充资金缺口，但股权融资对公司杠杆率的影响较为微弱。

就第三个问题而言，代理理论认为，当经理人受反收购法案的保护时，经理人会更倾向于过度投资。鉴于此，作者也对公司的投资策略进行了简单的检验。尽管该文并未直接发现上述现象，但实证结果表明这些受到法案保护的经理人确实会改变其投资策略。具体来说，这些受法案保护的公司更不可能进行如现金收购的重大投资，更不可能采取撤资行为。这说明受到反收购法案保护的经理人产生了一定程度的懈怠。

（6）内生性处理。

作者对以下两个替代性解释进行了相应的排除。一个替代性解释是该文发现的结果可能是 1990 年垃圾债券市场的崩溃导致的。具体来说，反收购法案通过之后杠杆率的降低或许是因为经理人丧失了发行垃圾债券的能力。作者指出，在上述假说下，受保护的公司在法案通过之前会大幅增加债务融资；

并在法案通过后，由于无法发行垃圾债券，这些公司仅仅会恢复企业正常的杠杆率。但该文的研究发现，在法案通过后，受法案保护公司的债务会大幅度下降，远超过法案通过前债务的增加幅度。由此，作者排除了第一个替代性解释。

另外一个替代性解释为控制权理论（Stulz，1990）。与该文所支持的代理理论不同，控制权理论认为负债是通过提高经理人的控制权来抵御收购威胁的。因此，控制权理论也能够解释该文的发现。对此，该文作者指出，若是基于控制权理论，只有当经理人拥有一定水平的股权时，他们提高债务融资比例才能使自己的控制权实现较高提升，进而达到抵御敌意收购的目的。因此，若出于控制权假说，反收购法案应该对那些经理人持股越高的公司影响更大。但作者通过实证检验发现，反而是经理人持股更少（低于 5%）的公司，受到法案的影响最大。由此作者排除了第二个替代性解释。

3. 研究贡献

尽管作者未明确指出该文贡献所在，但作者在文章的引言和结尾处都反复提到，该文的发现为收购威胁对经理人的约束作用提供了坚实的经验证据，并支持了经理人自由裁量权会影响公司资本结构的观点。此外，作者也指出，在未来研究中，学者们可以更详细地探究收购阻碍对公司投资或就业等方面的影响，以进一步丰富相关领域的文献。

4. 评述

正如该文作者所言，该文利用反收购法案的通过这一外生冲击，准确地识别并细致地检验了控制权市场对经理人的约束作用。我们认为，该文在以下几个方面值得学习和借鉴。一是作者基于该文的研究问题，重构了企业杠杆率的衡量方式。通常意义上的企业杠杆率并非只受到企业融资方式的影响，还会受到投资政策或股利政策等影响。作者通过构建新指标来剥离后者的影响，识别了因融资方式改变而导致的企业杠杆率变化。但需要注意的是，作者构建的这一指标并未被后续学者广泛借鉴和应用。这在一定程度上也说明了该指标的普适性和有效性仍存在欠缺。因此，既要针对研究问题本身来思考是否需要构建新指标，也要考虑新构建的指标是否有效和可靠。二是作者进行的多种稳健性检验也值得学习。在该文中，作者排除了其他事件的干扰，并且考虑了影响反收购法案外生性的因素。同时，作者在发现样本不满足平行趋势假设后，通过探寻这种现象背后的原因，提出替代性解释，最后通过相关实证检验去驳斥所提出的替代性解释，这不失为一种有效的"曲线救国"方式。三是作者在进一步研究中还检验了资金缺口的补充来源。这使文章形成一个完整的逻辑闭环，既增强了结论的可靠性，也丰富了文章的研究内容。

然而，该文也存在一些局限和不足。第一，作者在主回归模型中对 Time Dummy 这一变量的设定有待商榷。作者将此变量定义为二元变量，即当该年度该州已经通过法案或为未通过法案的州 1988 年之后的样本时，取值为 1，否则为 0。这表明，作者将控制组（即未通过法案的州）按照 1988 年为界同样划分为了事件前和事件后样本。文中并未对这一划分做出解释，这也使得我们较难评估该文模型设计的科学性和有效性。第二，作者忽视了除控制权理论之外的其他替代性解释。比如负债会增加收购方在收购之后的整合成本，从而降低目标公司对收购方的吸引力。这并不属于该文主张的代理理论，也不属于控制权理论，但同样可以用来解释该文的发现。

10.2.3　经理人变更与公司业绩

Managerial Succession and Firm Performance

文献来源：Huson M R，Malatesta P H，Parrino R. Managerial succession and firm performance. *Journal of Financial Economics*，2004，74（2）：237－275.

1. 研究动机

2000 年，美国最大的 500 家上市公司的总收入为 8.4 万亿美元，总资产超过 21 万亿美元，员工超过了 3 000 万人。毫无疑问，在这些公司中经理人的决策动辄会对数百万员工和数十亿客户产生极大影响。鉴于经理人在经济中扮演的角色如此重要，学术界对经理人劳动力市场的运作方式，尤其是经理人更替的原因和后果展开了大量的研究。有众多文献都在探讨公司董事会是否对经理人进行了有效的监督、聘任和解雇，但遗憾的是，这些研究并未得到一致的结论（Weisbach，1988；Denis and Denis，1995；Khanna and Poulsen，1995）。

2. 研究问题与研究发现

该文基于更精准的业绩度量方式，探究了 CEO 变更前后公司业绩是如何变化的，以及影响 CEO 变更后业绩变化的因素有哪些，为相关文献提供更稳健的经验证据。

作者发现，在 CEO 变更之前，公司相对绩效下降；在 CEO 变更之后，公司相对业绩显著改善。同时，当机构持股比例越高、外部董事占比越高、下一任 CEO 来自公司外部（而非公司内部）时，公司绩效改善程度越高。此外，作者还发现 CEO 变更会在股票市场上产生积极的宣告效应，且与后续公司会计绩效的改善正相关。

3. 研究过程

（1）理论分析。

作者就经理人强制变更与业绩改善、经理人自愿变更与业绩改善、影响经理人变更后业绩改善的因素这三个问题提出该文的假设。首先，经理人强制变更与后续业绩改善的关系存在以下两种假说。一是管理改善假说（improved management hypothesis）。该假说认为经理人质量（managerial quality）因人而异并且不可观测。董事会将根据公司业绩来推测经理人质量。具体来说，如果公司业绩表现差，董事会将认为现任经理人质量低或其运气不好，并且预期下一任经理人质量会更高，经理人运气也有望恢复正常。因此，更换现任经理人的收益大于成本，企业绩效将在经理人更替后显著提高。二是替罪羊假说（scapegoat hypothesis）。在该假说下，公司绩效不佳仅由偶然因素（如运气差）所决定，同时经理人质量只取决于其努力程度，因此董事会必须对其施加"绩效差就解雇"的威胁，以激励经理人努力工作。可想而知，在均衡状态下，市场上所有经理人的努力程度都相同，即经理人质量都相同。尽管董事会知晓这一点，但他们必须解雇绩效不佳的经理人，将其作为"替罪羊"，以激励其他经理人尽职工作。作者指出，在替罪羊假说下，下一任经理人质量并不会更高，但预期业绩将得到改善。因为随着时间推移，导致公司绩效差的偶然因素总会消失，公司业绩也会恢复到平均水平。

其次，作者对经理人自愿离职的情况做出了相应分析和假设。作者认为，自愿离职的 CEO 不代表一定是低质量或运气不好的 CEO，且下一任 CEO 的质量也不一定会更高。据此，作者假设 CEO 自愿离职后公司绩效改善情况小于 CEO 强制变更的情况。

最后，作者还对 CEO 变更后业绩改善的影响因素进行了理论探讨。在替罪羊假说下，经理人质量无差异，那么离职后的绩效改善只来自公司业绩在时间序列上的均值回归。而在管理改善假说下，经理人质量各有不同，可以进一步讨论影响绩效改善的因素。一是鉴于从外部聘任 CEO 的成本更高（Dalton and Kesner，1985），那么只有预期当外部 CEO 候选人的业绩改善高于内部 CEO 候选人时，公司才会选择聘用外部 CEO。因此，作者假设当下一任 CEO 来自公司外部（而非内部）时，公司绩效改善程度会更大。二是当外部控制权市场更加有效时，出于声誉和职业生涯的考虑，董事会将尽职履行监督、解聘和雇用 CEO 的职能，做出更有效的决策。因此，该文预期当外部收购压力越大时，CEO 变更后带来的业绩改善程度更大。三是相比于内部董事，外部董事对 CEO 的监督更加有效。据此，作者也假设外部董事占比与 CEO 更替后绩效改善程度正相关。四是机构投资者能够给董事会施加压力，使其做出有利于股东利益的决策。因此，作者预期机构持股比例越高，CEO 更替后绩效改善程度也越高。

（2）指标构建。

该文对公司业绩这一关键变量，主要采用营业利润占总资产的比例（OROA）、营业利润占总销售额的比例（OROS）两个指标来衡量，并对其进行了一定程度的调整。具体来说，除了经行业中位数调整外，作者还借鉴 Barber and Lyon（1996）的方法，为每一个样本公司匹配与其处于同一行业的控制组公司，并要求控制组公司与样本公司 CEO 更替前一年的业绩差异不大于 10%。作者将样本公司的业绩指标按照控制组公司业绩的中位数进行调整，以此控制业绩在行业、公司层面的均值回归。恰如前述，替罪羊假说正是将业绩改善只归因于公司业绩的均值回归情形，因此上述衡量方式就能够控制该假说预期的业绩改善程度，从而为衡量 CEO 变更后经理人质量的变化提供可靠的基础。此外，作者还将 CEO 更替分为强制变更和自愿变更两种情形。

（3）基本实证结果。

基于以上衡量方式，作者首先检验了 CEO 变更前是否发生业绩下滑现象，以及变更后业绩是否得到改善的问题。相应结果表明，平均而言，不论是强制变更还是自愿变更，在 CEO 更替前三年至前一年间，未经调整的、经行业调整的以及经控制组调整的 OROA 都显著下降。在 CEO 更替前一年至后三年里，经控制组调整的 OROA 显著上升。

（4）进一步分析。

作者进一步检验了公司 OROA 提高的具体原因。研究发现，在变更前一年到后三年，在自愿变更的样本中，经控制组调整的总资产、固定资产、员工人数、人均销售额和人均营业利润均显著上升。而在强制变更的样本中，只发现经控制组调整后的人均销售额和人均营业利润有显著增长。可见，两类变更的业绩改善的原因并不完全相同。尽管如此，作者指出，就经控制组调整的 OROA 这一指标而言，自愿变更和强制变更对业绩改善的影响无显著差异。以上结果支持了管理改善假说，否定了替罪羊假说。

接下来，作者从股票异常收益的角度探究了 CEO 变更对股票市场的影响。长期股票异常收益率的结果表明，在 CEO 变更之前，强制变更样本的股票异常收益显著为负，但在自愿变更样本中并无此发现；在 CEO 变更之后，两组样本的股票异常收益均没有显著变化。而就宣告期间短期异常收益率的结果而言，作者发现 CEO 自愿变更的宣告效应显著为正，而在强制变更样本中，只有当下一任 CEO 来自公司外部时才会产生显著正向的异常收益率。可见，CEO 变更不仅有助于改善会计业绩，对资本市场也会产生一定影响。

紧接着，作者从样本区间的角度出发解释了该文与 Denis and Denis（1995）的研究在结论上存在差异的原因。具体而言，不同于 Denis and Denis（1995），该文只有微弱的证据表明在 CEO 变更后，经行业调整的 OROA 有所改善。考虑到 Denis and Denis（1995）的研究区间是 1985—1988 年，该文将样本分为 1971—1984 年、1985—1988 年以及 1989—1994 年三个研究区间来进行检验。相关结果表明，在1985—1988年，CEO变更后经行业调整的OROA变化显著高于其他研究区间。这意味着Denis and Denis（1995）的样本选择区间具有特殊性。同时，作者认为在业绩指标上，相较于经行业调整的OROA，该文使用的经控制组调整的OROA更具普适性。因为前者仅在1985—1988年显著，而后者尽管在1985—1988年这一区间绩效改善程度较高，但其他样本区间也同样显著。此外，鉴于研究区间对该文结论有重要影响，作者将总样本区间（1971—1994年）按每3年划分出一个子区间，进一步探究业绩在整个研究样本区间内的变化趋势。相关结果表明，1983—1994年间CEO变更后的业绩改善要高于1971—1982年。这与Huson et al.（2001）指出的公司治理机制在20世纪80年代中期发生了显著积极变化的观点相吻合。也就是说，董事会关于经理人变更的决策质量随着时间的推移而逐渐提高。

最后，作者探究了CEO变更后绩效改善的影响因素。相关回归结果表明，收购压力以及下一任CEO的来源与业绩改善无显著关系，但机构持股水平、外部董事比例均与业绩改善程度显著正相关。总体而言，这些结果支持了该文的相关假设。与此同时，作者还发现，CEO变更的宣告期异常收益率越高，变更后业绩改善程度也越高。这说明宣告期的异常收益率能够预测企业业绩改善情况，同时也表明了投资者具有理性预期。

4. 研究贡献

作者认为，该文从更长的研究区间、使用更为准确的业绩衡量指标探究了CEO变更对业绩改善的影响，在一定程度上证明了董事会在监督CEO方面发挥了有效的治理作用，为这一领域的相关研究做出了贡献。

5. 评述

正如作者所言，该文使用更为可靠的方法以及在更长的研究区间内验证了经理人变更的管理改善假说，为董事会有效监督和聘用、解雇经理人提供了相应的经验证据。同时，该文发现当继任CEO来自外部时，公司绩效将有更大改善。这也有助于学术界更深入地了解经理人市场的运作机制和公司治理效果。

作为一篇经理人变更的经典文献，我们认为该文有以下两个亮点值得重点关注和学习。该文使用了经控制组匹配后的公司业绩指标，相较于前人的研究更为精准。同时作者还进一步探究了业绩变化的原因，如资产变化、销售额变化等，尽管作者未能详细分析，但这种进一步拆分指标、对业绩变化进行溯源的思路有助于厘清文章机理，值得借鉴。另外，作者通过划分研究区间、对比不同的业绩指标来使该文与Denis and Denis（1995）的研究区分开来。如何与同一领域的相近研究进行对比，并突出自己研究的贡献，该文提供了一个较好的范例。即对比时间区间、关键变量衡量方式、研究方法等，既有助于分析该文结论与前人结论存在差异的原因，同时也恰恰强调了该文在以上几个方面的优势。

诚然，现在看来，这篇十多年前的研究的确存在一定不足之处。一是除样本选择偏误之外，作者并未有效解决其他内生性问题。只用了经控制组调整后的业绩指标，这样的处理在如今的实证研究领域确实略显粗糙。二是作者对文中很多结果的分析都是浅尝辄止，并未分析深层次的原因。比如作者发现，CEO 自愿变更和强制变更所导致业绩变化的来源不同。这一结论十分有趣，但遗憾的是作者并未分析造成这种差异的原因，这意味着进行这一检验的动机不够清晰。这让文章结构的紧凑性、逻辑的严密性以及结论的可靠性都打了折扣。

10.2.4　激进会计行为的声誉惩罚：盈余重述与高管变更

The Reputational Penalty for Aggressive Accounting: Earnings Restatements and Management Turnover

文献来源：Desai H，Hogan C E，Wilkins M S. The reputational penalty for aggressive accounting: Earnings restatements and management turnover. *The Accounting Review*，2006，81（1）：83－112.

1. 研究动机

近年来，财务重述和财务报告造假等行为愈演愈烈，已然成为学术界、实务界和监管部门重点关注的问题。考虑到在现实中，内部控制机制失效已成为广泛共识（Jensen，1993）；外部监管机构也因资源有限而难以起到威慑和惩罚的作用，高管在多大程度上受到监督的问题尤其受到重视。

2. 研究问题与研究发现

该文旨在探究声誉惩罚机制对高管的约束作用。具体来说，该文检验了在 1997 年或 1998 年发生盈余重述的公司中，高管是否会被解雇，以及如果被解雇，高管之后的就业情况将会如何。

该文发现，在进行财务重述的公司中，高达 60%的公司在一年内至少更换了一个高管，而在未发生财务重述的控制组公司中，高管变更公司的比例只有 35%。同时，相比控制组公司高管离职的后续就职情况，发生财务重述公司的高管在离职后，其就业前景更为窘迫。

3. 研究背景

对于公司来说，通过更换经理人的方式来约束经理人的财务欺诈行为，成本十分高昂。然而，欺诈行为或激进的会计行为一旦被曝光，公司价值将大幅下跌。因此，当公司业绩不佳或陷入财务困境时，更换经理人的收益将高于成本。同时，公司宣布财务重述之后股价大幅下跌也意味着市场正在给公司施加巨大的声誉惩罚（Jarrell and Peltzman，1985）。在这样的情形下，对于公司来说，最优策略就是更换经理人，以重塑投资者信心并最大限度挽回公司声誉。基于此，在公司宣布财务重述之后，董事会理应要求更换经理人。然而，以往关于高管变更的研究并未发现支持以上假说的经验证据。作者在此指出，其原因可能在于这些研究的样本区间相对较早（Agrawal et al.，1999；Beneish，1999），而 20 世纪 90 年代公司治理的改善可能会使董事会加强对经理人财务欺诈行为的监督和约束。这是该研究得以进行的基础。

4. 研究过程

（1）指标构建。

该文基于美国会计总署（United States General Accounting Office）提供的报告，聚焦 1997 年或 1998 年宣告进行财务重述的 146 家公司，并为每一家样本公司基于行业、企业年限和规模匹配一家未进行财务重述的控制组公司。作者对关键变量高管变更的界定具体如下：只关注董事长、CEO、总裁的变更。同时，如果在公司宣告财务重述后的 2 年内有高管离职，就认为这家公司存在重述后的高管变更情况。但如果在宣告重述时，公司高管的年龄高于或等于 65 岁，即使其未来 2 年内离职，也不属于该文界定的高管变更情况。如果在宣告重述后 2 年内公司被并购且高管在被并购前未离职，也不属于该文的研究范畴。可见，该文对高管变更的范围界定比较保守。同时，以 2 年为界也比以往研究要更短（Beneish，1999）。作者解释，选择 2 年这一时间跨度有两个原因：一是时间越长，越难将高管离职归因到财务重述。二是通常情况下财务重述会导致公司业绩下降，而业绩恶化也会促使高管离职。因此，较短的离职区间能够排除因业绩下降而发生高管变更这一替代性假设。

（2）基本实证结果。

鉴于资本市场对财务重述的反应是董事会考量是否要解雇高管的一个重要因素，作者在实证检验部分首先对财务重述的宣告效应进行了探究。实证结果表明，财务重述的宣告效应为−11.07%，这印证了资本市场确实对公司财务重述行为进行了惩罚。

另外，作者探究了企业宣告财务重述后高管变更的情况。结果表明，在发生财务重述的公司中，有将近 60%的公司在一年内至少更换了一个高管；而在控制组公司中，发生高管变更的比例只有 35%。因此，相比于未发生重述的公司，在发生财务重述的公司中，高管更可能丢掉工作。这说明高管确实会因财务重述行为受到声誉惩罚。同时，作者在考虑当公司濒临破产时更可能发生管理者更替，以及某些高管因法律问题被禁止担任管理者的情况后，以上结论保持不变。

（3）内生性处理。

为了进一步控制公司层面不可观测的差异，作者还使用了双重差分模型来对高管变更进行检验。具体地，作者计算了所有公司在财务重述前 2 年的高管变更率，并且将重述前的高管变更率与重述后 2 年内的高管变更率进行比较，以此控制重述发生前两组公司间不可观测的固有差异对结果的影响。结果表明，在财务重述前，两组公司的高管变更率不存在显著差异。而在财务重述之后，重述公司的高管变更率显著更高。需要注意的是，作者在此模型中并未实际构造双重差分变量，而是指出两组公司在重述后相较于重述前的高管变更率都显著上升，并且重述组公司高管变更的对应系数更大。同时，作者发现，控制组公司发生高管变更，多是因为业绩恶化，但重述组公司即使控制了相关业绩指标，高管变更率也仍然显著上升。

为更进一步排除因业绩恶化导致高管变更这一替代性解释，作者将财务重述公司按照发起重述的主体分组。作者认为，如果是公司自身意识到了错误并发起重述，或是由审计师发起的重述，公司更可能做出高管变更决策。更为重要的是，作者指出，这两类重述在公司绩效上与其他类型的重述并无显著差别。因此，上述分组方法能够控制绩效对高管变更的影响。相关结果也支持了作者上述假设。但作者也承认，有些公司正是为了粉饰业绩才进行盈余管理，当业绩持续恶化而无法掩饰时，公司才选择进行财务重述。在这种情形下，确实很难分清楚究竟是业绩恶化还是财务重述导致高管变更。

（4）进一步分析。

从以上结果能够看出，公司董事会通过提高高管的离职概率来威慑和惩罚其财务重述行为。但这种内部监督机制的有效性还需要依靠外部经理人市场的作用。即经理人市场需要进一步对这类经理人的后续就职施加惩罚。正如 Fama（1980）指出，这种事后的惩罚也将在事前激励和约束经理人。基于以上考虑，作者紧接着对高管后续就职情况进行探究。通过跟踪重述公司和控制组公司中离职高管的后续去向，作者发现，相比于控制组公司的高管，重述公司的高管离职后更不可能找到与之前职位相当的工作。同时，相较于控制组公司高管的工作变化，财务重述公司高管的后一份工作比前一份工作在公司规模、薪酬上有着更大幅度的下降。

作者还检验了发生财务重述后公司治理水平的变化。实证结果表明，在发生财务重述之后，公司还可能通过增加外部董事、提高大股东持股比例的方式来提高公司治理水平，以试图挽回投资者和其他利益相关者对公司的信心。

5. 研究贡献

该文的研究结果表明，违反会计准则的高管并未逃脱惩罚，他们将在权力、声望、名誉和财富等方面遭受重大损失。因此，作者认为该文的贡献在于揭示了这一振奋人心的现象，即高管的声誉机制是一种有效的私人惩罚机制，能够较好地补充公共执法的监督有限性。

6. 评述

正如该文作者所言，以往研究并未发现声誉机制发挥作用的经验证据，而该文基于 20 世纪 90 年代以来公司治理水平的整体改善，聚焦财务重述这一机会主义行为，发现经理人市场对经理人施加了有效的声誉惩罚。

我们认为该文主要在以下两方面值得借鉴。一方面，作者在对高管变更和后续就业情况进行检验之前，先探究了公司财务重述的宣告效应。该实证设计的思路值得学习。宣告效应为负就意味着市场对公司失去了信心，进而董事会才考虑通过解雇高管来挽回企业形象。因此，作者先验证宣告效应为负，为后续高管被解雇提供一个可靠的理由和前提，使该文的逻辑更加严谨。或许更进一步地，后续研究还可以考虑检验高管更替的宣告效应，以探究这种方式是否有效挽回了公司投资者的信心。另一方面，作者指出，相比于之前基于更早研究区间的文献，该文聚焦在 20 世纪 90 年代。这一时间段公司治理的改善，可能会使董事会加强对高管的监督和约束。这是该文得以发现声誉机制有效性的基础。因此，关注随着时间推移所导致的宏观经济环境、公司治理环境、法制环境等一系列变化，通过延伸或聚焦特定研究区间，可能会发现一些不同于前人研究的结果。

但是该文也存在一些局限性，需要我们谨慎解读和推断文章的实证结果。首先，作者并未区分高管强制变更和自愿变更这两种情况，同时也并未考虑公司发生财务重述的不同原因，因此，现有结论是否能精确识别经理人市场对高管机会主义行为的惩罚作用，仍存有疑问。其次，该文的内生性并未得到很好的缓解。作者在文中所用的双重差分模型，实则并未对第二重差分进行统计学上的差异性检验，削弱了模型的有效性。最后，该文的研究区间相对较短，若该区间极其特殊，则研究结论的外推性和普适性将有所下降。加之样本量较少，导致该文在检验后续就职的公司规模、薪酬等变化时，样本更是大幅缩小至 10 个左右，这也使结论的可靠性有所下降。

10.2.5 作为激励方案的市场机制

The Market Mechanism as an Incentive Scheme

文献来源：Hart O D. The market mechanism as an incentive scheme. *The Bell Journal of Economics*，1983，14（2）：366－382.

1. 研究动机与研究问题

在市场经济中，竞争发挥了重要作用。经济学家普遍认同竞争均衡是满足帕累托最优的，即竞争能够实现资源的有效配置。然而，竞争能够发挥的作用远不止于此。竞争还可以成为纪律的来源，减少经理人懈怠。人们通常认为，完全竞争市场不存在经理人懈怠，因为在完全竞争的产品市场中不存在超额利润，经理人只有追求利润最大化才能维持企业的基本生存（Machlup，1967）。尽管这一思想频频被人提及，却仍然缺少理论论证。

基于此，该文将经理人懈怠视为所有者和经理人之间存在利益冲突，并且所有者无法监督经理人行为的后果，在此前提下构建理论模型说明竞争与经理人懈怠之间的关系，以论证产品市场竞争对经理人的激励作用。

2. 全文概述

在该文中，作者先是构建了一个基础模型，然后利用这一模型分别在两种极端情形下探讨了产品市场竞争对经理人的激励作用，即投入品价格不相关和完全相关两种情形。基于成本完全相关的推导结果，作者进一步探讨了经理人懈怠程度的影响因素。此外，作者还将模型拓展至允许企业自由进入市场的情形。由于基础模型和在两种极端情形下的讨论是该文的核心所在，后续将对这三部分内容进行重点介绍和总结。

3. 研究过程

（1）基础模型构建。

作者在该部分介绍了一些贯穿全文的模型假设。模型关注单一产品市场均衡，假定市场中有大量同质产品的需求者和供应者。需求者对该产品的需求量随着市场价格的提升而下降。供应者由两类企业组成，一类被称为企业家主导企业，经营中以实现所有者目标为导向，属于传统的利润最大化型企业。另一类被称为经理人主导企业，经营中可能会偏离所有者目标，转而服务于经理人目标，追求努力最小化。两类企业的总成本均受产量 q 和投入品价格 w 的正向影响，但由于经理人并不总是尽最大的努力工作，经理人主导企业的总成本还受经理人努力程度 L 的负向影响。其中，投入品价格 w 在公司间各不相同并与企业类型无关。

在经理人主导企业中，为了鼓励经理人努力工作，所有者需要制定经理人激励合同。假定经理人偏好获得更多的薪酬和付出更少的努力，并且可以选择企业以外的其他工作，这些可能的工作机会能够给他带来的效用为 $H(\overline{U})$。经理人极度厌恶风险，而所有者是风险中性的。同时，为了便于分析，作者假定存在一个特定工资水平 $\overline{I}$，低于该工资水平会使经理人效用急剧减少，而高于该工资水平也不会增加经理人效用。由此，作者指出，为了确保经理人为所有者工作，经理人激励合同必须满足以下条件：1）保证经理人的最低薪酬不低于特定工资水平 $\overline{I}$；2）不要求经理人努力程度大于 $\overline{L}$；3）确保经理人在当前薪酬和努力水平下获得的效用不小于 $\overline{U}$。

（2）投入品价格不相关情形下的模型推导。

Machlup（1967）指出，身处完全竞争市场的经理人一定不会懈怠吗？基于基础模型设定，作者考虑了投入品价格在公司间完全不相关的极端情形，并在此情形下对企业家主导企业和经理人主导企业的行为分别进行分析。

对于企业家主导企业，由于追求利润最大化，在给定产品价格 p 和投入品价格 $\hat{w}$ 时，企业家主导企业将主动选择能够最大化利润的产量 $q(p, \hat{w})$。

对于经理人主导企业，由于经理人追求努力最小化，经理人主导企业不一定能够实现利润最大化目标，在分析这类企业的行为时需要分别考虑最优和次优情况。在最优情况下，所有者可以观察到经理人努力程度 L，并希望在最小化经理人薪酬的同时最大化经理人努力程度。此时，最佳的激励合同是当经理人努力程度达到 $\overline{L}$ 时支付其薪酬 $\overline{I}$。受此合同激励，经理人的努力程度将为 $\overline{L}$，并将选择能够最大化利润的产量 $\tilde{q}(p, \Phi(w, \overline{L}))$。此时，不存在经理人懈怠。

在次优情况下，所有者无法观察到经理人努力程度 L，只能观察到企业利润，并通过设定利润目标来激励经理人努力工作。考虑到投入品价格可能在上限 $w_{\max}$ 和下限 $w_{\min}$ 之间浮动，经理人努力程度达到 $\overline{L}$ 时的企业利润将处于最低水平 $\tilde{\pi}$（p，Φ（$w_{\max}$，$\overline{L}$））和最高水平 $\tilde{\pi}(p, \Phi(w_{\min}, \overline{L}))$ 之间，此时最佳的激励合同是当企业利润不低于最低利润水平时支付经理人薪酬 $\overline{I}$。当投入品价格达到上限时，经理人努力程度只有达到 $\overline{L}$ 才能实现合同设定的最低利润水平，此时不存在经理人懈怠。而当投入品价格低于上限时，追求努力最小化的经理人将怠工而选择实现最低利润水平所需最低产量。在完成最低利润目标之后，由成本下降带来的剩余收益全部以经理人懈怠的形式被经理人获取。并且，由于经理人主导企业的产量低于投入品价格 w 下能够达到的最大产量，产品均衡价格将因市场总产出下降而上升。因此，除非投入品价格为常数，否则次优情况下所有者无法严格监督经理人，将导致产品均衡价格 P_{SB} 永远高于最优情况下的产品均衡价格 P_{FB}。这意味着次优情况下包含消费者剩余和预期生产者剩余的总福利将下降。

紧接着，作者讨论了次优情况下经理人的平均懈怠程度 X^{ind}。由模型推导得知，X^{ind} 只取决于投入品价格 w 的分布情况，并且存在经理人懈怠的充分条件是 w 不为常数。同时，X^{ind} 与产品均衡价格 P_{SB} 以及需求弹性和供应弹性不相关。值得注意的是，此时经理人的平均懈怠程度与市场中只存在一家经理人主导企业的懈怠程度相同。由此可见，当投入品价格不相关时，次优情况下完全竞争市场的经理人平均懈怠程度竟与垄断市场并无差别，竞争未对经理人产生激励作用。这与 Machlup（1967）认为的产品市场不完全竞争是经理人懈怠存在的必要条件的观点相左。

（3）投入品价格完全相关情形下的模型推导。

作者接下来考虑了另一种极端情形，即投入品价格在公司间完全相关。作者假设，存在 n 种可能的状态，在每种状态下所有企业都面临着相同的投入品价格。

在最优情况下，处于状态 j 的企业家主导企业选择能最大化利润的产量 $q(p, w_j)$，由于所有者可以观察到经理人努力程度，经理人主导企业将选择经理人努力程度达到 $\overline{L}$ 时的产量 $\tilde{q}(p, \Phi(w_j, \overline{L}))$。当市场出清时，产品均衡价格为 p_j，且产品价格 p_j 随投入品价格 w_j 递增。

在次优情况下，最佳的激励合同是将经理人在某个状态下（如状态 i）努力工作所能达到的利润水平 π_i 设为利润目标。当处于状态 i 时，所有经理人都会努力工作以实现利润目标 π_i，此时不存在经理人懈怠，与最优情况下没有差别。但当处于状态 i 外的其他状态时，如果经理人努力程度低于 $\overline{L}$ 也可以实现利润 π_i，那么追求努力最小化的经理人只会实现利润 π_i，享受一定程度的懈怠。此时所有状态下经理人主导企业实现的利润都为 π_i。

从上述论述中，作者推导出了投入品价格完全相关时经理人不懈怠的充分必要条件，即经理人在所有状态下达到努力程度 $\overline{L}$时能够实现的利润相同。然而，利润受到投入品价格 w 的影响，并且一般情况下 w 并非常数，所以经理人在所有状态下达到努力程度 $\overline{L}$时能够实现的利润不可能相同。因此，在一般情况下，投入品价格完全相关时的次优均衡中存在经理人懈怠。

（4）进一步分析之一。

虽然此时的次优均衡中仍然存在经理人懈怠，但相比投入品价格不相关的情形，经理人懈怠程度是否会降低？为了分析这一问题，作者进一步假设，经理人主导企业的利润不会随着投入品价格 w 增加。这一假设意味着在给定的经理人努力程度下，投入品价格的上涨不会使产品价格上涨到足以增加利润的程度。基于这一假设，在投入品价格达到上限 $w_{\max}$的状态 n 下，经理人主导企业能够实现的利润最低，而这一状态下经理人努力程度达到 $\overline{L}$ 时所能实现的利润就是激励合同中设定的利润目标水平。

在投入品价格不相关的情形下，如果经理人主导企业的投入品价格 w 低于上限，经理人只需保证总成本与投入品价格达到 $w_{\max}$且经理人努力程度达到 $\overline{L}$ 时经理人主导企业的总成本相同，就可以实现利润目标。此时，投入品价格的下降使得经理人即使降低努力程度也能保持总成本不变，经理人懈怠程度增加。然而，在投入品价格完全相关的情形下，一旦投入品价格 w 低于上限，企业家主导企业将扩大生产增加产品总供给量，导致产品价格下降。此时，如果经理人主导企业仍然保持总成本不变，其将因产品价格下降而无法实现利润目标。为了实现利润目标，经理人主导企业必须降低总成本，这要求经理人付出比投入品价格不相关情形下更大的努力。因此，在一个投入品价格完全相关的次优均衡中，除非所有状态下的投入品价格 w 相同，不然，此均衡中的经理人懈怠程度一定低于投入品价格不相关次优均衡中的经理人懈怠程度。

综上所述，在投入品价格完全相关的情形下，市场通过产品价格使不同企业的经理人行为和效用相互关联，从而激励经理人更加努力地工作。此时，市场机制本身就是一种经理人激励方案。

（5）进一步分析之二。

基于投入品价格完全相关的次优均衡，该文进一步探讨了经理人懈怠程度的影响因素。企业家主导企业的产量相对于投入品的价格弹性和需求弹性影响了经理人主导企业的平均懈怠程度。企业家主导企业的产量相对于投入品的价格弹性越小，其因成本降低而进行的扩产程度越大。如果需求曲线弹性进一步变小，产品价格因市场总供给量的增加而下跌的幅度将更大，此时经理人必须更加努力地工作才能达成利润目标。因此，如果企业家主导企业的产量相对于投入品价格的变化变得更富有弹性，并且需求相对于价格的弹性变小，经理人平均懈怠程度将下降。

另外，企业家主导企业在市场中的占比影响了成本变化带来的供给量变动程度，最终影响了经理人主导企业的平均懈怠程度。如前所述，除状态 n 外，经理人都会选择懈怠。经理人懈怠将导致经理人主导企业的产品供给量下降。若扩大生产的企业家主导企业占比 v 上升，市场总供给量仍然会增加并引起产品价格下降，进而激励经理人努力工作以完成利润目标。因此，在投入品价格完全相关的次优均衡中，企业家主导企业占比上升将引起经理人平均懈怠程度下降。

（6）模型扩展。

该文还放松了企业家主导企业和经理人主导企业数量固定不变的假设，尝试分析允许新企业自由进入市场情况下产品市场竞争对经理人的激励作用。作者假设设立企业存在固定成本，企业家主导企业可以看作所有者能监督经理人努力程度的经理人主导企业，而监督经理人需要付出额外成本，所以企业家主导企业的固定成本 F_E 大于经理人主导企业的固定成本 F_M。但由于企业家主导企业的经理人努力程度达到了 $\overline{L}$，他们的可变成本低于经理人主导企业。

在这一情况下，作者指出，首先，如果市场中只存在一类企业，另一类企业进入市场都将因成本更低而有利可图。因此，如果企业家主导企业和经理人主导企业之间的成本差异不过于极端，这两类企业都将在允许自由进入的竞争均衡中经营。其次，如果市场中不存在经理人懈怠，那么此时企业家主导企业为监督经理人而支付额外成本是不必要的，最终没有人会选择设立一家企业家主导企业，这一预测与前述两类企业都将在允许自由进入的竞争均衡中经营相悖。因此，在一个自由进入的竞争均衡中，经理人懈怠一定存在。最后，作者通过推导模型发现，存在一个企业总数保持不变的次优均衡，并且企业家主导企业占比 v 越大，社会福利水平越高。

4. 研究总结

该文通过构建理论模型，探究了产品市场竞争对经理人的激励作用。作者发现，如果所有企业的投入成本不相关，竞争不会减少经理人懈怠；但如果所有企业的投入成本相关，竞争将通过价格机制减少经理人懈怠。此外，需求曲线弹性、企业家主导企业的产量对投入品的价格弹性以及此类企业的市场占比都能影响竞争对经理人懈怠的减少程度。

5. 评述

产品市场竞争可以发挥公司治理作用，但在早期，产品市场竞争对公司治理的作用机理并不明晰。该文通过理论模型论证了产品市场竞争如何通过价格机制对经理人激励产生积极影响，从而打开了产品市场竞争的治理“黑箱”，为后续产品市场竞争成为一种公认的外部治理机制提供了重要的理论依据。

尽管该文对产品市场竞争如何作用于经理人激励进行了精彩的模型推导，但模型中部分假设的合理性仍有待商榷。作者对经理人效用函数的假设过于简化和极端，而模型推导结果又对此假设高度敏感。具体而言，作者假设经理人效用不会随薪酬提升而增加，这显然与现实有所出入。Scharfstein（1988）发现，一旦假设经理人薪酬的边际效用为正，产品市场竞争反而对经理人激励产生了消极影响。

另外，对于所有者监督经理人是否需要付出额外成本，基础模型和自由进入模型中的假设不一致。作者假设，基础模型中经理人主导企业的所有者监督经理人不需要付出成本，而自由进入模型中企业家主导企业的所有者监督经理人需要付出额外成本。鉴于作者强调了企业家主导企业相当于所有者能够监督经理人努力程度的经理人主导企业，这种假设不一致显然是不合理的。

当然，价格机制并非产品市场竞争影响经理人激励的唯一途径。实际上，相关研究发现，产品市场竞争还能通过缓解信息不对称（Nalebuff and Stiglitz，1983）、影响企业破产风险（Schmidt，1997）或影响经理人信誉（Holmstrom，1982）来实现对经理人的激励。这些理论研究共同揭示了一点，即企业的健康发展离不开一个充满竞争和活力的市场环境。

10.2.6 公司治理在竞争性行业中重要吗？

Does Corporate Governance Matter in Competitive Industries?

文献来源：Giroud X，Mueller H M. Does corporate governance matter in competitive industries? . *Journal of Financial Economics*，2010，95（3）：312－331.

1. 研究动机

自亚当·斯密以来的经济学家一直认为，经理人懈怠是非竞争性行业公司中的重要问题。因为在非竞争性行业中，经理人会贪图享受平静的生活。而在竞争性行业里，经理人则时刻面临着要减少懈怠、提高效率的压力。可见，竞争能够缓解经理人懈怠的问题。如果这一观点站得住脚，那么在过去十几年中一直被讨论的经理人代理问题，可能在竞争性行业的企业中并不存在。与此同时，公司治理领域的学者们也将从中受益，他们可以从竞争这一新的角度出发来探究公司治理效应。更为重要的是，这一观点也会对实践具有指导意义。因为旨在提升公司治理的相关政策，或许只需聚焦非竞争性行业即可。因此，竞争对经理人懈怠的治理作用是一个十分重要且有意义的研究话题。

2. 研究问题与研究发现

1985—1991 年，美国部分州陆续通过 30 条商业合并法案（business combination laws）。该文以此作为公司治理的外生冲击，使用三重差分模型检验该法案是否会对竞争性和非竞争性行业产生不同影响，以此探究外部市场竞争机制的治理作用。

该文发现在商业合并法案通过之后，非竞争行业的公司业绩有所下降，经理人会更倾向于享受平静的生活；但在竞争性行业中，公司业绩并无显著变化，经理人也并未表现出明显的懈怠行为。

3. 研究过程

（1）识别策略。

作者首先对该文的识别策略进行了详细介绍。商业合并法案对大股东与公司之间诸如合并和资产出售等交易做出了相关限制，降低了目标方公司受到敌意收购的威胁，削弱了公司治理水平，同时也增加了经理人懈怠的机会。若竞争能够缓解经理人懈怠的情形，则该法案对公司产生的影响会在非竞争性行业更显著。作者使用三重差分法来进行估计。第一重差分是处理组、控制组各自在法案通过前后经理人懈怠程度的变化，第二重差分是这两组中经理人懈怠程度变化的差异，第三重差分即这两组变化的差异在竞争性和非竞争性行业中的差异，即该文重点关注的对象。其中，作者以资产收益率

（ROA）来衡量经理人的懈怠行为，以公司所在行业的赫芬达尔指数衡量竞争程度。另外，需要注意的是，由于一些州通过法案的时间不同，该文的控制组不仅包括始终未通过法案的州，还包括在该年度尚未通过法案（但之后几年内通过了法案）的州。

公司受其注册地而非办公地的法案约束，这一特点给该文的识别策略提供了极大的便利，因为在该文样本中公司的注册地与其办公地、所处行业之间的相关性很低。比如，在该文样本中，注册地与办公地在同一州的样本占比不超过 38%，一家公司的注册地与其所处行业几乎无关。这种非一致性使该文能够控制公司办公地和所处行业所受的冲击对该文结果的影响。为进一步控制公司办公地和行业层面游说政府通过商业合并法案的情况，作者还在模型中增加了州-年度控制变量和行业-年度控制变量。

（2）基本实证结果。

基于上述识别策略，该文实证结果表明，在法案通过后，全样本公司的 ROA 平均下降约 8.1%；进一步区分行业竞争程度后可发现，ROA 的下降幅度在非竞争性行业中更大，竞争性行业的公司则几乎未受该法案的影响。也就是说，在法案通过之后，尽管对全部公司而言，经理人懈怠的机会都增加了，但只有在非竞争性行业中，经理人的确做出了懈怠的行为。而对于竞争激烈的行业，由于持续性的竞争压力对经理人产生了有效约束，该法案对该类公司并未产生显著影响。

（3）内生性处理。

接下来，作者从以下三个方面缓解了该文的内生性问题。一是该文发现可能存在反向因果关系。即 ROA 下降的公司由于迫切想获得反收购法案的庇护，会游说政府通过商业合并法案，并且这些游说的公司多出现在非竞争性行业中。作者指出，若真是如此，那么公司 ROA 应该在法案通过之前就已经下降。但是相关实证结果表明，在法案通过之前，公司的 ROA 并未发生显著变化，同时在竞争性与非竞争性行业中也没有显著差异，从而缓解了这种情况下的内生性问题。

二是考虑 ROA 可能被操纵的情况。即法案通过之后 ROA 下降的这一现象，只是公司盈余管理水平发生了变化而已。尽管无法完全排除这一替代性解释，但作者提供了一些与该解释相悖的证据。第一，当法案通过的时间在公司财年年末时，如果当期 ROA 下降幅度很大，则支持盈余管理假说。但作者发现，在这种情况下，公司当期的 ROA 几乎没有下降。第二，使用可操纵性应计利润作为盈余管理的衡量，作者并未发现在法案通过后公司的盈余管理水平有显著变化。与此同理，另外一个替代性假说为在法案通过之后，公司受到敌意收购的威胁降低，因此经理人会选择投资更加低风险或低回报的项目，使得 ROA 下降。然而作者发现在法案通过之后，公司的现金流波动率和公司的资产贝塔系数均无显著变化。

三是考虑商业合并法案是否确实降低了敌意并购的威胁。这是该文识别策略是否有效的关键。Garvey and Hanka（1999）指出，反收购法案一方面增加了敌意收购的成本，另一方面通过降低收购威胁使得经理人懈怠，这将增加敌意收购的收益。因此，即使反收购法案有效，法案对公司被收购概率的影响仍然不明确。鉴于前文发现竞争可以有效抑制经理人懈怠，作者预期对竞争性行业的敌意收购，收购成本将大于收购收益，因此公司被收购的概率理应显著降低，而在非竞争性行业中，则不尽然。与上述观点一致，作者发现，整体而言商业合并法案并未显著降低公司被收购的概率，但分样本来看，法案显著降低了竞争性行业的被收购概率，对非竞争性行业无显著影响。

（4）进一步分析。

尽管上述发现说明了竞争能够缓解经理人的代理问题，但并未分析出竞争究竟缓解了经理人哪一类代理问题。在进一步研究中，作者对此问题进行了探索。相关实证结果表明，竞争并未缓解经理人帝国构建的问题。即公司的资本支出、资产增长率、不动产、厂房和设备增长率、个人防护装备（PPE）增长率以及收购的体量、进行收购的概率均未发生显著变化。相比之下，作者却发现公司的投入成本、间接成本和工资在法案通过之后都所有增加，并且此变化只出现在非竞争性行业中。由此可见，竞争缓解了经理人享受平静生活这一代理问题。即受到商业合并法案保护并免受行业竞争压力的经理人，将不会与供应商、工会以及要求更高间接费用的公司内设部门讨价还价。

最后，作者还检验了文中发现的这些效应是否体现在公司股价上，从而对以上结果进行补充。基于对第一篇报道商业并购法案的新闻进行事件研究，作者发现在相关报道之后，虽然非竞争性行业的公司股价大幅下跌，但竞争性行业的公司股价并未受到显著影响。

4. 研究贡献

作者认为，已有很多文献利用商业合并法案来进行研究（Garvey and Hanka，1999；Bertrand and Mullainathan，1999，2003；Cheng et al.，2005；Rauh，2006），因此该文的贡献并不在于发现了一个新的外生冲击，而在于发现了行业竞争程度不同的公司，受到公司治理外生冲击的影响不同。这一结论不仅对学术研究还是政策实践都有十分重要的作用和意义。

5. 评述

已有文献发现商业合并法案会引发经理人代理问题，该文作者在此基础上进一步探究得出，该类法案的影响会因行业竞争程度的不同而产生很大差异。正如作者所言，这是该文的最大贡献所在。

除了这一重要结论对学术和实践具有推动和指引作用之外，我们认为该文还在以下几个方面可圈可点。首先，对于如何深入挖掘一个已经被广泛研究的政策影响，该文做出了较好的示范。尽管这类反收购法案不是一个新的研究场景，代理问题同样也被深入探索，但作者发现不同特征的公司受到的影响不同，并且这一特征十分重要，影响差异也极大。这凸显了该研究话题的必要性和重要性。其次，作者对政策冲击的研究思路和研究设计也值得学习。当观察到一个外生事件或政策的外生冲击时，可以考虑运用分类思维去具体讨论这一事件或政策带来的影响。基于我国情境的研究尤其如此，对一个问题不能一概而论，例如按照企业产权性质分类，按照所处东部或西部地区分类，抑或如该文按照行业竞争程度分类。最后，作者并未止步于业绩下降这一表象，而是深入探究现象背后的原因。作者指出，业绩下降可能是业绩操纵的结果，也可能是公司的资产投资组合发生了变化，也可能是该文想要验证的经理人懈怠的结果。而更进一步地，经理人懈怠又可能是出于构建商业帝国或享受平静生活的具体代理问题。这种分析业绩下降原因的思路值得借鉴。

然而，该文仍存在以下三个方面的不足之处。一是作者可能需要进一步阐明选择商业并购法案作为研究场景的动机。即探究竞争的公司治理作用，为什么不选择与市场竞争机制相关的外生冲击来检验，而是选择反收购法案对不同竞争程度公司的影响来检验呢？作者应当阐述清楚该文选择上述研究场景的重要性和必要性。二是该文没有说明样本是否满足平行趋势检验，而这是保证双（三）重差分模型有效性的前提之一。同时，作者在缓解内生性的第三点中，对实证结果的解释可能会让读者产生疑问或误读。简而言之，作者现有的解释会让读者不禁思考，若反收购法案未能降低反收购的威胁，非竞争性行业中的经理人又出于何种动机来减少懈怠呢？三是 Garvey and Hanka（1999）指出，美国部分州规定公司可以自主选择是否受法案的保护，这会影响反收购法案的外生性，并针对此种情况进行了分析和控制。但在该文中，作者并未提及这类情况，从而可能会影响到该文结论的稳健性。

10.3　未来研究展望

市场机制作为公司治理外部机制的重要组成部分，在提升公司治理水平方面发挥着关键作用。在本章 10.1 节概述中，我们主要对控制权市场、经理人市场和产品市场竞争治理作用的相关文献进行了系统综述，包括各个市场机制的治理效应、市场机制与其他治理机制的关系等内容。尽管市场

10.3　参考文献

机制研究并不稀少，但相比于其在公司治理体系中的重要角色，关于市场机制的讨论远远不足。因此，接下来，我们将结合现有文献对未来研究方向进行介绍。由于三个市场机制的研究空白存在部分相似之处，我们将先对其共同部分进行总体介绍，再就个别市场特有的研究视角进行单独说明。

首先，市场机制作用的异质性值得进一步关注。市场机制对企业行为具有重要的治理作用，如概述所述，控制权市场能够产生正面（Fama and Jensen，1983；Williamson，1983；Holmstrom and Kaplan，2001）和负面（Shi et al.，2017a；Stein，1988）的影响，经理人市场（Fama，1980；Holmstrom，1982；Tadelis，2002）和产品市场竞争（Hart，1983；Bena and Xu，2017；Dasgupta et al.，2018）则以正面影响为主。然而，由于压力效应，经理人市场和产品市场竞争也可能引致负面影响。例如，Li and Zhan（2019）发现产品市场竞争将使经理人隐藏坏消息，导致更高的股价崩盘风险；Shi et al.（2017b）发现当竞争对手 CEO 当选明星 CEO 后，未获奖的 CEO 的企业将进行更多并购作为补偿以获得社会认可，但这些并购并未给企业带来更高价值。因此，未来研究可以从更多角度探讨产品市场与经理人市场可能导致的负面效应，也可进一步检验产品市场竞争的治理作用是否依赖特定情境。

其次，不同企业受到外部市场机制的影响也有所差异。与一般企业相比，国有企业、家族企业、跨国企业、企业集团等特殊类型企业在抵御市场竞争方面可能能力更强或更弱，市场机制治理效应在这些企业中可能显现出独特性，但现有文献却很少涉及该问题。除市场机制的直接作用外，治理的溢出效应由于企业之间的密切关联也值得关注，近期研究大多考察了市场机制作用的发挥对竞争对手或同行企业的影响（Connelly et al.，2020；Denis et al.，2020），该作用如何在关联企业（连锁董事、共同银行、供应链等因素）及地区间传播、是否引发非经济后果也十分重要。此外，大量文献利用外生冲击研究市场机制的作用以缓解内生性问题，如基于关税变动研究产品市场竞争（Morandi Stagni et al.，2020）、将不可避免披露原则规定的拒绝作为外生冲击研究经理人市场（Na，2020）、从收购（Khurana and Wang，2019）或反收购法案（Frattaroli，2020）研究控制权市场竞争等，未来研究可以基于政策冲击（如中国加入 WTO、产业政策颁布、市场准入门槛或监管变化、竞业禁止条款等）或突发公共事件（如重大卫生事件、全球供应链危机等）进一步探讨市场机制治理效应，填补已有文献空白。

再次，市场机制的具体作用渠道也需深入研究和检验。一方面，市场竞争可以通过影响企业为应对竞争战略做出的财务和会计政策调整（Huang et al.，2019；Khurana and Wang，2019），进而影响企业行为；另一方面，市场竞争也可以通过激励效应、压力效应等直接作用于经理人的动机和行为，或通过公司治理渠道如影响董事会监督和咨询职能、经理人的激励和权力（Li et al.，2019）以及股东干预等方面，即基于内部治理机制发挥作用。然而，仅有少数文献在研究产品市场竞争后果时对两类作用渠道进行辨别，如 Khurana and Wang（2019）发现并购法案通过（并购威胁增加）导致会计稳健性增加的作用机制在于改进企业资本结构和投资决策的变化以及董事会的监督职能；Frattaroli（2020）发现反并购法案降低了受影响公司成为并购目标的可能性及股东价值，企业的投资、就业、工资、盈利能力和资本结构保持不变，但由权益工具组成的经理人年度薪酬份额显著增加，表明董事会通过提高薪酬-业绩敏感性来应对并购市场监督的消失。由于市场竞争的战略或财务效应与其治理效应渠道易于混淆，在验证市场机制治理作用时需谨慎辨别效应来源，排除替代性解释。同时，未来研究也可以进一步探索市场机制除产生压力作用、提供价值信息之外可能的其他治理作用渠道。

最后，对市场机制治理作用进行跨国比较也是未来研究方向之一。众所周知，各个国家的市场发育程度与制度背景存在极大差异。在英美公司治理模式下，资本市场较为发达，控制权市场、经理人市场、产品市场竞争活跃，外部治理机制在约束经理人代理问题方面扮演着重要角色。而在东亚以家族企业、国有企业为主的公司治理模式下，外部市场发育较不成熟，市场机制可能较难发挥作用。例如，Jiang and Kim（2015）指出，在中国，控制权市场和经理人市场仍然处于萌芽阶段，但产品市场竞争的治理效应较为突出。并且，近期研究也发现，市场机制如控制权市场对经理人短视主义的影响与各国的股东保护程度、长短期导向的文化相关（Cannon et al.，2020）。因此，基于各国不同市场实践，未来研究可以试图回答如下问题：在各个国家哪种市场机制占据主导地位？市场机制作用的发挥是否及如何依赖正式制度、非正式制度特征？通过探索市场机制治理作用在不同国家间的异同，完善市场机制分析。与此同时，随着经济的飞速发展和全球竞争格局的变化，单个国家市场结构迅速变化，市场机制作用也可能随之演变。自 20 世纪 90 年代后期以来，美国大多数行业的竞争激烈程度大幅缩减，市场势力逐步成为企业价值的重要来源之一（Grullon et al.，2019）。在中国，经理人市场和控制权市场日渐活跃（Jiang and Kim，2015）。习近平总书记强调，“使市场在资源配置中起决定性作用”[①]，“构建新发展格局，迫切需要加快建设高效规范、公平竞争、充分开放的全国统一大市场”[②]，在这些重要思想引领下，我国的各类市场将会得到更好的发展，市场的公司治理作用也将逐步显现。考察各

---

① 习近平．习近平谈治国理政．北京：外文出版社，2014：117.

② 习近平主持召开中央全面深化改革委员会第二十三次会议强调 加快建设全国统一大市场提高政府监管效能 深入推进世界一流大学和一流学科建设．(2021-12-17)．新华网．

个国家内部市场机制治理作用的阶段性变化及其影响因素，同样具有重要的理论和现实意义。

就个别市场机制特有的研究视角而言，我们认为未来研究应该在以下方面做出努力：

在产品市场方面，明确市场竞争的度量及类型是未来研究探索产品市场机制作用的关键。合理地界定同行企业对市场机制研究至关重要（Jayaraman et al.，2021），直至 Hoberg and Phillips（2016）采用文本分析方法依据产品相似性界定企业的竞争对手及关联网络之前，大多数学者主要使用证券监管机构的行业分类来划分竞争群体。然而，企业对竞争对手的锚定和认知与基于外部信息界定的同行企业可能存在差异。考察市场竞争也需要关注经理人的看法（Li et al.，2013），如未来可利用经理人访谈、媒体报道等信息建立企业关联，并进一步比较不同同群企业定义的效力。由于市场竞争程度是核心变量，准确测度市场竞争关乎研究结论的可靠性。目前常见的指标包括行业层面的赫芬达尔指数、行业集中度或基于外生冲击事件讨论市场竞争威胁的变化，这些指标大多是基于行业层面的、历史性的、上市公司的数据计算得到的（Li et al.，2013；Hoberg et al.，2014），捕捉到的信息可能不足以代表产品市场竞争现状。例如，忽略非上市公司将使得测度出来的市场竞争水平偏离真实情况（Ali et al.，2009）；行业、历史信息可能因竞争格局变化或企业异质性而难以反映企业面临的市场环境，与此相比，基于个体企业层面的前瞻性竞争指标更有利于衡量企业面临的市场威胁及评估其将如何影响企业未来决策。现有文献中，Hoberg et al.（2014）以企业竞争对手的产品词汇变化情况与企业自身产品词汇的相似性构造竞争威胁指标，Li et al.（2013）以年报中每一千个词出现竞争相关词汇的个数衡量管理者对市场竞争程度的感知，这两个指标大大拓展了传统的衡量方法。基于此，未来研究可以采用新方法、新数据更细致地测度市场竞争水平。同时，大多数文献在考察市场机制作用时，通常将其作为同一市场进行研究，然而，内部市场与外部市场（Quigley et al.，2019）、本地市场与外国市场（Kim et al.，2021）等不同细分市场治理作用可能存在差异，但现有研究对这些内容的讨论仍然较少。

此外，**探究市场竞争的类型及来源十分必要**。当下，平台经济快速发展，技术、数据、人才等无形资产要素成为企业市场竞争优势的关键来源。与传统以体量、投资、价格、成本等方式获取竞争优势不同，这些要素具有私密性、独特性、难以被模仿与掠夺等特点，衍生的市场竞争结构较为稳定，垄断势力强劲。在此背景下，传统的产品市场竞争理论及指标是否仍然适用？产品市场竞争能否在新经济中继续发挥治理作用，有何特点？进一步地，基于无形资产要素的产品市场竞争可能导致企业异质性和信息不对称程度增加，提高企业进行并购及更换经理人的成本，那么，此类产品市场竞争是否也会改变控制权市场或经理人市场的治理效应？这些问题均值得学者关注。

在控制权市场和经理人市场方面，它们与其他治理机制之间的关系有待进一步探究。外部市场机制作用的发挥与企业内部治理质量紧密相关，缺乏良好的内部治理环境将导致外部机制作用受限，而高质量的内部治理也会使得外部市场机制治理需求和影响下降。因此，外部市场机制与内部治理机制之间可能存在替代作用，也可能呈现互补关系。现有文献主要研究产品市场竞争与其他治理机制的互动关系，如部分学者从竞争压力（Alchian，1950；Fama，1980；Fama and Jensen，1983）和降低成本的边际收益（Raith，2003；Schmidt，1997）的角度对此进行说明，验证产品市场竞争与经理人激励机制的互补关系（Karuna，2007）。与之相反，Giroud and Mueller（2011）、Chhaochharia et al.（2017）等学者则认为产品市场竞争与内部公司治理机制具有替代性作用。此外，也有学者考察了外部治理机制之间的关系，发现产品市场与法律机制（Rajan and Zingales，2003）、控制权市场（Giroud and Mueller，2010）等外部治理机制互为替代。尽管有关产品市场竞争与其他治理机制关系的研究成果较为丰硕，然而，对于控制权市场与经理人市场的讨论仍较欠缺，这正是未来研究的重要突破口。

第 11 章

中国公司治理问题研究

本章主要讨论了中国特色的公司治理问题。在 11.1 节中，根据中国公司治理的特色，从控股股东代理问题与正面治理效应、法律机制、国有企业公司治理问题三方面对该领域的文献进行回顾。在此基础上，在 11.2 节中，对该领域三篇具有代表性的文献进行导读，包括对文章内容的介绍和评价。在 11.3 节中，针对文献的研究现状，对该领域的未来研究方向进行展望。

11.1 概　述

11.1 参考文献

自改革开放以来，中国经济飞速发展，并在 2010 年替代日本成为世界第二大经济体。2020 年，中国入选世界 500 强企业榜单数量在历史上首次超过美国，成为入选企业数量最多的国家。因此，想要了解世界经济的运行，不能忽略中国经济的发展和变化，不能忽略支撑企业发展的重要制度基础——公司治理的作用。不同于西方公司治理关注的垂直代理问题（vertical agency problem），由于集中的股权结构，中国公司最主要的代理问题是水平代理问题（horizontal agency problem），即控股股东与中小股东之间的代理问题。因此，西方经典的公司治理研究结论不能简单地套用在中国企业上。而中国公司治理研究的结论可以对其他国家产生启示。由此可见，中国公司治理问题研究具有重要的理论和现实意义。

20 世纪 90 年代以来，中国相继在上海、深圳设立资本市场，同时，在公司层面努力建立现代企业制度，学术界也由此正式开启了对公司治理的探索。中国公司治理问题不仅引起了国内学者的广泛兴趣，同时也吸引着其他国家学者的目光。诚然，在《经济研究》《管理世界》等国内一流期刊以及国际 A一、B 类期刊发表过诸多关于中国公司治理的文章，但为了保持与本教材其他部分的一致性，我们只综述在国际顶级期刊发表的文章。

借鉴 Jiang and Kim（2020）的综述框架，本节将从控股股东代理问题、法律机制、国有企业公司治理问题三方面对该领域的文献进行回顾。恰如前述，关注控股股东与中小股东的代理冲突是中国公司治理有别于西方公司治理的独特之处，因此，学者们主要探究了该类代理问题的具体表现、制度根源和潜在监督者的局限性，同时还讨论了在何种情形下控股股东能够发挥正面治理作用。本节的第一部分将对此领域的文献进行回顾。也正是由于控股股东这股强大力量的存在，法律机制成为解决中国公司治理问题的关键手段之一。因此，许多学者也对中国的法律机制是否以及如何能够缓解代理问题展开了讨论，这是本节第二部分的主要内容。最后，中国早期的公司治理问题研究更多的是针对国有企业内部人控制展开的，更重要的是，国有企业的公司治理问题与非国有企业存在极大差异，因此，本节的最后一部分将回顾有关中国国有企业公司治理改革以及相关代理问题的文献。

11.1.1　控股股东：麻烦的制造者与解决者

中国的公司治理问题源于控股股东。相比于美国等国家，中国公司的股权结构高度集中。因此，在中国，控股股东而非经理人掌握着公司的资源控制权（Jiang and Kim，2015）。Jiang and Kim（2020）认为，控股股东既是麻烦的制造者，也是麻烦的解决者。一方面，控股股东会利用自己的权力去掏空公司，损害中小股东的利益（La Porta et al.，1999）。因此，在中国最主要的代理问题是控股股东与中小股东的代理问题。另一方面，控股股东也有动机和能力去监督经理人（Shleifer and Vishny，1986，1997），从而缓解了股东与经理人之间的代理问题。不限于此，控股股东的正面治理效应还存在于某些特殊情形下。接下来，我们将依次讨论控股股东代理问题的具体表现、制度根源、潜在监督者的治理作用，以及在何种情况下控股股东能够产生正面治理效应。

1. 控股股东代理问题的具体表现

中国公司集中的股权结构使得控股股东拥有了约束经理人的能力，但同时也导致了控股股东与中小股东之间的利益冲突。这就如同美国公司的经理人持股制度，在激励经理人努力为公司创造价值的同时，也产生了堑壕效应（Morck et al.，1988），即经理人即使表现不好，也难以将其解雇。

中国公司控股股东代理问题主要体现在以下几个方面。首先，从 20 世纪末到 21 世纪初，公司的控股股东经常通过公司间借贷实际上也就是大股东占款的方式来实施掏空行为。Jiang et al.（2010）发现，1996—2006 年，公司的控股股东无偿占用了上市公司数百亿元的资金。这类款项通常被上市公司记录为其他应收款，其发生坏账的可能性极高。Bauer et al.（2020）进一步研究发现，上市公司会通过激进的税收筹划策略来产生额外现金流、降低公司透明度，从而帮助控股股东更频繁、更隐秘地进行公司间借贷，实现公司资源向控股股东转移。

其次，在监管部门对上述控股股东占款行为的严厉打击下，关联交易可能是现阶段控股股东进行利益侵占普遍采取的方式。鉴于很难判断每笔关联交易是否有利于控股股东，学者们大多从关联交易的宣告效应入手，来间接推断控股股东的掏空行为。Peng et al.（2011）发现，当财务状况良好的上市公司宣布即将进行一项价值超过公司总资产10%的关联交易时，平均前后5天的累计异常收益率为−3%。类似地，Cheung et al.（2010）的研究表明，当企业的控股股东为地方政府时，关联交易的宣告效益显著为负。

再次，过多的现金持有也是控股股东实施掏空行为的方式之一。Chen et al.（2012）为此提供了间接的证据。股权分置改革使得控股股东与中小股东的利益冲突得到缓解，他们发现，股权分置改革之后公司的现金持有水平显著下降，从而表明在控股股东与其他股东的利益存在冲突时（股权分置改革之前），现金持有是控股股东掏空公司的手段之一。

最后，控股股东还可能为便利其掏空行为而操纵信息披露。Gul et al.（2010）发现，随着控股股东持股比例的上升（上限为50%），公司的股价同步性也随之提高，即公司的信息透明度在下降。不仅如此，控股股东还可以在外部人的帮助下操纵信息。Chan et al.（2020）以股权分置改革为背景，发现当控股股东计划出售其限制性股票时，关联分析师会出具更加乐观的报告来推升股价，使控股股东获益。

毫无疑问，控股股东上述掏空行为会给上市公司乃至整个资本市场带来危害。对于上市公司而言，控股股东的利益侵占行为会降低公司经营绩效，损害公司市场价值（Jiang et al.，2010）。对于资本市场而言，控股股东操纵信息的行为会降低股价的信息含量，进而降低资本市场效率（Gul et al.，2010）。

2. 控股股东代理问题的制度根源

Jiang and Kim（2020）指出，在中国，控股股东的股票流动性不足和金字塔股权结构是导致控股股东代理问题的主要因素。学者们也对此问题进行了相应探讨。

首先，股票流动性不足会引发控股股东的代理问题。在资本市场建立初期，政府为保留对国有企业的控制权，设立了一种特殊的股权结构，一般称之为股权分置结构，即把同一上市公司的股票按能否在证券交易所交易，分为流通股和非流通股。在此结构下，控股股东所持股份大都不能在二级市场交易，因此，他们对股价变化极不敏感，除了依靠和中小股东共享的股利来实现收益之外，更想以掏空的方式获取更大的控制权私有收益。直到股权分置改革之后，这一现象才有所改观。相关研究发现，在股权分置改革之前，控股股东会出于自利动机持有更多的现金（Chen et al.，2012），同时企业的固定资产投资、盈利能力和市场价值也都处于较低水平（Campello et al.，2014）。需要注意的是，尽管如今股权分置现象已不复存在，但控股股东作为公司内部人且持股比例较高，其出售股票的行为具有很强的信号效应，会极大影响公司股价，因此，公司的股票流动性仍然较低（Jiang and Kim，2020），即控股股东代理问题的这一成因并没有从根本上得到解决。

其次，金字塔股权结构会进一步加剧控股股东与中小股东之间的代理冲突。具体而言，这种股权结构会加大控股股东控制权与现金流权的分离度，降低控股股东从事掏空行为的成本，进而增加其掏空动机（Fan and Wong，2002；Lemmon and Lins，2003）。然而遗憾的是，目前国际顶级期刊上尚未有针对中国公司金字塔股权结构的研究。Wang et al.（2015）发表在 *China Economic Review* 上的文章或许能够给学者们一些启示。该研究发现，具有金字塔股权结构的中国上市公司在首次公开募股（IPO）后的 3 年内，股票的买入持有收益更低，同时，当控股股东的两权分离度更大时，其更有可能进行价值损害型的关联交易。

3. 潜在监督者的治理作用

控股股东因为持有公司股份的比例较高，从而掌握了公司资源的控制权，由此导致他们在公司中的地位难以被撼动。可想而知，在控股股东如此强大的力量下，各种内外部治理机制能发挥的作用相当有限。这将进一步滋养控股股东进行机会主义行为的土壤。由此，学者们从董事会、机构投资者、银行、信息中介等视角，研究了那些在其他一些国家较为有效的监督机制是否在中国发挥了作用。

首先，学者们对中国公司的董事会能否发挥有效的监督作用仍存在争议。独立性是影响董事会治理作用的重要因素，但 Jiang and Kim（2015）指出，一是中国上市公司的独立董事主要由控股股东提名并任命，要求其监督控股股东；二是即使独立董事较为活跃，其在董事会中的占比也较小，很难拥有话语权。这两点决定了董事会难以成为有效的监督机制。然而，也有学者认为某些类型的董事仍然能发挥有效的治理作用。Jiang et al.（2016）发现，注重声誉和职业生涯的独立董事更可能在董事会议案中投反对票，有助于改善公司治理，提升公司信息透明度。同时，Giannetti et al.（2015）也指出，具有海外背景的董事会利用其专业优势，使公司更多地参与跨国并购、出口贸易等跨国活动，显著提升公司业绩，同时也对改善公司治理具有一定影响。

其次，机构投资者很难进行有效监督。就监督能力而言，中国的机构投资者因为持股比例较低，同时，公司的股权通常集中在一个或者少数几个大股东手中，因此，他们鲜有机会和能力参与公司治理（Jiang et al.，2010）。就监督动机而言，中国机构投资者囿于其短期投资视野以及外部政府压力，难以做出有利于中小股东的决策。Firth et al.（2010）以股权分置改革为背景，发现在国有非流通股对价补偿的协商环节中，机构投资者本来具有较强的话语权，然而，它们迫于政府推进改革的压力，未能为自己和中小股东争取最大的利益。

再次，作为大型债权人的银行也未能完全履行监督职责。众所周知，中国的大型银行大多具有国有属性，它们负有帮助企业渡过困境、稳定社会就业的义务和责任，而这在一定程度上扭曲了资源配置效率，削弱了它们对公司的监督作用。Bailey et al.（2011）考察了中国上市公司获得的大额银行贷款情况，发现那些业绩表现不佳、管理费用高昂的公司反而更可能获得银行贷款，同时，这些公司在获得贷款后关联交易频繁，业绩表现也并未改善。

最后，作为信息中介的分析师、审计师以及媒体因缺乏独立性，也难以发挥有效的公司治理作用。就分析师而言，相关研究发现，与上市公司存在承销关系的分析师（被称为关联分析师）会为企业出具偏乐观的盈余预测（Huyghebaert and Xu，2016）。同时，当公司大股东要出售限制性股票时，关联分析师还会出具更为正面的股票评级（Chan et al.，2020）。可见分析师在利益冲突中难以保持客观性。与审计师相关的研究发现也同样如此。学者们指出，上市公司存在直接购买审计意见的行为（Guan et al.，2016）。除此之外，控股股东也可能会聘请与其有校友关系的审计师，从而可以获得有利的审计意见（Guan et al，2016）。甚至国际四大会计师事务所也会将经验不足的审计师分配给只在中国内地上市的公司，而将优质的审计资源留给在中国香港上市的公司（Ke et al.，2015）。就媒体而言，由于受政府的控制或干预，相较市场导向型的媒体，政府控制的媒体发布的报道在准确性、全面性和实效性上都有所欠缺（You et al.，2018）。

可见，中国公司内外部治理机制发展尚不健全，在拥有强大控制权的控股股东面前，这些监督机制能发挥的治理作用微乎其微。

4. 控股股东的正面治理效应

控股股东有能力对公司实施掏空行为，同样，他们也有能力对公司进行有效治理。其中关键的问题在于：控股股东在何种情况下会发挥正面治理作用？学者们也对此展开了讨论。相关研究发现，当控股股东持股比例超过50%、当公司陷入财务困境、当控股股东与公司同属一个企业集团以及存在多个大股东时，控股股东会做出有助于公司价值提升的行为。

首先，当控股股东的持股比例超过 50%时，利益一致效应将占据上风。此时，控股股东掏空动机大大降低。Gul et al.（2010）指出，当控股股东持有公司 50%以上的股份时，过高的现金流权会显著增加控股股东进行掏空的成本，从而抑制其隐瞒信息的行为。因此，这类公司股价中的异质性信息含量更高。Jiang et al.（2017）将上市公司按照控股股东持股比例分类，发现第一类控股股东持股超过 50%的上市公司业绩表现最佳，第二类多个大股东的公司业绩表现次之，而第三类存在单一控股股东且其持股比例低于 50%的公司业绩表现最差。与此同时，第一类公司的控股股东会通过关联交易来提升企业绩效，而第三类公司的控股股东则会利用关联交易实现利益侵占。

其次，当财务状况不佳时，控股股东将为上市公司提供支持。相关监管规则要求上市公司如果连续 3 年亏损将面临退市风险，而再融资时业绩表现也必须达到一定标准，因此出于避免退市和失去新股发行权的风险，控股股东将对上市公司伸出援助之手，帮助企业走出困境。Peng et al.（2011）发现，当公司陷入财务困境时，控股股东将通过关联交易来提升公司业绩，相关交易活动也产生了显著正向的市场宣告效应。类似地，Jian and Wong（2010）也指出，控股股东会利用关联交易来使公司达到盈余目标。然而，该研究进一步发现，在提供支持后，大量现金又会转回到控股股东手中。可见控股股东的帮助只是短暂性的（Peng et al.，2011），当下的支持是便于将来更多、更便利的掏空。

再次，当公司与控股股东同属一个企业集团时，控股股东的行为也可能有利于中小股东。众所周知，企业集团内部的成员公司通过交叉持股和内部要素市场联系在一起，有助于缓解融资约束，促进投资（Hoshi et al.，1990，1991）。中国的企业集团也不例外。He et al.（2013）发现，当上市公司隶属于一个企业集团时，由于内部资本市场的存在，这些公司的融资约束较低。更具体地，Jia et al.（2013）指出，当子公司出现业绩下滑时，母公司将通过关联交易为其提供资金支持。

此外，当公司中存在其他大股东监督控股股东时，控股股东也将进行有利于提升公司价值的行为（Pagano and Roell，1998；Laeven and Levine，2008）。与其他国家一样，多个大股东的股权结构在中国也十分普遍（Jiang and Kim，2020）。已有研究发现，当中国上市公司中存在外部非控股大股东时，其退出威胁会缓解控股股东的代理问题，因此，该类公司的业绩表现要优于没有这类大股东的公司（Hope et al.，2017）。

由上述文献能够看出，在中国，控股股东与中小股东的代理问题十分突出。但在某些情形下，控股股东也会发挥积极的公司治理作用。

11.1.2 法律的治理作用

由于股权高度集中，中国上市公司控股股东权力过大，导致内部治理机制以及外部市场机制都难以有效发挥作用（Jiang and Kim，2020）。法律机制或许是解决公司控股股东代理问题、保护中小股东利益的关键。因此，一些学者就法律机制是否能以及如何发挥公司治理作用展开了讨论。具体而言，这一领域的文献大体可分为两类，一是探讨整体法律保护程度对公司行为决策或经济后果的影响，二是特定分析某一具体的法律或监管政策对代理问题的缓解作用，即从整体和具体两方面研究法律的治理作用。下面我们就以上两类文献分别进行讨论。

1. 法律的治理效应：整体层面

La Porta et al.（1998，2002）的跨国比较研究表明，一国或地区的法律保护程度对企业价值和整体经济增长有着至关重要的作用。那么，中国是否如此呢？Allen et al.（2005）通过将中国与 La Porta et al.（1998）研究样本中的其他国家或地区进行比较，发现从 20 世纪 90 年代到 21 世纪初，中国对股东和债权人的法律保护程度相对较弱。然而，毋庸置疑的是，中国在过去几十年里是一个快速增长的经济体，市场发展势头强劲。学者们就此进行了讨论，并肯定了法律机制对中国企业价值和未来发展的重要作用。

首先，良好的投资者法律保护能够缓解公司与投资者之间的信息不对称问题，有助于提高股票流动性。Brockman and Chung（2003）对比了在中国香港交易所上市的两类公司，一类是总部在中国香港的蓝筹股公司，另一类是总部在中国内地的公司。该研究发现，与前一类公司相比，后一类公司的股票有着更大的买卖价差（bid-ask spread）和更浅的市场深度（depth），即股票流动性更差，从而表明中国内地在投资者保护方面应进一步加强。

其次，完善的法律机制能够让管理者有动机将实现的利润进行再投资（reinvestment），促进企业进行更多的创新活动。简单来说，当产权保护机制较为薄弱时，公司面临的利益侵占风险会较高，那么管理者将会丧失进行再投资的动力。Cull and Xu（2005）通过使用中国 18 个城市的企业问卷调查数据，研究了利益被侵占（expropriation）风险以及契约执行力度这两个方面的产权保护程度对企业再投资决策的影响。该研究发现，当管理者认为其所在企业利益被侵占风险更低、契约执行的便利性或可靠性更高时，他们会将企业利润的更大比例用于再投资。Fang et al.（2017）研究了知识产权保护对中国企业创新的影响，发现国有企业在民营化之后专利产出显著增加，更为重要的是，当企业所在城市的知识产权保护程度更高时，创新产出的增加更多。

由以上讨论可以看出，与其他国家一样，法律机制同样对中国公司的发展具有重要作用。

2. 法律的治理效应：具体层面

鉴于法律机制的重要性，自公司制改革和资本市场成立以来，中国采取了一系列举措以发展和完善现有的法律体系，加强投资者保护，也如愿取得了较大成效。以 2007 年颁布的《中华人民共和国物权法》为例，Berkowitz et al.（2015）发现该法能够缓解企业融资约束，促进企业价值增长。具体而言，作者认为，该法能通过降低企业资产被侵占的相关风险，增强债权人权益保护，进而提高债权人放贷的意愿，最终有助于企业价值增长。作者还进一步发现对于拥有更多有形资产（更可能被侵占）的公司，该法对其企业价值的影响更为深远。

与此同时，以中国证监会为代表的中国监管部门正逐步完善并有效执行相关政策规定，推动中国企业公司治理的改善。学者们针对其中重要的监管规定进行了相应探究。

其一，在 20 世纪 90 年代，中国证监会的一项著名规定是要求公司在增发新股前必须达到一定的盈利水平，旨在引导资本流入经济效率更高的行业或公司。在 1996—1998 年，中国证监会更是要求上市公司在增发新股前必须满足最近 3 个会计年度每年的净资产收益率达到 10%以上的条件。Chen and Yuan（2004）探究了此规定的经济后果。该研究发现，在 1996—1998 年，证监会批准公司增发新股的概率与公司盈余管理水平负相关。这说明证监会在一定程度上能够有效识别并依法监管那些进行机会主义行为的公司，保障了资源配置的有效性。

其二，除上述对企业再融资资格的规定之外，证监会也出台了一系列保护中小股东利益的规定。比如，2000 年，证监会相继制定了三项改善中小股东权益保护的新规。第一项规定要求股东大会就关联交易进行表决时，涉及关联交易的各股东，应当回避表决，从而增加了中小股东在年度股东大会上的投票权；同时还授权中小股东可以提出临时提案。第二项规定禁止上市公司向控股股东或关联方提供贷款担保。第三项规定对上市公司重大购买或出售资产的行为进行了规范，大大提高了公司向关联方转移资产的透明度和监管力度。Berkman et al.（2010）针对以上三项规定的市场反应进行了研究，发现在宣布第一、第二和第三项法规后，市场 5 天累计异常收益率均显著为正。同时，作者进一步发现，相比于公司治理水平较高的企业，公司治理较弱的企业会获得更积极的市场反应。这意味着，更容易被大股东侵占利益的中小股东将从证监会新规中获益更多。再如，2004 年，证监会为进一步加强中小股东的权益保护，试行公司重大事项分类表决制度。即规定上市公司在再融资、重大资产重组、分拆上市等关系到社会公众股东利益的重大事项上，须经全体股东大会，以及参加表决的社会公众股东所持表决权的半数以上通过之后才可实施。Chen et al.（2013b）研究了该项规定出台后的政策影响，发现该分类表决制度有助于阻止公司内部人提交价值减损型的股票发行议案。同时，相比于监管政策出台前，在政策出台后议案提交时的平均市场反应显著更高。这从一定程度上也反映了公司决策质量的提高。

其三，证监会会适时开展全面、综合的公司治理整治活动，提高上市公司质量。如 2007 年，证监会开展了加强上市公司治理专项整治活动，要求各上市公司先对本公司治理结构方面存在的问题和不足进行自查，再由投资者、社会公众以及各地证监局等监管部门对公司治理情况和整改计划进行分析评议，最后公司根据整改建议落实责任，切实整改。Ke and Zhang（2021）发现，该专项整治活动在提高公司治理水平方面取得了良好的成效，具体表现为企业盈余管理水平降低、盈余反应系数增加以及会计绩效得到相应改善。

其四，在规范公司内部治理机制的同时，证监会也不断致力于强化信息中介等机构的职能职责。比如，为维护审计机构的独立性，2003 年证监会制定了关于签字注册会计师定期轮换的规定，该规定要求签字注册会计师连续为某一相关机构提供审计服务的时长不得超过 5 年。Lennox et al.（2014）研究了该强制轮换规定对审计质量的影响，发现上一任审计师考虑到自己的工作将会受到下一任审计师的评估，因此，他们在任期的最后一年会提高审计质量。该研究还发现新一任审计师由于提供了一个新的审计视角，在任期第一年，能够发现更多的财务报告问题，审计质量更高。

严格执法是立法的有效保障。在过去的很长一段时间里，中国的执法主要依赖于公共执法（public enforcement），由中国证监会，以及上海和深圳两家证券交易所在内的机构监管，而私人执法（private enforcement）几乎处于缺失状态。近年来，中国的监管机构认识到单纯依靠公共执法是不够的，因此也采取各种措施来促进私人执法。例如，为了提高公开披露的及时性和准确性，上海证券交易所和深圳证券交易所分别从 2013 年 7 月 1 日和 2014 年 1 月 13 日起，允许所有上市公司直接向公众发布其半年度和年度报告，而无须经过证券交易所的审查。再比如，为推动建立证券集体诉讼制度，最高人民法院在 2020 年 7 月 30 日正式公布《最高人们法院关于证券纠纷代表人诉讼若干问题的规定》，为中小投资者提供便利、低成本的维权渠道。然而，相较于公共执法，现有研究对私人执法的关注度还远远不够。

11.1.3 国有企业的公司治理问题

我国国有企业的代理问题与国外经典公司治理问题、我国非国有企业的代理问题不尽相同，有其制度背景的特殊性。一方面，国有企业追求经济、政治和社会等多重目标，因此非经济目标将不可避免地与价值最大化的经济目标相偏离（Lin et al.，1998；Bai et al.，2006），导致国家大股东与中小股东之间存在利益冲突。另一方面，国有企业属全民所有，所有者缺位导致国有企业经理人既有动机也有能力进行机会主义行为。因此，Jiang and Kim（2020）指出，中国国有企业存在以下三种公司治理范畴的代理冲突：一是国家大股东与中小股东之间的冲突；二是国有企业经理人与国家大股东之间的冲突；三是国有企业经理人与中小股东之间的冲突。需要说明的是，尽管中国上市公司的董事长往往都是由大股东派出的，而且在实践中体现着所谓的董事长中心主义特征，即是董事长而不是经理人决定了公司的资源支配权，但是，国有和非国有企业的董事长却存在着本质差异。非国有企业的董事长往往是大股东本人或家族成员，真正代表了大股东的利益，而国有企业的董事长只是国有大股东的代理人，他们更具有经理人的特征。这一点无论是在学术研究还是在公司治理实践中都应该保持清晰的认识。

国有企业治理问题的复杂性和特殊性使得国有企业备受政府决策部门及学者们的关注和重视。事实上，为了缓解国家大股东与中小股东之间的冲突，我国从 20 世纪 70 年代末就开始对国有企业进行改革，学者们也相应地就改革的措施和效果进行了热烈讨论（Groves et al.，1994；Li，1997；Sun and Tong，2003；Liao et al.，2014）。然而，需要注意的是，国家大股东给企业带来政策性负担的同时，也给予了企业诸多如财政补贴、信贷优惠等支持，因此国家大股东与中小股东之间的代理问题可能远不如国有企业经理人带来的代理问题严重（Jiang and Kim，2020）。基于此，学者们对国有企业经理人的代理问题也进行了相应研究，主要围绕其表现形式、激励和监督效果来展开（Du et al.，2012；Chen et al.，2013a；Du et al.，2018；Cao et al.，2019）。下面我们分别就这两个方面对文献进行回顾。

1. 国有企业改革

恰如前述，国有企业承担着维护社会稳定、保障和改善民生等政治和社会目标，这在一定程度上会削弱国有企业创造利润的能力，因此，国有企业的绩效一直不尽人意（Lin et al.，1998；Bai et al.，2006）。早在 1978 年，国有企业就开始踏上了改革之路。目前发表在顶级期刊的研究关注了以下几个阶段的改革：首先是 20 世纪 70 年代末到 80 年代以放权让利为主的改革，再到 20 世纪 90 年代至 21 世纪初的部分民营化改革，最后是 2005 年启动的股权分置改革。

具体来说，20 世纪 70 年代末到 80 年代，中国颁布了一系列包括放权让利、利改税、拨改贷、承包制等在内的国有企业改革政策（Groves et al.，

1994；Li，1997；Lin et al.，1998；Sun and Tong，2003）。这样的渐进式改革在执行初期的确起到了激励员工的效果（Groves et al，1994），进而提高了国有企业的生产效率（Li，1997）。但是，一直到20世纪90年代中期，国有企业仍背负着沉重的政策负担，还存在预算软约束问题（Lin and Tan，1999）。并且随着非国有企业开始加入市场竞争的行列，国有企业逐步在激烈的市场竞争中败下阵来，超过40%的国有企业处于亏损状态（Lin et al.，1998）。

为进一步改善国有企业绩效不佳的状况，民营化浪潮终于在20世纪90年代席卷而来。需要指出的是，中国国有企业进行的是部分民营化，而非完全民营化，即部分民营化后的企业中，国有股东与个人股东并存。Bai et al.（2006）提出了一个多任务理论来对此现象进行解释。他们认为，由于国有企业兼具生产经营和维护社会稳定的双重目标，而完全民营化会增加失业率，可能带来社会动荡，因此，部分民营化的改革方式是最优选择。

学者们从改革举措和改革效果探讨了这一阶段的国企改革。首先，公开发行股份（share issue privatization，SIP）这一重要的民营化方式效果欠佳。Liao et al.（2014）指出，由于国家持有的大多数股权不可转让，这种方式并没有削弱国家在企业决策中的主导作用。进一步，Sun and Tong（2003）从绩效的角度出发，发现国有企业上市后，公司净利润、销售额和生产率均有所上升，然而销售回报率却有所下降，因此，该研究认为公开发行这种民营化方式发挥的效果有限。其次，国有控股股东将其不可流通的股份通过谈判转让的方式出售给个人投资者，该举措对国有企业绩效提升产生了一定效果。Chen et al.（2008）发现，当控制权转移到个人股东手中时，个人股东会更换管理团队、降低劳动力成本，最终改善公司绩效。最后，除以上两种民营化方式之外，直接出售给内部管理者（即管理层收购）、直接出售给外部个人投资者、合资、租赁、员工持股等方式也被广泛用于民营化进程中，且收效甚佳。Gan et al.（2018）对中国200多个城市的3 000家企业进行调查，研究企业民营化方式的选择及相应效果。该研究发现，相比于其他方式，管理层收购（MBO）能够将大部分的控制权转移到个人股东手中。因此，就业压力较小、财政能力较强的城市更可能选择管理层收购的方式，同时这种方式对绩效的改善作用最为明显。

经历了上述部分民营化进程后，于2005年启动的股权分置改革允许国有股份在二级市场上自由流通，从而进一步稀释国有企业的国有股份（Li et al.，2011），标志着国有企业进行了更大程度的民营化。在股权分置改革之后，国有大股东的利益与中小投资者的利益更加一致，国有企业的绩效大幅提高（Liao et al.，2014）。然而，一些国有企业也可能因为不想失去政府的援助而不愿意民营化。Calomiris et al.（2010）通过研究 2001 年四家国有企业进行部分民营化的宣告效应来揭示上述现象。考虑到民营化可能会稀释公司 A 股的价值，作者选择关注 B 股的股票回报率。该研究发现，国有股出售计划的宣告效应显著为负，而在之后突然取消这一计划时，B 股市场产生了显著正向的市场反应。即投资者并不希望这些国有企业民营化。

尽管经历了上述一系列改革，国有企业的绩效整体而言仍不及非国有企业。但需要注意的是，国有企业的绩效不佳可能并非国有控股股东造成的（Jiang and Kim，2015）。尽管国有股东追求的社会和政治目标可能与中小股东的利益产生冲突，但在大多数情况下，国有企业同时也享受着政府补贴、优惠贷款等利益补偿（Lin and Tan，1999；Gan et al.，2018；Gu et al.，2020）。因此，国有大股东与中小股东之间的利益冲突可能远不及国有企业经理人带来的代理问题严重。

2. 国有企业经理人的代理问题

恰如前述，国有企业最突出的代理问题是经理人的代理问题。已有文献针对这一代理问题的具体表现，以及对经理人的激励和监督效果等方面，进行了较为详细的讨论。

国有企业经理人的代理问题可分为两类。第一，国有企业经理人特殊的任免和激励制度，使得经理人会出于对政治生涯的考虑而迎合国家大股东的利益诉求，从而对中小股东的利益造成损害。这种利益冲突主要表现在国有企业的过度投资（Liu and Siu，2011；Deng et al.，2015；Cong et al.，2019）、过多交税（Bradshaw et al.，2019）、更高的劳动力成本黏性（Gu et al.，2020）等方面。第二，由于大多数国有企业经理人在公司中不持有或持有较少股份（Jiang and Kim，2015），加之国有企业天然存在的所有者缺位问题，经理人有充分的动机和足够的能力进行机会主义行为。这类似于西方国家常见的垂直代理问题，同时损害了国家大股东和中小股东的利益。这类代理问题主要表现为经理人的腐败行为。Fisman and Wang（2015）探究了国有企业经理人在国有资产出售时的腐败现象。该研究发现，为逃避相关监管审查，实为国有企业的卖方将自己伪装成民营企业，以更低的价格转让国有资产，并且这些转让往往伴随着更多的关联交易。可见，经理人的寻租或腐败行为最终损害了国家大股东和中小股东的利益。

关于如何缓解上述国有企业经理人的代理问题，Jiang and Kim（2020）指出，针对国有企业经理人与中小股东的利益冲突，中小股东需要依靠强有力的法律来保护自身权益（见本节第二部分），而针对国有企业经理人与国家大股东之间的利益冲突，国家大股东有能力来对经理人进行激励和监督，促使其努力工作。

就激励机制而言，现有研究关注了薪酬、股票期权和政治晋升三种方式对国有企业经理人的激励效果。首先，学者们发现与西方公司不同，我国国有企业经理人的薪酬激励不够有效。Ke et al.（2012）比较了在中国内地注册并上市（A股）、在中国内地注册并在中国香港上市（H股）以及在境外注册并在中国香港上市（红筹股）这三类国有企业经理人的薪酬-业绩敏感性，发现不论是A股还是H股的国有企业，其经理人薪酬-业绩敏感性均较低，而红筹股的薪酬激励效果相对较好。其次，就股票期权激励而言，相关研究也发现了同样的结果。Chen et al.（2013a）探究了国有红筹股的经理人股票期权激励情况。该研究指出，这些企业出于迎合境外机构投资者对提高公司治理水平的要求，授予了经理人股票期权。而实际上，受国有企业根深蒂固的公平性原则影响，这些期权并没有被经理人执行，也未能改善公司业绩。最后，也是国有企业经理人最为重要的激励方式——政治晋升，该方式同样受到了学者们的广泛关注。在中国，国有企业经理人的内部劳动力市场相对封闭，很难有除国有企业之外的就业机会（Chen et al.，2013a），因此，追求政治晋升成为国有企业经理人最大的动力。Cao et al.（2019）发现，当国有企业经理人获得政治晋升的可能性较高时，其薪酬-业绩敏感性会下降，即政治晋升与薪酬激励呈替代关系。然而，恰如前述，经理人出于政治晋升的动机行事，可能会损害中小股东的利益，从而加剧代理问题。比如，Bradshaw et al.（2019）发现，国有企业经理人会出于谋求政治晋升的动机而过多交税。

除关注以上经理人的激励机制，学者们也讨论了国务院国有资产监督管理委员会（简称国资委）对国有企业经理人的目标设定、监督和评价机制的实施效果。在目标设定方面，Wei（2021）通过比较国有企业和非国有企业的绩效目标设定和实现情况，发现相比于非国有企业，国有企业的绩效目标更低且更容易实现，同时国有企业的社会责任表现也更好。能够看出，国资委为了平衡国有企业在经济、政治和社会层面的多重目标，会策略性地降低其经济目标。但在监督和评价机制方面，现有研究指出，国资委并未完全做到对国有企业经理人进行客观、准确、有效的评估。Du et al.（2012）发现，当国有企业经理人与国资委存在政治关联、企业所在地更靠近国资委办公室、企业政治目标的完成度更高或企业政治排名靠前时，国有企业经理人会获得更高的评估分数和评价等级。同时，Du et al.（2018）还发现国资委评价工作的主观性还体现在对评价标准的随意调整上。例如，2010年，出于提高资本效率的目的，国资委将国有企业绩效评估公式中的净资产收益率（ROE）指标改为经济增加值（EVA）指标。然而，Du et al.（2018）发现，当经济增加值指标对企业不利而净资产收益率对企业有利时，国资委在主观调整环节又将净资产收益率赋予更大权重，从而向上调整企业的整体评分。同时，对于存在政治关联和地理位置更靠近国资委办公所在地的国有企业来说，这样的调整更加明显。可见，国有企业经理人的监督和评价机制仍需进一步改善。

以上可见，经理人的代理问题是国有企业治理中最为复杂的问题之一。所有者缺位导致对经理人的监督不足、多重目标使得对经理人绩效评价难度大等诸多原因的存在，使得这一代理问题仍未被有效缓解。未来需要在公司治理改革实践中进一步探索相应的解决方案。

综合以上文献，我们不难看出，中国的公司治理问题具有重要性和独特性。世界在关注中国，国际顶级期刊上关于中国公司治理问题的研究也占据着一席之地。在后续内容中，我们选取了以下三篇具有代表性的文章，对中国公司治理问题进行更为详细和深入的讨论。

第一篇是 Fuxiu Jiang 和 Kenneth A. Kim 于 2015 年发表在 *Journal of Corporate Finance* 上的“Corporate governance in China：A modern perspective”。讨论中国问题，必须对中国实践有所了解，并对中国与西方理论的差异和根源了然于胸。这篇文章立足中国实践，用朴素的描述性统计方式直观且系统地展示了中国公司治理各个方面的情况，并指出了相较于西方公司治理理论和实践，中国公司治理的独特之处。该文不论对后续的理论研究还是实证研究都具有一定的指引和启发意义。

第二篇是 Guohua Jiang、Charles M. C. Lee 和 Heng Yue 于 2010 年发表在 *Journal of Financial Economics* 上的“Tunneling through intercorporate loans：The China experience”。不同于以往从市场反应等角度侧面验证大股东的掏空行为，该文通过捕捉公司间借贷这一具体的掏空方式，提供了中国大股东与中小股东代理冲突的直接证据。该研究开创性地采用其他应收款来衡量大股东掏空行为，被后续研究广泛参考和借鉴。

第三篇是 Li Liao、Bibo Liu 和 Hao Wang 于 2014 年发表在 *Journal of Financial Economics* 上的“China's secondary privatization：Perspectives from the split-share structure reform”。股权分置改革被认为是和资本市场成立同样重要的大事。该研究巧妙地从民营化这一全球关注的重要视角来探究股权分置改革这一中国特有事件，扩展了研究问题的普适性。同时，股权分置改革作为外生冲击，也能够有效缓解内生性问题。因此，该文从理论和实证方面都对后续研究有较大的启示意义。

接下来我们将逐篇介绍并进行简要评述。

11.2 重点文献导读

11.2.1 中国公司治理：现代观点

Corporate Governance in China：A Modern Perspective

文献来源：Jiang F，Kim K A. Corporate governance in China：A modern perspective. *Journal of Corporate Finance*，2015，32：190－216.

11.2 参考文献

1. 研究动机与研究问题

中国的制度背景决定了其公司治理具有自身独特特征。不像西方国家公司治理问题更多表现为经理人的代理问题，在中国，由于集中的股权结构，大股东的代理问题更为典型和突出，因此，不能简单地套用西方的公司治理模式去分析中国公司治理问题。同时，作为第二大经济体，针对中国的公司治理研究所得出的结论对其他国家也具有重要启示意义。近年来，随着学术界对中国公司治理问题的兴趣不断提升，越来越多基于中国数据的研究发表在国际顶级学术期刊上。然而，其中一些研究存在如下问题：第一，由于现代金融理论、公司治理理论大都起源于以美国为代表的西方国家，因而大量有关中国公司治理问题的研究实际大都在移植西方的理论和概念来解读其实证发现。但是，这一解读方式并不合理。第二，某些研究误解或是尚未意识到监管、法律和制度环境、商业习俗和惯例等在中国公司治理问题研究中的重要性。第三，即使是新近发表的研究，其结论也可能已经过时，因为伴随着过去 20 年的爆发式经济增长，中国制度背景一直处于不断变迁之中，无疑，这些制度变迁对公司治理的影响也处于不断变化之中。

鉴于以上问题，该研究的主要目的在于两点：一是借助描述性统计方法，概述当前中国公司治理的基本情况；二是指出并讨论中国独特的公司治理特征，以期让世界更好地了解中国的公司治理，并对学者们进行公司治理的相关研究提供一定的启示。

2. 研究过程

（1）制度背景介绍。

了解相关制度背景是理解中国公司治理特征的重要基础。该文开篇通过对中国资本市场、证券监管机构、重要的公司治理法规、公司治理准则、国有资产监管机构及股权分置改革这六个方面的介绍，提供了大量与公司治理相关且重要的制度背景信息。

（2）当前中国公司治理基本情况。

该部分内容聚焦于该文的第一个研究目的。借助描述性统计，分析总结了股权集中度、管理者持股、机构投资者持股、董事会结构、CEO 薪酬、资本结构和股利分配这七个重要的公司治理变量在中国的实际情况，以建立对各个治理机制的初步印象，进而形成对中国公司整体治理情况的概括性认识。

具体而言，描述性统计分析的结果表明，在中国，1）公司的股权高度集中，且国有和非国有企业在股权集中度上未表现出显著差异。2）管理者持股比例在国有和非国有企业中均较低。在国有企业中，因经理人大都是国家任命的，所以极少出现管理者持股的情况；在非国有企业中，虽然管理者持股比例在某些年份较高，但其中位数非常低，因此，经理人亦是大股东的情况同样很少。3）近年来，尽管机构投资者数量急剧增加，但其仍不是公司的大股东。4）董事会结构很大程度上是为了满足监管要求的结果。另外，董事长/CEO 两职合一的情况在非国有企业中更为普遍，但与美国等发达国家相比，中国的两职合一情况总体较少。5）经理人和董事的薪酬在短时间内快速增长，但其水平仍远远低于发达国家。6）2006 年之前，国有和非国有企业在经理人和董事的薪酬水平上大致相当；但 2007 年之后，受大型国有企业陆续改制上市及国有企业经理人激励需求的影响，国有企业经理人和董事在薪酬上显著高于非国有企业。企业规模的差异可能是国有企业和非国有企业经理人薪酬差异的主要原因之一。7）经理人和董事的薪酬水平相当。原因可能是由于经理人兼任董事或是董事因实际在公司工作而获得了经理人的薪酬。8）与英美等发达国家相比，中国上市公司的资产负债率较高，中位数保持在 50%左右，其中，由银行贷款产生的短期债务居多。9）中国上市公司的股利支付率较低。近年来，股利支付率的中位数仅为 30%。由于监管政策的变化，支付股利的公司数量在 2000 年之后激增。

（3）中国独特的公司治理特征。

该部分内容着眼于该文的第二个研究目的。结合已经明晰的相关制度背景和各公司治理机制在中国的实际情况，分别从内、外部治理机制出发，总结了一些中国公司治理机制不同于西方国家的特殊之处。

1）内部治理机制。

在该部分，作者分别讨论了大股东、独立董事、经理人激励以及负债和股利的公司治理作用。

中国公司股权结构高度集中，大股东广受关注，其在公司治理中的角色是中国公司治理问题的最大特点所在，因此，该文先讨论了大股东治理相关问题。

① 大股东究竟是发挥了监督作用，还是在实施利益侵占行为？

从理论上看，大股东有监督和侵占两种形式的治理效应。监督的观点主要基于西方视角，从经理人和股东之间的委托代理问题出发，认为大股东有能力也有动机监督经理人行为。而利益侵占的观点则由 La Porta et al.（1999）提出，他们认为，很多时候大股东实际控制着公司，并通过如公司间贷款等行为攫取中小股东财富、侵害中小股东利益。

从中国的实际情况来看，尽管关于大股东的研究已经十分丰富，但对于其究竟在公司中发挥何种作用仍未形成一致结论。主张大股东利益侵占作用的研究发现了大股东持股与公司价值间的负相关关系（Bai et al.，2000），而主张大股东监督作用的研究则发现了大股东持股与会计业绩间的正相关关系（Xu and Wang，1999）。另外，还有研究发现了大股东持股与公司价值（Bai et al.，2004）及会计业绩间的 U 形关系（Lin and Ma，2009）。为此，该文将第一大股东的持股比例划分为 30%以下、30%～50%和 50%以上三个等级，并按照国有和非国有企业报告其 ROE（会计业绩）和托宾 Q 值（市场价值），以期找出以往关于大股东研究得到不同结论的原因。结果显示：第一大股东持股比例最高时的 ROE 最高，托宾 Q 值最低，且第一大股东持股比例与 ROE 甚至呈现出单调正相关关系。因此，公司绩效的衡量方式的差异可能是导致大股东作用相关研究出现矛盾结果的主要原因之一。在某些情况下，托宾 Q 值在第一大股东持股比例为 30%～50%时最低，这可能为以往研究得到第一大股东持股比例与托宾 Q 值间存在 U 形关系的原因所在。但值得注意的是，托宾 Q 值在第一大股东持股比例小于 30%时最高，因而以往研究主张的 U 形关系实际上可能是反 J 形关系。此外，股价并不总能有效反映公司的基本面，也会导致已有研究在 ROE 和托宾 Q 值结果上的差异，甚至出现截然相反的结果。

需要特别说明的是，国有企业的大股东是国家，而国家无法从掏空行为中获得私利，因而必然不存在因私利从事掏空行为的可能。因此，前述公司价值与国家持股比例的负相关关系并非意味着国家通过掏空行为损害企业价值，而是因为国有企业有时被用作工具服务于其他目的而偏离了企业的利益最大化目标。退一步来说，即使国有企业中确实存在掏空现象，该现象要么是经理人或其他政府代理人的私利行为，要么是出于国家目的。前者不是国家大股东的私利行为，后者是为了公众利益也不是为了个体私利。

② 多个大股东是最优的股权结构吗？

既然股权分散和存在单一控股股东的公司都各自有其代理成本，那么多个大股东的股权结构是否才是最优的呢？从理论上讲，在多个大股东的股权结构下，股东既有能力也有动机监督经理人，降低股东经理人之间的代理成本，同时，大股东之间互相监督又能约束控股股东的私利行为，降低大小股东之间的代理成本。然而，多个大股东的存在增加了股东之间的协调成本，并非有利无害。因而其是否是最优的股权结构有待实证检验。该文对此做了粗略检验。分年度描述性统计的结果显示，2007 年之后，股权均衡程度与 ROE 表现出强正相关关系，而在 2007 年之前年度则并未显著相关。此结果可能是因为股权分置改革之后在 2007 年限售股开始解禁，大股东可能出售股份，而这种出售股票的能力成为大股东间相互协调的有力工具，因而多个大股东的负面作用减小。当然这仅仅是粗略猜测，具体原因有待后续更为规范、细致的实证研究去验证。

③ 谁控制着公司？

正因为集中的股权结构，在中国不仅不存在因管理者持股使其权力强大到股东无法撼动其地位的问题，而且 CEO 通常并不掌握公司的控制权，董事长才是公司的实际运营和控制者。这是中国与西方国家不同的一点。

独立董事能否有效发挥治理作用尚需证明。一方面，实际情况显示，公司中为满足监管要求仅维持着最低数量的独立董事，即独立董事的设置仅为满足监管要求。原因在于，集中的股权结构下大股东对小股东的利益侵占成为主要的委托代理问题，中国证监会明确规定独立董事的职责是代表中小股东监督大股东。而中国上市公司又受大股东控制，因此，大股东既有动机又有能力通过降低独立董事规模阻碍其发挥监督作用。另一方面，人们难以从已有研究中判断独立董事是否发挥了治理作用。因为在中国，针对独立董事的相关研究面临以下挑战。第一，董事会独立性的变化率低，很难评估其有效性；第二，在控股股东的作用下，多数公司仅维持独立董事的最低数量以符合监管要求，因而任何声称找到了董事会结构的决定因素的研究都会受到质疑。第三，在维持最低独立董事比例动机的驱动下，独立董事数量由董事会规模决定，其比例的差异可能并不代表独立性的差异。举例说明：一个公司的董事会人数是 7 人，在这种情况下，至少有 3 个独立董事才能满足监管要求，而此时独立董事占比为 42.86%，但是它可能与根据独立董事比例不得低于 1/3 的监管要求而设定的情况没有本质区别。第四，考虑到其他董事占多数，很难单独剥离独立董事的作用。值得注意的是，虽然未能判断独立董事是否具有监督作用，但已有研究表明独立董事具有提供社会资源的作用（Cheng et al.，2015）。

薪酬对国有企业经理人的实际激励作用较弱。一是因为国有企业经理人薪酬存在隐性或显性上限；二是因为存在激励国有企业经理人努力工作的其他动机。具体而言，一方面，国有企业经理人通常是政府部门员工，在公司内任期结束后可能会回到原来岗位，他们有动机为获得晋升而做好工作；另一方面，保持甚至提高职位津贴是国有企业经理人努力工作的又一动机。但值得一提的是，国有企业经理人会因为业绩不佳而被解雇，特别是在2002年后中国公司治理状况的改善、2003年国资委的成立以及2005年的股权分置改革后，政府比过去更加密切地关注国有企业的业绩表现和股价水平。因此，现实中，非国有企业中广泛存在的较低的经理人离职-业绩敏感性更应该引起关注和重视。

负债和股利发放尚不具备治理作用。就负债而言，破产风险和债权人直接参与治理是其发挥作用的主要机制。然而在中国，一方面，公司破产风险很低。破产现象十分罕见，并且政府会在企业濒临破产时为其提供帮助以维持社会稳定。另一方面，债权人（银行）并未发挥监督作用。在中国，对银行监督作用的研究很少，一些研究证明银行并未有效发挥其监督作用（Cull et al.，2015）。就股利发放而言，减少自由现金流的代理成本是其发挥治理作用的主要机制。然而，中国公司并没有来自股东的支付股利的压力。对此，存在两种可能解释，一是小股东没有能力迫使公司派发股利；二是小股东大都是市场上的投机者，因而不关注股利，没有动机要求公司派发股利。这说明在中国，股利没有发挥降低代理成本的作用。实际上，监管要求更能解释中国公司的股利政策。

2）外部治理机制。

首先，法律制度有待进一步完善。经过多年的制度建设，中国的法律法规仍然有待完善，其对投资者的保护水平、对违规行为的惩罚力度以及执法力度均需要提高，政府已经对此有了充分认识并不断采取改进措施。可以预期，在不久的未来，中国会拥有一个强有力的法律环境。

其次，机构投资者在中国并未充分发挥监督作用。具体而言，一方面，机构投资者在公司中的持股比例低，在大股东普遍存在且为家族或是政府的情况下，机构投资者缺乏影响公司决策的客观能力；另一方面，从换手率数据来看，机构投资者是市场上的投机者而非长期投资者，因而也没有影响公司决策的主观动机。但不可否认的是，在一些特殊情况下，如2005年的股权分置改革中，机构投资者确实能产生积极影响。需要指出的是，该文就机构投资者治理作用提出的相关观点属以往研究未提及的内容，值得特别关注。

再次，经理人市场和控制权市场尚处于萌芽期，未发挥实际的公司治理作用，而产品市场竞争发挥着有效的公司治理作用。

就经理人市场而言，中国迄今为止尚未形成活跃的经理人市场。具体而言，非国有企业大都是家族企业，倾向于从企业内部或家族成员中任命经理人；而国有企业间不存在经理人竞争，因其共同为国有，经理人由政府任命。然而，可以预期，随着国有企业经理人选聘的市场化、家族企业业务的日趋复杂和庞大化，加之独生子女政策使得家族企业家族管理的可能性大大降低，未来中国的经理人市场会趋向活跃，逐步发挥其公司治理作用。

就控制权市场而言，鉴于政府不会出售国有企业，而非国有企业由于股权过于集中，公司被敌意收购难度极大，因此，几乎不存在控制权竞争。但考虑到股权分置改革后所有股票均可自由流通、跨境并购市场活跃、股权集中度持续稳步下降等情况，中国在未来可以发展出一个活跃的控制权市场。

就产品市场而言，其治理作用一方面源于国有企业经理人同时也是政府官员，有动机在产品市场竞争中取胜，以获得有利于其政治生涯的积极正面评价；另一方面也源于受制于不发达的经理人市场，非国有企业的经理人在公司倒闭后可能无处可去，因而有动机在产品市场竞争中取胜以维持公司经营。

最后，交叉上市有利于改善中国企业的公司治理情况。许多公司会选择一个比本国资本市场更发达、法律环境更强的国家交叉上市，服从更高标准的要求，以获得更高的公司估值和更低的资本成本等收益。这种策略背后的逻辑是绑定假说。在中国也不存在交叉上市的企业。该文认为交叉上市能改善中国企业的公司治理情况，但未能对此给出证据支持，到目前为止，几乎没有研究聚焦公司治理，使用中国数据来检验交叉上市的好处和决定因素。仅有的一篇研究显示，交叉上市以及随之而来的更好的公司治理本身并不能提高定价效率，定价效率的提高更多地与投资者的精明程度相关（Li et al.，2015）。

3. 评述

该文的最大亮点在于提出了不同于西方国家的、立足于中国实践的公司治理观点。现代金融理论大都起源于以美国为代表的西方国家，因而以往研究多以移植西方理论指导中国实践为主，并未就二者在众多方面的差异考虑理论的适用性。但任何理论都有其成立的前提和基础，不考虑前提和基础的机械式应用常常是不恰当的。因此，该文以中国特殊的制度背景和相关公司治理实践为出发点，指出了中国公司治理的独特之处，意义重大。一是为后续研究借鉴西方理论提供了现实基础，启示学者们在解读包括公司治理在内的所有现象时，都要结合中国实际，切忌盲目套用。二是为本土理论创新指明了方向，文中指明中国公司治理的特殊之处均有进一步研究的价值，只要深入思考，认真钻研，一定能据此讲出迷人的中国故事。三是有利于引出更多关于中国问题的综述。中国特色不止于此，了解更多的中国特色有助于我们更好地做立足于中国大地的研究。

该文的不足之处在于：作为一篇概述性论文，作者主要给出了基本的描述性统计数字，对现象背后的理论分析较为缺乏，也未使用严格的实证回归方法做进一步的探究。当然，这些不足主要囿于该文的体裁。

11.2.2 大股东掏空行为：中国的经验

Tunneling Through Intercorporate Loans：The China Experience

文献来源：Jiang G，Lee C M C，Yue H. Tunneling through intercorporate loans：The China experience. *Journal of Financial Economics*，2010，98（1）：1－20.

1. 研究动机与研究问题

股权结构从根本上决定了委托代理问题的来源，是研究公司治理问题的逻辑起点。早期，公司治理领域的研究以股权分散为前提，聚焦股东和经理人之间的委托代理问题。而后，越来越多的研究表明，分散的股权结构在美国等发达国家以外并不常见，大股东控制才是普遍现象（La Porta et al.，1999）。关于股权结构的这一发现使得大股东控制下的新的委托代理问题逐步进入学者们的视野。该股权结构下的委托代理问题具体表现为，作为代理人的大股东对作为委托人的中小股东的利益损害。文献中将大股东损害中小股东的行为称作掏空行为。然而，鉴于掏空行为的多样性和复杂性，此前研究仅限于通过间接的方式，如控制权私有收益的大小、特定事件的市场反应等证明掏空行为的存在，但对掏空行为的特点、规模、如何发生以及特定公司治理机制为何无效等具体问题缺乏有力解释。

与以往研究不同，该文直接锁定一类具体的掏空行为，即大股东利用公司间借款实施掏空行为，对其规模、影响因素、经济后果及相关治理机制的有效性做了详细说明，从而有效地弥补了以往研究的不足。

2. 研究过程

（1）识别策略。

作者指出，中国的一些上市公司有着滋生掏空行为的土壤，可开展掏空行为相关研究。第一，上市公司股权结构高度集中，控股股东普遍存在；第二，大宗股票交易受到严格限制，控股股东从股价上涨中获得的收益极其有限，因而有极强的动机通过其他方式获利；第三，有效遏制大股东的掏空行为的法律和其他公司治理机制不完善。

因此，该文以中国公司为研究样本，进行了两部分研究，第一部分聚焦掏空行为本身，探究了其经济后果、截面差异的决定因素等；第二部分则关注法律和其他相关治理机制在约束掏空行为上的有效性。

（2）指标构建。

在正式检验前，文章基于描述性统计和进一步检验的结果，提出用来刻画大股东向公司借款这一掏空形式的直接度量指标——其他应收款（OREC）。具体而言，描述性统计的结果显示，公司中普遍存在大量的其他应收款。然而根据定义，其他应收款与公司正常商业交易无关。那么，如此大的一笔款项究竟做何用途？财务报表附注表明，该款项通常提供给了公司的关联方，且关联方多为大股东。由此即可大致判断，其他应收款是大股东通过公司间借款实施掏空行为的主要工具之一。为了进一步说明其他应收款的工具作用，文中通过以下检验说明了其他应收款与公司中流向大股东借款的高度相关性。作者将样本公司按照其他应收款与资产的比值（ORECTA）的十分位数分组，并结合 Ye（2006）从财务报表附注中手工收集的 1999—2002 年在上海证券交易所上市的所有制造业企业的其他应收款中，流向控股股东及其关联公司部分的数据，计算各组中流向控股股东及其关联公司的其他应收款的比例。结果显示，高 ORECTA 组中有更大比例的其他应收款流向控股股东及其关联方。作者还在被认为大股东掏空现象最严重的 189 家公司中，检验了其他应收款与流向控股股东及其关联方款项的相关系数，发现二者相关性极高。因此，其他应收款（OREC）是对大股东借款的大致反映。此外，作者还发现 ORECTA 在时间上具有持续性，表明大股东借款是长期性的。

（3）基本实证结果。

在第一部分检验中，首先，作者关注了控股股东掏空行为的经济后果，发现掏空行为会显著降低公司未来经营业绩，并增加公司陷入财务困境的可能性。其次，作者探究了市场是否以及在多大程度上对大股东的掏空行为做出反应。作者认为如果市场对控股股东的掏空行为有所反应，则应在计算公司价值时对高 ORECTA 公司的收益使用更大的折现率，导致高 ORECTA 公司的价值更低。研究结果与上述论述一致，说明市场对控股股东的掏空行为做出了消极反应。然而，该检验仅能证明市场对大股东掏空行为有所反应，无法说明其反应程度大小。因而作者进一步使用多种方式检验 ORECTA 对未来收益率的预测作用。如果 ORECTA 可以预测未来收益，则证明市场并未对控股股东的掏空行为做出完全反应。检验结果表明 ORECTA 与未来收益率负相关，即市场并未对控股股东的掏空行为做出完全反应。并且，作者注意到 ORECTA 是对公司未来收益率的最好预测指标。最后，作者考察了造成控股股东掏空行为在公司间差异的因素。结果显示，ORECTA 在规模较小、ROA 较低、经济不太发达的地区以及非国有企业中更高；进一步将国有企业区分为由地方政府控制和由中央政府控制后发现，ORECTA 在由地方政府控制的公司中更高。在控制上述所有因素后，结果仍然显示，控股股东的持股比例越低，ORECTA 越高，且控制权和现金流权的分离度会进一步增强这一负相关关系，即控股股东的掏空动机在持股比例较低、两权分离度较大时更强。另外，此处检验说明在 ROA 越低的公司 ORECTA 越高，联系到前文证明过

ORECTA是 ROA 的有力预测指标，因此二者之中孰因孰果有待探究。但文章中证明 ROA 对 ORECTA 仅有微弱的预测作用，而 ORECTA 却是 ROA 强有力的预测指标，初步说明 ORECTA 过高是导致 ROA 较低的原因。

第二部分是关于各种治理机制有效性的分析。首先，作者将目光投向了机构投资者。对机构投资者持股的描述性统计结果显示，第一，机构投资者占比低。共同基金的平均持股仅占发行股（流通股）总数的 1.33％（2.8％）。截至 2004 年底，包括共同基金、社保基金和养老基金在内的所有机构投资者持股占发行股（流通股）总数的比例仅为 3.75％（8.26％）。第二，机构投资者倾向于持有低 ORECTA 公司的股票。以上结果说明，机构投资者已然意识到了控股股东会利用 ORECTA 实施掏空行为，并采取了相应行动，将该信息反映在其投资决定中。但因其在资本市场上的占比过低，对股价的影响能力十分有限，因而难以发挥有效的治理作用。其次，作者关注了审计师这类重要的中介机构。对审计意见与 ORECTA 间关系的研究结果显示，ORECTA 与审计师出具保留意见显著正相关。说明审计师同样对控股股东的这一掏空行为有所感知，并履行了监督职责，出具了保留意见。然而，保留意见对后续掏空行为影响的检验结果却显示，被出具保留意见的公司在后续反而会提高 ORECTA，因而审计师的监督作用未产生实质性的治理效果。最后，作者展示了中国证监会和其他监管机构为结束此类掏空行为而发布的各项监管措施，并讨论了其治理作用。分析表明 2001—2006 年发布的相关监管措施几乎未产生任何治理效果，其原因可能在于监管机构对于控股股东缺乏管辖权。直到八个政府部门发表联合声明，宣布要对控股股东的最高管理者采取个人行动，才最终抑制了此类掏空行为。

3. 研究贡献

作者在文中并未直截了当地点出该文的贡献。但作者提到，首先，相较于以往研究的间接衡量，该文使用其他应收款直接衡量控股股东的掏空行为，这一方法具有以下优势：第一，应用广泛性。不局限于如特定事件或特定股权结构等情景，适用于所有公司。第二，具体性。直接度量控股股东的掏空行为，能对掏空行为进行更多、更具体的研究，如其所产生的经济后果等。第三，定期报告性。可以进行长期跟踪研究。但同时也必须认识到该指标有其局限性，因其度量的仅仅只是一类具体的掏空行为，缺乏对掏空行为的整体反映。

其次，该文说明了在中国从控股股东掏空行为视角出发研究公司管理者行为的重要性。这也有助于理解早期一些关于公司治理研究的结论。例如，以往研究发现，控股股东会通过一些有益的资产转移活动为上市公司提供支持，帮助他们达到市场监管机构设定的目标（Jian and Wong，2010）。只有从掏空行为视角出发，将该行为归因于控股股东的长期掏空需要，才能合理解释这种高成本的盈余管理。

再次，该文对监管者具有一定的启示意义。文章通过对各种治理机制有效性的分析，说明在中国，法律机制更有利于抑制该文所述的掏空行为，因此，治理机制改善的重心应该落在法律、法规的完善上。

最后，尽管各方对具体的控股股东掏空行为的具体形式已经有所了解，并采取了相应行动，但是至少在不远的未来，中国上市公司仍将由控股股东主导，只要其掏空动机仍在，掏空行为就仍值得持续关注。

4. 评述

与美国等发达国家分散的股权结构不同，中国企业普遍表现为集中的股权结构，大股东拥有公司控制权，有动机和能力通过掏空行为侵占中小股东利益。该文找到了一类具体的掏空行为，补充了直接度量大股东掏空行为这一研究缺口，具有重要意义。具体来说，我们认为该文的亮点主要体现在以下几点。第一，该文通过公司间借款这类具体的掏空行为展示了公司大股东掏空行为之严重，有利于引起学者、监管机构等各方的关注，从而有效抑制大股东肆无忌惮的掏空行为。第二，该文开创性地提出了其他应收款这一大股东掏空行为的直接衡量指标，被后续研究广为参考和借鉴，推动了相关研究的发展。第三，正如作者所言，该文对治理机制有效性的检验为后续约束大股东掏空行为，改善公司治理情况提供了思路，对控股股东行为的约束更多需要相关法律法规和监管机构的持续发力。

与此同时，该文也存在以下几点局限性。第一，该文在异质性检验中重点关注了被掏空公司，但未就控股股东的异质性如何影响其掏空行为进行检验。对控股股东异质性的检验对理解其掏空动机、约束其掏空行为具有重要意义。第二，该文在检验掏空行为横截面差异的时候发现在某些企业中掏空行为更为严重，但并未进一步探索其背后原因。背后原因的探索有利于明晰掏空行为的治理要素。第三，该文在实证检验过程中并未过多讨论变量之间潜在的内生性问题的解决。

11.2.3 股权分置改革

China's Secondary Privatization：Perspectives from the Split-Share Structure Reform

文献来源：Liao L，Liu B，Wang H. China's secondary privatization：Perspectives from the split-share structure reform. *Journal of Financial Economics*，2014，113 (3)：500 - 518.

1. 研究动机与研究问题

股权分置指的是同一上市公司的股票按能否在证券交易所上市交易，被分为流通股和非流通股，这是中国资本市场上的特有现象。作为适应经济发展和中国特殊制度背景的产物，股权分置在诞生初期无疑具有积极作用。然而，随着市场经济的进一步发展，其对资本市场和上市公司健康发展的掣肘作用开始逐步显现出来。在此背景下，旨在消除上述二元股权结构，允许非流通股在二级市场上自由交易的股权分置改革势在必行。股权分置改革是中国资本市场上影响最为深远的举措，受到社会各界的广泛关注。学界也不例外，学者们从多个角度对其进行了研究。但此前研究尚未涉及从民营化这一角度来探究股权分置改革的影响。该文即着眼于此，填补了这一研究空白。

该文研究了三个问题：一是改革是否产生了民营化效应；二是民营化效应如果存在，其来源于哪里；三是市场机制作为改革方式，是否发挥了信息传递作用。

2. 研究过程

（1）理论分析。

对应上述研究问题，该文提出了三个假设。首先，经济学理论表明竞争性均衡是帕累托最优，因而私人所有制比政府所有制更有效率。此前实证研究同样发现，企业在经历民营化后绩效有所改善（Megginson et al.，1994；Boubakri et al.，2005）。鉴于股权分置改革同时在国有和非国有企业中推行，对于非国有企业来说，改革消除了股权分置现象。而对于国有企业来说，除了消除股权分置现象之外，改革还扫除了企业民营化面临的法律障碍。由此，假定股权分置改革过程产生了民营化效应，那么，股权分置改革后，国有企业的绩效改善比非国有企业更明显，此即该文假设一。

其次，关于民营化效应的来源，已有研究表明，在西方国家，国有企业民营化后产出和利润的增加源于管理者更加强烈的增加股票价值的动机（Megginson et al.，1994）。而中国国有企业有着与西方企业截然不同的股权结构。几乎所有的国有上市企业都存在一个控股股东。它们作为政府的代理人持有公司大部分的非流通股，决定着上市公司经理人的选聘和评估，而控股股东本身的经理人选聘和评估则由政府决定。可见，政府利益和经营国有上市公司的政府代理人即上市公司的控股股东的动机共同决定了国有企业的绩效和公司治理。

股权分置改革改变了政府利益和政府代理人的动机。具体而言，改革前，流通股和非流通股股东间的利益冲突导致了国有上市企业特殊形式的委托代理问题，非流通股股东的代理人即政府代理人对流通股股东即公众投资者利益产生了损害。具体来说，由于国有股份的非流通性，政府代理人的绩效通常是根据资产、收入或者短期利润等指标的账面而非市场价值评估的。置于此评估体系下，政府代理人有动机做出一些有利于提高上述评估指标账面价值，但却有损企业市场价值的决策。股权分置改革带来了深入民营化的预期，从各个方面影响了政府利益，也相应影响了政府代理人受到的监督和激励。第一，国有股份开始市场定价、自由流通，政府代理人的评估体系也随之改变，市场价值开始成为评估其表现的标准，政府代理人和公众投资者的利益逐渐趋于一致。尤其是，政府代理人还会因为提升企业绩效和市场价值获得更多控制权及晋升机会。第二，政府可以通过出售国有股份剥离表现不佳的国有企业，以此监督、约束政府代理人行为，促使其为改善公司绩效努力。第三，好的企业绩效意味着更高的盈利能力和更低的破产风险，据此表现更好的国有企业更有可能获得后续股权发行机会和更低的融资成本。

由此可见，股权分置改革实施之后，如果民营化效应存在，政府代理人改善国有企业绩效的动机应该是其来源。动机理应反映在行为上，据此提出该文假设二，民营化导致的国有企业绩效的改善与政府代理人对企业的支持性活动正相关。此处需要特别指出的是，根据假设二，国有企业绩效的改善源于民营化预期对当前管理者激励的强化，可以产生于民营化实际发生之前，而非其他民营化理论所指出的，源于民营化实际发生之后的管理者替换。

最后，股权分置改革使用市场机制，由股东们自行协商推进。该文认为市场机制具有信息发现功能，有助于政府代理人与公众投资者在此阶段的信息交流，政府代理人可将公司的实际经营情况及其受到的改善企业绩效的激励等信息一一传递给公众投资者。鉴于在协商过程中，为了获得公众投资者对改革的支持，政府代理人要么为其提供高额补偿金额，要么为其提供一个有说服力的前景以说明改革成功之后能获得的高资本利得。如果市场机制确实具有信息发现作用，那么公众投资者就可以借此形成对改革后国有企业绩效的合理预期，这一预期会影响投资者对改革的支持率和要求的补偿金额。由此提出假设三，即民营化导致的改革后国有企业绩效改善与公众投资者对改革的支持率正相关，与其要求的补偿金额负相关。

（2）指标构建。

假设一的检验涉及国有企业的认定和民营化效应衡量指标的选择两个方面。在国有企业的认定上，该文使用了三种方式。一是将最终控制人为国家的企业认定为国有企业。其中，最终控制人的认定有以下四个标准，即国家直接或间接持有公司超过 50%的股份、国家直接或间接控制公司 30%以上的投票权、国家持有的投票权使其有能力选聘超过 50%的董事会成员以及国家能对股东大会上做出的决策产生重大影响。二是使用国有股占已发行股份总数的比率衡量企业的国有程度。三是按照国有股占已发行股份总数的比率将企业分为四组以衡量企业的国有程度，其中一组完全不存在国有股。

该文从基本面表现、市场表现以及公司治理三个方面出发选择民营化效应的衡量指标。基本面表现方面主要考虑企业的产出、雇佣、投资、生产力、盈利能力、经营效率和破产风险。因为会计准则的修订影响了基于资产和股东权益的变量在样本期间的前后可比性，该文以经过CPI调整的营业收入和营业利润衡量产出水平，以雇用的总人数衡量雇佣水平，以经过营业收入标准化后的资本支出衡量投资水平，以员工的人均营业收入和人均营业利润分别衡量生产力和盈利能力，以应收账款周转率和销售财务费用率衡量经营效率，以现金占总负债的比率来衡量破产风险；市场表现的衡量使用Fama三因子模型调整后的股票收益率；公司治理的衡量则使用关联交易、与控股股东的关联交易及上市公司向控股股东的贷款。

（3）基本实证结果。

需要指出的是，在回归分析中，由于回归方程中的残差不满足正态分布，该文使用了分位数而非OLS回归，重点分析25%、50%、75%分位数，并检验结果在整个分位数范围内的稳健性。

假设一的单变量检验结果显示，分项来看，改革之后企业在产出、收益和雇佣水平上显著增加，且国有企业的增加更为显著；在经营效率和公司治理上，国有和非国有企业均有所改善，但二者间未有显著差异。综合来看，以营业收入、营业利润和市场收益率的变化衡量整体民营化效应，结果显示，上述指标的变化均显著为正，且在国有企业中更高。初步说明国有企业中民营化效应的存在，为假设一提供了证据。进一步，分位数回归的结果显示，营业收入与企业国有化程度显著正相关；营业利润与企业国有化程度正相关，但仅在75%分位数上显著；市场收益率营业利润与企业国有化程度在25%和50%分位数上显著正相关。关于基本面表现和市场表现的回归结果均支持假设一，表明改革确实带来了积极的民营化效应。

为了检验假设二及假设三，还需要在国有企业子样本中进一步研究民营化效应大小与其他变量的关系。为此，该文聚焦营业收入、营业利润和股票收益率三个指标，剔除改革从其他方面对以上指标产生的影响，得到民营化效应的大小。具体来说，先根据规模和行业（市账率）构建非国有企业组合，并根据同样的标准将国有企业匹配至相应组合，再以组合的表现为基准对国有企业表现进行标准化，得到民营化效应的大小。

在假设二的检验中，作者为改革后政府代理人对国有企业支持性活动找到了两个代理变量。一个是改革后国有企业的控股股东是否整体上市，整体上市意味着控股股东的大部分资产都被注入了国有企业；另一个是改革后控股股东是否向国有企业注入资产。假设二的分位数回归结果显示，民营化带来的国有企业营业收入和营业利润的变化，与政府代理人对国有企业的支持性活动，以及国有企业后续再融资次数显著正相关。行为反映动机，因而这些结果说明民营化预期影响了政府代理人的动机，激励着他们为提升公司价值努力，从而促成了民营化效应的产生，与假设二相符。

“奖”和“惩”是影响政府代理人动机的两种机制。除了奖励提高国有企业绩效的政府代理人外，政府还可以选择剥离表现不佳的国有企业，以惩罚失败的政府代理人，激励他们努力提高公司价值。据此，该文从“惩”这一角度为假设二提供了进一步的证据。具体而言，政府通过出售股份稀释政府代理人的控制权、影响其未来晋升就是对政府代理人的一种惩罚机制。因而，如果出售股份的数量与民营化带来的国有企业绩效改善显著负相关，即可说明政府确实在通过该惩罚机制影响政府机构代理人动机，并且对其代理人形成了激励效应，从而产生了民营化效应。回归结果与此论述相符，从而为假设二提供了又一佐证，支持此前民营化后国有企业的绩效改善源于政府代理人追求公司价值提高的动机这一观点。

假设三的分位数回归结果显示，民营化带来的国有企业营业收入和营业利润的变化与对流通股的补偿金额显著负相关，与流通股股东对改革的支持率显著正相关，与假设一致。说明政府代理人可以通过市场机制，向公众投资者传达他们在民营化预期影响下，去改善公司绩效的动机以及公司的实际经营情况。市场机制在改革过程中不仅起到平衡政府和公众投资者利益的作用，还发挥了信息发掘的作用。

3. 研究贡献

作者认为该文的贡献在于以下两点。第一，该文为民营化提高国有企业绩效的观点提供了新的证据支持。该文证明对民营化的预期能在其实际发生之前对企业的绩效产生改善作用；在民营化改革的方法上，该文证明市场机制比自上而下的强制性改革更有效，对后续改革政策具有启示意义。第二，该文是第一篇从民营化角度研究股权分置改革并估计其对国有企业绩效和公司治理影响的文章。股权分置改革在国有和非国有企业中同时铺开，且样本企业在改革前后的相关数据可得且可靠，克服了诸如样本选择偏差、数据不可靠性等困扰民营化效应研究的问题。

4. 评述

该文从一个崭新的角度研究了股权分置改革这一对中国资本市场意义重大的举措，让我们对股权分置改革有了更全面的认识。除作者列示的该文的贡献外，我们认为该文在以下两方面也具有启示意义。一方面，该文为如何利用中国特色事件做普适性研究提供了范本。股权分置改革是一个极具中国特色的话题，但该文巧妙地以民营化这一世界共同话题为落脚点，缓解了研究的外部有效性不足的问题。另一方面，该文为如何以特殊事件为外生冲击解决内生性问题提供了范本。内生性问题是实证研究中的永恒挑战，敏锐发现并巧妙利用外生冲击是解决内生性问题最常见的有效方式。

但同时，我们认为该文在实证上存在以下两点美中不足之处。第一，该文未处理可能存在的内生性问题，并且在假设二的实证中，作者同时关注了多个自变量的影响效应，这一实证设计有待完善。在实证研究中，内生性问题是横亘在变量间因果关系论证前的一座大山，解决一个变量的内生性问题已属不易，遑论同时研究多个变量并解决其内生性问题。第二，该文未进行异质性检验，若能扩充异质性分析将能更好地说明影响机制。

11.3 未来研究展望

11.3 参考文献

自20世纪90年代在企业中进行现代企业制度建设以来，中国公司治理不断借鉴和吸收西方国家公司治理的经验，同时，结合自身的制度背景，逐步发展出具有自身特点的公司治理模式。恰如习近平总书记指出的，“我们从来不排斥任何有利于中国发展进步的他国国家治理经验，而是坚持以我为主、为我所用，去其糟粕、取其精华”[①]。在30年左右的时间里，中国的公司治理机制不断完善，为公司的发展壮大奠定了坚实的制度基础。同时，中国公司治理也吸引了越来越多的国际目光。已有研究关注了中国公司的控股股东代理问题、法律机制以及国有企业公司治理等问题，11.1节也对以上内容做了较为全面的综述。然而，相比于英美等发达国家的公司治理，学者们对中国公司治理的关注和研究还远远不够，还有很多重要且有趣的话题值得探索和研究。因此，本节将对中国公司治理问题的未来研究方向进行展望。在此，我们提出以下六个可能的研究方向或关键问题，供读者参考。

第一，应进一步挖掘并提炼中国企业的正面公司治理机制，讲好公司治理的中国故事。自改革开放以来，中国经济飞速发展，在2010年已成为世界第二大经济体。同时，中国企业的实力也在不断增强。2020年，《财富》世界500强榜单中中国企业的数量也首次超过美国企业。尽管中国的公司治理尚存在诸多不完善之处，但毋庸置疑的是，几十年来推动中国企业腾飞的动力中，公司治理绝对发挥着不可忽略的积极作用。比如，政府在中国公司治理机制中所扮演的积极角色（Gan et al.，2018）；控股股东有时并非麻烦的制造者，而成为了麻烦的解决者（Jian and Wong，2010）；以及关系（非正式社交网络）能够通过缓解信息不对称来提升效率，从而发挥正面作用（Jiang and Kim，2020）等。这些都与西方传统公司治理理论不尽相同。我们

① 中共中央党史和文献研究院．十九大以来重要文献选编（中）．北京：中央文献出版社，2021：303.

必须认识到，中国的公司治理模式，不同于德日模式，更不同于英美模式，而是一种在中国特有情境下发展出来的、具有鲜明中国特色的公司治理模式。“一个国家选择什么样的治理体系，是由这个国家的历史传承、文化传统、经济社会发展水平决定的”①。国家治理如此，公司治理同样如此。我们应该深入挖掘、探索并提炼中国企业的正面治理机制，将中国的实践经验上升为系统化理论，并致力于将中国公司治理模式提升到与英美模式、德日模式能够相提并论的理论高度，坚定中国故事的理论自信。这将有助于推动构建中国公司治理理论的国际话语权，为丰富世界公司治理研究积极贡献中国理论与中国智慧，同时也对其他发展中国家的经济发展和企业振兴具有极强的指引意义。

第二，应进一步关注非上市企业的公司治理问题。尽管中国有 4 000 多家上市公司，但与非上市企业相比，它们只是冰山一角。根据国家市场监督管理总局统计，截至 2021 年 7 月底，注册企业已达 4 600 万户。相比于上市公司，非上市企业的代理成本是更高还是更低？它们的董事会构成又有何不同，是否有效？它们的债务大多来自何处，债权人是否进行积极监督？同时，这类企业的投资者又多是哪一类主体，监督和激励效果如何？Jiang et al.（2020）指出，风险投资和私募股权正在成为中国年轻企业的重要投资者。但这类投资者扮演着怎样的公司治理角色，是积极治理，还只是被动投资呢？对此，我们还不得而知。从以上问题能够看出，关于非上市企业的许多问题还等待着学者们的探索。而这些问题同样会给上市公司带来一定的启示。我们相信，随着大数据的发展，数据可得性问题将会逐渐解决，非上市企业的公司治理问题研究将大有可为。

第三，应进一步考察中国公司治理与资本市场的互动关系。在中国资本市场建立初期，由于股权高度集中，大股东对资本市场缺乏足够的关注和重视。但随着股权集中度的下降以及股票流动性的上升，大股东的市值管理意识逐渐增强。因此，我们有理由预期中国公司治理与资本市场的互动关系会加强。基于这一现实背景，我们认为这一方向的研究值得也能够被进一步探究。公司治理对资本市场的影响值得学者们深入探讨。已有研究发现，公司所有权结构和政治关联会影响股价同步性或股价崩盘风险（Gul et al.，2010；Piotroski et al.，2015），然而尚未有研究从其他角度来对以上问题进行讨论。比如不同产权性质的公司是否会被资本市场差异性定价。资本市场对公司治理的影响也是值得研究的话题。Liao et al.（2014）对 2005 年股权分置改革的影响进行了探究，发现在改革之后，股票市场流动性的增强显著提升了公

① 中共中央文献研究室．习近平关于全面深化改革论述摘编．北京：中央文献出版社，2014：21.

司业绩，但对公司治理并无改善作用。那么近年来新推出的一些资本市场改革，比如2010年的融券卖空机制，是否能够缓解代理问题呢？此外，公司治理与资本市场的动态互动关系也是现有研究较少涉足的领域。比如，在中国的制度背景下，股权结构与股票流动性之间的动态互动关系是个值得探究的问题。众所周知，中国公司治理和资本市场都有着一些独特的改革或特征，未来研究可以充分利用这一点对以上问题进行深入讨论。

第四，应进一步探究银行在中国公司治理中的作用。在中国，银行是在国民经济中地位极高、对社会有重大影响力的组织，同时也是企业资本的主要提供者（Jiang et al.，2020）。在利益相关者的视角下，银行不应单纯扮演一个消极的债权人角色，而应该并且也有能力成为一类有效的监督者，在公司治理中发挥重要作用。当然，银行的公司治理作用是有别于股东的。一是在治理对象上，不同于股东对经理人诸多代理行为的关注，银行更倾向于抑制经理人过度风险承担这类机会主义行为；二是在治理机制上，不同于股东选择通过股东大会或集体诉讼的路径来进行治理，银行会利用其地理位置优势（一般情况下，银行与公司位于同一城市）来收集信息，在特殊情况下提前收回贷款等方式来进行治理。然而，尽管银行有着如此突出的重要性和特殊性，公司治理领域中探究中国的银行治理的文献仍屈指可数。Bailey et al.（2011）发现中国的银行体系受制于政府目标，更可能将贷款发放给业绩表现不佳的企业，以维持这些企业的生存。然而该研究仅基于1999—2004年285笔公开的银行贷款数据，从当前来看，该研究的时效性和代表性都有所欠缺。我们注意到，在2004年之后，中国的银行体系发生了一系列演变。这包括2004—2010年四大国有银行相继上市；2006年中国全面向外资银行开放人民币业务；2014年民营银行开始获准筹建；等等。因此，在经过诸多政策变化之后，在当下这一时点，银行的公司治理角色需要更为全面、综合且复杂地分析和探索。

第五，应进一步讨论法律机制的公司治理作用。长期以来，中国的投资者法律保护不够完善（Allen et al.，2005）。但近年来，我国法律在制度建设和执法力度上都有了显著改善，大大增加了惩罚力度和违规成本。比如2021年康美药业因年报虚假陈述被判赔偿证券投资者损失24.59亿元。这是经修订后2020年新施行的《中华人民共和国证券法》确立具有中国特色的证券特别代表人诉讼制度后的首个案件，也是迄今为止法院审理的赔偿金额最高的上市公司虚假陈述民事赔偿案件。尽管已有文献针对一些具体的法律法规在公司治理中的作用进行了探究（Chen et al.，2013；Lennox et al.，2014；Berkowitz et al.，2015），但鲜有从惩罚的角度来探讨法律机制作用的。随着中国法律在惩罚力度上的空前加大，从这一角度去讨论法律机制能否缓解中国的公司治理问题具有重要理论意义和现实意义：一来能够有助于深入理解法律的威慑和惩罚作用；二来也能够全面地认识和了解中国公司治理的有效机制，从而一定程度上缓解国际上对中国法律保护薄弱的刻板印象。

第六，应进一步利用外部政策冲击来缓解公司治理研究中的内生性问题。中国的上市公司和资本市场尚处于发展阶段，因此在过去、现在和未来都将不断有新的法律法规颁布，也将有新的监管条例出台。这些相关政策和改革事件无疑能够作为外部冲击，来帮助解决公司治理中的识别问题。比如许多研究已经关注到早期的一些政策或改革，比如将国有企业的民营化改革（Fang et al.，2017；Bradshaw et al.，2019）和股权分置改革（Chen et al.，2012）作为有效的识别策略。因此，未来，学者们应该提高对政策冲击的敏感性，利用中国市场上这些宝贵的机会，选择巧妙且合适的研究场景来进行公司治理的相关研究。

第 12 章

新兴研究问题

本章主要讨论公司治理领域中一些新兴的研究话题。在 12.1 节中，对 ESG、大数据、区块链和平台组织等新兴研究问题进行概述。在此基础上，在 12.2 节中，从上述四个领域选取四篇具有代表性的文献进行导读，包括对文章内容的介绍和评述。最后，在 12.3 节中，对 ESG、大数据、区块链和平台组织的未来研究发展方向进行展望。

12.1 概　述

12.1 参考文献

近年来，全球变暖、生态失衡等环境问题日益突出，地区贫困、员工保护等社会问题也备受关注，人们越来越意识到可持续发展的重要性。在这样的社会背景下，ESG 投资理念应运而生，成为公司治理领域的一个新兴研究问题。同时，21 世纪初的新一轮科技革命催生了大数据信息资产、区块链信息技术以及平台组织形式，改变了人类的生活方式和认识世界的方式。诚然，这三类数字经济的产物也对公司治理的实践和学术研究产生了冲击和影响，成为当下的前沿研究方向。下面，我们将依次对 ESG、大数据、区块链和平台组织与公司治理问题进行概述。

12.1.1 环境、社会与治理

ESG 是“Environmental，Social，and Governance”（环境、社会与治理）的首字母缩略词，是一种在投资决策中将环境、社会和治理因素纳入考虑的投资理念，是衡量上市公司是否具有足够社会责任感的重要标准。2004 年，联合国前秘书长安南联合来自 9 个国家的 20 家大型金融机构共同签署和发布了报告“Who Cares Wins”。该报告首次将环境、社会和治理因素并列，提出了 ESG 概念，并指导人们如何将 ESG 理念融入投资实践当中。随后，他们在联合国环境规划署金融倡议组织和联合国全球契约的支持下发起设立负责任投资原则组织（Principles for Responsible Investment，PRI），并于 2006 年在纽约证券交易所发布负责任投资原则，要求签署 PRI 的机构不仅要将 ESG 因素纳入投资决策中，还要推动被投资实体的 ESG 发展。安南在此次发布仪式上致辞：“今天人们越来越清楚地意识到，和平、安全和发展与市场和繁荣密切相连。如果一个社会失败了，市场也会失败。”自此之后，可持续发展的观念越来越深入人心，ESG 投资理念也逐渐向全球推广。截至 2022 年 1 月，PRI 的签署方总数超过 4 700 家，资产管理总规模超过 120 万亿美元。

近年来，学术界开始追随 ESG 实践的步伐，这一研究话题的热度持续上升。在 2015 年前后，国际顶级期刊上开始出现关于 ESG 主题的研究。Dimson et al.（2015）较早关注到 21 世纪以来 ESG 投资的繁荣态势，发现具有 ESG 理念的机构投资者能够给被投资公司带来正向的市场反应，并提高公司的经营绩效和治理水平。这一研究打开了 ESG 在公司金融领域研究的大门。随后，多个顶级期刊陆续开始征集或刊登 ESG 相关主题的研究，预示着该领域具有良好的学术前景和极大的探索价值。2017 年，*The Review of Financial Studies* 发起征集关于“气候金融”（climate finance）的研究设计，密切关注可持续投资中的气候问题。2021 年，*Review of Finance* 也开始征集关于“可持续金融”（sustainable finance）的研究，指出企业的可持续发展对整个社会具有至关重要的影响。同年，*Journal of Financial Economics* 刊登了一期以“社会责任投资”（socially responsible investment）为研究主题的特别栏目（special section），亦凸显了学术界对 ESG 理念的重视。就目前已发表的研究而言，学者们大多关注 ESG 投资给投资者带来的投资收益问题（Crifo et al.，2015；Liesen et al.，2017；Flammer，2021），较少讨论公司治理相关话题。但从 ESG 的起源就能够看出，ESG 理念本身就是利益相关者治理推动的结果，其与公司治理之间有着密切的关联。我们相信，随着未来这一领域的研究如雨后春笋般涌现，这一新兴研究话题势必会拓宽公司治理研究的边界。

12.1.2　大数据

随着 21 世纪新一轮科技革命的兴起，我们逐步迈入数字经济时代。无处不在的数字化、信息化、智能化场景催生了几何级数增长的海量数据。这些大数据（Big Data）不仅在实践中对人们的生活产生巨大影响，其在学术研究中的巨大价值也日益显现。2021年，*Review of Financial Studies* 出版了一期以“金融中的大数据”（Big Data in Finance）为主题的特刊。该期卷首文章 Goldstein et al.（2021）将大数据定义为具有大体量（large size）、高维度（high dimension）和复杂结构（complex structure）的数据，并言明了其在金融相关研究中的重要性。首先，大数据的大体量特征有助于克服传统研究中的样本选择偏差问题，大大缓解实证结果的内生性问题。其次，大数据的高维度特征能够捕捉到研究对象更多维度和层面的特征，使研究更贴合实际。因为现实中的问题往往涉及非常多的变量，同时变量之间的影响也有可能是非线性的（高维函数类），使用大数据能够更好地拟合这一现实。最后，大数据的复杂结构特征有助于进一步扩展研究对象。文本、图片、视频、音频等非结构化数据往往包含着以往研究未能关注到的重要信息，利用机器学习等方式对此类复杂结构的大数据进行挖掘和分析，有助于填补研究空白。

近几年，公司治理领域的学者们已经开始尝试基于大数据背景的学术研究。一方面，学者们基于大数据样本，利用深度学习等相关技术，来更准确、更全面地研究现有的公司治理问题。如 Li et al.（2021）首次利用机器学习的方法对将近21万份公司电话会议记录进行分析，在此基础上识别出每一家公司的企业文化内容，进而讨论公司文化的影响因素和经济后果。另一方面，学者们也开始探索在数字经济时代，大数据变革对公司相关行为决策的影响。如 Zhu（2019）通过实证研究发现，当投资者能够使用大数据对公司进行分析时，公司股价的信息含量会上升，同时经理人的机会主义行为将有所下降。Erel et al.（2021）则发现机器学习技术能够帮助公司优化董事提名决策，进而改善公司治理。从以上几篇前沿研究中可以看出，大数据将深化学者们对公司治理问题的理解，也将重塑公司治理相关实践。因此，大数据与公司治理的新兴研究具有重要意义，并且，随着计算机技术和大数据处理方法的应用愈加成熟，该领域的研究必将势如破竹，不断向前发展。

12.1.3 区块链

区块链（Blockchain）是一个分布式的共享账本和数据库，具有去中心化、不可篡改、全程留痕、可以追溯、集体维护、公开透明等特点（Tapscott and Tapscott，2017）。2008年，Nakamoto 第一次提出区块链的概念和技术，并用于验证虚拟货币的所有权。在2015年前后，鉴于区块链这种记账方式在成本、速度和数据完整性方面都具有强大优势，金融、物流、公共服务、数字版权等多个领域开始关注并投资这一技术，以缓解信息不对称问题，实现多个主体之间的协作信任与一致行动。在金融领域，区块链技术已经开始落地。比如，澳大利亚证券交易所在 2016 年 1 月宣布将使用区块链技术重新设计清算和结算系统；美国纳斯达克交易所下属的爱沙尼亚塔林证券交易所于 2016 年开始在区块链平台上进行股东投票；美国上市公司 Overstock.com 也在 2016 年底开始通过私有区块链来发行股票。不难想象，区块链技术在金融领域的应用会在一定程度上影响到公司的行为决策，更不用说随着该技术的发展与成熟，企业内部治理也可能会直接应用到区块链技术。

预见到了这一点，公司治理领域的学者们开始就区块链对企业行为的影响展开初步探讨。Yermack（2017）是区块链与公司治理领域内最早进行系统性论述的研究。作者详细论述了区块链将对企业经理人、机构投资者、债权人、审计师以及其他利益相关者产生的潜在影响。Murray et al.（2021）则具体讨论了基于区块链的智能合约在降低公司代理成本方面的利弊。整体而言，该研究认为区块链技术在一定程度上能够降低代理成本，但由于无法预见到所有的意外情况，智能合约也不能完全解决公司内部的代理问题。从以上零星的两篇研究中能够看出，区块链这一基于算法来建立信任的技术，将给公司治理带来极大的影响，甚至可能产生颠覆性的效果。然而，现有研究还停留在规范性的描述和设想层面，未形成系统、清晰的认识。因此，该新兴领域是一片值得探索的蓝海，研究者们大有可为。

12.1.4　平台组织

平台组织（Platform）这一概念最早由 Ciborra（1996）提出，是指在新型的商业机会和挑战中构建灵活的资源、惯例和结构组合的一种组织形态。这一抽象的概念虽听起来有些艰深晦涩，但在互联网经济风靡全球的当下，一个个具体的平台组织早已触及我们生活的方方面面，成为越来越重要、越来越有价值的一种商业模式。2016 年 8 月，在全球市值最高的五家公司中，第一次没有了石油、金融、工业等公司的身影，变成了清一色的互联网平台型企业——苹果、谷歌、微软、亚马逊和脸书。2017 年，中国的平台型企业腾讯和阿里巴巴进入该榜单前十。从这些企业的共性中不难看出，平台组织正是通过构建一个有着活跃互动的双边（或多边）市场，来促进外部供应商和顾客进行信息、商品与服务、社会货币的交换，从而为所有参与者创造价值。

实际上，在学术研究中，产业组织学和战略管理学已经对平台组织进行了一定程度的关注和探讨。在产业组织领域，学者们主要基于双边市场理论来分析平台的定价策略（Rochet and Tirole，2003；Hagiu，2006）和竞争策略（Armstrong，2006）。在战略管理领域，学者们主要聚焦平台生态系统的治理机制和效果等（Wareham et al.，2014；Zhu and Liu，2018；Rietveld et al.，2019）。需要指出的是，现有研究中提及的平台治理（platform governance），指的是平台拥有者制定的一系列控制规则，包括决策权配置、激励结构和控制机制三个方面的决策，以实现整体上对平台的控制，并激励平台内开发者实施创新行为，最终促进平台商业生态系统的健康发展（Tiwana，2013）。可见，平台治理与基于代理问题的公司治理并不相干。迄今为止，围绕平台组织的公司治理问题仍处于空白状态，是一个崭新的研究领域，需要相关学者来探索和挖掘。

在后续的内容中，我们从以上四个前沿问题中各选取一篇对后续研究具有启发性的文献，对此领域做出更为详细的探讨。

在 ESG 方面，我们选取的文献是 Samuel M. Hartzmark 和 Abigail B. Sussman 于 2019 年发表在 *The Journal of Finance* 上的“Do investors value sustainability? A natural experiment examining ranking and fund flows”。该文利用美国资本市场上的一个外生冲击，较为精准地识别了投资者对于可持续投资的偏好，并进一步探究了产生这种偏好的原因。其研究发现有助于我们更好地认识 ESG 投资实践，在研究设计上也值得我们学习和借鉴。

在大数据方面，我们选择了 Christina Zhu 于 2019 年发表在 *The Review of Financial Studies* 上的“Big data as a governance mechanism”。该文探索了当投资者能够获得关于公司的大数据信息时，公司的股价信息含量以及经理人行为有何变化。该研究巧妙地利用外生冲击对上述问题进行识别，揭示了大数据的公司治理效应。

在区块链方面，我们选取了 David Yermack 于 2017 年发表在 *Review of Finance* 上的“Corporate governance and blockchains”。该文系统且详细地介绍了区块链对经理人、机构投资者、债权人以及其他利益相关者的影响，有助于我们初步了解区块链技术对公司治理的影响，从而启发后续相关研究。

在平台组织方面，我们选择了 Yuchen Zhang、Jingjing Li 以及 Tony W. Tong 于 2022 年发表在 *Strategic Management Journal* 上的“Platform governance matters：How platform gatekeeping affects knowledge sharing among complementors”。该研究聚焦平台中的应用研发者，探究平台治理方式之一的平台准入政策对应用研发者之间知识共享的影响。鉴于应用研发者的创新对平台的发展和价值创造至关重要，我们希冀该文能够为平台组织与公司治理的创新性研究提供一些启发。

接下来我们将逐篇介绍论文内容并进行简要评述。

12.2　重点文献导读

12.2.1　投资者重视可持续性吗？一个检验评级对资金流影响的自然实验

Do Investors Value Sustainability? A Natural Experiment Examining Ranking and Fund Flows

12.2　参考文献

文献来源：Hartzmark S M，Sussman A B. Do investors value sustainability? A natural experiment examining ranking and fund flows. *The Journal of Finance*，2019，74（6）：2789－2837.

1. 研究动机

随着企业在可持续性与社会责任上投入资源的增多，越来越多的学者开始致力于研究资本市场中投资者对于可持续性投资的偏好。实际上，投资者对可持续性投资持有不同的态度。有些投资者认为，将资源直接用于可持续性投资会损害公司利润最大化的首要目标。有些投资者则认为，一家经营良好的公司不应仅仅以股东价值最大化为目标，也应该关心环境。还有些投资者认为可持续性投资是实现企业利润最大化目标的合理方式。那么，究竟哪一种观点受大多数投资者认可？可持续性投资是否符合投资者需求？简而言之，投资者是否将公司的可持续性投资视为积极信号？回答这个问题面临的最大挑战是如何识别大多数投资者，已有研究大都针对某类可持续性投资进行分析，仅能够反映持有此类产品的投资者的偏好，而不能涵盖所有投资者。

2. 研究问题与研究发现

该文巧妙地解决了上述问题。具体而言，作者以 Morningstar 公司发布可持续性评级这一事件作为外生冲击，研究了其评级对象，即 2 万只总市值超过 8 万亿美元的共同基金的资金流动情况，以此说明投资者对评级结果的反应，此即投资者对可持续性投资的态度。

研究发现，投资者对可持续性投资给出了积极的评价。

3. 研究过程

（1）冲击合理性说明。

2016 年 3 月 1 日，Morningstar 公司发布了对 2 万只共同基金（总市值超过 8 万亿美元）的可持续性评级，包含可持续性得分、排名和级别三个指标。评级结果基于共同基金的持股情况得到。具体而言，Morningstar 公司先根据 ESG 表现，对基金持有的每家公司赋予可持续性得分，再将所有公司的可持续性得分加权平均即可得到每只基金的可持续性得分和可持续性排名，并进一步据此将共同基金按照可持续性由低到高划分为五个级别。该评级结果明确了共同基金在可持续性方面的表现。但要将其作为外生冲击，研究投资者对可持续性投资的态度还需要确定投资者无法预期，并且会关注和使用该评级结果。该文首先对此进行了检验。作者发现，在评级结果发布前谷歌上没有与之相关的搜索，而在发布之后则出现了大量相关搜索，说明评级结果具备作为外生冲击的条件。

（2）基本实证结果。

那么，投资者对评级结果会作何反应呢？为了回答这一问题，作者接着研究了评级结果对共同基金资金流动的影响。如果投资者对可持续性投资持积极态度，那么获得高评级的基金公司将有更多的资金流入。检验结果表明，共同基金投资者将可持续性作为积极的基金属性，并且将更多的资金分配给排名最高的 5 级基金（前 10%的基金），而排名最低的 1 级基金（最后 10%基金）则分配更少的资金。其中，基金的评级为 2 级、3 级或 4 级时对其资金的流入或流出没有显著影响。作者还在后续内容中进一步探讨了上述行为的经济意义，研究发现，对于在可持续性评级中级别最高的基金而言，在 Morningstar 公司发布评级公告后的未来 11 个月内有约占基金规模 4%的资金流入，折合约 120 亿美元至 150 亿美元。相比之下，可持续性排名最低的基金，则经历了约占基金规模 6%的资金流出，折合约 240 亿美元至 320 亿美元。

在上述检验中，投资者对可持续性得分以及可持续性排名这两个信息含量更多的指标没有反应。这一结果意味着：1）同一级别内的基金公司应该具有相同的资金流动水平，无论它们在可持续性得分与排名这两个指标上有多大的差异；2）不管基金之间的特征如何相似，一旦处于不同的级别就会表现出不同的资金流动水平；3）这两种效应在受投资者关注的评级最高和最低的两组基金中反应更强。作者更详细地考察了评级结果和资金流动的关系，对这三个推论进行了检验，并得到了与推论相一致的结果。这一结果强调了信息的展示方式会对投资者决策产生重要影响，相较于详细的得分和排名，分类展示更能影响投资者决策。

（3）内生性处理。

为了保证投资者对评级结果的反应不受其他事件的影响，作者还进行了以下两方面的检验。一是利用图示法进行平行趋势检验，发现在 Morningstar 公司发布评级公告前的 9 个月内，5 个级别的基金在资金流动方面没有显著差异，而在公告发布后的 11 个月内最高级别的 5 级基金与最低级别的 1 级基金在资金流动方面产生了显著的差异，通过了平行趋势检验，说明前述结论不是由其他事件推动的。二是以早于 Morningstar 公司评级几年发布的 KLD 得分构建了一个伪评级，结果发现，这一评级对资金流动没有影响，即通过安慰剂检验证明了结论的稳健性。此外，作者也阐述了文章的结果是投资者对评级事件本身的反应，而不是对共同基金基本面新增信息的反应。Morningstar 公司发布的评级公告对占纽约证券交易所市值约 40%的共同基金造成了巨大冲击，而这并不直接影响其基本面。主要是因为该评级仅是将公开的信息进行了重新包装，以便吸引注意力。而且，评级标准的构建基于类内比较，这种比较依赖于 Morningstar 公司自己对基金的分类，因而不太可能与投资风格或其他一般可持续性衡量标准高度相关。

（4）进一步分析。

投资者重视可持续性的原因何在？作者最后对此进行了探讨。这一问题存在三个假设，其中假设一认为机构投资者受其机构施加的约束而重视可持续性；假设二认为投资者将可持续性视为未来收益更高的信号；假设三认为投资者出于非金钱（如利他主义）的原因而偏好可持续性。作者对上述假设进行了检验。对于假设一，文章检验发现，机构投资者与非机构投资者的行为一致，表明机构约束不能完全解释这一结果。对于假设二，作者发现，可持续性评级与预期收益之间存在负向关系，或者根本不相关，表明该结果不是投资者基于理性预期做出的。对于假设三，通过一项针对两类人群（MBA 学生、MTurk[①] 参与者）的实验，作者发现实验参与者对未来风险的预期与可持续性评级负相关，而对未来收益的预期则与可持续性评级正相关。同时，作者还在这两类人群中发现了一些利他主义（或其他非金钱动机）的证据。因此，总体而言，作者认为，投资者重视可持续性是因为他们不理性地认为可持续性预示着更好的未来收益，或者出于利他主义与道德理想等个人情感。

作者还排除了一种不能直接检验的解释：投资者并不考虑 Morningstar 公司评级所衡量的可持续性而进行武断判断。排除的原因主要有以下几点。首先，为了让投资者明白其发布的评级公告衡量了可持续性，Morningstar 公司投入了大量资源。其次，投资者（尤其是机构投资者）可能会花费大量时间和精力做出决定，因此，他们应当理解，Morningstar 公司的评级是为了衡量共同基金的可持续性而设计的。最后，谷歌搜索分析显示，搜索“Morningstar 可持续性评级”的人数与搜索“Morningstar 评级”的人数大致相当，这表明，许多人具备足够的知识，可以直接搜索可持续性评级，而不仅仅是对 Morningstar 网页顶部的评级图像做出反应。因此，作者认为其观察到的

① MTurk 的全称是 Amazon Mechanical Turk，是亚马逊开发的一个网络众包平台。

资金流动至少部分受到可持续性因素的驱动，进而排除了投资者的武断假设。

4. 研究贡献

作者认为该篇论文的主要贡献有三点。第一，与以往研究仅关注可持续性的某一具体方面不同，该文从整体上检验了投资者对公司可持续性投资的态度。已有文献研究了一系列具有明确社会责任（CSR）的投资产品（Geczy et al.，2005；Bollen，2007；Benson and Humphrey，2008；Bialkowski and Starks，2016；Barber et al.，2017；Riedl and Smeets，2017），但仅仅表明特殊的投资者选择了此类产品，并没有检验普通投资者的偏好。第二，该文有助于理解企业进行可持续性投资的动机。无疑，一些可持续性投资受代理问题驱动，但该文结果表明代理问题并不能全然解释公司的可持续性投资，迎合股东也是其中的一大动机。第三，该文发现了情绪在指导投资决策中的重要性。因为文章的机制检验结果表明，投资者的非理性预期以及个人情感促使其对可持续性投资持积极态度。

5. 评述

该篇论文巧妙地利用Morningstar公司发布的涵盖2万只共同基金（总市值超过8万亿美元）的可持续性评级这一特殊数据，首次考察了资本市场中投资者对于可持续性投资的态度，并较为细致全面地探讨了投资者为何会做出此等选择，具有重要的学术意义。我们认为该文在以下几方面可供学习借鉴。第一，如何寻找合理的数据进行检验，该文做出了较好的示范。Morningstar公司的可持续性评级涵盖2万只共同基金（总市值超过8万亿美元），约占整个纽约证券交易所市值的40%，使得研究样本具有代表性与普遍性。同时，该评级每个月月末都会进行更新，从2016年3月至2017年1月，11个月的月度数据足够观察共同基金资金流动的变化。第二，作者并未止步于投资者重视基金的可持续性这一现象，而是深入考察了投资者偏好可持续性的原因。投资者重视可持续性是因为他们认为可持续性预示着更好的预期收益，或者出于利他主义与道德理想等个人情感。

尽管如此，该文仍存在着以下两个方面的不足之处。一是作者未能直接证明投资者究竟因何偏好可持续性共同基金。后续可通过构建乐观预期与个人情感的衡量指标进行直接的机制检验。二是该文缺少必要的稳健性检验，作者在文章中仅仅使用了Morningstar公司的可持续性的衡量指标进行实证检验。对于文章的核心变量，作者并没有参考已有文献构建其他指标，对如此重要的指标构建的单一性可能使得文章的研究结果不够稳健。

12.2.2 作为治理机制的大数据

Big Data as a Governance Mechanism

文献来源：Zhu C. Big data as a governance mechanism. *The Review of Financial Studies*，2019，32 (5)：2021 - 2061.

1. 研究动机与研究问题

股价信息含量因其对经理人行为的潜在影响，备受学术界关注（Fishman and Hagerty，1989；Holmstrom and Tirole，1993；Brandenburger and Polak，1996）。但是，受限于股价信息含量与经理人行为的内生性问题，关于二者关系的实证研究面临着极大的挑战。

该文以大数据的出现为契机解决了这一问题。具体而言，该文首先通过证明大数据对股价信息含量的影响，得到了外生于经理人行为的股价信息含量变化，而后据此检验了股价信息含量变化对经理人行为的影响。

2. 研究过程

（1）理论分析。

围绕上述研究问题，作者提出了三个假设。假设一讨论了大数据对股价信息含量的影响。有效市场假说认为股价反映了市场中所有可得信息，但这一假说的前提是信息收集没有成本。在信息获取成本较高的市场中，为了弥补知情投资者为获取信息而付出的代价，必须使他们的交易价格不能完全反映可得信息。大数据的出现增加了信息的可获得性，降低了投资者获取信息的成本。噪声理性预期模型（noisy rational expectations models）指出，信息获取成本的下降提高了短期股价的信息效率。据此作者提出该文假设一：大数据的使用增加了股价信息含量。

假设二阐释了股价信息含量对经理人自身交易行为的影响。经理人依据他们关于公司未来收益情况的私有信息进行股票交易。当大数据导致股价信息含量增加，从而更大程度地反映了公司未来收益情况时，经理人通过交易私有信息寻租的动机与效应相应降低。由此作者提出假设二：大数据的使用减弱了内部人交易与公司未来预期收益之间的关系，以及降低内部人在未来预期收益为正（负）前买入（卖出）股票的倾向。

假设三探讨了股价信息含量对经理人投资行为的影响。股价信息含量的提升使其包含更为精准的公司现有业务与未来投资机会的信息，此类信息在使用大数据之前为经理人专有，获取成本与难度较大。一旦此类信息被投资者获取，尤其是在经理人投资衰退行业时，投资者就可以通过卖空向经理人施压，促使其做出更有效的投资决策。由此作者提出假设三：大数据的使用提高了投资效率。

（2）数据说明。

在实证检验中，作者使用了两类大数据。一类是线上消费者的交易数据；另一类是汽车数量的卫星图像数据。鉴于大数据供应商从 2014 年开始出售其收集到的包含公司实时交易等信息数据，作者将该文样本区间选为2014—2016年。在控制组和实验组的数据选择上，作者利用公司规模作为匹配的主要变量，使用绝对距离最小化的匹配原则，将公司规模与实验组最为相近的公司作为控制组，最终得到226对匹配好的公司组合。值得一提的是，作者指出了该文数据存在的局限性。第一，无法直接观察到大数据提供商的具体客户，从而无法获得这些客户购买数据的具体时间，也无法了解他们是否将这些信息纳入了投资决策中。第二，没有证据直接表明经理人已经意识到投资者正在使用这些大数据。第三，无法观察到经理人的私人信息，借以说明大数据涉及的相关信息是此前属于经理人的私人信息。

（3）基本实证结果。

作者先检验了大数据的使用对短期和长期股价信息含量的影响。就短期股价信息含量而言，作者将其定义为股价在多大程度上反映了公司当期的现金流情况，并利用收益公告的宣告效应进行衡量。具体而言，作者认为市场基于收益公告中的信息评估公司当期的现金流情况。因此，如果大数据的使用提高了公司股价的短期信息含量，则收益公告的宣告效应理应显著降低，因为公告中的信息在发布前已然反映在股价当中。检验结果显示，收益公告的宣告效应在使用和不使用大数据的公司中并无显著差别，进一步将公司按照流动性分组后得到，流动性较高的公司的收益公告宣告效应显著低于流动性较低的公司。流动性较高的公司更容易被成熟投资者持仓，因而这一结果说明大数据的使用带来的短期股价信息含量的提高仅存在于成熟投资者主导的公司中。

就长期股价信息含量而言，作者将其定义为股价在多大程度上反映了公司未来的收益情况，利用当前收益与未来收益的关系来衡量。具体而言，作者认为如果大数据的使用提高了对应公司股价的长期信息含量，则当前收益理应在更大程度上反映公司的未来收益。检验结果显示，当前收益和未来收益的相关关系在使用大数据的公司中显著更高。进一步将公司按照流动性分组后同样得到，二者的相关关系在流动性较高的公司中显著更高。这一结果说明大数据的使用提高了公司的长期股价信息含量，且这一提高效应在成熟投资者主导的公司中更为显著。

然后，作者探讨了长期股价信息含量的增加是否会影响经理人的内部交易行为和投资行为。就经理人的内部交易行为而言，作者经检验发现，在使用大数据的公司中，经理人买入股票的可能性以及比例与未来收益增加的相关性都显著降低，与未使用大数据的公司相比，使用大数据的公司的经理人买入行为与未来收益增加的相关性减少了17.7%。但并未发现经理人股票卖出行为与未来收益减少的相关性发生显著变化。上述结果一是表明通过增加长期股价信息含量，大数据的使用减少了经理人利用私有信息进行股票买入的行为，二是表明相比买入而言，卖出面临更多的约束和诉讼风险。就经理人的投资行为而言，作者研究发现，在使用大数据后，投资决策对价值毁损型投资机会的敏感性增强了，即当股价在更大程度上反映未来收益时，大数据能够促使经理人进行价值最大化的投资，提高投资效率。随后，文章进一步研究了经理人宣布停止经营或裁员后对公司价值的影响，并发现在使用大数据后，经理人的上述行为更大程度地增加了公司价值，表明市场认可经理人在使用大数据后的经营策略或裁员行为。

（4）进一步分析。

作者对大数据发挥公司治理作用的途径进行了简要探讨。根据前述发现，作者认为成熟的投资者监督成本的降低可能是大数据发挥公司治理作用的渠道之一。成熟投资者可以利用大数据轻松地监督经理人的行为，并有效地将大数据中有关经理人行为对公司价值影响的信息整合到股价中。作者通过计算发现，此类投资者的投资活动确实增加了，这在一定程度上反映了其监督成本的下降，佐证了监督机制的存在性。

（5）内生性处理。

作者指出文章的研究结论还存在另一个解释：经理人利用大数据能够更充分地攫取股价信息，获取竞争对手的信息，更了解客户的需求，可能会据此调整自身行为与投资决策。为了排除这一解释，作者通过构建模型检验发现，这些信息增量并不为经理人自己所有，投资者的监督机制依然可信。

3. 研究贡献

作者指出该文的贡献在于以下两点。其一，从股价与经理人视角，考察了大数据的公司治理作用，丰富了技术创新对资本市场影响这一研究领域的文献。已有研究多从算法交易（algorithmic trading）、高频交易（high-frequency trading）与机器人新闻写手（robo-journalism）等视角研究了创新技术在资本市场中的作用。该文从大数据这一新的视角，研究了其在资产管理中的作用。其二，通过研究大数据带来的股价信息含量增加对经理人投资行为的约束作用，补充了信息披露与监管对投资效率影响领域的文献。

4. 评述

限于股价信息含量与经理人行为的内生性关系，已有文献鲜有对二者的关系进行探讨。该文作者以 2014 年第三方数据平台的大数据出售使得信息的收集成本急剧下降作为外生冲击，在证明了大数据能够改善股价信息含量之后，研究了股价对经理人行为的影响。确如作者所言，大数据冲击的引入是该文的最大贡献。除了这一重要结论对学术和实践具有推动和指引作用之外，该文还在以下几个方面可圈可点。

第一，对于如何找寻一个合理的外部冲击，该文做出了较好的示范。不同于公司财务报告等的数据信息，第三方数据平台出售的关于公司实时交易等的数据不受经理人操控，被投资者获取后，能够将其融入个人投资决策，改善股价信息含量。以此构建双重差分模型，能够很好地解决股价信息含量与经理人行为互为因果的问题。

第二，作者并未止步于股价信息含量变化对经理人内部交易与投资决策的影响，而是进一步分析了具体的影响路径。作者指出，成熟的投资者可以有效地将大数据中有关经理人行为对公司价值影响的信息整合到股价中，利用大数据较为轻松地监督经理人的行为，这种分析思路值得我们学习和借鉴。

然而，该文仍存在以下两个方面的不足之处。其一，正如作者在文中指出的，作者未能直接观察到使用了大数据的投资者是否将其运用到个人的投资决策中，以及经理人是否知道投资者使用了大数据，而是使用一些替代性方式验证，比如，与数据提供者和行业专业人士交谈、验证使用数据的投资者的卖空行为增加以及使用横截面回归检验。其二，缺少必要的稳健性检验使得文章结论不够稳健。文章主体部分使用双重差分模型进行实证检验，却并没有进行其他稳健性检验，也未进行双重差分模型中常用的安慰剂检验。另外，尽管文章使用的数据源包括消费者的网络购买行为，但其并不是记录消费者活动的唯一网站。因此，可查找其他数据来源作为补充，进行稳健性检验。

12.2.3 公司治理与区块链

Corporate Governance and Blockchains

文献来源：Yermack D. Corporate governance and blockchains. *Review of Finance*，2017，21（1）：7-31.

1. 研究动机与研究问题

区块链是基于密码学和信息技术，在财务信息记录和保存方面的一种新应用，具有高安全性、高透明度以及成本相对较低的特性（Tapscott and Tapscott，2016；Byström，2019）。2015 年下半年，区块链技术迅速走红，在全球市场上成为继互联网后的新热点。针对区块链的投资和探索项目随着多国央行、交易所、国际投行及 IT 巨头纷纷涌入，呈现爆发式增长。无疑，这一新技术会对公司治理产生深远的影响。

该文以此为契机，探讨了区块链对经理人、机构投资者、债权人、审计师以及公司股价、实时会计的潜在作用，在揭示区块链技术的应用对公司治理的影响方面具有启示性意义。

2. 研究过程

（1）区块链的基本介绍。

在深入分析区块链对公司治理的影响之前，作者首先阐明了区块链的概念与特征。具体而言，区块链利用块链式数据结构来验证与存储数据，利用分布式节点共识算法来生成和更新数据，利用密码学方式保证数据传输和访问的安全，利用由自动化脚本代码组成的智能合约来编程和操作数据，是一种全新分布式基础架构与计算范式。其基础架构自下而上可分为数据层、网络层、共识层、激励层、合约层、应用层。其中，数据层包括区块链基本数据结构[①]及其原理；网络层是区块链信息交互的基础，承载节点间的共识过程和数据传输，主要包括建立在基础网络之上的对等网络及其安全机制；共识层保证节点数据的一致性，封装各类共识算法和驱动节点共识行为的奖惩机制；激励层来自比特币区块的挖矿奖励机制，是一种以经济激励形式回报节点为系统提供算力和存储的方法，保障了区块链的自发运行；合约层和应用层包括区块链的相关应用场景和实践案例，通过调用控制合约提供的接口进行数据交互。

区块链技术主要解决去中心化、交易追踪、分布式记账、保护隐私等问题，具有以下几方面的特点：第一，去中心化结构，通过纯数学方法建立信任关系。区块链技术的信任机制建立在数学（非对称加密）原理基础上，借助开源算法，使系统运作规则公开透明。在这种模式下，各个节点之间进行数据交换时可以自动达成交易共识和自动信任，在保证信息安全的同时，有效提升系统的运营效率并降低成本。第二，数据信息不可篡改。配合时间戳等技术，区块链将系统成立以来的所有交易全部记录在数据区块中，所有的交易活动都可以被追踪和查询，并且形成的数据记录不可篡改。这便于对交易活动进行追踪，可以有效解决交易验证和交易后续纠纷等问题。第三，公开透明。除私有数据外，链上数据对每个节点公开，便于验证数据的存在性和真实性。第四，透明信息背后的匿名保护。区块链的信任基础是通过纯数学方式背书建立起来的。区块链技术利用公钥地址代替用户的身份信息，从而能够有效实现匿名性，使人们在互联网世界里实现信息透明共享的同时，不会暴露自己的真实身份信息。区块链上的数据都是公开透明的，但数据并没有绑定到个人，人们无法知晓交易背后的参与者是谁。透明交易背后的匿名性特点，极大地保护了参与者的个人隐私。

总之，区块链提供了一个新的信息记录方式，信息被记录在所有的区块中，为了保证分布式账目的一致性，每条记录在发生变动时都需要和其他记录进行验证和比较，因此，若有某一方试图改变某部分内容，这些变化将在验证过程中被其他拥有副本的计算机拒绝。而且这一篡改的成本是异常高昂

---

① 区块链中的每一个区块由区块头和区块体组成，区块头包含版本号、前一区块的哈希值（Hash）、时间戳（Timestamp）和随机数，区块体包含交易数量和加密的交易具体信息。为保护区块中以及链传递时的信息安全，区块链运用了密码学原理，涉及哈希函数、非对称加密、数字签名。

的，需要超过一半节点共同对数据库进行修改才可实现，即基本不可能实现。

（2）区块链对公司治理的影响。

对区块链有了一定的认知后，作者讨论了利用区块链发行和交易股票对公司治理的影响。具体而言，作者先是指出将区块链应用至股票发行和交易可以提高公司股权的透明度与流动性。第一，公司股票的交易可以实时显现在区块链上，能够被任何授予权限的人观察到。第二，区块链上的股票交易可以更快地结算（主要取决于增加新区块的时间），而且不需要大量的中间人，减少了出现在佣金和买卖价差中的成本。接着，作者对股权透明度与流动性的提高如何影响机构投资者、经理人、股价信息含量、公司选举投票、实时会计、债权人一一进行了讨论。

就机构投资者和积极股东而言，区块链应用带来的更大的股权透明度与更快的股权流动性均能对其行为产生影响。透明度的提高增大了机构投资者和积极股东的交易成本。当透明度更高时，股权的变动以及兼并收购等行为能够被实时观察到，机构投资者和积极股东获取私有信息收益的成本增加，因而更不愿意投资于区块链企业。并且，流动性的增加便利了机构投资者与积极股东的进入或退出。当外部投资者持有公司股票时，既可以通过“用手投票”的方式参与公司治理，也可以通过退出威胁给经理人施压。更快的流动性降低了股票的出售成本，使得股东退出威胁的治理作用在区块链中更受重视。

就经理人而言，区块链技术可能降低基于股权的经理人激励的有效性。经理人的股权激励来自股票期权或限制性股票，其可以通过私有交易、股权质押等获取一定的收益。而且这些行为均在私下进行，不会影响公司股价、税收、个人声誉等。但是利用区块链进行股票交易时，经理人的行为被实时披露，其私利行为会被实时发现，造成公司股价波动、税收增减并影响个人声誉，进而降低经理人从股权激励计划中获取私利的能力。不仅如此，配合时间戳等技术，区块链系统的数据信息不可回溯篡改，因而还降低了经理人获取股票期权回溯、股票期权行使和股票慈善捐赠红利的能力，进一步导致股权激励有效性的降低。股权激励有效性的降低可能迫使公司通过其他方式补偿并满足经理人的效用函数。

就股价信息含量而言，公司股权的高透明度与高流动性能通过影响优劣信息的传播速度改善股价信息含量，提高定价效率。当今的资本市场中，与坏消息相比，好消息的流通更便捷快速。然而，区块链公开透明的特征使得投资者的身份信息能够被清晰地观察到，其知情交易也更容易被察觉，此类负面信息融入股价中的效率得以提升。同时，区块链股票登记系统透明度的提高，可以让市场庄家观察到投资者的所有权状况（包括正在交易的股票、其他股票），从而更加准确地辨别投资者的交易动机。投资者的股票出售行为既可能基于不利信息也可能出于流动性考虑，区块链的存在使得做市商可以通过观察投资者是否同时出售其他股票，来判断投资者的交易行为是信息驱动还是流动性驱动。这会降低做市商收取的风险溢价，提高资本市场的定价效率。

就公司选举投票而言，作者主要从选举的准确性与空洞投票（empty voting）两方面分析区块链的影响。第一，当前的投票程序存在选票统计不准确等问题，导致选举结果的精确性受到质疑。比如投票的具体截止时间存在操纵空间、是否还有选票未清点也不明确，以及经理人对选票情况具有信息优势，并可以据此做出针对性的应对措施，增加获胜的概率。区块链选举的优势在于更快、更精确的投票统计，以及实时并且同时将投票结果告知经理人和持不同意见的股东。这可以给双方一个平等的机会，用最后一分钟的竞选策略进行干预。可能的结果是，积极股东或其他团体的外部候选人中，持不同意见者更频繁地当选，与薪酬和治理相关的管理者提案可能更频繁地收到反对票。第二，在区块链股票登记体系中，空洞投票将变得更加困难。最简单的空洞投票方式是在股票借出市场借入股票，得到投票权，直至归还股票为止。在区块链中交易股票时，此类股票借贷将变得透明。一旦发生，股东、管理者和监管者能及时察觉并采取措施，及时阻止空洞投票人获得选票，重新分配投票权。

就实时会计（real-time accounting）而言，一方面，用户可以访问公司的原始数据，自己决定折旧时间表，按照公允价值标记资产，并确认非现金应计利润，进而使财务报表发生重大变化。尽管财务报表的这种根本性变化需要付出一定的代价——向外界提供公司私有信息。但它有两个巨大的好处：股东们会更加信任公司数据的完整性、不需要雇用成本高昂的审计师（他们本身会被收买）来担保公司账簿和记录的准确性。此时，会计师需要重新塑造自己，成为原始财务数据的解释者，鉴于许多公司的规模和复杂性，市场对其服务的需求可能会以某种形式继续下去。另一方面，区块链上的实时信息的发布将大大减少公司利用私有信息进行盈余管理与关联交易。

就债权人而言，其很可能会利用区块链自主执行智能合约的能力，重新考虑某些限制性契约的必要性，进一步设计不同的证券。智能合约是部署在区块链上的可执行代码，可不依赖中心机构自动化地代表各签署方执行合约，因此，智能合约可以克服战略违约等道德风险，还可以大幅降低验证和执行成本，即智能合约是降低代理成本的有效手段。若公司愿意签订一个智能合约则代表该公司在未来不会采取机会主义行为，这将保护债权人免受基本的财务欺诈（例如债务人抵押同样的抵押品给两个债权人）。

总体而言，区块链通过作用于机构投资者、经理人、股价信息含量、公司选举投票、实时会计、关联交易以及债权人等来影响公司治理。不过，值得注意的是，区块链自身的治理问题也应当被关注。区块链是由计算机软件自动操作的，更具体地说，是由大量运行开源代码的“矿工”操作的。因此，有两大问题需要注意：一是区块链运行规则的制定与改变。就像证券交易所的日常规则一样，嵌入区块链的软件代码的规则可能有利于某些公司，但会损害其他公司的利益，因此改变这些基本规则的权威可能变得至关重要。二是“矿工”勾结。“矿工”是比特币的奖励对象。当某台“矿机”解出某个数学难题时，就获得一次记账权，系统自动确认该节点所打包的全部交易的有效性，将它挂到前一个区块后面形成新的区块。在一个开放的区块链中，最基本的问题就是所谓的51%攻击，即区块链中的一个参与者控制了足够多的“矿工”，通过软件的改变，以牺牲其他所有人的利益来获取个人利益。

3. 评述

基于对区块链概念与特征的认知，该文系统而详细地描述了区块链技术的应用对于公司治理的影响，并指出了区块链自身的治理问题，具有重要的学术价值与启示意义。诚如作者所言，区块链的应用会影响到公司治理的多方参与者——机构投资者、积极股东、经理人、审计师、分析师等其他利益相关者，并进行了深入的分析探讨。无疑，该文拓宽了公司治理的研究范围，从而推动了公司治理研究的进一步发展。当前，互联网、大数据、区块链等技术日益融入经济社会发展的各领域、全过程中，在此背景下，借鉴该文的逻辑分析，学者们更好地将数字技术、宏观政策融入公司治理的研究与实践之中。

该文的不足之处在于，作者并没有将文章的观点通过模型进行论证或者利用实证进行检验，且部分观点也缺少必要的文献引用证据。当然，这也可能是因为该话题目前较为新颖，缺乏相关数据与资料。

12.2.4 平台治理问题：平台准入如何影响应用研发者之间的知识共享

Platform Governance Matters: How Platform Gatekeeping Affects Knowledge Sharing Among Complementors

文献来源：Zhang Y，Li J，Tong T W. Platform governance matters: How platform gatekeeping affects knowledge sharing among complementors. *Strategic Management Journal*，2022，43：599－626.

1. 研究动机与研究问题

应用研发者的价值创造活动对平台的成功至关重要（McIntyre and Srinivasan，2017；Jacobides et al.，2018）。其中的主要原因是，此类活动如研发创新互补、产品或市场信息共享等，可以增加平台的吸引力，扩大平台整体的市场份额。然而，如何协调此类价值创造活动，对于平台所有者而言，是一个巨大的挑战。第一，应用研发者的动机不尽相同。第二，由于不受平台所有者的直接控制，现行的公司治理方法无法直接作用于软件开发商。为解决这一问题，学者们围绕平台治理政策展开了诸多研究。其中平台准入政策受到了极大的关注，但已有研究大多聚焦平台准入政策如何影响应用研发者与平台之间的互动，而忽略了这一政策如何协调应用研发者之间的战略互动。

该文利用战略管理中的合作竞争框架，考察了平台准入的改变是否影响了应用研发者之间一项重要的互动活动——知识共享，以填补上述空白。

2. 研究过程

（1）理论分析。

在竞争合作的框架下，该文提出了三个假设。假设一探讨了平台准入如何影响应用研发者的知识共享意愿。具体而言，对于平台上的应用研发者来说，存在共同和私人两种利益形式。其中扩大平台整体的用户基础能增加共同利益，因为用户基础与平台整体的市场规模正相关，从而有助于平台上各应用研发者吸引潜在客户，增加潜在收益。而增加应用研发者各自的市场份额能增加私人收益，因为应用研发者实际获得的收益只与其本身的用户关注相关。当追求扩大平台整体的用户基础时，合作动机在应用研发者中占据主导；相应地，当追求提高各自的市场份额时，竞争动机则占据主导。应用研发者间的知识共享与其在上述两种动机间的权衡息息相关。其中，竞争（合作）动机会减弱（加强）知识共享。而平台准入失控会加剧应用研发者间的竞争。其一，平台准入的失控，使得盗版应用得以进驻。盗版应用通过模仿或复制现有应用的功能，并且低价甚至免费向用户开放，直接挤占已进驻的应用研发者的市场份额。其二，盗版应用的质量更差，甚至会干扰用户对已进驻应用的反馈，阻碍已进驻应用的创新改进，影响用户体验，引起平台整体的用户流失，间接施压于已进驻的应用研发者。由此作者提出该文假设一：平台准入会降低平台上现有应用研发者的知识共享意愿。

假设二和假设三进一步讨论了平台准入失控对应用研发者影响的异质性。复杂的知识很难转移和学习，因此，拥有复杂知识的研发者可能不太关心竞争对手的模仿和相关的竞争压力，例如，具有丰富的编程经验、掌握一系列复杂技术的研发人员较少受到影响，因为他们能够开发内嵌于平台上各种不同且相互依赖的子系统的应用，这使得其他研发人员难以模仿。为了使用该应用，用户被迫加入或停留在这一平台。据此作者提出该文假设二：对拥有复杂知识的应用研发者来说，平台准入对知识共享意愿的降低程度更低。相比之下，依赖程式化知识的研发员更有可能提供相对容易模仿且供应充足的普通产品。因此，平台准入的失控强化了此类应用研发者的竞争压力敏感性，突出了平台准入失控的负面效应。即该文的假设三：对拥有程式化知识的应用研发者来说，平台准入对其知识共享意愿的降低程度更高。

（2）识别策略。

该文将 iOS7 越狱插件的发布作为平台准入降低的外生冲击。iOS 平台因其严格的应用程序审查流程而闻名。为了鼓励应用程序创新，平台严格限制一些模仿型应用程序进入。而 iOS7 越狱插件的发布使得用户可以自由使用被平台限制的盗版应用程序，平台准入形同虚设，给现有应用研发者带来了极大的竞争压力。因此，iOS7 越狱插件的发布可以作为该文的研究背景。同时，该文还利用 StackOverflow 这一活跃的应用研发者知识共享平台，解决了应用研发者知识共享意愿的衡量难题。具体而言，该文使用 iOS7 越狱插件发布一周内，应用研发者在 StackOverflow 论坛上发布问题与回答的总数目来进行衡量。在上述基础上，该文以 iOS7 平台中已进驻的应用研发者为处理组，以 Android 平台中已进驻的应用研发者为控制组，构建双重差分模型对上述假设进行检验。

（3）基本实证结果。

作者先对双重差分模型的关键假定，即平行趋势假定进行了检验。检验结果显示，在 iOS7 越狱插件发布之前，iOS 平台和 Android 平台中已进驻的应用研发者拥有十分类似的发帖模式，符合平行趋势假定。

然后，作者正式对前述三个假设进行检验。实证结果表明，在 iOS7 越狱插件发布后，iOS 平台已进驻的应用研发者的知识共享频率平均降低 7%。将样本按照知识复杂性进行分组后发现，在知识复杂度较低的应用研发人员的子样本中，iOS 应用研发人员发布的帖子平均减少了 0.222 篇。而在知识复杂度较高的应用研发人员的子样本中，平均发帖数仅减少了 0.029 篇。这表明，知识复杂度较低的应用研发者更容易受到 iOS 越狱插件发布的影响，而知识复杂度较高的应用研发者对该事件并不敏感。类似地，研究发现，知识程式化水平较低的应用研发者在越狱插件发布后发表的帖子平均减少了 0.106 篇，而知识程式化水平较高的应用研发者在越狱插件发布后发表的帖子平均减少 0.172 篇。这表明，不论知识程式化水平的高低，此类应用研发人员都对该越狱事件比较敏感。

（4）进一步分析。

考虑到复杂性和程式化能产生截然不同的调节效应，而应用研发者又可能同时具备复杂性与常规性这两大知识属性，作者又基于知识复杂性和常规性的高低创建了四个子样本——高复杂性和高常规性、高复杂性和低常规性、低复杂性和高常规性以及低复杂性和低常规性，然后对每个子样本重新进行检验。这进一步验证了假设二和假设三的发现，并发现越狱插件发布后，知识复杂性对应用研发者的知识共享造成的影响大于常规性。

（5）稳健性检验。

作者从以下三个方面进行了稳健性检验。1）在全样本中重新进行以上三个模型的检验。2）更改对照组。由于 iOS 系统和 Android 系统之间的激烈竞争，对 iOS 系统的重大冲击可能会间接影响 Android 平台中应用研发者的活动。因此，作者又创建了一个对照组，即 StackOverflow 论坛上的 Windows Phone OS 应用研发人员。3）更换数据源。尽管 StackOverflow 论坛被广泛使用，优势颇多，但其并不是应用研发者活跃访问的唯一论坛。因此，作者也使用 Reddit. com（另一个应用研发者活跃的在线论坛），作为第二个数据来源，进行稳健性检验。

3. 研究贡献

作者认为，文章主要有以下三方面的贡献。首先，该文基于合作竞争框架，同时考虑了应用研发者之间的合作与竞争动机，探讨了平台治理政策对于这两大动机均衡的影响，丰富了平台治理相关领域的研究。其次，填补了平台治理的一大研究空白，即平台治理政策对平台中应用研发者之间互动的影响。已有文献研究了平台治理对平台与应用研发者之间的关系（Claussen et al.，2013；Kretschmer and Claussen，2016；Rietveld et al.，2019），而应用研发者之间的互动对于平台的价值创造同样重要，该文对此进行了研究。最后，丰富了平台准入政策经济后果的相关研究。已有研究认为，平台准入政策的放松降低了应用研发者对平台的贡献（Boudreau，2012），该文研究发现，平台准入政策抑制了应用研发者之间的知识共享，进一步地，该抑制作用因应用研发者自身的知识属性而有所差异。

4. 评述

已有关于平台治理的文献重点关注平台治理政策对平台与平台内应用开发者之间互动的影响，该文作者在此基础上进一步探究得出，该类政策也会影响应用开发者之间的互动。这一发现对于合作-竞争理论的推进与平台治理的实践指导都具有重大影响。除此之外，该文还在以下几方面具有可供学习借鉴之处。

第一，对于如何找寻一个合理的外部冲击，该文做出了较好的示范。iOS7 越狱插件的发布具有不可预测性，而且这一事件的持续时间（95 天）足够观察应用研发者的互动变化。同时，由于 Android 系统默认允许用户使用未经授权的应用，因此对照组 Android 系统中已进驻的应用研发者并不受此事件的影响。

第二，作者并未止步于平台准入失效削弱应用开发者的知识共享这一现象，而是深入考察了两大个体属性的不同影响与二者影响孰高孰低。作者指出，由复杂的知识研发的应用更难被模仿，而由常规性知识研发的应用则更容易被习得，因此，二者对于知识共享互动降低的调节作用不同。再进一步地，作者通过细化分组，比较得出了哪种属性的影响力度更大。这种深入研究的分析思路值得我们学习和借鉴。

然而，该文仍存在以下两个方面的不足。一是作者未能充分证明平台准入失效降低已进驻的应用开发者的互动的作用机制。尽管文章分析认为，iOS7 越狱插件的发布使得早前被限制的应用得以进驻，直接或间接地给已进驻的应用研发者带来竞争压力，使其减少合作互动，但是并没有通过构建竞争指标进行直接的机制检验。二是该文缺少必要的稳健性检验。文章使用双重差分模型进行实证检验，并进行了更换样本、改变对照组、更改数据源的稳健性检验，但并没有进行双重差分模型中常用的安慰剂检验。

12.3 简要评述及未来研究展望

ESG、大数据、区块链和平台组织都是近年来公司治理领域最新关注的话题，其研究热度也越来越高。12.1 节中已经对这几个领域进行了简要概述，在 12.2 节中针对每个领域的重点文献进行了更进一步的详细导读。本节主要对新兴研究话题进行简要评述，并对未来研究方向进行展望。

12.3 参考文献

就 ESG 这一领域而言，ESG 研究的兴起有两大背景：一是经济社会发展带来的一系列环境、社会以及治理问题的冲击；二是长期以来企业目标正在逐步从股东利益最大化向利益相关者利益最大化演进。然而，该领域最大的问题在于缺乏坚实的理论基础。鉴于此，我们认为 ESG 相关研究的当务之急应是构建一个逻辑自洽且综合全面的 ESG 理论，结合经济学、社会学、伦理学、政治学、环境学等多个学科知识，从学理上合理论证 ESG 的意义所在。新兴研究问题不能只关注和追逐“新”，更要关注“新”概念和“新”话题背后的基础问题，只有这样才能为 ESG 相关学术研究和实践提供底层的逻辑支撑和理论依据，推动 ESG 与公司治理领域扎实稳步地向前发展。除此之外，考虑到目前 ESG 评级领域仍然有很大的争议，不同机构出具的 ESG 评级之间评分的相关系数只有 0.3 左右，而两大信用评级（标准普尔和穆迪）评分的相关系数高达 0.99，这也启示学者们应探寻 ESG 评级差异的原因，并尽可能构建出一套能够达成共识的 ESG 评价体系。最后，现有关于 ESG 的影响因素研究以及经济后果研究的结论也差异极大（Gillan et al.，2021），未来研究也应着力于这一点，从企业特征、行业特征以及国别差异等多个角度为现有结论的差异乃至矛盾找到合理的解释。

就大数据这一研究领域而言：得益于近年来数字经济的繁荣发展，大数据成为了企业重要的价值创造来源。正如美国著名未来学家阿尔文·托夫勒所预测的那样，“谁掌握了信息，控制了网络，谁就将拥有整个世界”。大数据所蕴含的浩如烟海的信息正是当今公司最具价值的资产之一。面对这一变革，公司治理领域的学者可以在以下几个方面扩展研究的深度和广度。一是利用大数据进行相关公司治理变量的衡量，如用音频、视频或图像等复杂结构数据去捕捉公司高管的特征，以此来对高管特征进行更准确或更全面的刻画，加深与高管特征相关的公司治理问题研究的深度。二是探究大数据应用在公司治理实践上的效果。如 Erel et al.（2021）通过实证研究发现，人工智能将提高公司提名董事的决策效率。未来研究可以继续寻找大数据技术在其他公司决策上的应用，以及探索大数据的应用是否具有消极效应等。三是探索大数据变革的冲击对公司行为产生的相关影响。比如，随着机器学习在投资界的广泛应用，Cao et al.（2020）发现公司会策略性地调整其年报的信息披露方式，来迎合人工智能阅读年报的偏好。无疑，大数据的引入将极大地拓展公司治理研究的广度和深度。

就区块链这一研究领域而言，如果说大数据是信息在规模、维度方面的创新性产物，那么区块链则是信息在安全性、可靠性方面的创造性颠覆。这一技术提供了一种新型的信息记录方式，大大提升了信息的安全性和透明度，也大幅降低了信息记录的相关成本。而公司治理问题产生的原因之一正是信息不对称。可想而知，区块链技术在信息透明度上的提升将给公司治理带来怎样巨大的影响。由于这一技术还未广泛应用在公司治理的相关机制中，目前的研究还只是停留在启发性的设想层面（Yermack，2017；Murray et al.，2021）。然而，我们认为在现阶段，仍然可以进行一些基于经济模型的理论研究。不难想到，区块链技术将通过改善公司的透明度，降低公司内外部之间的信息不对称，从而提高公司内部人采取机会主义行为的成本，影响其效用函数和相关约束条件，最终使得模型的均衡解可能发生改变。这类理论研究既能推动公司治理理论的发展，也能为区块链技术在公司治理上的应用提供理论依据。待到这一技术真正在公司治理领域落地并得到推广时，学者们也可借此进行相关实证研究，为区块链与公司治理领域研究提供进一步的经验证据。

就平台组织这一研究领域而言，数字经济不仅催生了大数据和区块链技术，也使得企业组织形式发生转变。平台组织作为一种新型组织形式，既拓宽了企业边界，又赋予了价值创造新的内涵。因为在当今快速变化的市场环境中，企业很难再单纯依靠扩大规模、减少成本的传统规模经济模式来灵活应对用户需求，而是需要企业内部及时沟通、外部与供应商之间快速协同，才能提高对客户需求的响应速度，实现价值创造（Rietveld et al.，2019)。平台组织通过搭建商业生态系统，使得企业与客户、供应商、员工等利益相关者之间的关系愈发紧密，使得各个参与方的价值相互依存（Jacobides et al.，2018)。换句话说，平台组织能否获得竞争优势，关键在于平台两边的用户和供应商能否形成良性交互和循环，各方能否实现利益最大化。由此可见，相比于传统企业，平台组织更加强调并重视利益相关者的权益。未来研究可以尝试比较利益相关者在传统企业和平台企业中的重要性，探讨平台企业如何平衡多方利益相关者的诉求等。因此，对平台组织的探索为研究新组织形态下的公司治理问题提供了机会的同时，也将推动和深化公司治理领域中的利益相关者治理研究。

所谓前沿或者新兴研究话题指的是一些科学技术的发展，对公司治理问题的根源产生了影响，或者是新的经济社会思潮对公司组织的目标产生了根本性影响，从而在公司治理研究中引入了新的考量因素，进而推动了公司治理研究的发展。可以预期，在未来，仍旧会出现像区块链、大数据等类似的、对公司治理根源的信息不对称产生影响的科学技术，这些因素必然将会被引入到公司治理研究中，从而推动公司治理研究进一步发展。同时，我们相信，随着社会的发展，未来将更多地基于利益相关者价值最大化，而不是股东财富最大化为目标构建公司治理理论，并推动以此理论为基础的公司治理实践。

第13章

公司治理研究方法

本章主要讲述公司治理领域的研究方法。在13.1节中，对公司治理领域的研究方法的历史沿革进行梳理，以厘清相关研究方法的发展脉络。在此基础上，在13.2节中，从事件研究法、工具变量法、双重差分法、断点回归法以及文本分析法五个方面各选择一篇具有代表性的文献进行导读，包括对文章内容（重点关注研究方法的应用）的介绍和评述。最后，在13.3节中，进行小结。

13.1 概　述

13.1 参考文献

从起源上看，公司治理从经济学、公司金融等学科发展而来，因此，公司治理研究方法的历史发展必然依托于经济学、金融学研究方法的变革与演进。而谈到研究方法的变化，又不能不提及科学哲学认识论。不同历史阶段的科学哲学认识论，必然会对社会科学，尤其是经济学方法论的科学化产生极为深远的影响。

我们在此并非要对西方经济学研究方法的历史演变进行回顾，因为自古典经济学创建至今的200多年来，随着科学哲学认识论发生诸多变化，经济学方法论也经历数次更迭，加之各个经济学流派的研究方法争辩不休，各行其是，其涉猎的领域庞大且复杂，不乏相关专业学者的热烈讨论，我们无意在此班门弄斧。在本节，我们只试图从上述经济学研究方法的沿革中撷取两三支与公司治理研究有关的历史脉络，以期从中知晓公司治理领域的研究方法如何发展至今，接下来又可能会向何处去。

早在1776年，“西方经济学之父”亚当·斯密在《国富论》中就提及了当公司的所有权与控制权不完全重合时，管理者与所有者之间会产生利益冲突。虽然其未明确提及公司治理相关概念，但实则已经涉及公司治理问题。就研究方法而言，这一著作受英国古典经验主义哲学的影响，采用了抽象演绎与现象描述相结合的方式进行论述。即亚当·斯密一方面对现实进行初步的抽象化，另一方面用描述的方式把经验与现象联系起来，但还停留在现象之间的表面联系上。

在 100 多年之后，随着现代公司形式的逐步发展和成熟，Berle 和 Means 在 1932 年出版了《现代公司与私有财产》这部著作。两位作者用详细的统计数据描述了 20 世纪二三十年代美国企业所有权与控制权分离的现象，指出分散的股权会导致经理人滥用自由裁量权。这部开创了公司治理学术研究先河的著作，大体上仍旧采用现象描述的方式进行观点陈述，进步之处在于用简单的描述性统计数据加以佐证。

但在此之后，公司治理的研究方法得到快速发展，学者们开始成为实证原则的信徒。这主要得益于 20 世纪上半叶逻辑实证主义的兴起。作为现代西方最有影响的哲学思潮之一，逻辑实证主义认为形而上学的申辩、规范的陈述和观点并不是有效的知识，只有逻辑和数学这种科学知识才是知识唯一有效的形式，同时还主张建立在常识经验基础之上的经验数据是除逻辑与数学之外有效知识的唯一来源。可见，逻辑实证主义的目标在于取消形而上学并建立一种科学哲学，即以经验为根据，以逻辑为工具来进行推理，并用概率论来修正结论。

因此，当时的逻辑实证主义哲学对经济学，包括公司治理，产生了以下两方面的影响。其一，逻辑实证主义强调将经济学的思想、理论和方法公理化，即转化为一致的数学形式，这推动了数理经济学的发展。受此影响，20 世纪 70 年代以来，以 Jensen and Meckling（1976）、Myers（1977）和 Ross（1977）为代表的公司治理研究都是采用理论模型演绎的方式，来讨论多种形式的代理问题。其二，逻辑实证主义还要求经济学的结论是可检验的，需要利用历史资料和统计数据对理论涉及的变量进行相关回归分析，这也推动了计量经济学的发展。加之以弗里德曼为代表的经济学家指出，经济模型忽视了经验数据的检验，会使经济学退化为“数学的仆人”（Friedman，1946，1953）。受此影响，20 世纪 80 年代以来，公司治理领域的学者们也逐渐使用经验数据进行回归分析的实证研究方法，如探究控制权市场的治理效应等（Dodd，1980；Asquith，1983；Dann and DeAngelo，1983；Karpoff and Malatesta，1989）。

与此同时，计量经济学开始集中讨论经验研究的可信度问题，不断在计量推断的稳健性以及因果关系的识别上取得进步。这让公司治理领域的实证研究方法自 20 世纪末开始朝着更加可靠、可信的方向迈进。

首先，就计量推断的稳健性而言，由于横截面样本往往不满足同方差假定，从而使得用普通标准误构造的 t 统计量失效。White（1980）基于此问题，提出了异方差稳健的标准误（heteroskedasticity-robust standard error）。而在面板数据中，同一个体在不同时期的扰动项也通常存在相关性，这会让异方差稳健标准误也变得不可靠。Liang and Zeger（1986）和 Arellano（1987）等针对这一问题，提出了聚类稳健的标准误（clustered-robust standard error）。以上两类稳健标准误已经成为计量经济学的标准工具，被公司治理领域的实证研究广泛应用。

其次，就因果关系的识别方面来说，当模型存在遗漏变量（omitted variables）、反向因果（reverse causality）、选择偏差（包括样本选择偏差（sample selection bias）和自选择偏差（self-selection bias））或测量误差（measurement error）等问题，导致模型中的解释变量与随机扰动项相关时，内生性问题（endogeneity issue）随即产生。为了缓解这一因果识别问题，包括工具变量法（instrumental variable）、双重差分法（difference-in-difference）、断点回归法（regression discontinuity design）以及事件研究法（event study）在内的一系列研究方法应运而生。接下来我们分别对以上几种方法在公司治理研究中的应用进行简要介绍。

可能由于工具变量法早在 1928 年被提出，其成为公司治理研究中应用较早、也较为广泛的方法之一。但事实上，要寻找一个相对“完美”的工具变量似乎并不容易。我们在这里举两个公司治理领域较为经典的工具变量案例。Bennedsen et al.（2007）在探究“继任 CEO 是否为家族成员”对企业后续绩效的影响这一研究中，精妙地选取了“离任 CEO 第一个子女是否为男性”这一工具变量。具体来说，“长子继承制”的习俗保证了该工具变量与解释变量之间具有较强的相关性；同时，个体第一个子女的性别具有极强的外生性。另外一个经典案例为 Giroud et al.（2012）。该文认为经理人策略性违约导致的债务积压会损害公司绩效。为检验这一问题，作者以发生债务违约的滑雪酒店为研究样本，探讨违约后的债务重组对企业绩效的改善情况。该研究的关键在于要识别出那些因经理人策略性违约而非因遭遇流动性冲击而进行债务重组的公司。作者用“异常降雪量”这一工具变量巧妙地解决了上述问题。具体来说，如果在债务重组之前，公司周围环境经历了极大的异常降雪量，则该公司违约必然是经理人策略性的机会主义行为，即该工具变量与该文欲检验的债务重组具有较强相关性。与此同时，异常天气在一定程度上也满足工具变量的外生性要求。

双重差分法的应用关键在于政策或其他冲击事件的外生性，从而使研究对象较随机地分成实验组和对照组，一定程度上克服识别问题。美国在 20 世纪八九十年代陆续出台的反并购法案，成为了公司治理研究学者眼中的外生研究场景。早期的一系列探究并购的公司治理作用的文献都利用这一政策冲击，使用双重差分法进行研究（Bertrand and Mullainathan，1999；Garvey and Hanka，1999；Bertrand and Mullainathan，2003），从而将准自然实验的研究设计引入公司治理研究中来。

相对前两种方法，囿于断点回归法要研究在某一微小断点处的政策效应，其研究设计更为严苛，因此该方法在公司治理领域的应用相对较少。但在众多研究方法中，断点回归场景最接近随机试验，因而最能干净地识别变量间的因果关系，我们必须意识到这种研究方法的优势和重要地位。比如，Chava and Roberts（2008）旨在研究债务契约违约对公司投资行为的影响，他们只关注契约规定的企业净资产门槛值附近的状态，即净资产一旦低于该门槛值，债权人就会获得企业控制权，而略高于该门槛值的企业的控制权则不会发生转移，以此设计断点回归。Cuñat et al.（2012）聚焦以微弱票数优势通过和以微弱票数劣势未通过的两类股东提案，即关注获得赞同票比例在 50%附近的阈值，来探究股东提案对公司价值的影响。

同时，还需要指出的是，有着悠久历史的事件研究法最初只是用来衡量并购、盈余宣告或股票发行等公司重大事件的市场反应（Dolley，1933；Ball and Brown，1968；Loughran and Ritter，1995；Ghosh，2001），但是，近年来越来越多的学者也将其作为缓解内生性的有效手段之一。比如，Nguyen and Nielsen（2010）探究独立董事突然死亡这一事件带来的市场价值影响，避免了董事治理相关研究中常见的内生性问题。Deng et al.（2013）旨在探究企业社会责任（Corporate social responsibility，CSR）对股东价值的影响，该文关注 CSR 高和低的公司之间并购宣告效应的差异。该文作者指出，宣告并购往往在意料之外，在一定程度上能够缓解 CSR 与公司价值之间的内生性问题。由此可见，事件研究法之所以能够成为缓解内生性的方法，关键在于该事件需要具备一定程度的外生性，同时该方法关注事件发生后极短的几天之内的市场反应，较少受到其他重大事件的干扰。

进入 21 世纪以来，一方面，大数据技术、自然语言处理方法和统计学研究的发展突飞猛进；另一方面，大量非结构化的文本信息，如年报、新闻、盈余电话会议等可用性也大大提高，这使得基于大样本的文本分析方法的应用得以落地（Loughran and McDonald，2016）。在公司治理领域，较早开始使用这一方法的是 Li（2008）。该文应用文本分析法衡量了公司年报的可读性，旨在探究管理者通过增加信息复杂度来隐藏负面信息的行为。Kim et al.（2019）进一步使用更为先进的文本分析方法，发现年报可读性越差，股价崩盘风险越高。不难看出，文本分析法确实填补了针对非结构化数据研究的应用空白，让公司治理的相关研究更加丰富和全面。

综上所述，得益于哲学认识论的引导和科技进步的影响，公司治理研究方法飞速发展，技术手段也不断更迭。从早期的现象描述法和历史归纳法，发展到中期基于数理经济学的理论模型法，再到后期基于计量经济学的实证研究方法，进而到考虑统计推断的稳健性、因果识别的准确性，如今还将样本拓展到非结构化的文本信息。在可预见的未来里，我们相信公司治理研究方法会进一步应用大数据等前沿技术，同时也应谨防掉入“技术陷阱”，朝着更准确、更可靠、更全面的研究方法迈进。

在后续的内容中，我们分别从应用事件研究法、工具变量法、双重差分法、断点回归法以及文本分析法的文献中各选取一篇经典、重要且对后续研究具有启发性的文献，对公司治理研究方法的应用做出更为详细和深入的探讨。不同于其他章节的重点文献导读，本章的重点文献导读重在强调文章所用研究方法的应用范围、相关步骤和注意事项，在评述部分也更关注研究方法的优势、局限性和改进方向。

在事件研究法中，我们选取的文献是 Bang Dang Nguyen 和 Kasper Meisner Nielsen 于 2010 年发表在 *Journal of Financial Economics* 上的“The value of independent directors: Evidence from sudden deaths”。该文以独立董事突然死亡为研究事件，探究其对公司价值的影响，以此来论证独立董事的价值。不同于以往关于董事治理的研究，该文另辟蹊径，采用相对外生的事件研究法来缓解该研究领域的内生性问题。不论从特殊事件选取的用心考量，还是在事件研究法的相关设计上，该文都提供了较好的示范。

在工具变量法方面，我们选取了 Morten Bennedsen、Kasper Meisner Nielsen、Francisco Pérez-González 以及 Daniel Wolfenzon 于 2007 年发表在 *The Quarterly Journal of Economics* 上的“Inside the family firm: The role of families in succession decisions and performance”。该文探讨了是否任命家族成员为继任 CEO 对企业后续业绩的影响。显然该研究问题的检验面临着内生性的巨大挑战。该文作者巧妙地选择了“离任 CEO 第一个子女是否为男性”作为“是否任命家族成员为继任 CEO”的工具变量。一方面，“长子继承制”的习俗决定了这个工具变量具有较强的相关性，另一方面，第一个子女的性别也具有极强的外生性。这一巧妙的工具变量被学者们大为称赞，也被各大高校的研究方法课程选为经典案例。加之该文对工具变量法的描述和应用步骤都堪称范本，因此，该文在工具变量的选择以及方法应用上具有极强的参考价值。

关于双重差分法，我们选取了 Marianne Bertrand 和 Sendhil Mullainathan 于 2003 年发表在 *Journal of Political Economy* 上的“Enjoying the quiet life? Corporate governance and managerial preferences”。该文意在讨论经理人追求平静的生活这一代理问题，但寻找什么样的研究场景来较为干净地捕捉这一代理行为成为研究重点和难点。该文作者利用美国反收购法案这一外生冲击，将受到法案影响的公司作为实验组，未受到法案影响的公司作为控制组，利用双重差分法来探究外部公司治理机制对经理人享受平静生活这一代理问题的影响。该文研究设计巧妙，数据处理精细，双重差分法的应用也较为标准，值得学习和借鉴。

针对断点回归法，我们选取了 Vicente Cuñat、Mireia Gine 以及 Maria Guadalupe 于 2012 年发表在 *The Journal of Finance* 上的“The vote is cast: The effect of corporate governance on shareholder value”。该文旨在探究公司治理改善能否提升股东价值这一重要问题。作者利用投票表决机制下产生的局部随机情景，即关注年度会议上以微弱票数通过和未通过的两类股东发起的公司治理提案，使用断点回归法，较为准确地识别了提案实施带来的公司治理改善与股东价值之间的因果关系。该文独特的视角和巧妙的研究设计，能够为后续学者们进行断点回归法的相关应用提供一定的启发。

最后，在文本分析法的文献中，我们选取了 Feng Li 于 2008 年发表在 *Journal of Accounting and Economics* 上的“Annual report readability, current earnings, and earnings persistence”。该文作为第一篇采用文本分析法探究年报中文本信息的大样本研究，具体考察了年报可读性与企业盈余、盈余持续性之间的关系。作者开创性地基于大样本数据构造了年报可读性这一指标，被后续研究广泛应用。同时，该文也较为详细地描述了文本分析法的应用步骤，既有助于保证指标的可靠性，又有助于相关学者们进行借鉴和模仿。

接下来我们将逐篇介绍论文内容并进行简要评述。

13.2 重点文献导读

13.2.1 独立董事的价值：来自突然死亡的证据

The Value of Independent Directors: Evidence from Sudden Deaths

文献来源：Nguyen B D, Nielsen K M. The value of independent directors: Evidence from sudden deaths. *Journal of Financial Economics*, 2010, 98 (3): 550-567.

13.2 参考文献

研究方法：事件研究法

1. 研究动机

不论在学术界还是实务界，董事会独立性的价值都被广泛强调和重视。相比于其他董事，独立董事能更好地发挥监督作用。然而，从文献来看，尽管其中不乏关于董事会的研究，但关于独立董事是否发挥了有效监督作用的研究，始终未形成一致结论（Hermalin and Weisbach，1991；Agrawal and Knoeber，1996；Core et al.，1999）。针对这一结果，主要存在以下几种解释。第一，董事会结构的内生性（Hermalin and Weisbach，1998）。公司会因业绩不佳而主动增加董事会的独立性，因而独立董事的监督作用可能会被其糟糕的历史业绩掩盖，导致无法准确得出董事会结构与公司业绩或价值间的因果关系。第二，独立董事的异质性。并非所有类型的独立董事都能发挥有效的监督作用（Shivdasani and Yermack，1999）。第三，独立董事确实不具备提高公司价值的能力。

2. 研究问题

突然死亡在研究中被广泛用作外生冲击。该文借鉴此类研究（Johnson et al.，1985），以独立董事突然死亡为外生冲击，克服了董事会结构的内生性问题，并从股价变化中捕捉这一事件对公司价值的影响，试图为独立董事的价值提供直接证据。

其中的逻辑是，如果独立董事发挥了监督或咨询作用，那么独立董事突然死亡这一事件势必会引起股价下跌。即使市场预期到当前独立董事可能会被替代，但由于新任独立董事搜寻和学习成本的存在，股价仍然会下跌。如果市场预期到不存在新任董事或者新任董事是内部或灰色董事，股价下降程度则更甚。

3. 事件研究法的基本介绍

如何根据股价变化得到独立董事突然死亡对公司价值的影响程度呢？解决这一问题需要借助事件研究法。事件研究法是公司金融领域重要的研究方法之一。它给研究者提供了一个探究特定事件如何影响公司价值的机会。

事件研究法的应用以三个基本假设为前提：（1）资本市场半强式有效，即所有公开信息都已反映在股票价格中；（2）所研究事件的发生是市场未预期的；（3）在所研究事件发生期间无其他混淆事件。在该文中，为尽可能满足这些假设，作者做了以下努力：（1）以是否是未预料且非创伤性的身体状况突变并在之后数小时内死亡，以及是否是与公司状况无关的事故性或创伤性死亡作为识别突然死亡的两条标准，对样本是否符合突然死亡进行严格筛选；（2）剔除独立董事突然死亡事件窗口期内，存在其他重大公司新闻的样本，比如公司发布季度收益报告、宣布收购活动等。

基于上述假设，事件发生时股价的异常变动即可视为该事件对公司价值的影响。据此，事件研究法以累计异常收益率（CAR）来衡量当前事件对公司价值的影响。相应地，其估计步骤即围绕异常收益率的计算展开。具体而言，第一步是确定研究事件及事件发生日期也就是事件日。在公司金融领域，该方法主要运用于以下三类事件的研究：一是有关公司活动的公告，例如资产出售公告、兼并收购公告、增发公告等；二是有关宏观经济事件的公告，例如中央银行的公告、与黄金和石油等重要商品有关的新闻等；三是有关政府监管与政策层面的公告，例如公司董事会女性配额的提议或某项法律的意外通过等。事件日需要基于事件实际发生日期并结合事件特点和研究目的灵活确定。

第二步是确定事件窗口，即与研究事件相关的股价变化的时间区间。考虑到事件发生前可能存在消息泄露问题以及事件发生后市场需要一定的反应时间，研究中通常将事件窗口定义为事件发生前后数天，具体天数需要结合事件特点和研究目的灵活确定。

第三步是确定估计窗口，估计窗口的作用与控制组的作用类似，一般选择事件发生前不太可能受所研究事件影响的一段时间，通常是事件发生前 210 个交易日至前 11 个交易日，用以反映公司的正常情况。估计窗口越接近事件窗口，与事件窗口的情况越相似，越能准确估计事件窗口期内的正常收益率；但与此同时也增加了估计窗口受到所研究事件影响的风险，进而损害了其本质上作为控制组的作用，影响正常收益率估计的准确性。因此，估计窗口的选择需要研究者根据事件的特点和研究目的进行权衡。

第四步是计算正常收益率，即事件不发生情况下每只股票的收益率。正常收益率的计算需要基于个股和市场的历史收益率数据，可以分为以下三步。首先，选择用来估计收益率的模型。常见的估计模型包括市场模型、市场调整模型、三因子模型、四因子模型、历史平均模型等。其次，利用估计窗口的个股和市场收益率数据回归得到估计模型中各变量系数估计值。最后，用估计窗口各变量系数值近似替代事件窗口各变量系数值，将事件窗口的变量值代入模型计算得到该窗口期内的正常收益率。

第五步是计算事件期内异常收益率，即每只股票实际收益率与其正常收益率的差值，并加总得到累计异常收益率。事件期内每天的实际收益率减去对应的正常收益率得到每天的异常收益率，加总各天的异常收益率即可得到所研究事件的累计异常收益率，反映该事件对公司价值的影响。

最后一步是检验累计异常收益率是否在统计上显著异于零，从统计意义的角度判断所研究事件的发生是否对股价产生了显著影响。如果累计异常收益率显著为正，说明所研究事件对公司价值产生了正向影响，反之则说明产生了负向影响；如果不显著，则说明所研究事件并未对公司价值产生明显影响。

4. 研究过程

（1）基本实证结果（聚焦事件研究法的应用）。

下面以事件研究法的估计步骤为逻辑阐释其在该文中的应用。首先是确定研究事件及事件日（$t=0$）。该文以独立董事突然死亡为研究事件。在事件日的确定上，如果独立董事的死亡发生在交易日，即将该交易日认定为事件日；如果发生在非交易日，即将死亡后的第一个交易日认定为事件日。其次是确定估计窗口和事件窗口。该文以事件发生前 300 天到前 46 天共计 255 天作为估计窗口。而关于事件窗口，作者使用了两天（$t=-1$，0），三天（$t=-1$，0，+1），以及四天（$t=-1$，0，+1，+2）共三个事件窗口。这是基于两点考虑，一是按照突然死亡的定义，个体从身体状况的突然变化到最后死亡在 24 小时内都被定义为突然死亡，二是平均来说，需要 1.7 个交易日死亡信息才会被媒体报道。再次是累计异常收益率的计算。该文使用市场模型计算正常收益率，先基于估计窗口的个股历史收益率和市场历史收益率数据回归得到市场模型中市场收益率系数的估计值，然后将事件窗口内各天的实际市场收益率代入市场模型计算得到各天的正常收益率，再用各天的实际收益率减去正常收益率得到异常收益率，累计异常收益率即按照上述定义的三个事件窗口分别计算各天异常收益率的简单加总。最后是对累计异常收益率的统计显著性检验。检验结果显示不管使用上述何种事件窗口，异常收益率均显著为负，说明独立董事突然死亡后公司股价下跌，符合该文的主要假设，即独立董事对公司价值有提高作用。

（2）进一步分析。

为进一步证明独立董事的价值，该文还就其对公司价值提高作用的截面差异进行了探究。具体地，以独立董事的任期以及其是否在当前 CEO 任期内被任命作为其独立性的反映，该文发现，当突然死亡的独立董事任期越长，以及是在当前 CEO 任期内被任命（即独立性越弱）时，市场的负面反应越小，这一结果与独立董事能提升公司价值的观点一致。并且，该文还发现，当公司中独立董事人数较少或者是突然死亡的独立董事在董事会中担任一些重要职能（如审计委员会的成员）时，独立董事的边际价值更高。值得一提的是，该文还利用在多个公司任职且在不同公司担任不同类型董事的这部分董事突然死亡样本，将独立性这一特征从其能力和技能中分离了出来。研究发现，在董事突然死亡时，其任独立董事的公司出现了更大程度的股价下跌，从而进一步肯定了董事会独立性对公司的重要价值。

5. 研究贡献

作者认为该文的主要贡献在于以下几点：首先，该文为独立董事对股东价值的提升作用提供了直接证据；其次，该文以独立董事突然死亡为事件，避免了董事会相关研究中常见的内生性问题；最后，以同时在不同公司任不同类型董事的这部分董事的突然死亡为样本，该文实现了分别研究独立董事能力与独立性价值的目的。

6. 评述

借助该文，我们完整地展示了事件研究法的应用。可以看到，事件研究法在探究特定事件对公司价值影响时有其不可替代的优势。未来数据精度的提高将进一步增加事件研究法的应用价值。一方面，数据精度的提高能增加估计的准确性。目前在事件研究法中使用的仍然是日度数据，随着大数据时代的到来，数据精度很可能进一步提升到小时数据甚至秒数据。数据精度提升有利于更加精确地捕捉股价对于所研究事件的反应，也有利于减少估计过程中混淆事件的影响，从而提高估计的准确性。

另一方面，数据精度的提高能增加事件研究法的应用场景。在只有月度数据时，我们不仅无法了解事件对股价影响在月度内的动态变化，更不用说对那些只在月度内产生影响的事件进行研究，日度数据的可获得性弥补了这一缺陷。同理，小时数据和秒数据可以进一步弥补日度数据的缺陷，不仅可以实现在小时内甚至几秒内研究事件对股价的动态影响，而且可以进一步研究那些在更短时间内对股价产生影响的事件。因此，数据精度的提升增加了研究中可以获得的信息，同时也增加了事件研究法的应用场景，为更多问题的解决提供了可能性。

但与此同时，事件研究法在使用过程中也存在其局限性。一是事件研究法成立的系列前提假设在现实中可能难以全部满足。比如，在现实中，证券市场可能是无效或者非半强式有效的，事件信息可能已经被完全预期，事件窗口内可能存在其他混淆事件的影响，等等。二是即使前提假设成立，实际估计过程中产生的偏误也会影响最后的结果。比如内幕交易的存在，信息只会影响普通投资者而不会影响内部知情人士，难以精确识别事件日期，估计正常收益率的模型存在设定偏误，等等，这些都会导致估计偏误的出现。因此，在使用事件研究法时也必须考虑到其局限性，保持审慎的态度。

13.2.2 家族企业内部：家族在继任决策和绩效中的作用

Inside the Family Firm：The Role of Families in Succession Decisions and Performance

文献来源：Bennedsen M，Nielsen K M，Pérez-González F，Wolfenzon

D. Inside the family firm：The role of families in succession decisions and performance. *The Quarterly Journal of Economics*，2007，122（2）：647－691.

研究方法：工具变量法

1. 研究动机

家族企业在世界范围内广泛存在（La Porta et al.，1999）。即使是在股权高度分散的美国，也有至少 1/3 的大型上市公司由创始人家族控制（Anderson and Reeb，2003）。围绕家族企业最受热议的话题之一是 CEO 继任决策。该决策对公司未来绩效有着举足轻重的作用，并且受家族偏好的影响，控股家族常常徘徊于是否任命家族成员为继任 CEO。那么，家族成员 CEO 会如何影响公司绩效呢？这一问题在理论上没有确切答案。一方面，家族成员能获得更多非货币薪酬激励（Kandel and Lazear，1992），拥有更多公司信息，且更受利益相关者信任；但另一方面，家族成员又常常面临家族目标和公司目标的冲突（Lansberg，1983），并且由于他们遴选自小部分人群（Burkart et al.，2003），相较于职业经理人，在能力上可能有所欠缺。因此，要解答该问题只能依赖实证手段。遗憾的是，已有实证研究均存在着极强的内生性问题，已有研究要么利用继任 CEO 在截面上的差异，直接比较家族成员 CEO 和非家族成员 CEO 公司的绩效差异（Villalonga and Amit，2006），要么以 CEO 更换为冲击使用双重差分模型比较家族成员 CEO 和非家族成员 CEO 在继任前后相应公司的绩效差异（Pérez-González，2006）。而 CEO 继任决策往往并不具备随机性，因此无法准确反映家族成员 CEO 对公司绩效的影响。

2. 研究问题与研究发现

该文从控股家族的特征出发，以离任 CEO 第一个孩子的性别作为家族成员 CEO 的工具变量重新对该问题展开研究，以期解决 CEO 继任决策的内生性问题，从而识别出家族成员 CEO 与公司绩效间的因果关系。

该文证明了家族成员 CEO 会对公司绩效产生负面影响，该结论同时意味着合格的 CEO 对公司价值具有提升作用。

3. 研究过程

（1）工具变量的选择和合理性论证。

该文使用的工具变量法是解决内生性问题的一般方法。在正式讨论工具变量法之前，作者利用描述性统计分别展示了样本公司特征和离任 CEO 家族特征，以及二者与 CEO 继任决策的关系，一是说明了使用工具变量法的必要性，二是揭示了从家族特征中为 CEO 继任决策寻找工具变量的可能性。具体而言，样本公司特征的描述性统计结果显示，家族成员 CEO 发生在规模更大、盈利能力更强的公司中，表明 CEO 继任决策具有非随机性，使用工具变量是必要之举。CEO 家族特征的描述性统计结果显示，第一，在家庭成员中选择继任 CEO 时，家族企业表现出对子女的偏好，子女对其他成员存在挤出效应。第二，家族成员 CEO 在离任 CEO 只有一个配偶的公司中最普遍。第三，家族成员 CEO 的比例随离任 CEO 子女数量的增加而增加，但增速逐步降低，当子女数量从三个过渡到四个时该增速降低至零。第四，家族成员 CEO 在离任 CEO 的男性孩子占比高于 50%的公司中更普遍。第五，家族成员 CEO 的情况在离任 CEO 第一个孩子为男性时显著较高。这些结果表明控股家族特征会影响 CEO 继任决策。

基于上述分析，作者选择了家族特征中相对随机且不太可能受其他因素影响的变量——离任 CEO 第一个孩子的性别，作为 CEO 继任决策的工具变量，并花费了大量笔墨对其合理性进行论证。一个合理的工具变量必须与解释变量相关，并且仅通过与解释变量的相关性对因变量产生影响，即需满足相关性和外生性条件。一方面，作者通过定性分析论证。关于相关性，受“长子继承制”的影响，若离任 CEO 第一个孩子的性别为男性，继任 CEO 为家族成员的概率会更高；关于外生性，大部分离任 CEO 第一个孩子的生育时间在 1980 年之前，当时胎儿性别识别技术尚未普及，并且没有证据表明在丹麦存在“消失的女性”（missing women）的问题，因而第一个孩子的性别具有随机性，不太可能通过其他渠道对公司绩效产生影响。另一方面，作者借助定量分析论证。在相关性的论证上，前述描述性统计结果显示，家族成员继任 CEO 的情况在即将离任 CEO 第一个孩子为男性时显著较高。另外，后续回归结果同样显示，离任 CEO 第一个孩子的性别与家族成员 CEO 间具有强相关关系，且二者间的相关关系在加入大量控制变量后仍然成立。与此同时，F 统计量的值进一步排除了弱工具变量，即工具变量与内生解释变量的相关性过小的可能。在外生性的论证上，作者比较了第一个孩子性别不同的离任 CEO 所在公司及家庭是否在一些特征上存在差异，发现二者所在公司在盈利能力、存在时间及规模上均不存在显著差异，且在子女数量、配偶数量甚至离婚率等家庭特征上也不存在显著差异。因此，极大程度上排除了即将离任 CEO 第一个孩子性别通过其他渠道影响公司绩效的可能，论证了其外生性。

（2）基本实证结果（聚焦工具变量法的应用）。

在完成工具变量的合理性论证之后，该文正式开始使用工具变量法估计 CEO 继任决策和公司绩效间的因果关系。工具变量法的实现通常借助两阶段最小二乘估计。第一阶段估计将是否是家族成员 CEO（内生解释变量）回归到离任 CEO 第一个孩子的性别（工具变量）和其他所有控制变量上，旨在得到是否是家族成员 CEO（内生解释变量）的外生变化，以供第二阶段估计使用。此处值得注意的一点是，虽然因变量为虚拟变量，但仍然要使用 OLS 方法进行估计，依照惯例使用 Probit 或 Logit 方法会损害估计的一致性。第一阶段估计结果显示，即将离任 CEO 第一个孩子的性别为男性会显著增加家族成员继任 CEO 的概率。并且，进一步检验结果表明，该结果不受公司即将离任 CEO 是否有其他子女以及公司特征等的影响。如前文所述，该结果论证了工具变量的相关性。另外，作者也将 CEO 继任前后公司绩效的变化与离任 CEO 第一个孩子的性别直接进行回归，其中，公司绩效的变化定义为 CEO 继任前三年平均绩效与继任后三年平均绩效的差异。结果显示，即将离任 CEO 第一个孩子为男性会显著降低公司绩效。这一结果因不受内生性问题的影响，为家族成员 CEO 对公司产生负面影响提供了强有力的证据，但也需要注意到，该结果仅反映了 CEO 继任决策确实受工具变量影响的样本的效应。

第二阶段的估计将 CEO 继任前后公司绩效的变化（因变量）回归到第一阶段得到的是否为家族成员 CEO（内生解释变量）的预测值和与第一阶段回归相同的控制变量上。与前述定义一致，公司绩效的变化即为 CEO 继任前三年平均绩效与继任后三年平均绩效的差异。内生解释变量前的系数就是研究中关注的因果效应。结果显示，家族成员 CEO 会显著降低公司绩效。将该结果与 OLS 的回归结果对比发现，OLS 显著低估了家族成员 CEO 对公司绩效的负面影响。作者认为，可能的原因为 CEO 继任与公司预期绩效相关，在公司业绩有望改善时，家族成员继任 CEO 的情况更常出现，而在公司面临外部环境挑战更大时，非家族成员继任 CEO 的情况更普遍。

以上即为该文利用工具变量法估计因果效应的整个过程。除此之外，作者还排除了一些可能对结果产生影响的其他因素。

第一，作者围绕 CEO 更替时间进行了两方面的排除。一是排除了家族成员 CEO 和非家族成员 CEO 在继任时机上存在差异的可能。作者在 CEO 继任前第三年、继任时、继任后第三年分别使用前述工具变量法进行估计。为了便于阐述因变量的定义，此处将 CEO 继任时点记为 0 年，继任前第三年记为 −3 年，继任后第三年记为 +3 年，并依此类推。据此，前述三个检验的因变量分别为（−3，0）年期间公司平均绩效与（−6，−3）年期间公司平均绩效的差异，（0，+3）年期间公司平均绩效与（−3，0）年期间公司平均绩效的差异，以及（+3，+6）年期间公司平均绩效与（0，+3）年期间公司平均绩效的差异。结果显示，家族成员 CEO 这一变量的系数，除了在 CEO 发生实际继任时显著为负之外，在其他时间均不显著。作者认为，CEO 继任前公司绩效不受工具变量影响的这一结果，有效质疑了离任 CEO 根据其第一个孩子的性别选择 CEO 更替时机的主张。同时，CEO 更替后的检验结果表明，家族成员 CEO 产生的负面影响是永久性的。除此之外，为了更进一步排除对公司主动选择 CEO 继任时间的担忧，作者还以 CEO 突然死亡作为家族成员 CEO 的工具变量，同样发现家族成员 CEO 对公司绩效具有负面影响。但考虑到该工具变量可能不满足外生性条件，作者又在 CEO 突然死亡这一子样本中，以死亡 CEO 第一个子女的性别为工具变量进行了估计，在非常有限的样本中仍然得到了家族成员 CEO 对公司绩效的负面影响。二是排除了过早或过晚退休 CEO 对结果的影响。依据即将离任 CEO 的年龄进行样本分组后进行工具变量回归，回归结果在各个子样本中表现类似，故排除退休年龄对结果的影响。

第二，作者证明了家族成员 CEO 对公司绩效的负面影响不受公司治理的影响。考虑到家族成员更有可能转移公司现金流，因此前述家族成员 CEO 对公司绩效的负面影响，并不必然代表真实影响，可能仅仅是操纵报告的结果。然而，在以公司规模和有无正式董事会为标准的分组回归中，家族成员 CEO 与公司绩效间的负相关关系并未显现出组间差异，故排除了该种可能。另外，考虑到非家族成员 CEO 可能伴随着公司治理机制的改善，由此带来业绩改善。为了排除这种可能，作者将样本限制在 CEO 继任后家族成员仍在董事会的公司，并发现此举不改变最初的回归结果。

（3）进一步分析。

作者还进一步探究了行业特征是否会影响家族成员和非家族成员 CEO 产生的绩效差异，发现在家族企业 CEO 较为普遍、低增长以及成熟的行业中，二者产生的绩效差异并不显著，而在较为看重人力资本的行业中，家族成员 CEO 对公司绩效的负向影响更加显著，二者间的差异更大。总之，对行业特征的检验表明，非家族成员 CEO 在对职业经理人需求较高即对 CEO 能力需求较高的行业中更为重要。

（4）工具变量法的局部平均处理效应。

该文也就工具变量法下存在的局部平均处理效应可能导致的结论外部有效性不足问题进行了相应讨论。局部平均处理效应指的是工具变量与内生解释变量之间的关系只在部分样本中存在，因而使用工具变量法估计的结果仅代表部分样本的因果效应。而样本间普遍存在的异质性意味着适用于部分样本的结论并不一定能外推至整体，可能存在外部有效性问题。

具体而言，该文对因果效应的估计依赖于 CEO 继任决策受即将离任 CEO 第一个孩子性别影响的样本，即离任 CEO 第一个孩子性别为男性且选择家族成员 CEO，以及离任 CEO 第一个孩子性别为女性且不选择家族成员 CEO 的样本。但实际上还存在不管离任 CEO 第一个孩子性别为男性还是女性都选择或都不选择家族成员 CEO 的样本。如果存在局部处理效应导致外部有效性不足的问题，那么该文所主张的家族成员 CEO 对公司绩效的负面影响完全可以解释为相较于继任决策不受工具变量影响的家族成员，继任决策受工具变量影响的家族成员质量较差。为了排除这一影响，作者检验了家族成员和非家族成员 CEO 的能力差距，是否在继任总样本和继任决策受工具变量影响的子样本中有所不同。以过往是否担任过 CEO、是否曾在董事会中任职以及教育经历作为 CEO 能力的衡量标准，作者并未在上述两个样本中发现显著差异，因而外部有效性并不影响该文结论。同时，与全文检验结果一致，两类样本的比较结果均显示，非家族成员 CEO 在能力上优于家族成员 CEO。另外，直接对继任决策受工具变量影响的家族成员 CEO 与除其之外的其他家族成员 CEO 的能力进行比较，同样并未发现二者间存在显著差异，此结果进一步为外部有效性不影响该文结论提供了一定佐证。

4. 评述

文章独出心裁地以继任 CEO 第一个子女的性别为工具变量，首次解决了 CEO 继任决策的内生性问题，成为第一篇尝试探究家族成员 CEO 与公司绩效间因果关系的文章，为后续研究在工具变量的选择上提供了参考和借鉴。

工具变量法能识别出干净的因果效应，是解决内生性问题最常见的方法。显而易见，找到好的工具变量是使用工具变量法的前提和关键。然而，寻找好的工具变量是极其困难的。因此，一个好的工具变量一旦出现，就会不断地被相关研究借鉴，从而推动整个领域内研究的发展。但需要注意的是，借鉴工具变量的前提是理解工具变量，否则就会导致工具变量的误用。此外，对工具的认识还存在一个误区，即认为工具变量与内生解释变量只讲相关关系，不讲因果关系。如前所述，一个合理的工具变量应满足相关性和外生性两大条件。事实上，工具变量与内生解释变量之间的因果性不强往往会导致工具变量不满足外生性条件。因此，尽管没有明确叙述，但工具变量与内生解释变量相关关系的阐述过程中必然隐含了二者之间的因果关系。

13.2.3　享受平静生活? 公司治理与经理人偏好

Enjoying the Quiet Life? Corporate Governance and Managerial Preferences

文献来源：Bertrand M，Mullainathan S. Enjoying the quiet life? Corporate governance and managerial preferences. *Journal of Political Economy*，2003，111（5）：1043－1075.

研究方法：双重差分法

1. 研究动机与研究问题

在美国，经理人在其管理公司中的持股比例普遍较小。这会导致经理人产生严重的道德风险问题，因为经理人按照自身偏好而非股东利益最大化行事时，在财务上需要承担的成本很小。公司治理机制被证明能有效缓解经理人的道德风险问题。然而，“缓解道德风险问题”这一表述过于抽象，在缺乏对经理人偏好了解的情况下，无法将其与公司具体行为联系到一起，比如“缓解道德风险问题”会如何影响员工薪酬、新工厂设立等。因此，公司治理也较难被纳入更广泛的讨论当中，比如关于劳动力市场的讨论。

鉴于此，该文希望通过探讨公司治理情况如何影响企业多个方面的行为，来获取关于经理人偏好的见解。

2. 研究发现

该文发现，经理人给予了员工更高的工资、不偏好开设新工厂和关停旧工厂即偏好公司规模保持不变。据此，该文打破了以往研究对经理人帝国构建偏好的普遍认知，提出了经理人平静生活偏好。

3. 研究过程

（1）识别策略。

任何关于经理人偏好的实证研究都会遇到两大阻碍。一是数据的限制导致可供研究的具体公司行为很少。研究中能获得的通常是一些来自公司财务报表或是股票市场的数据，比如会计利润、股票收益率等。这些数据大多反映的是公司的综合情况，而关于公司具体情况的数据，比如雇用员工人数、工厂开设数量等几乎很难甚至不可能获得。二是公司治理的内生性。治理得好和治理得差的公司在其他方面可能也存在差异。因此，直接比较这两类公司中经理人行为的差异，捕捉的可能是其他因素的影响，无法反映经理人偏好。同理，公司治理机制的变化也可能伴随着其他方面的变化，不能直接用于研究经理人偏好。

该文很好地解决了以上两个问题：一是通过数据库间的匹配获得了工厂层面的数据，得到了每一个工厂在员工薪酬、员工雇佣、工厂设立和关停等方面的详细情况，从而缓解了数据对研究的限制；二是以反收购法案的颁布来衡量公司治理的变化，克服了公司治理的内生性。具体而言，各州在不同时间颁布的反收购法案，限制了注册地在立法州公司的敌意并购行为。众所周知，并购能通过增加经理人被替换风险约束经理人行为，是一项重要的公司治理机制，而反收购法案的颁布减弱了并购的公司治理效应，降低了公司整体的治理水平。又因为州层面的法律颁布通常不受具体公司治理特征的影响，所以上述由反收购法案的颁布得到的公司治理变化是外生的。在解决上述问题的基础上，该文使用双重差分模型实证检验了反收购法案颁布对公司具体行为的影响。

（2）双重差分模型的基本介绍。

双重差分模型是实证研究中运用最为广泛的模型之一，用于估计各种冲击的处理效应，其中最常用于评估政策效果。顾名思义，其在估计处理效应过程中需进行两次差分。第一次差分是分别在处理组和控制组中对处理前后结果变量做差。第二次差分是对处理组处理前后的结果差值与控制组处理前后的结果差值（第一次差分的两个结果）做差。相较于简单时序比较，双重差分模型消除了处理过程中其他冲击的影响；而相较于简单截面比较，则消除了处理组和控制组事前固有差异的影响。

该文使用的是多期双重差分模型。该模型与经典双重差分模型的区别在于对处理时间的假定不同。经典双重差分模型假定处理组在同一时间接受处理，多期双重差分模型则允许处理组在不同时间接受处理。该文中反收购法案在各州的颁布时间各异，公司受其影响的时间也不一致，因而适用于使用多期双重差分模型。并且，使用多期双重差分模型还可以极大地降低文中处理组和控制组之间差异对结果的影响。因为在该模型估计过程中，控制组并不局限于那些注册地所在州从未颁布反收购法案的公司，只要截至检验当期注册地所在州未颁布反收购法案的公司，都被视为控制组。值得一提的是，该文使用的工厂层面数据进一步消除了州层面因素对结果的影响，优化了上述模型的估计效力。具体而言，反收购法案限制了注册地在立法州公司的敌意并购行为，而一家公司可能在多个州设有工厂，公司注册地和工厂所在地不一致，使得控制时间和州交互之后的固定效应成为可能，据此可以消除州层面因素的影响。

万变不离其宗，不管是经典双重差分模型还是多期双重差分模型都执行同样的估计思路，即两次差分，只不过在回归模型设定上有些不同。在经典双重差分模型中，通常需要构造 treat 和 post 两个虚拟变量，并定义 treat 在处理组取值为 1，控制组取值为 0；定义 post 在处理后取值为 1，处理前取值为 0。然后将二者的交乘项加入模型，交乘项的系数就是研究中关注的处理效应。而在多期双重差分模型的情境中只需要构造一个虚拟变量，并根据样本接受处理时间的不同，使其在处理组接受处理后的时间里取值为 1，接受处理前的时间里取值为 0；在控制组的各个时间取值为 0。该虚拟变量的系数就是研究中关注的处理效应。具体到该文，对于受反收购法案影响的公司，令虚拟变量的取值在法案颁布当期及之后为 1，法案颁布之前为 0；对于不受该法案影响的公司，令虚拟变量的取值在各个时间均为 0，虚拟变量的系数就反映了反收购法案的影响。可以看到，上述两类模型的设定都旨在使得处理组在处理后的时间里核心解释变量取值为 1，其他情况均取值为 0，二者在本质上是相同的。

（3）基本实证结果（聚焦双重差分模型的应用）。

作者首先探讨了反收购法案颁布对员工薪酬的影响。作者认为，与股东相比，经理人愿意支付给员工更高的薪酬。因为经理人直接承受着来自员工的抱怨或是来自工会的压力等，所以更加关心员工关系的改善。回归结果显示反收购法案的颁布显著提高了员工薪酬，这一结论在经过一系列稳健性检验后仍然成立，与作者的观点一致。值得一提的是，在该部分内容中，作者还使用了连续多期检验来观察反收购法案对员工薪酬的动态影响，以此排除反向因果问题。具体而言，作者重新构造了四个虚拟变量来代替前述虚拟变量。对于受反收购法案影响的公司，这四个变量分别在反收购法案颁布前一期、颁布当期、颁布后一期、颁布后两期取 1，其他时期取 0；而对于不受该法案影响的公司，上述各个变量在各个时间均取 0。各变量的系数反映对应期间反收购法案颁布对员工薪酬的影响。结果显示，反收购法案颁布前一期对应变量系数不显著，颁布当期和颁布后各期对应变量均显著，因此不存在反向因果关系。事实上，如果数据在时间上跨度较大的话，不管是经典双重差分模型还是多期双重差分模型，都可以通过定义更加丰富的虚拟变量进行连续多期检验。借助连续多期检验，可以观察冲击前后的动态处理效应，解决诸如冲击产生的处理效应是即期影响还是滞后影响、如果产生滞后影响滞后时间具体多长、影响强度是随时间逐渐减弱还是逐渐增强等问题。

其次，作者探讨了三类投资情况：旧工厂的关停、现有工厂的资本支出和新工厂的建立。回归结果显示，反收购法案的颁布显著降低了旧工厂的关停数量和新工厂的建立数量，对现有工厂的资本支出没有显著影响。这一结果与经理人偏好帝国构建的主张相悖，因为在这一主张下，经理人理应在法案颁布后建立更多新工厂；而与经理人偏好平静生活的主张一致。在这一主张下，经理人会为了避免裁员之后的种种麻烦（比如与工会接触），因而减少旧工厂的关停；也会因为不愿花费时间和精力寻找新的项目、适应新的行业等，从而减少新工厂的设立。

最后，作者探讨了反收购法案的颁布对工厂整体效率的影响。研究发现，工厂的整体效率在反收购法案颁布后下降。这一结果说明，对员工利益的关注并没有促使他们进行更多有利于提高公司效率的活动。

此外，作者还提到在未来研究中，可以借助反收购法案识别出的公司治理外生变化来研究其他与公司治理相关的问题，如不同公司治理机制间的交互关系研究、公司治理机制的动态研究等。

4. 评述

该文以反收购法案为外生冲击，从中获得了公司治理的外生变化，并借助多期双重差分模型完成估计，实现了公司治理与公司行为间的因果识别，展示了一种新的解决内生性问题的方法。

必须意识到，双重差分模型能用于解决内生性问题的前提在于冲击的外生性。好在外生冲击在现实中较为常见，比如研究中常常使用的法律颁布或政策制定、自然灾害、意外事故等。其中，法律颁布或政策制定发生频率最高且针对性最强，最容易找到合适的研究场景用以解决具体的内生性问题。因而相较于其他内生性的解决办法，如找到所有其他影响因素并将其作为控制变量加入模型或是寻找工具变量，双重差分模型的用武之地更大。尤其是在我国，过去 20 年间，我国的法律体系处于持续地修改和完善过程中，出现了大量可供研究者使用的外生冲击。

另外，除该文使用的多期双重差分模型外，经典双重差分模型实际上还存在诸多变式。例如，在所有样本都接受处理，因此不存在严格意义上的控制组时，可以借助处理强度强行构造横截面上的差异，仍然使用双重差分模型进行估计；在所有个体都或多或少受到影响，无法找到一组完全被处理也无法找到一组完全未被处理的控制组时，可以使用模糊双重差分模型进行估计。经典双重差分模型基础上存在的诸多变式意味着在研究中不必苦苦追寻严格的双重差分情境，极大地增加了双重差分模型的应用范围，给利用双重差分模型解决内生性问题提供了更广阔的空间。

13.2.4 投票表决：公司治理对股东价值的影响

The Vote Is Cast：The Effect of Corporate Governance on Shareholder Value

文献来源：Cuñat V，Gine M，Guadalupe M. The vote is cast：The effect of corporate governance on shareholder value. *The Journal of Finance*，2012，67（5）：1943－1977.

研究方法：断点回归法

1. 研究动机与研究问题

公司治理条款（provision）给予了经理人管理公司的独立性，但有时也会导致经理人不受股东的监督和控制。厘清各项公司治理条款对公司价值的影响，以及其中涉及的何种股东权利具有更大的影响，对于理解公司内部治理情况至关重要。然而，出于种种原因，关于公司治理条款价值的众多研究并未得到一致结论（Comment and Schwert，1995；Gompers et al.，2003）。

该文采用了新的研究方法，利用年度会议上股东发起的公司治理提案的投票结果，克服了已有研究的局限性，估计出了公司治理条款变化对股东价值的因果影响。

2. 研究过程

（1）识别策略。

研究中难以得到公司治理条款价值的原因主要有两点，第一，公司治理条款的选择通常是内生的，与公司特征密切相关。因此，直接比较治理条款不同的公司在价值上的差异，捕捉的可能是其他因素的影响。第二，如果投资者知道公司治理好的公司会有更好的业绩表现，他们的这种认知必然早已反映在股价中。因此，也就无法在公司治理条款发生变化时，观察到异常收益率的系统性差异。

要想识别公司治理条款变化对股东价值的影响，就需要找到不被市场预见的、公司治理条款的外生或随机变化。该文借助年度会议上公司治理提案的投票结果找到了这一变化。具体来说，会议上存在两类投票结果较为特殊的提案，一类是以微弱票数优势通过的提案，一类是以微弱票数差距未通过的提案。直觉上，这两类提案能否通过应该是一个随机事件，与公司的其他特征无关。一个提案以 50.1%票数通过的公司，其平均特征应与提案因仅获得 49.9%的票数而未能通过的公司相似。但能否通过却直接影响提案的最终实施概率。从经验来看，通过的提案比未通过的提案最终实施概率要高 20.7%。不仅如此，两类提案在是否通过上具有随机性还意味着市场无法准确判断哪一提案最终会通过，对两类提案结果的预测具有相同的分布。综上，将比较局限在两类提案对应的公司中，就能在提案被通过的公司中识别出不被市场预见的、公司治理条款的外生或随机变化。进一步，两类提案在市场反应上的差异，即在异常收益率上的差异，可认为是公司治理条款的价值。值得一提的是，作者专门提出了一个理论分析框架，详细说明了股价会如何反映两类提案的结果，从而阐释为何能从两类提案的股价反应中得到公司治理条款的价值。根据上述场景的特点，该文使用断点回归法进行实证研究。

（2）断点回归法的基本介绍。

众所周知，随机实验是因果识别的理想情形和参照系。断点回归法适用于局部随机场景，处理组和控制组个体除接受处理的概率存在差异外，在其他特征上都是相似可比的。因此，断点回归法在因果识别力度上仅次于随机实验，优于工具变量法、双重差分模型等其他因果识别方法。顾名思义，断点回归法的使用前提是处理状态存在断点。通常的情况是，个体是否接受处理由某一变量决定，该变量存在某一取值（后称临界点），在取值一侧的个体接受处理，另一侧的个体相应不接受处理，或是取值一侧个体接受处理的概率显著高于另一侧，从而个体的处理状态在临界点前后连续，但在临界点处出现断点。为保证断点处形成了局部随机场景，即断点附近个体的分布具有随机性，断点回归法有两个关键假设：一是临界点附近个体无法决定自身与临界点的相对位置，即个体无法决定是否接受处理；二是影响研究结果的其他变量在临界点处不存在断点。

（3）断点回归模型应用前提的检验。

该文对上述断点回归的两点关键假设进行了检验。一是检验临界点附近提案的通过是否具有随机性。作者通过作图发现反收购提案的和其他提案的得票数在临界点附近的分布具有连续性，没有发生急剧变化，可以说明临界点附近提案的通过具有随机性。二是检验得票数在临界点附近的两类公司在其他方面是否存在差异。比较两类公司在投票前的特征发现，它们在会议前一天异常收益率、一周累计异常收益率、资本支出、托宾 Q 值等各个方面均不存在显著差异。同时，对机构投资者集中程度、股东权利水平进行单独检验也未发现二者间有显著差异，即其他影响公司价值的变量的得票数在临界点附近提案中不存在差异。以上检验表明，该文情景满足断点回归的关键假设。

（4）断点回归模型的修正。

值得一提的是，因为文中需要借助事件研究法得到两类提案的市场反应，所以作者根据事件研究法的相关特征，在标准断点回归模型的基础上做了两点修正。一是考虑到市场对提案结果的反应并不局限于投票当天，在之后的数天都可能存在，都值得研究，所以作者参照已有研究采用动态断点回归模型进行估计（Cellini et al.，2010）。即不仅在投票当天，还在之后的数天里估计公司异常收益率与提案结果的关系。二是考虑到只能计算得到公司会议层面的异常收益率，即一次公司会议对应得到一个异常收益率，因而必须找到一个在公司会议层面汇总各个提案得票数的方式，实现提案投票结果与异常收益率一一对应。在该文中，根据数据特点即反收购提案在提案中占绝大部分，作者将提案分为反收购提案和其他提案两类，然后在公司会议层面分类汇总提案票数。

（5）基本实证结果。

基于上述修正的断点回归模型，该文发现相较于因微弱票数差距未通过的提案，以微弱票数优势通过的提案会导致股价平均增加 1.3%，股东价值平均增加 2.8%。更具体地，提案通过对股价的影响主要集中于投票当天、大部分由反收购提案驱动且随投票当天提案数量的增加而线性增加。

（6）进一步分析。

文章在异质性分析部分探究了公司治理提案在不同特征公司中的效果是否存在差异，以及何时发挥最大效果。研究发现，在反收购条款更多、机构投资者持股更多的公司以及由机构投资者发起的提案中，股价的提高程度更大。另外，由于提案通过不仅仅意味着其本身实施概率的增加，还会对同时期其他提案以及未来一些提案的通过产生影响，这些额外的影响也会在股价中有所反映，因此文章进一步分离了这两部分效果对股价的影响。研究表明，股价变化中有 2/3 来自提案通过对其本身最终实施概率影响，剩余 1/3 来自该提案通过对当前其他提案以及未来提案通过的影响。该文还对提案通过的长期影响进行了探究，发现长期来看取消反收购条款导致并购和资本支出减少、以托宾Q值衡量的市值增加，证明公司治理产生的影响远远超过提案通过当期。

3. 研究贡献

作者虽未明确指出该文贡献所在，但其在文中提到的以下几点有助于我们深入认识文章的意义，思考文章的贡献。作者由断点回归法出发指出了文章的三大优势：其一，该文借助断点回归法得到了公司治理条款对公司价值的因果影响，克服了已有研究中存在的内生性偏误；其二，该文中的断点回归设计解决了在市场反应中包含投资者预期的情况下，如何使用事件研究法的问题；其三，该文根据事件研究法的特征对标准断点回归法进行了修正，这一新用法可以应用到任何需要结合断点回归法和事件研究法的情景中。

4. 评述

公司治理的内生性是该领域研究面临的永恒挑战，因而如何巧妙进行研究设计以解决公司治理的内生性问题，是研究者无法回避的问题。该文是解决内生性问题的范例之一，作者利用提案投票结果，应用断点回归法解决了公司治理变化的内生性，进而建立了其对公司价值的因果影响。特别地，它启示我们如何在单一方法无法满足研究需求时结合多种方法进行研究设计、如何根据各个方法的特点在标准模型的基础上进行修正。

关于断点回归这一实证方法，前文提到其应用于局部随机场景，在因果识别力度上仅次于随机实验，优势明显。但局部随机场景也给断点回归法造成了一定困扰，那就是如何将局部得出的因果效应推广到整个样本，即因果效应的外部有效性问题。不仅如此，断点回归法在现实中的应用还面临着两大难题。其一是数据限制。要满足局部随机场景的条件，就不能在临界点附近设定太宽的取样区间，由此常常导致临界点附近样本数量过少不足以进行统计推断的问题。其二是信息限制。在现实中我们可以观察到各种各样的断点，但却常常无法明晰断点背后的机制设计，因而无法对其进行研究。在未来，随着数据采集技术的进步和机制设计背后信息的披露，将会出现更多可研究的断点回归场景，为更多内生性问题的解决提供思路。

13.2.5 年报可读性、当期盈余与盈余持续性

Annual Report Readability，Current Earnings，and Earnings Persistence

文献来源：Li F. Annual report readability，current earnings，and earnings persistence. *Journal of Accounting and Economics*，2008，45（2-3）：221-247.

研究方法：文本分析法

1. 研究动机与研究问题

传统公司治理的实证研究多局限于财务报表和股票收益率等结构化数据，忽略了文本这类非结构化数据。实际上，除了财务信息之外，公司披露的信息中包含着大量的文本信息。这类文本信息与财务信息同等重要。例如，财务报表附注有助于我们更好地理解财务报表的编制原理，进一步深入分析财务数据；管理层讨论与分析的方式、内容能够揭示管理者特征，进而有助于学者们更全面地解读管理者的动机和行为。近年来，随着计算语言学的发展和大数据技术的进步，学者们终于能够对文本信息展开探索。

该文是第一篇采用文本分析法探究年报中文本信息的大样本研究，具体而言，该文探究了年报可读性与企业盈余、盈余持续性之间的关系。

2. 研究过程

（1）理论分析。

管理者混淆假说（management obfuscation hypothesis）认为，相比于简单易读的信息，市场对复杂信息的反应会更加延迟，因此，管理者有动机采取混淆信息披露方式，即增加信息复杂度来策略性地隐藏负面信息。据此，作者提出第一个研究假设：当公司当年业绩更差时，公司年报的可读性也更差，即年报可读性与公司当年盈余正相关。

然而，作者承认，这两者的相关性可能并不显著。第一，年报除了包含当年的业绩信息之外，还包含大量的历史财务信息。因此，增加年报表述的复杂度以隐藏今年业绩不佳的坏消息，其作用可能微乎其微。第二，如果当年的良好业绩是经过盈余操纵的，那么，管理者似乎再无必要增强年报的可读性。鉴于以上两点，作者认为还要进一步探究年报可读性与未来业绩，即盈余持续性之间的关系。具体来说，如果当前年度的良好收益是短暂的或者当前年度的亏损状况还会持续，管理者都会出于机会主义动机来降低当年年报的可读性，以增加投资者的信息处理成本，延迟其反应时间。因此，该文的第二个研究假设为：年报可读性与盈余持续性正相关。

（2）指标构建（文本分析法的应用介绍）。

基于以上分析，不难看出年报可读性是该文的一个关键变量。作为第一篇对此做出探索的研究，作者正是利用文本分析法克服了这一变量的衡量难题。一般来说，使用文本分析法的第一步是采集文档。由于通常没有现成数据可供使用，学者们一般需要通过网络爬虫等编程手段来采集原始文档。遗憾的是，作者在文中并未详细描述这一步骤，仅提到初始研究样本为美国上市公司在 1994—2004 年公布的年度报告。

文本分析的第二步则是解析文档。这步主要是删除图形、表格、空格等噪声数据，以得到一个较为干净的文本。正如该文作者所言，这一步对指标的有效构建十分重要。作者删除了每一份年报中的所有标题、表格和少于一句话的段落。同时，在删除后的样本中，作者还进一步剔除了总单词数少于3 000或总句数少于100的年报。

第三步为文本挖掘。基于上述解析后的文本，学者们需要采用词袋技术等文本挖掘工具，计算出后续指标所需要的数值。作者在该文中使用了实用报表提取语言（Perl 语言）中的 Fathom 程序包，计算了每一份年报的单词总数、句子总数以及复杂词（指具有 3 个或 3 个以上音节的单词）的数量。

文本分析的最后一步为指标构建。在该文中，作者选取了以下两个变量来衡量年报可读性。第一个是迷雾指数（fog index）。具体计算方法如式（1）所示：

$$迷雾指数=\left(\frac{文本单词总数}{文本句子总数}+\frac{文本中复杂单词数量}{文本单词总数}\right)\times 0.4 \tag{1}$$

这一指数最早由 Robert Gunning（1952）提出，其含义为一个平均智力水平的读者一次性读完该文本并理解它所需要接受正规教育的年数。其中，复杂单词指具有 3 个或 3 个以上音节的单词。当迷雾指数大于或等于 18 时，认为该文本处于不可读（unreadable）的程度；当迷雾指数为 14～18 时，则认为该文本难以读懂（difficult）；当该指数为 12～14 时，认为该文本可读性适宜（ideal）；当指数为 10～12 时，认为该文本易于接受（acceptable）；当该指数为 8～10 时，认为该文本适合孩子阅读（childish）。

第二种度量可读性的变量为文本篇幅，该文用文本单词数量的自然对数来衡量。作者认为，长文本的信息处理成本会更高，更不容易理解。因此，增加文本篇幅也是管理者进行策略性披露的一种方式。除了对每一份年报进行可读性的度量之外，作者还分别对年报中管理层讨论与分析（MD&A）部分和财务报表附注部分都进行了迷雾指数和文本篇幅的计算。

（3）指标合理性说明。

在进行回归分析之前，作者通过以下两方面检验上述文本分析法的有效性。一是用该文的程序包重新计算前人研究中的 Flesch 指标（Smith and Smith，1971），并证实本程序计算的结果与 Smith and Smith（1971）手工整理的结果十分相近。二是作者从 10 个年报中随机抽取了 3 个段落，并手工计算了每句话中的单词数和每个单词中的音节数，发现其与用该文程序包计算的数值差异小于 5%。

（4）基本实证结果。

在描述性统计中，作者强调年报迷雾指数的平均值和均值分别为 19.4 和 19.2，处于“不可读”的程度。为了提供一个可供参考的基准，作者计算了发表于 2005 年 6 月的《华尔街日报》社论的迷雾指数，发现其平均值在

15.2，同时文本篇幅也更短。此外，为了在后续实证检验中控制其他影响年报可读性的因素，作者在这一部分还讨论了哪些因素会显著影响年报可读性。

在回归分析中，作者检验了企业盈余与年报可读性之间的关系。研究发现，公司盈余越高时，年报可读性越强。进一步地，企业盈余与迷雾指数之间的负向关系主要来自管理层讨论与分析部分；企业盈余与年报篇幅的负向关系主要来自报表附注部分。然而，作者指出，相比于只加入控制变量的模型，加入公司盈余变量之后，R^2 几乎没有变化，这说明企业盈余不是年报可读性的重要影响因素之一。同时，作者也发现上述结论的经济意义十分微弱。这在一定程度上验证了作者对第一个假设有效性的顾虑，即经理人可能不会单纯为了掩饰当年的不佳绩效而去降低年报可读性。

然后，作者对盈余持续性与年报可读性之间的关系展开探究。作者将样本按照当年是否盈利分为两组，将公司未来第一年或第二年的业绩作为因变量，将当年业绩与年报可读性的交互项作为自变量。实证结果表明，在当年盈利的样本组中，年报可读性越差时，盈余持续性也越差。但在亏损的样本组中，年报可读性与盈余持续性之间并不存在显著关联。

（5）进一步分析。

除可读性这一特征之外，作者还探究了年报的其他语言学特征与盈余持续性的关系，以期为该文假设提供更多经验证据。具体地，作者关注了管理层讨论与分析部分中以下五类表述的使用频率：1）第一人称；2）排他性的词汇；3）表因果关系的词汇；4）积极情绪词汇；5）将来时态的使用。作者认为，当人们说真话时，会更多使用第一人称和排他性的词汇，如除外（except）、但是（but）、没有（without）等。而当人们试图掩盖真相时，会花费更多力气用于解释，因此会更多使用表因果关系的词汇。同时，当人们对当下的结果不满意时，会侧重讨论未来的情况，即更多使用将来时态。相关实证检验结果部分支持了作者的观点。具体地，对于盈利的公司来说，如果在管理层讨论与分析部分中更多使用表示因果关系的词汇和积极情绪的词汇，公司的盈余持续性越好；同时，更多使用将来时态，则盈余持续性越差。对于亏损的公司来说，如果更多使用积极情绪词汇，则公司的盈利持续性越差。

接下来，为了加强该文结论的因果关系，作者进一步分情境检验了该文的主要假设。作者认为，当管理者拥有更多未行权的股票期权时，他们推迟公布坏消息的动机会更强，公司盈余和年报可读性之间的正向关系会更加显著。相关实证结果也支持了上述推断。

最后，作者还检验了年报可读性与股票年收益率之间的关系。实证结果表明，不论是年报迷雾指数还是年报篇幅，对年报公布后未来一年的股票收益率都没有显著影响。同时，迷雾指数的变化对未来股票年收益率也没有预测能力；但年报篇幅的变化与未来股票年收益率负相关。整体而言，管理者是否通过降低年报可读性有效推迟了市场对不利消息的反应，结论尚不明确。

3. 研究贡献

作者认为，文章的贡献在于以下三点。第一，作为第一篇探究年报可读性等语言学特征对公司当期盈余和盈余持续性影响的大样本研究，该文丰富了年报策略性披露的相关文献。第二，相比于以往较多关注信息披露数量的文献，该文的年报可读性指标重点关注了披露的质量，为信息披露特征提供了一种新的衡量方法。第三，该文对盈余质量相关领域的文献亦有所贡献。

同时，作者也结合该文的局限性，指出了两点未来研究方向。第一，正如 Bloomfield（2008）所指出的，坏消息可能天然具有难以表达的特质，同时投资者也会要求管理者提供更多关于坏消息的信息。后续研究可以进一步对此进行区分。第二，年报也只是管理者与投资者进行交流的诸多方式之一，相比于盈余电话会议等其他渠道，年报受到的限制也更多。或许对其他渠道的检验能更好地探究可读性与公司盈余之间的关系。

4. 评述

正如作者所言，该文首次基于大样本数据衡量了年报可读性这一指标，具有开创意义。我们认为，尽管距离这篇文章的发表已经过去十余年，但是从现在来看，该文在文本分析方法的应用上仍有可圈可点之处。

首先，该文较为详细地描述了将非结构化数据转化为结构化数据的过程，有助于保证后续指标构建的质量。作者在正文和附注中清晰地介绍了数据处理的全部步骤，为文本分析技术的应用质量提供了保障。

其次，在构建好文本相关的指标后，论证该指标的有效性、解读该指标的内涵也是关键一步。作者在该文中做了比较好的示范。一是通过与现有指标和手工计算指标的对比，说明了该文新指标的有效性；二是计算了人们熟知的《华尔街日报》文章的可读性，并与年报可读性的数值进行对比，巧妙地解读了这一指标的含义。

最后，该文对新指标影响因素的探究较为重视，但现有研究却时常对此有所忽略。作者花费了一些笔墨讨论并检验了年报可读性的影响因素，为后文控制变量的选取提供了较为可靠的依据。

诚然，该文也存在着一些不足。除了作者指出的潜在内生性问题之外，迷雾指数这一指标可能并不适合衡量金融领域文本的可读性。Loughran and McDonald（2014）指出，金融领域专业词汇的复杂程度很高，却很容易被投资者和分析师理解，因此，他们认为，相比于迷雾指数，用年报文件的大小来衡量年报可读性可能更为适宜。

13.3　简要评述与展望

公司治理领域的研究主要以变量间的因果识别为目的，以回归方法为工具。回归方法仅能得到变量间的相关关系，研究中感兴趣的因果关系只是相关关系的来源之一，因此，只有通过巧妙的研究设计，排除相关关系的其他来源，才能基于回归方法，依据相关关系推断因果关系。内生性问题即源于上述工具和目的之间的矛盾，是公司治理领域研究面临的永恒挑战和最大难题，该领域内的任何研究都避免不了关于内生性问题的讨论，都致力于如何基于或发掘特定情境，找到解决内生性问题的有效方法。在本章的 13.1 节中，我们梳理了公司治理领域内相关研究方法的发展沿革，形成公司金融领域的研究方法大致概览；在 13.2 节中，我们则依托不同情境，具体介绍了事件研究法、工具变量法、双重差分法及断点回归法这几种常见的用于解决内生性问题的研究方法的范式，以及文本分析法这一公司金融领域的新兴研究方法。在本节中，我们将就研究方法进行简要评述和未来展望。

从解决内生性问题的思路出发，可进一步将各研究方法归为两类。具体而言，解决内生性问题的思路可分为控制核心解释变量外的其他相关变量和借助内生核心解释变量的外生变化。前者旨在将影响结果的其他因素单独隔离开来，而后者则直接剥离出核心解释变量的影响效应。据此，各研究方法可相应归为两类，一类是加入控制变量和使用固定效应模型。其中，模型中加入的控制变量为在借鉴已有研究并结合相关理论的基础上确定的其他相关变量，固定效应模型则直接控制了所有不随时间变化特征对结果的影响。另一类是事件研究法、工具变量法、双重差分法及断点回归法等常见方法。其中，工具变量法是该类别下最常用的方法，余下几种则通常需要借助外生事件。法律颁布、自然灾害等突发事件是常见的外生事件。以解决内生性问题为目的，以上述两种思路为指导，各种研究方法不断发展和完善，极大地推动了领域内各类研究的发展。我们因此得以深入理解事物间错综复杂的关系，更好地认识世界。

未来在研究方法的实际应用过程中，以下两方面需要重视。

其一，要保持对研究方法的持续探索，为解决内生性问题提供更多、更好的可能。具体可从以下几点出发：第一，敏锐、积极地捕捉和积累生活中的各种外生事件。大量现实情况都有助力研究的潜力，唯有保持敏锐洞察，才能及时觉察到其在研究中的价值，实现事半功倍的效果。第二，理解方法的优劣，去芜存菁，结合并用。实证方法各有优劣，单凭某一方法有时不足以解决所有问题，此时可以思考如何按需匹配多种方法，取长补短，博采众长。将双重差分法与事件研究法、匹配方法结合，为我们在理解此点上提供了很好的例证。第三，关注技术革新给研究方法带来的新生机。方法的应用不仅受到其自身适用条件的限制，也受到技术发展情况的制约。当制约方法应用的关键性技术获得突破时，可以预期，对应方法大展拳脚的机会就会接踵而至。因此，要对技术革新为旧方法赋予的新活力保持敏感，积极探索其应用价值。近年来在公司金融领域内广泛使用的文本分析法就受益于计算机技术的发展。第四，考虑跨学科方法借鉴。虽说学科间的研究范式有所差异，但这并不意味着研究方法彼此割裂，相反，学科间的研究方法是可以相互参考借鉴、共同发展和进步的。举例来说，管理领域的问卷研究方法、计算机领域的爬虫技术等都可以借用至公司治理领域的研究中。跨学科的方法借鉴或许可以从新角度，以新思路为解决旧问题提供可能。

其二，要警惕掉入方法的陷阱，忽略研究的初衷。具体可从以下两点进行说明：第一，不能以应用方法为目的从事研究。有趣的话题为研究注入灵魂，恰当的实证方法是研究获得扎实可靠结论的基础。虽说二者相辅相成，缺一不可，但应谨记其先后顺序。有趣的话题是起点、是前提，是研究意义的决定因素，方法只是工具，为话题服务，切忌以应用方法为目的从事无意义的研究。第二，应用方法时不可机械地照搬照抄。以理论作为起点和基础，理解方法的内在逻辑，唯此才能为其匹配合适的应用场景，并据此得到正确、可靠的结论。工具变量的借鉴最为常见，尤其需要注意。

在未来，可以预期，研究方法会不断发展和完善。技术的进步、研究的深入都是研究方法持续发展和完善的有力推手，有望进一步扩大“方法家族”的成员规模，提高“方法家族”的成员质量；同时，研究方法应用的必要素材会愈加准确和丰富。信息披露质量的提高、信息收集渠道和方式的扩大、信息处理方式的进步和更新都有助于获取更多、更好的素材支撑方法，不断丰富其应用场景，为公司治理问题的研究提供扎实的方法论基础。

图书在版编目（CIP）数据

公司治理：文献研读与未来展望/姜付秀主编；郑晓佳，王莹，马嘉副主编．--北京：中国人民大学出版社，2023.5
新编21世纪研究生系列教材
ISBN 978-7-300-31679-6

Ⅰ.①公… Ⅱ.①姜… ②郑… ③王… ④马… Ⅲ.①公司-企业管理-中国-研究生-教材 Ⅳ.①F279.246

中国国家版本馆CIP数据核字（2023）第075879号

新编21世纪研究生系列教材
公司治理：文献研读与未来展望
主　编　姜付秀
副主编　郑晓佳　王　莹　马　嘉
Gongsi Zhili：Wenxian Yandu yu Weilai Zhanwang

出版发行	中国人民大学出版社		
社　址	北京中关村大街31号	**邮政编码**	100080
电　话	010－62511242（总编室）		010－62511770（质管部）
	010－82501766（邮购部）		010－62514148（门市部）
	010－62515195（发行公司）		010－62515275（盗版举报）
网　址	http：//www.crup.com.cn		
经　销	新华书店		
印　刷	北京密兴印刷有限公司		
开　本	787 mm×1092 mm　1/16	**版　次**	2023年5月第1版
印　张	23 插页1	**印　次**	2023年11月第2次印刷
字　数	418 000	**定　价**	78.00元

中国人民大学出版社　管理分社

教师教学服务说明

中国人民大学出版社管理分社以出版工商管理和公共管理类精品图书为宗旨。为更好地服务一线教师，我们着力建设了一批数字化、立体化的网络教学资源。教师可以通过以下方式获得免费下载教学资源的权限：

★ 在中国人民大学出版社网站 www.crup.com.cn 进行注册，注册后进入“会员中心”，在左侧点击“我的教师认证”，填写相关信息，提交后等待审核。我们将在一个工作日内为您开通相关资源的下载权限。

★ 如您急需教学资源或需要其他帮助，请加入教师 QQ 群或在工作时间与我们联络。

中国人民大学出版社　管理分社

教师 QQ 群： 648333426(工商管理)　114970332(财会)　648117133(公共管理)
教师群仅限教师加入，入群请备注(学校+姓名)

联系电话： 010-62515735，62515987，62515782，82501048，62514760

电子邮箱： glcbfs@crup.com.cn

通讯地址： 北京市海淀区中关村大街甲 59 号文化大厦 1501 室（100872）

管理书社　　人大社财会　　公共管理与政治学悦读坊